Le procès du complot autonomiste

de Colmar

1-24 mai 1928

Comptes-rendus

des débats

Le procès du complot autonomiste

à Colmar

(1er au 24 mai 1928)

Comptes-rendus des débats

1928

Editions «ALSATIA» Colmar

L'acte d'accusation

Le Procureur général près la Cour d'Appel de Colmar,

Expose que, par arrêt rendu par la Cour d'Appel de Colmar, Chambre des mises en accusation, en date du 4 Avril 1928, les nommés :

1. RICKLIN Georges-Eugène, âgé de 65 ans;
2. HAUSS René-Charles, âgé de 32 ans;
3. SCHALL Paul-Joseph, âgé de 29 ans;
4. FASHAUER Joseph-Aloïse, âgé de 47 ans;
5. ROSSE Joseph-Victor, âgé de 35 ans;
6. SCHLAEGEL Emile-René, âgé de 34 ans;
7. BAUMANN Charles-Xavier, âgé de 32 ans;
8. KOHLER Joseph-Eugène, âgé de 37 ans;
9. WURTZ Jean-Eugène, âgé de 36 ans;
10. HEIL Charles-Philippe, âgé de 47 ans;
11. REISACHER Henri-Gustave, âgé de 45 ans;
12. EGGEMANN Eugénie-Marguerite-Agnès, femme Fashauer, âgée de 32 ans;
13. SOLVEEN Henri-Frédéric-Hermann, âgé de 32 ans;
14. STURMEL Marcel-René, âgé de 27 ans;
15. SCHWEITZER Frédéric-Charles, âgé de 29 ans;

DETENUS;

16. ROOS Philippe-Charles, âgé de 49 ans;
17. ERNST Robert-Frédéric, âgé de 31 ans;
18. SCHMIDLIN Joseph-Auguste, âgé de 52 ans;
19. LEY René-César-Jean-Eugène-Alexandre, âgé de 39 ans;
20. PINCK Pierre-Emile, âgé de 56 ans;
21. HIRTZEL Auguste-Frédéric, âgé de 43 ans;
22. ZADOCK Eugène, âgé de 33 ans,

EN FUITE,

sont renvoyés devant la Cour d'Assises du Haut-Rhin, séant à Colmar, pour y être jugés conformément à la loi.

Il résulte de la procédure les faits suivants :

Le mouvement autonomo - séparatiste, créé en Alsace-Lorraine dès avant l'armistice par des Allemands ou des Alsaciens germanophiles, a toujours poursuivi un but essentiellement dangereux pour l'unité nationale, en tendant ses efforts constants vers une rupture complète entre la France et les provinces recouvrées.

Malgré plusieurs échecs successifs, il avait, au cours des derniers mois qui viennent de s'écouler, réussi à récupérer une activité si intense, une cohésion si parfaite, qu'il était sur le point de faire courir un péril immédiat à la sécurité nationale. Les documents saisis, les témoignages recueillis, en font la démonstration lumineuse.

Les chefs et les principaux partisans du complot ont pu être démasqués en temps utile. Quinze accusés présents, sept accusés en fuite, actuellement sous mandat d'arrêt, ont à répondre aujourd'hui de l'agitation qu'ils ont fomentée. Un mot sur chacun d'eux s'impose :

RICKLIN Georges-Eugène,

65 ans, docteur en médecine à Dannemarie, apparaît sans conteste comme l'âme du complot. Toute sa vie a été consacrée d'ailleurs au maintien du germanisme en Alsace-Lorraine.

Très intelligent, imbu d'une solide culture germanique, ancien Conseiller municipal, puis Maire de Dannemarie, Président du Landtag de Strasbourg, Député du Reichstag, Ricklin, médecin-major de réserve, se mit volontairement à la disposition des autorités militaires allemandes pendant la durée de la guerre. Expulsé en 1919 à Kehl, il rentra en France en 1920, et y déploya une inlassable activité autonomiste. Au début même des hostilités, il avait proclamé que l'Alsace-Lorraine resterait, malgré tout, terre allemande. En Juin 1917, il fit des démarches pour l'attribution du Reichsland à la Bavière.

Président du Heimatbund, animateur du mouvement séparatiste dès ses origines, il créa et organisa la presse spéciale dont il avait besoin pour propager largement ses idées. Ainsi furent fondées la « Zukunft », la « Volksstimme » et la maison d'éditions « Erwinia », de Strasbourg. Tous ces organes sont, en fait, à sa dévotion.

Sa correspondance démontre qu'il n'a rien ignoré des diverses phases du mouvement autonomiste. Il est de toutes les réunions, convoque ses partisans, les encourage, leur donne ses ordres, dirige à distance un important personnel.

Sa lettre à Riehl, du 12 Mars 1926, est connue de tous. « Le cadre de la France », avoue-t-il, démasquant ainsi les véritables buts du parti, n'est qu'une façade qui tombera au moment opportun. »

En relations avec les principaux autonomistes d'Alsace et d'Outre-Rhin, le docteur Ricklin, homme de premier plan, malgré son attitude prudente et louvoyante, jouait un rôle prépondérant de chef dans le complot, qu'il dominait de sa personnalité, d'ailleurs considérable.

HAUSS René-Charles,
32 ans, imprimeur à Strasbourg,

est entré dans le mouvement séparatiste en Mars 1925, sur les conseils du pasteur Hirtzel, d'Ernolsheim.

En mai suivant, il créa la « Zukunft », sous la direction du Dr Ricklin, avec la collaboration étroite de H'rtzel, Schall et Pinck. Il organise avec eux, à Strasbourg, le « Bund », Groupement des Alsaciens-Lorrains fidèles au pays, dans le but de combattre par la presse les projets éventuels du Gouvernement français. Ce groupement, dont il est élu président, adhère bientôt avec enthousiasme au Heimatbund, fondé en 1926, dont il constitue pour ainsi dire le noyau central.

Vice-président du Comité, Directeur du Heimatbund, Hauss déploie dans ses fonctions une énergique activité en faveur de la décentralisation et de l'autonomie administrative de l'Alsace-Lorraine.

En Octobre 1927, il est élu membre du Comité du parti autonomiste, dont le programme renforce celui du Heimatbund. Le mois suivant, Hauss, Schall, Roos, Pinck et Baumann décident la fusion du parti autonomiste et du bloc d'opposition en un nouveau groupement, la « Landespartei ».

Hauss est le promoteur de l'idée de la création des « Schutztruppen » (troupes d'assaut). Il en prend la direction générale, il en surveille les exercices, sachant qu'il instruit, en réalité, des organes de combat et d'émeutes institués dans un but d'attaque et de défense contre l'autorité.

Plusieurs enveloppes saisies à son domicile, à l'adresse d'une nommée Jeanne Muller, à Burg (Allemagne), permettent de croire qu'il était en correspondance avec des agitateurs d'Outre-Rhin.

Par ses paroles, ses écrits, ses actes, Hauss a pris une part prépondérante au complot organisé par les accusés. Il fait figure de lieutenant, aux côtés du docteur Ricklin.

SCHALL Paul-Joseph,
29 ans, journaliste à Strasbourg,

titulaire de plusieurs condamnations pour outrages aux bonnes mœurs et diffamation, ancien Directeur de revues pornographiques éditées à Strasbourg, est devenu rédacteur-gérant de la « Zukunft », et, comme tel, il apparaît comme un des principaux agitateurs en faveur du mouvement autonomiste.

Vice-président du parti, il en développa le programme, en précisa les buts, lança des convocations, multiplia les démarches pour établir le « front unique » parmi les adhérents.

Schall fut le chef dévoué de la « Schutztruppe » de Strasbourg, fonda celle du parti autonomiste, et sollicita à cette occasion, de tous les membres, sous forme de questionnaire complet, des renseignements précis destinés à la meilleure utilisation des effectifs.

Il apparaît comme un séparatiste actif, convaincu, énergique, et il appartenait, avec Hauss, Roos et Reisacher, au groupement extrémiste et révolutionnaire du complot.

FASHAUER Joseph-Aloïse,
âgé de 47 ans, prêtre interdit et journaliste à Strasbourg,

se fait remarquer dès l'armistice, notamment à Colmar, par la conviction de ses tendances autonomistes.

Par des conférences, des articles de presse, il se livre à une violente campagne contre la France, ses idées et ses institutions. Conseiller du Dr Ricklin, il devient, à ses côtés, propriétaire de l'imprimerie « Erwinia », aux lieu et place de son neveu et prête-nom, le boucher Vonblon. Pour cette entreprise, il contracte, en Suisse, à Zofingen, un emprunt de cent mille francs, et se livre, à cette occasion, avec sa secrétaire et belle-sœur Agnès Eggemann, aux machinations les plus compliquées pour dissimuler l'origine exacte de ces fonds étrangers.

En relations avec la « Volksstimme » et les dirigeants marquants de plusieurs groupements séparatistes, l'abbé Fashauer prend, toujours et partout, une part active à la campagne destinée à créer et à envenimer le malaise alsacien. Tout ce qu'a publié la « Volksstimme », en harmonie avec les principes soutenus par les services de la propagande allemande, est le reflet des sentiments et des idées intimes de Fashauer, dont le but a toujours été d'exciter, par tous les moyens en son pouvoir, le peuple alsacien au plébiscite, et à une séparation, même violente, avec la France.

ROSSE Joseph-Victor,

35 ans, instituteur destitué à Colmar,

a publié, dès 1918, dans la « Revue Scolaire d'Alsace et de Lorraine » et dans « L'Elsässer Kurier », une série d'articles à tendances nettement anti-françaises. Ses écrits ont toujours eu le plus grand retentissement.

Professeur-adjoint à l'Ecole primaire supérieure de Colmar, il fut destitué pour 5 ans par la Chambre de Discipline, comme signataire du manifeste du Heimatbund, le 4 Août 1926.

Propagandiste inlassable et convaincu du mouvement autonomiste, Rossé a entretenu, par tous les moyens, une agitation haineuse et malsaine contre l'Administration française, son esprit, ses méthodes; et son action néfaste s'est surtout exercée parmi ses collègues, membres de l'Enseignement du cadre local. Il dénigre et discrédite systématiquement, avec passion, les institutions françaises, qu'il combat sans trêve, par la plume et par la parole. Il fait une propagande tendancieuse pour les livres allemands à l'école, et son programme est d'autant plus dangereux que Rossé, très intelligent, sait donner à ses discours et à ses écrits un écho et une publicité considérables.

Rossé, en relations avec Rapp, a joué un rôle important lors des grèves fomentées en 1919 et 1920.

Il a participé à la fondation de l' « Erwinia », avec Fashauer et le Dr Ricklin, et a fait partie du voyage effectué en Suisse lors de l'emprunt de 1926.

Certains documents saisis prouvent sa collaboration à la « Zukunft », à la « Brücke », et ses relations avec les abbés francophobes Zemb et Hanhardt.

Il a participé, à toute occasion, et pour une large part, à la campagne séparatiste.

SCHLAEGEL Emile-René,

34 ans, lithographe à Strasbourg,

autonomiste notoire, a adhéré au « Heimatbund » peu après sa fondation. Il devint successivement Secrétaire, puis Vice-Président du groupe de Strasbourg, et son nom figure, dès 1926, sur les procès-verbaux des réunions des chefs de section.

C'est un des principaux organisateurs des « Schutztruppen » et divers plans détaillés, en vue de la mobilisation des « Schutzorganisation », saisis en sa possession, ont permis de démasquer les véritables buts poursuivis par ces petites phalanges disciplinées et aguerries, dont l'accusé dirigeait personnellement les exercices d'entraînement, avec un zèle inlassable.

On a trouvé à son domicile des morceaux de matraques en caoutchouc, armes dangereuses, commandées par lui à un fabricant de Strasbourg pour être distribuées à ses hommes.

Les actes de Schlaegel ont toujours été nettement séparatistes, en sa double qualité de Secrétaire du Heimatbund à Strasbourg, et de Chef de section des « Schutztruppen ».

BAUMANN Charles-Xavier,
32 ans, ancien rédacteur-gérant de la « Wahrheit » à Strasbourg,

après une existence d'abord mouvementée et besogneuse, s'est livré à une active propagande en faveur de l'autonomie et des « Stosstruppen » du baron Zorn de Bulach.

Il a diffusé sans relâche, à Strasbourg notamment, des tracts, questionnaires, proclamations, véhiculant dans toutes les classes l'idée séparatiste. Rédacteur-gérant de la « Wahrheit », il a publié dans cet organe, dont il était l'animateur, de nombreux et dangereux articles, entre autres, le 14 Mai 1927, l'appel intitulé « Dix pour un », qui constitue une provocation ouverte à l'émeute et à la guerre civile.

En correspondance avec Ley, agent du service d'espionnage allemand à Fribourg en Brisgau, Baumann doit être considéré comme l'auteur et l'inspirateur de toute la campagne francophobe menée par la « Wahrheit » avant son interdiction.

Baumann est actuellement inculpé d'espionnage, par application de la loi du 18 Avril 1886.

KOHLER Joseph-Eugène,
37 ans, se disant commerçant à Fribourg en Brisgau,

s'installa en 1926 à Strasbourg, où il obtint, par l'intermédiaire de Rossé, un emploi à la « Volksstimme ». En 1927, il entrait à la « Wahrheit » sur la recommandation pressante de Ley.

Germanophile notoire, Kohler fait actuellement, avec Baumann et Ley, l'objet d'une inculpation distincte pour espionnage.

La campagne anti-française redoubla d'intensité lorsque Kohler fut entré à la « Wahrheit ».

Lorsque Zorn de Bulach fut libéré le 30 juillet 1927, après avoir purgé une peine de 8 mois d'emprisonnement, Kohler transporta à Fribourg un film cinématographique de propagande, et tenta sans grand succès d'ailleurs, de soulever un mouvement d'enthousiasme populaire en faveur du prisonnier.

L'accusé, par ses tracts, ses écrits, ses paroles, a été l'âme de la « Wahrheit » et l'un des organisateurs les plus actifs du mouvement autonomo-séparatiste.

WURTZ Jean-Eugène,
36 ans, se disant instituteur libre à Dorlisheim,

révoqué, à Jena (Saxe), en 1919, rentré d'Allemagne en 1924, ne tarda pas à fonder le « Colportage Evangélique », œuvre dont il s'intitule Directeur, et qui a pour principal but de diffuser dans les provinces recouvrées la culture germanique, par la création de bibliothèques communales ou paroissiales, exclusivement composées d'ouvrages allemands ou pro-allemands. Il a propagé, fin 1927, un almanach illustré pour 1928, édité avec la collaboration d'écrivains d'Outre-Rhin, et dont l'ensemble constitue un texte d'opposition à l'expansion des idées françaises.

Wurtz a pris, par ailleurs, une part active à la création de la « Zukunft » et du « Heimatbund ».

Il a donné, dès 1926, l'impulsion au mouvement séparatiste en accord avec le Dr. Ricklin.

Animé de sentiments hostiles à la France, en relations avec le pasteur Hirtzel, Wurtz a joué un rôle important dans le complot autonomiste, et n'est rentré en Alsace que pour lutter plus énergiquement contre l'assimilation française, et préparer par cette voie le retour à l'Allemagne des départements libérés.

HEIL Charles-Philippe,
47 ans, ancien pasteur protestant, journaliste à Strasbourg,

Rentré d'Allemagne en Août 1921, il a collaboré à divers journaux d'Outre-Rhin, et fondé en 1927 « Das Neue Elsass », organe aujourd'hui interdit.

Membre du Comité de la « Zukunft », du Comité du Heimatbund de Strasbourg, de la Schutztruppe de cette ville, il a joué un rôle actif dans le mouvement séparatiste. C'est lui qui aurait notamment réclamé, lors de l'élaboration du manifeste, la suppression des mots « dans le cadre de la France ».

Ses articles de journaux, sa correspondance, divers documents saisis à son domicile, entre autres le programme du « Landespartei » démontrent qu'il a toujours poursuivi des buts nettement autonomistes.

REISACHER Henri-Gustave,
45 ans, confiseur à Strasbourg,

homme de confiance de la « Zukunft », a signé le manifeste du Heimatbund et a été Trésorier de la section de Strasbourg.

Chef de la Schutztruppe de ce groupement, il dirige et surveille les réunions, paie la fourniture des armes défensives, reçoit les fonds de propagande pour diffuser par tracts les idées de son parti.

Il a collaboré à la « Wahrheit » et a adressé, le 16 juin 1927, à la Société des Nations, avec Baumann, un manifeste de protestation contre l'arrestation de Zorn de Bulach, et un appel en faveur du plébiscite des Alsaciens-Lorrains.

EGGEMANN Eugènie-Marguerite-Agnès, femme Fashauer Xavier,
32 ans, ménagère à Strasbourg,

a épousé à Luxembourg, en 1927, le frère de l'accusé Fashauer.

Expulsée du territoire français le 14 février 1927 à la suite de ses déplacements suspects à l'étranger, elle put y rentrer après son mariage et se fixer à Strasbourg.

Fidèle collaboratrice et secrétaire de l'abbé Fashauer, elle l'a puissamment aidé lors des événements qui accompagnèrent la fondation de l'«Erwinia ». Elle a servi d'intermédiaire pour la commande d'un important matériel d'imprimerie à Berne, et c'est à son nom que les 100.000 frs. suisses empruntés par Fashauer ont été déposés au Crédit Suisse de Lucerne. Un autre compte ouvert à son nom à la Banque Gérardot Pinck était constitué par des fonds destinés à la Société Erwinia, et apportés, par fractions, de Suisse, tantôt par l'accusée, tantôt par Fashauer.

Agnès Eggemann, en un mot, a toujours servi d'intermédiaire à Fashauer dans sa campagne anti-française dont elle n'ignorait aucun détail.

SOLVEEN Henri-Frédéric-Hermann,
37 ans, artiste-peintre à Strasbourg,

s'occupait surtout, en réalité, de littérature et de publicité. Organisateur de la revue autonomiste « L'Homme de Fer », il fonda en 1923 l'Association française des auteurs et écrivains. Ce titre n'est qu'une habile façade.

Animé de sentiments germanophiles, Solveen consacra toute son énergie à une active propagande de la culture allemande dans les provinces recouvrées, sous couleur de vulgarisation artistique et littéraire. Lié avec Hauss, Wurtz, Schall, Hirtzel, qu'il rencontrait à la « Zukunft », il s'inscrivit au groupement du Heimatbund de Strasbourg et se chargea de la diffusion des idées séparatistes par la publication d'almanachs glorifiant la culture d'Outre-Rhin. Il gagnait ainsi la jeunesse intellectuelle aux conceptions qui lui étaient chères, et organisait habilement des manifestations littéraires ou artistiques, destinées à attirer l'attention sur le mouvement.

Il a fait une propagande inlassable, par la plume, le livre, l'almanach, l'image, la télégraphie sans fil même, en faveur des idées germaniques, et a reconnu avoir entretenu des relations avec les principaux membres de l'Institut scientifique des Alsaciens-Lorrains du Reich à Francfort.

Solveen connaissait l'importance de son rôle et y consacrait tous ses efforts.

STURMEL Marcel-René,
27 ans, ancien employé de chemin de fer à Mulhouse,

fut révoqué de son emploi, en Juillet 1926, comme signataire du manifeste du Heimatbund.

Engagé aussi comme aide rédacteur au « Volksblatt », il devint Président du groupe des Heimatbundistes de Mulhouse, dont il organisa la plupart des réunions. En relations avec Ricklin, Fashauer, Schall, Schweitzer, il était considéré à Mulhouse comme le porte paroles actif et convaincu des autonomistes.

Il accomplissait patiemment une mission de propagande pour laquelle il était investi de la confiance des principaux chefs du parti.

SCHWEITZER, Frédéric-Charles,
29 ans, géomètre à Mulhouse,

demeurant à Riedisheim, vint se fixer dans le Haut-Rhin en 1923.

Autonomiste ardent, il a fréquenté d'abord les réunions zukunftistes, puis celles du Heimatbund. Il devint bientôt chef d'une section à Mulhouse, et rivalisa de zèle avec Sturmel pour obtenir la présidence de cette association

Schweitzer était l'homme de confiance de la Zukunft. Président du groupe des amis de ce journal, il fut supplanté par Sturmel, qui lui donna la mission secrète d'organiser la Schutztruppe locale.

Tous les soins de l'accusé tendaient vers ce but quand survint son arrestation.

Les sept derniers accusés, tous en fuite et sous mandat d'arrêt, ont jugé prudent de mettre la frontière entre eux et la justice française. Certains sont réfugiés à l'étranger depuis le début des poursuites seulement. D'autres ont en Allemagne leur domicile habituel. Malgré leur absence, le rôle primordial joué par chacun d'entre eux dans le complot contre la sûreté de l'Etat a été pleinement mis en lumière par les documents de l'information et par les témoignages recueillis.

ROOS Philippe-Charles,
49 ans, professeur libre,

ayant demeuré en dernier lieu à Strasbourg, réfugié probablement à Bâle, a joué dans le mouvement un rôle de premier plan, qui permet de le situer immédiatement après le Dr Ricklin.

Directeur à Strasbourg, après l'armistice d'une école à tendances nettement germanophiles, il devint, après la publication du manifeste du Heimatbund dont il est signataire, un des militants les plus en vedette du parti. Il a été en outre un des agents les plus intelligents et les plus actifs de la propagande anti-française en Alsace-Lorraine.

En relations suivies avec des personnalités influentes d'Outre-Rhin, il dut s'affilier, pour les soutenir, à tous les groupements hostiles à la France. Il devint rapidement Commandant supérieur à Strasbourg, de « l'Heimatschutztruppe » qu'il militarisa par une organisation et une discipline des plus strictes.

Il tenait les agents allemands au courant de ses entreprises, de ses plans, de ses succès, réclamant partout, avec insistance, de l'argent pour une diffusion toujours plus large de ses idées et de ses doctrines.

En sa qualité de Président du parti autonomiste alsacien-lorrain, il était en relations constantes avec tous les groupements séparatistes de France et de l'étranger.

Roos collabora au projet séparatiste dont Schall est l'auteur.

Il a signé l'appel au Comité du parti progressiste et joué, en toutes circonstances, un rôle actif et fécond pour la prospérité des idées autonomo-séparatistes.

ERNST Robert-Frédéric,
31 ans, publiciste à Berlin,

y demeurant, originaire du Bas-Rhin, apparaît également comme l'un des agents les plus diligents, les plus convaincus, de la propagande allemande. Il dirige à Berlin une revue francophobe, et fait partie du « Deutsche Schutzbund », fédération qui a pour but essentiel le maintien du germanisme dans les provinces recouvrées.

Ami de l'agitateur et espion Ley, il a fait en sa faveur une vive campagne d'opinion.

En relations suivies avec Pinck, Schmidlin, et autres séparatistes notoires, il activait volontiers leur zèle à l'aide de subventions provenant de l'«Association pour le germanisme à l'étranger», de Berlin.

Ernst mène en Allemagne par tous les moyens, une campagne acharnée contre la France, et l'information démontre qu'il a fréquemment collaboré ou correspondu avec les principaux accusés du procès verbal, et servi d'agent de liaison entre eux et les groupements d'Outre-Rhin.

L'abbé SCHMIDLIN Joseph-Auguste,
âgé de 52 ans,

originaire du Haut-Rhin, est professeur à l'Université de Munster (Westphalie), où il demeure.

Sa double qualité de fonctionnaire du Reich et de citoyen français, lui permettait d'effectuer de fréquents voyages en Alsace où réside sa famille. Ces allées et venues suspectes ont permis de découvrir assez vite le but qu'il poursuivait réellement. En relations constantes avec Ernst, Pinck, et avec diverses agences de propagande germanique à Berlin, il pouvait servir de trait d'union utile entre les membres des mouvements poursuivis parallèlement de chaque côté du Rhin.

Francophobe notoire, membre du Heimatbund, Schmidlin a joué un rôle considérable dans le mouvement autonomiste en Alsace-Lorraine. Il était considéré à Munster et à Berlin, comme un des chefs de la propagande tendant à la séparation des provinces désannexées.

LEY René-César-Jean-Eugène-Alexandre, dit Baron de Lore,
39 ans, né à Mulhouse,

est sans conteste un des plus violents et des plus dangereux germanophiles impliqués dans la poursuite actuelle.

Au lendemain de l'armistice, Ley, Rapp, et Muth, installèrent d'abord à Munich, puis à Baden-Baden, une officine dénommée « Comité Exécutif de la République d'Alsace-Lorraine » et répandirent des tracts haineux dans les départements recouvrés.

Condamné par contumace, en mai 1920 à la peine de la déportation, pour complot contre la Sûreté de l'Etat, par la Cour d'Assises du Bas-Rhin, Ley se constitua prisonnier le 20 avril 1923. Un arrêt contradictoire du 5 décembre suivant réduisit sa peine à 7 ans de détention, et le 9 septembre 1925, il bénéficiait d'une remise gracieuse de 2 ans et demi d'emprisonnement.

Malgré ces mesures de clémence, Ley, sitôt rendu à la liberté, multiplia dans la presse française et allemande, des articles d'une violence inouie. Ses tracts, ses proclamations, ses lettres aux pouvoirs publics ne se comptent plus. Ces écrits passionnés ne laissent aucun doute sur les sentiments exagérément autonomistes de leur auteur.

Ley est, par ailleurs, un des agents actifs de l'espionnage allemand. Des poursuites de ce chef sont en cours contre lui en même temps que contre Baumann et Kohler.

Ley, en liaison avec Ernst, a publié dans la Wahrheit plusieurs articles soulignant nettement le coup de force projeté et organisé pour changer, par la violence, la face du gouvernement en Alsace-Lorraine et armer contre l'autorité les citoyens ou habitants de ces départements.

PINCK Pierre-Emile,
56 ans, ancien employé des Postes à Strasbourg,

actuellement en Allemagne, se révèle également comme un personnage de premier plan.

Agitateur méthodique et dangereux, il a lancé, le 9 mai 1925, le journal «La Zukunft» en liaison avec le groupe francophobe comprenant Hirtzel, Schall, Hauss et Solveen, Il était en relations suivies avec von Gemmingen de Sarrebruck et Ernst de Berlin.

Rédacteur à la « Brucke » à la «Volksstimme », Pinck collabore également à la revue anti-française fondée par Ernst à Berlin. Il a toujours été en contact étroit avec les principaux personnages d'Outre-Rhin qui mènent la lutte contre la France. Son programme de propagande est approuvé par la presse allemande.

Il a correspondu avec les principaux chefs du mouvement séparatiste d'Alsace et ses relations avec Ricklin, Schall, Rossé résultent des documents saisis.

Son rôle dans le complot apparaît comme considérable.

HIRTZEL Auguste-Frédéric,
43 ans, pasteur protestant à Ernolsheim, (Bas-Rhin),

Dès 1925, il s'est révélé comme un des principaux dirigeants de la «Zukunft». Par la suite, autonomiste convaincu, il a fait de nombreux adeptes dans la région de Saverne et de Strasbourg.

Caissier-gérant de la Zukunft, Trésorier du comité central du Heimatbund, Il recruta patiemment des adhérents au parti séparatiste. Son nom figure, avec ceux de Ricklin et de Zemb, au contrat de Société du 26 avril 1926 qui contient les statuts de la Zukunft.

Les relations de Hirtzel avec diverses personnalités étrangères qu'il tenait fidèlement au courant de la marche des événements, résultent de la correspondance saisie à son domicile.

ZADOCK Eugène,
33 ans, voyageur de commerce,

en dernier lieu à Riedisheim (Haut-Rhin), en fuite, est un individu taré, déjà titulaire de plusieurs condamnations pour vol et banqueroute.

Il a végété péniblement jusqu'à son arrivée à Mulhouse en 1924 et à Riedisheim en 1925. Zadock, homme à tout faire, après avoir vainement tenté d'entrer dans les services d'espionnage, s'est occupé très activement, depuis 1926, de propagande autonomo-séparatiste dans la région de Mulhouse, manifestant à tout propos sa haine violente à l'égard de la France.

Il était apprécié du Dr. Ricklin, malgré son absence de scrupules, ou à cause d'elle. C'était l'animateur de la section locale du Heimatbund et de la Schutztruppe. Il tenta d'ailleurs de trahir la cause à laquelle il revint ensuite. Partisan de l'action directe, il a insisté pour la distribution d'armes à tous les membres de la Schutztruppe du Heimatbund.

Tous ces personnages, en relations plus ou moins étroites entre eux, en tout cas animés des mêmes aspirations, tendant de tous leurs efforts vers le même but, ont, pendant plusieurs années, sur le territoire national, et notamment dans les trois départements recouvrés du Haut-Rhin, du Bas-Rhin et de la Moselle, concerté patiemment et arrêté entre eux, aux termes mêmes des articles 87, 88 et 89 du Code pénal, la résolution d'agir, par tous les moyens en leur possession, dans le but, soit de détruire ou de changer la forme du gouvernement d'une partie de la France, soit d'exciter les citoyens à s'armer contre l'autorité.

Par la parole, par l'écrit, par l'action, ils ont, en diffusant leurs idées, préparé l'exécution et la réussite d'un complot que les circonstances ont permis de déjouer en temps opportun.

Autour de ces quinze accusés détenus, de ces sept accusés en fuite, gravitaient divers comparses que l'information a démasqués mais n'a pas cru devoir retenir.

Sont donc seulement déférés à la Justice les principaux organisateurs, chefs ou propagandistes directs du mouvement, autonomo-séparatiste en Alsace-Lorraine. Il paraît superflu d'ajouter qu'un complot de cette envergure risquait, à plus ou moins brève échéance, de produire dans le pays les effets les plus néfastes, et de dresser contre l'autorité les citoyens ou habitants des provinces reconquises assez imprévoyants pour se laisser tromper par les doctrines fallacieuses, les théories subtiles, la propagande habile et la dangereuse campagne patiemment élaborée et ourdie par les accusés.

En conséquence :

1) Ricklin Georges Eugène; 2) Hauss René Charles; 3) Schall Paul Joseph; 4) Fashauer Joseph Aloïse; 5) Rossé Joseph Victor; 6) Schlaegel Emile René; 7) Baumann Charles Xavier; 8) Kohler Joseph Eugène; 9) Wurtz Jean Eugène; 10) Heil Charles Philippe; 11) Reisacher Henri Gustave; 12) Eggemann Eugénie Marguerite Agnès, femme Fashauer; 13) Solveen Henri Frédéric Herman; 14) Sturmel Marcel René; 15) Schweitzer Frédéric Charles; 16) Roos Philippe Charles; 17) Ernst Robert Frédéric; 18) Schmidlin Joseph Auguste; 19) Ley René César Jean Eugène Alexandre; 20) Pinck Pierre Emile 21) Hirtzel Auguste Frédéric; 22) Zadock Eugène, sont accusés :

D'avoir, depuis 1920, sur le territoire national et notamment dans les trois départements du Haut-Rhin, du Bas-Rhin et de la Moselle, concerté et arrêté entre eux la résolution d'agir dans le but, soit de détruire ou de changer le gouvernement, soit d'exciter les citoyens ou habitants à s'armer contre l'autorité, avec cette circonstance que le complot ainsi formé pour les buts ci-dessus spécifiés, a été suivi d'actes commis ou commencés pour en préparer l'exécution.

Crime prévu et puni par les articles 87, 88 et 89 du Code Pénal.

*
* *

Et les débats s'ouvrent :

Le président demande aux accusés de décliner leur identité. A l'appel du nom de M. Ricklin, celui-ci après avoir dit ses date de naissance et lieu d'origine ajoute : « Député d'Altkirch ». Des applaudissements retentissent dans toute la salle. M. Mazoyer s'irrite et menace de faire évacuer la salle à la première répétition de pareille manifestation. Me Berthon fait remarquer que pareilles scènes se sont reproduites bien souvent et qu'il était d'usage en France de ne pas renvoyer pour si peu le public.

Avant de procéder à l'appel des témoins, les défenseurs qui sont : Me Berthon, député-communiste Paris, Me Jaeglé, avocat à Strasbourg; Me Fourrier, du barreau de Paris; Me Frédéric Klein. Strasbourg, Me

Palmieri, Ajaccio, Corse; Me Thomas, Sarreguemines; Me Peter Strasbourg; (Me Feuillet n'assistera aux débats que demain), soulèvent un incident.

Ils demandent d'abord que l'acte d'accusation soit lu en français et en allemand ce qui prend une heure. Ils font remarquer que le mot « *Schutztruppen* » a été traduit par *troupes d'assaut*. Or, ce mot veut dire troupes de protection. M. Mazoyer proteste contre de pareils incidents qu'il juge insignifiants. Me Jaeglé insiste affirmant que c'est ainsi qu'on déforme l'opinion.

Le duel Berthon - Fachot

Un duel oratoire a lieu ensuite entre Me Fourrier, M. Fachot et Me Berthon au sujet de la déposition de conclusions tendant à permettre aux accusés de se concerter entre eux. Me Fourrier fait remarquer qu'étant accusés solidairement ils doivent pouvoir se défendre solidairement et il cite à l'appui de sa thèse des circulaires ministérielles. M. Fachot refuse de faire droit à cette requête affirmant qu'on le suppose bien naïf de permettre aux accusés de continuer leurs manœuvres antinationales en prison. Me Berthon répond avec force et énergie. Il rappelle à M. Fachot qu'il a plaidé de nombreux procès politiques et que partout même à la Santé on accorde aux prisonniers politiques *le régime commun*. Or, à Colmar on leur interdit ce régime. Bien plus, *on empêche les avocats de voir librement les inculpés, des surveillants se mêlent de leurs conversations etc*. Il va plus loin il affirme que M. Fachot vient de prétendre qu'au dernier moment il produira des pièces qui le surprendront. Me Berthon lui demande de les produire immédiatement. «Nous voulons la lumière, dit-il, la pleine lumière. Nous n'admettrons pas une pièce que nous n'ayons vue. Nous examinerons les documents, car *trop souvent, dans les procès politiques de fausses pièces ont été glissées parmi les documents*. Le gouvernement a tout intérêt à défendre ses idées et les avocats généraux ne sont que ses instruments. Une raison de plus pour se défier d'eux. (Sensation dans la salle). Il reproche même au parquet d'avoir fait ou laissé disparaître une pièce importante, concernant la fondation et le but du « Heimatbund ». M. Mazoyer riposte énergiquement. affirmant que ce serait une honte de croire des magistrats français capables de pareille vilénie.

Me Berthon revient sur son thème avec acharnement. « Le procès, dit-il, a lieu dans des circonstances exceptionnelles et anormales. Une foule de petits incidents prouvent qu'on veut systématiquement empêcher les accusés de se défendre. On a détenu certains prisonniers, comme les Rossé, Baumann et Kohler pour des motifs insuffisants. Pour motiver leur maintien en prison on affirme qu'accusés dans l'affaire de la « Sapart » ils sont impliqués dans le complot autonomiste et d'autre part qu'étant impliqués dans le complot autonomiste ils sont en même temps impliqués dans la «Sapart»; il en est de même pour les espions dans le prétendu espionnage de Baumann et Kohler. C'est un cercle vicieux dont on ne peut sortir. Le régime politique ne leur a pas été accordé complètement. *C'est une grave atteinte à la liberté politique*, à propos d'un crime qui n'a existé que dans l'imagination de certains fonctionnaires trop zélés. »

MM. Rossé et Baumann protestent personnellement contre cette façon d'agir. Un interprète traduit les paroles de M. Baumann, M. Rossé parle en français. (Rappelons qu'au début des débats, à la demande du président si tous parlaient suffisamment le français ou s'ils demandaient un traducteur, tous se levèrent pour en demander un, à l'exception des députés Rossé et Ricklin.)

Les débats se continuèrent violents et agressifs de la part de Mes Berthon et Jaeglé qui insistèrent sur les manœuvres faites par le Parquet de Strasbourg après que l'affaire d'espionnage eût été close. Les débats se poursuivent jusqu'à midi sans que la Cour prenne une décision sur les conclusions. La première impression est en faveur des accusés; des défenseurs très capables promettent de mettre toute l'affaire dans son vrai jour, d'éclairer l'opinion et de passer à l'offensive en attaquant les reporters, les journalistes et tant d'autres qui ont jeté l'opinion publique dans des erreurs déplorables.

Séance de l'après-midi.

A l'ouverture de la séance de l'après-midi le président Mazoyer déclare que la Cour rejette les deux conclusions déposées dans la matinée par la défense.

Après l'appel des témoins qui dure près de trois quarts d'heure et donne souvent une note bien gaie (la défense insiste notamment pour que M. Susini, préfet du Haut-Rhin paraisse à la barre comme témoin), le président rappelle que les deux conclusions déposées dans la matinée par la défense sont rejetées. On ne recherchera donc pas les documents qui auraient disparu dans le fameux dossier et on n'accordera pas le régime politique aux accusés. Ce dernier point a été refusé sous prétexte que la décision ne dépend pas des Assises.

Après de nombreux incidents encore causés par Me Jaeglé, Berthon et Peter qui demandent que bien des témoins, notamment le préfet du HautRhin, le juge d'instruction North de Strasbourg, le professeur Diebling et l'agent provocateur Fromageat paraissent à la barre,

Le Dr Ricklin, de Dannemarie, est entendu comme premier des accusés.

Nous apprenons que M. Ricklin est né de parents d'origine française. Le nouveau député d'Altkirch souligne que sa famille est une des plus vieilles du Sundgau. Il a fait ses études aux collèges de Belfort, d'Altkirch, de Colmar pour faire son «Abitur» au collège de Ratisbonne.

Il fut enfin étudiant en médecine à Fribourg, Berlin et Munich. Après un brillant examen il revint à Dannemarie où il s'établit comme médecin.

Président: Durant vos études universitaires, ne faisiez vous pas parti d'un groupe d'étudiants nationalistes allemands?

Dr. Ricklin: Oui, j'étais bien affilié à la dite association mais je proteste avec la dernière énergie d'y avoir fait de la politique. Celle-ci était strictement interdite.

En plus l'accusé rappelle que parmi les étudiants allemands on le nommait toujours «le Français».

Président: N'étiez vous pas à Dannemarie le président du Kriegerverein et ne portiez-vous pas souvent l'uniforme allemand?

Accusé: Si, je ne le cache pas. J'étais en effet président de la dite association et voilà pourquoi. Comme très jeune médecin, étant à la campagne il fallait d'abord que je cherche à trouver de la clientèle et en plus je tenais bien à fréquenter quelques cercles intellectuels. Or, ceux-ci étaient tous groupés dans la dite association. Enfin je ne portais l'uniforme que le 27 janvier, c'est-à-dire la fête de l'empereur. Mais, en ma qualité de président j'avais carrément refusé d'assister avec la dite association à la messe estimant que nous n'avions pas besoin de prier pour le Kaiser. De même j'ai refusé de célébrer la fête de Sedan ayant la ferme conviction que nous Alsaciens nous ne pouvons pas nous réjouir de la défaite d'une armée dans laquelle s'étaient battus nos pères.

M. Ricklin rappelle par après que longtemps avant la guerre, c'est à dire comme jeune étudiant déjà il avait pensé à une Alsace autonome, car il avait bien vite remarqué que les Alsaciens quoique non moins intelligents que les autres, n'arrivaient jamais à occuper des places quelque peu en vue. Aussi le docteur Ricklin avait il l'occasion d'étudier durant son séjour en Bavière un régionalisme très prononcé.

Il se lance donc comme jeune médecin dans la politique et est bientôt élu conseiller municipal de sa localité. En 1896 il devient maire de Dannemarie et bientôt après conseiller général du canton. Les Allemands avaient cru trouver en lui un homme très dévoué mais ils furent obligés de constater le contraire. Il eut bientôt des démêlées avec le Kreisdirektor au sujet d'un «Kaiserfest» et fut destitué comme maire de Dannemarie. Le gouvernement nomma comme successeur le notaire Albert Centlivre actuellement conseiller général de Dannemarie. Le docteur Ricklin termina enfin par s'attirer toute la haine des Allemands en soutenant la candidature Hannes au Landesausschuss. Il en a été récompensé plus tard!

Et l'accusé de s'écrier: Oui, depuis neuf ans déjà. Messieurs les jurés je souffre terriblement. On me calomnie. Eh bien! je tiens à vous dire je veux sortir d'ici entièrement réhabilité devant mes électeurs et devant l'Alsace toute entière. Après avoir cité les nombreux démêlés que le député d'Altkirch a eus avec l'administration allemande il vient à son élection au Reichstag. Le docteur Ricklin rappelle qu'il fut désigné par feu l'abbé Winterer, le grand patriote français comme son propre successeur au Reichstag. «Aujourd'hui encore je suis fier de la confiance que M. l'abbé Winterer avait mise en moi.»

Parlant ensuite d'une élection au Conseil Général dans le canton de Dannemarie, M. Ricklin rappelle que cette élection avait été annulée parce que des prêtres catholiques avaient fait de la propagande pour lui. Son adversaire c'était comme toujours M. Centlivre et il fut défendu par le trop fameux Blumenthal. «J'étais bien loin d'être un propagandiste de l'Allemagne, au contraire ma devise était toujours: Nous restons ce que nous sommes.» Du reste, l'accusé rappelle que les Preiss et les Wetterlé pensèrent comme lui. A cet effet, M. Ricklin rappelle une déposition de M. Wetterlé faite en 1902 déjà. En ce moment l'abbé Wetterlé déclara que nous étions incorporés pour assez longtemps sans doute dans le Reich et que nous ne voulions à aucun prix du monde un changement politique au prix d'une guerre.

Incident pénible.

A ce moment Me Jaeglé et Me Berthon se lèvent et protestent énergiquement contre les sourires de l'Avocat Général M. Fachot.

M. Fachot: J'ai bien le droit de rire.

Me Berthon: Non, quand un homme fait une déposition aussi importante et aussi sérieuse le ministère public n'a pas le droit de rire.

Fachot.: Rira bien, qui rira le dernier.

M. Ricklin continue: Bref, le régionalisme s'est toujours développé davantage en Alsace, et en 1911 enfin nous avons fait le premier pas vers l'autonomie. Le docteur Ricklin rappelle à cette occasion un incident qu'il a eu avec Guillaume à Strasbourg. Le Kaiser voulant entretenir une chasse dans la vallée de la Bruche, le Landtag lui avait refusé les subsides. Furieux l'empereur s'écria: «Je briserai votre constitution en miettes». Vint enfin l'affaire de Saverne, dont le résul-

tat fut la constitution d'une ligue pour la défense de l'Alsace-Lorraine. M. Ricklin en devint le président.

En 1913 enfin il assista avec l'abbé Haegy à la conférence interparlementaire pour la paix qui se tint à Berne. Ils furent les seuls représentants des partis modérés d'Alsace. L'année suivante la conférence interparlementaire se tint à Bâle. A cette occasion le docteur Ricklin eut une interview avec Jean Jaurès. Sur la demande de Jaurès, si l'Alsace était contente de sa situation actuelle, le député Ricklin déclara: Nous avons fait un pas. La seule crainte que j'ai, c'est que nous n'arrivions pas à l'autonomie complète. Mais sous aucune condition nous ne voulons une guerre pour changer notre situation politique. A l'occasion de ce congrès, l'accusé prononça un discours, dans lequel il souligna notamment son désir ardent d'un rapprochement et d'une réconciliation de la France avec l'Allemagne. Ce rapprochement disait-il, est absolument indispensable, si nous voulons éviter une nouvelle guerre.

Le docteur Ricklin lit du reste son discours en entier, qui a été reproduit par l'«Humanité» du premier juin 1914. Le même journal reproduit un cliché représentant les congressistes.

Me Jaeglé voulant faire passer le dit journal aux jurés, un nouvel incident se produit, le président demandant, que le journal soit ajouté au dossier, Me Berthon et Me Jaeglé protestent et finissent par l'emporter. Le journal sera passé aux jurés à la fin de l'exposé de M. Ricklin.

Enfin l'accusé après avoir parlé de Carspach, où il s'était établi en 1910 comme médecin dirigeant l'établissement d'hydrothérapie, Château de Sonnenberg, où il eut de nombreuses relations avec les familles de l'intérieur, qui presque tous, dit-il, étaient dégoûtées du régime centraliste et athée, sous lequel souffraient nos frères de l'intérieur, l'accusé vient à parler de la guerre. Au moment de la guerre, il se trouva devant un dilemme des plus terribles. D'un côté son cœur s'attachait à la France où il y avait la plus grande partie de sa famille (En ce moment le docteur Ricklin est ému et des sanglots étranglent sa voix.)

Me Berthon d'une voix émue: Vous comprenez Messieurs les jurés, que le souvenir de cette guerre horrible et de sa famille bien française fasse bien de la peine à mon client.

Après s'être reposé quelques instants, le docteur Ricklin continue: De l'autre côté il y avait le devoir qui nous appelait car malgré tout, nous étions des citoyens allemands par le traité de Francfort. D'un côté le cœur, de l'autre le devoir, qui parlaient.

Le 7 août la troupe française arrivait à Carspach. Il y eut une escarmouche et la troupe française eut soixante blessés. Le docteur Ricklin soignait dans ses établissements ces blessés, qu'il entretint avec son propre argent sans le secours des médecins militaires français.

Président Mazoyer: « A ce moment n'avez-vous pas envoyé une lettre au «Kaiser» pour exprimer vos regrets, de ne pas avoir pu voter les crédits de guerre.

Dr. Ricklin: «Pardon, cette dépêche a été envoyée par feu M. le chanoine Delsor. Quant à moi, j'ai voulu aller à Berlin, mais je n'ai pu dépasser Francfort. De là j'ai envoyé un télégramme d'excuse à Berlin en disant que j'aurais agi comme tous mes amis, sans exception.»

« Entre temps je suis rentré à Carspach et j'ai eu connaissance des actes de cruauté commis par les militaires allemands à St. Maurice, Bourtzwiller.

Indigné de ces actes odieux j'ai écrit une lettre de protestation à l'Empereur.» Dans cette lettre le Dr. Ricklin rend le Kaiser attentif au traitement injuste et dure, dont la population alsacienne était victime. «La troupe, écrit-il, agit comme en pays ennemi et comme si elle était entourée d'espions et de traîtres.»

Président. « Pourquoi, en février 1915 vous êtes vous engagé dans l'armée allemande?

Dr. Ricklin. « Oui, mais permettez-moi de vous rappeler, que je n'étais pas engagé comme médecin-major, comme c'est dit dans l'acte d'accusation, mais comme simple aide-major. En plus je me suis engagé non comme combattant, mais comme médecin. De cette façon j'espérais pouvoir circuler plus librement. Et en plus je ne voulais pas avoir à rougir devant la population du Sundgau, dont presque tous les hommes avaient été enrôlés. J'ai fait mon devoir, comme honnête homme.Enfin, je me suis encore engagé pour pouvoir passer au front, afin de constater personnellement, ce qui s'y passait. Du reste, mon geste de me faire enrôler dans l'armée, n'était pas reçu par le gouvernement allemand comme un acte patriotique. En effet, quand M. le notaire Kubler, intervint pour son père auprès de von Puttkammer, alors «Bezirkspräsident » du Haut-Rhin ce fonctionnaire dit: «Dr. Ricklin est de la même clique. Cela ne lui servira à rien de s'être camouflé sous l'uniforme allemand. Nous lui l'enlèverons déjà.»

Le Dr. Ricklin qui est très épuisé, il souffre toujours encore de son accident d'automobile, demande de pouvoir se reposer quelques instants. Le président profite de cette occasion pour passer aux jurés le dernier numéro de l'«Humanité», qui avait causé un incident très vif entre la défense et le magistrat.

Sur ce, la séance est levée et renvoyée à demain matin à 9 h. 15. Le Dr. Ricklin continuera son exposé.

━►─◇◄━

Deuxième journée — 2 mai

Séance du matin.

L'impression après la première journée, à la lecture des différents journaux, a quelque chose de particulier. On constate, en effet, que les journaux de Paris, à l'exception d'un petit nombre, quittent le ton de mépris et d'amertume, avec lequel ils parlaient des inculpés. Ils semblent commencer à comprendre que l'enjeu est tout autre et qu'on se trouve en face non pas de quelques fous ou de quelques bandits, mais en face d'un problème complexe, en face de l'histoire d'un petit pays, histoire mal comprise qui aboutit à l'exaspération d'une partie de la population par suite des agissements d'un Gouvernement qui semble tout ignorer de notre passé.

Nous avons constaté avec surprise que les journaux qui avaient le plus fait de bruit autour du procès, ont oublié de publier, hier, l'acte d'accusation, qu'on a lu si avidement dans notre édition spéciale. Craignent-ils que le public soit trop bien informé ou qu'il fût plus ou moins déçu en ne trouvant pas, dans cet acte, les griefs aussi nets et aussi solides qu'on l'avait affirmé? Toujours est-il que nous ne comprenons pas cette façon d'agir.

L'audience de ce matin a été ouverte à 9 heures. Le Président, Monsieur **Mazoyer,** lit les excuses qu'envoient certains témoins, tels le comte de Pange, l'abbé Dussère et d'autres qui viendront témoigner au cours de la semaine suivante. Dans un silence qui dénote une accalmie de la fièvre de la journée passée, et devant un public beaucoup moins nombreux, **M. Ricklin** continue à faire ses dépositions. Il s'excuse d'abord d'avoir, dans le feu de la discussion de mardi, prononcé des paroles qui ont dépassé sa pensée. Il avait dit notamment que « la bourgeoisie s'était vendue au Gouvernement. » « J'avais voulu dire, dit-il, que la bourgeoisie est à la dévotion du Gouvernement. C'est un fait qui est prouvé par les élections. Nous constatons, en effet, que l'Alliance Démocratique, qui groupe la bourgeoisie, a un nombre de voix qui dénote sa faiblesse ; or, l'Alliance Démocratique est, certes, le parti du Gouvernement. Mais cet incident n'a aucune importance sur l'ensemble du procès.»

Il revient ensuite sur son engagement comme médecin militaire dans l'armée allemande. Il avait envoyé à ce moment une lettre d'accompagnement au Chancelier. Dans cette lettre, il exprimait l'espoir que la guerre amènerait un résultat très heureux pour l'Alsace. Tout le monde put deviner ce que voulait dire cette phrase qui était à double sens. Il avait reçu en ce temps une lettre d'un rédacteur de Leipzig, autrefois à Guebwiller. Or, dans cette lettre, le rédacteur en question demandait à M. Ricklin de publier une lettre écrite dans un sens tel qu'elle puisse rendre service à ses compatriotes alsaciens évacués en Allemagne. M. Ricklin lui répondit qu'il lui conseillait de demander la lettre envoyée au Chancelier et de la publier. Voici comment le document qui joue un certain rôle durant ce procès est venu entre les mains de la justice. Tout le monde comprend aussi le but de cet écrit d'après ces explications.

Dans l'énumération de ses nombreuses interventions en faveur d'Alsaciens inculpés pour leurs opinions françaises, M. Ricklin dit le cas de M. le curé Blondé, actuellement à Fellering. Il fit de nombreuses démarches en sa faveur alors qu'il était à Carspach, mais il ne réussit point à le faire libérer; ce n'est qu'à l'arrivée momentanée des Français à Mulhouse que M. Blondé fut délivré.

Un nouvel incident se greffe en ce moment sur la demande que fait M. Ricklin de la lettre de remerciements que lui envoyait le Curé en question. On constate que les pièces sont très difficiles à trouver dans le dossier, et **Mᵉ Berthon** prétend qu'il n'existe même pas d'inventaire des dossiers sous scellés. Il demande au Président comment le jury pourra juger en toute impartialité une affaire dont il n'aura que des connaissances vagues. Il doit connaître les pièces du volumineux dossier. « Avec une ligne, dit-il, on peut pendre un homme. Il suffit qu'au dernier moment on produise cette ligne pour nous surprendre, et c'est ce que nous prévoyons. Voici pourquoi nous demandons que les accusés aient la liberté de revoir les pièces saisies chez eux durant les perquisitions. Qu'ils puissent s'en servir. La loi demande que les jurés aient connaissance des dossiers; il ne suffit pas qu'ils connaissent certaines pièces que le Procureur Général aura produites, il faut qu'ils les connaissent toutes ou qu'ils aient au moins la possibilité de les connaître toutes. Or, avec le désordre que nous constatons, il est évident que la chose est impossible. »

Photo : A. Vœgtli, Wintzenheim.

LA FOULE DEVANT LES ASSISES

Photo Christophe

LA SALLE DES ASSISES

M. Mazoyer intervient pour demander à M⁰ Berthon de ne pas insister et lui dit qu'il est disposé à lui accorder toutes les facilités pour mettre à profit les dossiers.

M. Fachot intervient personnellement et affirme que toutes les pièces

Mᵉ Berthon va plus loin et accuse M. Fachot de ne pas trop savoir ce qu'il veut faire et de ne pas déposer tout de suite les pièces qui pourraient intéresser les jurés. Il le met au défi de donner toutes les pièces inventoriées. Une altercation se produit

Photo : A. Vœgtll, Wintzenheim.

M. LE DÉPUTÉ RICKLIN

sont bien en règle et qu'il saura, le moment venu, en extraire les pièces qui ont de l'importance. Quand je parlerai, je produirai les pièces.

Sur quoi **Mᵉ Berthon** s'irrite et fait remarquer que c'était bien là le guet-apens qu'on leur préparait. Le Procureur Général sortira les pièces quand il parlera, ce qui veut dire quand les débats seront clos. Nous n'admettons pas ces agissements. Nous réclamons que les pièces soient produites d'avance, que nous puissions les examiner.

M. Fachot lui promet qu'il ne sortira rien qui ne soit dans le dossier et qu'il ne puisse contrôler.

avec le secrétaire particulier de M. le Procureur.

M. Fachot répond à Mᵉ Berthon que l'instruction a été close en quatre semaines et que cela prouvait bien qu'on avait de l'ordre, bien que M. Mitton ait dit que, pour mener l'affaire comme il faut, il lui fallait six mois de plus.

Sur quoi **Mᵉ Berthon** répond que ce temps était beaucoup de trop. Les quatre semaines dont vous parlez étaient encore trop longues pour des innocents. D'ailleurs, M. Fachot, vous ne savez pas encore ce que vous voulez. Vous n'êtes pas sûr de votre affaire et vous ne savez si vous la plaiderez. (Sensation.)

M. Ricklin revient encore sur les nombreux services qu'il a rendus aux Alsaciens et il met à profit les dossiers qu'on lui avait mis entre les mains. Il leur rappelle l'exemple d'un paysan du Sundgau qui est venu demander pour pouvoir témoigner en sa faveur. M. Ricklin lui demande: « Mais sur quoi voulez-vous déposer ? — Sur ce que vous m'avez écrit au sujet de mon fils. »

Le paysan en question avait, en effet, un fils en France au commencement de la guerre et il demanda à M. Ricklin s'il fallait l'appeler en Alsace. M. Ricklin lui répondit que ce n'était point la peine, qu'il valait mieux le laisser où il était et que l'Allemagne avait assez de soldats.

Durant son séjour

à CARSPACH

M. Ricklin est intervenu à de nombreuses reprises pour faire libérer des personnes arrêtées par les autorités militaires. Il cite l'exemple d'un guet-apens préparé à la population par un soldat qui avait prétendu avoir été blessé par la population. Il portait en effet une blessure à la main. Le Dr. Ricklin demanda à examiner personnellement la plaie et put constater qu'il s'agissait d'une blessure faite par une arme à feu, à une courte distance; il fut prouvé que l'individu s'était blessé lui-même. Grâce à cette intervention, la population ne fut pas évacuée.

Sur dénonciation de personnes privées, trois hommes, M. Acker, MM. Burtschell et Weiss de Cernay avaient été emprisonnés et furent jugés. M. Ricklin fit des démarches directes auprès du général Gaedé, à Fribourg. M. Burtschell et M. Weiss furent acquittés grâce à son intervention, tandis que M. Acker fut condamné et interné en Allemagne. Durant tout son internement, M. Ricklin s'occupa de lui, mais M. Acker, qui fut nommé juge, ne semble pas s'être souvenu de son bienfaiteur. (M. Acker est en réalité

conseiller à la Cour d'Appel de Colmar, actuellement délégué au tribunal supérieur de la Sarre.)

Il cite son intervention en faveur d'une soixantaine de dames françaises qui étaient restées à l'établissement de Sonnenberg et qu'il put rapatrier en France en les accompagnant lui-même jusqu'en Suisse. Il lit une adresse de remerciements signée par elles envoyée du territoire suisse, ainsi que les lettres qu'elles lui envoyèrent plus tard.

On en vient au

procès Brogly

M. Brogly, membre du Landtag, était accusé dès 1914 d'avoir communiqué des renseignements à des officiers français au sujet des fortifications du Istein. Ces dénonciations avaient été faites par un véritable fou et on se demande comment les Allemands ont pu recevoir de pareils témoignages. Tout le monde sait d'ailleurs que M. Brogly n'avait rien de neuf à apprendre aux Français, qui étaient suffisamment renseignés sur un fort aussi proche.

M. Ricklin fut appelé à défendre son ami Brogly, ce qu'il fit avec enthousiasme. Le tribunal était présidé par M. Schott, conseiller de guerre, que l'on avait surnommé « la terreur de Mulhouse ». Or, ce procès tourna au désavantage de M. Ricklin, car on s'en prit à sa personne en raison de ses témoignages. On lui reprocha notamment d'avoir parlé habituellement le français et d'avoir dit, dans une conversation avec M. Brogly, qu'on pouvait envisager le retour de l'Alsace à la France, mais, qu'au point de vue religieux, l'Alsace n'avait rien à gagner à ce retour. On lui reprocha également d'avoir eu des relations suivies avec MM. Wetterlé, Preiss et les autres députés francophiles.

M. le Dr. Ricklin demande le jugement de ce conseil de guerre, jugement qui a été trouvé pendant la perquisition chez M. Sturmel. C'est le seul extrait qu'on possède. Le document est passé à l'interprète, cependant que M. Ricklin continue à rappeler en détail son passé. Il avoue qu'il parlait sans cesse français avec sa femme qui avait été élevée à Paris. Certain jour, on lui reprocha même d'avoir exercé sa profession à Paris. Il est vrai qu'il avait alors un parent du même nom qui traitait à Paris de la médecine au point de vue scientifique. (En parlant de ses souvenirs de famille, les sanglots étouffent la voix du Dr. Ricklin.) Le procès ayant eu une fin malheureuse, et M. Brogly ayant été condamné à dix ans de réclusion et à dix ans de perte de ses droits civiques, on suggéra à M. Ricklin de quitter le pays, parce qu'il s'était rendu impossible. Il avait même provoqué le Kriegsgerichtsrat Schott en duel, à la suite des perfides accusations lancées contre sa **personne**.

M. Ricklin, qu'on voulait d'abord envoyer en Russie, fut envoyé dans les Ardennes où il sut se rendre utile à ses compatriotes, aussi bien qu'aux Français, par de

nombreuses interventions.

On lui reproche d'avoir écrit une lettre à un soldat allemand dans laquelle il semonce vertement ce soldat. M. Ricklin explique qu'il s'agit d'une demande imprudente qui avait été faite par le quémandeur, demande qui dénotait beaucoup de lâcheté de sa part ainsi que la plus grande imprudence. Il lui suggéra assez énergiquement de faire son devoir comme tout le monde. « Pour une lettre pareille, dit-il, qu'on veut exploiter contre ma personne, je vous donnerai des poignées, des corbeilles (sic) de lettres de remerciements que j'ai à mon domicile à Dannemarie. »

Mais de nouveau M. Ricklin sent le besoin d'appuyer sur la logique de sa conduite et la loyauté de tous ses actes. « Je considère, dit-il, un serment politique comme une chose sacrée, et qui est aussi saint pour moi que tout autre serment. Tant que je n'étais pas délié du serment que j'avais fait au Gouvernement, je ne pouvais agir librement, mais dès le jour où je fus définitivement libéré de ce serment, j'ai demandé la séparation. J'ai toujours tenu la parole que j'ai donnée, et j'y tiens encore. (Cette affirmation est diversement commentée par les auditeurs.)

M. Ricklin en arrive à

la période de 1916

et parle de ses relations avec l'**abbé Haegy**. « C'est l'homme que je respecte le plus en Alsace-Lorraine, dit-il, c'est un ami que j'ai toujours estimé. » Etant président du Conseil général, l'accusé prononça un discours en faveur de Preiss. Il s'était entendu avec l'abbé Haegy pour relever les grands services rendus aux Alsaciens par cet excellent compatriote. (Lui-même s'était fait proposer par l'abbé Haegy comme président du Conseil général, afin de pouvoir agir plus efficacement contre le préfet von Puttkammer.) Durant le discours qu'il prononça et qui portait une note très loyale et très personnelle, le préfet était très énervé et M. Ricklin n'attendait que l'occasion de l'apostropher vertement, mais il se contint. Un peu plus tard, il refuse, comme Président du Conseil général, de faire une déclaration de loyalisme à l'Allemagne. M. Ricklin lit les discours en allemand à voix haute et très distinctement. Le discours fait impression. (M. Preiss, député au Reichstag, est mort en exil en 1916.)

Dans une autre session, M. Ricklin avait même fait entendre qu'il rendrait le Gouvernement responsable des mesures prises par les hauts fonctionnaires du Reich en Alsace, car ceux-ci montraient une veulerie sans pareille devant l'autorité militaire, laissant la population sans défense devant elle.

L'interprète lit ensuite la condamnation de M. Brogly, en allemand, et la traduit en français. Nous y voyons qu'on prend M. Ricklin à partie en raison de ses dépositions. On reproche à M. Brogly d'avoir parlé le français au moment où il avait la direction de l'hôpital militaire de Riedisheim. Après la lecture de ce document, la

Cour suspend l'audience pendant dix minutes.

A la reprise de la séance, M. Ricklin aborde un nouveau thème en parlant de ses

interventions
en faveur de M. Tempé

ami intime de MM. Wetterlé et Helmer. Comme agent électoral de M. Wetterlé, M. Tempé était mal vu des Allemands et devait être destitué comme conseiller du « Armenrat ». Plus tard, il fut acquitté d'emblée grâce à l'intervention énergique et aux témoignages rendus en sa faveur par M. Ricklin au Reichsgericht. Il rend honneur à la fidélité de cet ami et au courage qu'il montra en lui rendant visite alors qu'il était exilé à Kehl, en 1919. Mais il décrit longuement les tiraillements qui eurent lieu entre M. Haegy et Puttkammer à cause de Tempé alors que M. Ricklin était en Allemagne. Lorsque M. Ricklin revint, il le défendit personnellement avec la même méthode, et ils obtinrent qu'il restât vice-président du Conseil général. On s'abstient d'élire un nouveau président. M. Ricklin rappelle que M. von Puttkammer avait fait pression envers plusieurs membres du Conseil général pour les forcer à donner leur démission en signe de protestation contre les agissements de Ricklin et de Haegy.

Le Dr. Ricklin déclare ensuite que dans tous ces discours, qu'il a prononcés durant la guerre, il n'avait qu'un seul but: sauvegarder les intérêts de la population alsacienne, qui souffrait sous le joug de la « soldatesque prussienne » ; puis alléger le sort de nos pauvres soldats alsaciens, qui faisaient sous des circonstances tout à fait pénibles et extraordinaires leur service dans l'armée allemande. Jamais même pendant les années 1914-1918, déclare le Dr. Ricklin, l'Alsace aurait voulu un changement politique au prix d'une guerre si cruelle.

Et le député d'Altkirch de s'écrier: Qui du reste aurait voulu prendre cette lourde responsabilité sur ses épaules ? Cette pensée fut de tout temps et toujours l'idée fondamentale de mon discours. C'était du reste mon devoir de représentant de la population d'Alsace-Lorraine de parler ainsi. Ensuite le Dr. Ricklin souligne, qu'il avait toujours pris la responsabilité de toutes ses paroles. Aucun de ses amis n'était engagé par lui. Il leur a même dit : Si la guerre prend une issue en faveur de l'Allemagne, je sais que vous vous souviendrez de moi. Mais, si c'est la France qui remporte la victoire, vous n'avez qu'à me lâcher. Eh bien! Ils m'ont tous trahi, ils m'ont tous lâché!»

Et pourtant dans toute ma lutte avec le gouvernement allemand, j'avais toujours une seule intention:

opposer un rempart infranchissable aux efforts de la germanisation de l'Alsace.

Plus d'une fois on voulait départager l'Alsace, en l'annexant soit au Grand Duché de Bade ou à la Prusse. Les Badois ne voulaient pas de nous, et nous n'avons jamais pensé à devenir Prussiens. Aussi avons-nous carrément refusé d'accepter en Alsace-Lorraine un prince de la famille impériale comme administrateur. Comme la question se posait en ce moment, et pour éviter trop de difficultés, nous nous étions déclarés prêts à accepter un prince de la maison catholique des Wittelsbach alors régnant en Bavière. Nous avions du reste, à ce sujet, des entretiens en 1915 et 1916 avec MM. Hertling et Held. Quant aux Lorrains, ils ne tenaient pas à rester unis à l'Alsace! Ils demandaient, pour des raisons économiques, à être rattachés à la Prusse. De cette façon les représentants de la population de la Lorraine espéraient pouvoir obtenir les subsides, nécessaires à la construction du « grand canal lorrain ».

Enfin en octobre 1918, les Allemands nous offrirent une nouvelle fois l'autonomie. Cela ils le firent chaque fois que leurs affaires marchaient mal sur les différents fronts. Le député Hauss eut une entrevue avec le socialiste Bœhle à Berlin.

Le Dr. Ricklin déclare: **Ce qui est dit dans l'acte d'accusation, que j'étais invité à cette entrevue, est absolument faux.**

Je n'en savais absolument rien, et j'étais absent de Berlin.

Quand je suis arrivé à Berlin mi-octobre, un représentant du gouvernement me dit: Maintenant vous Alsaciens-Lorrains, vous pouvez être contents, vous avez l'autonomie complète, M. Schwander sera Statthalter de Strasbourg et le député Hauss secrétaire d'Etat.

Sur cette déclaration, et sans être invité par le ministre Lewald, le Dr. Ricklin alla le trouver pour avoir confirmation de cette nouvelle. Il lui demanda: Quel est le but de ce revirement, tout à fait inattendu. Le ministre lui répondit: Nous voulons changer l'opinion de la population d'Alsace-Lorraine, qui en ce moment est en notre défaveur.

Le Dr. Ricklin refuse l'offre de l'Allemagne

Et le député au Reichstag de lui répondre: « Le temps est passé, pour vous. Vous ne retiendrez plus l'Alsace-Lorraine. Si vous espérez gagner les Alsaciens de cette façon, vous faites fausse route.

Le ministre: Pourtant on m'a assuré qu'en cas de plébiscite, 75% des Alsaciens-Lorrains voteraient pour l'Allemagne.

Dr. Ricklin: M. le Ministre, on vous a trompé. Actuellement, au moins 75% de notre peuple voterait pour la France. Nous n'acceptons pas cette autonomie.

Le Dr. Ricklin allait trouver l'abbé Haegy, qui était encore le seul, qui défendait avec lui les vrais intérêts de la malheureuse population d'Alsace-Lorraine. On décida de refuser carrément l'offre du gouvernement prussien.

Et quand le 22 octobre 1918 le chancelier Marx von Baden annonçait du haut de la tribune du Reichstag, que l'autonomie d'Alsace-Lorraine était un fait accompli, M. Ricklin lui répondit au nom des parlementaires alsaciens.

Le Dr. Ricklin veut lire le discours en allemand.

Président: Je vais faire traduire si vous voulez.

M. Ricklin: Non, je veux lire moi-même; c'est mon œuvre et j'en suis fier encore aujourd'hui.

Le Dr. Ricklin lit son discours en allemand.

Après la traduction par l'interprète la séance est levée à 11 h. 50 pour être reprise à 2 h. de l'après-midi.

Séance de l'après-midi.

La séance est reprise à 2 heures; elle a commencé par un incident. La défense tenant à avoir en main un texte intégral et complet de tout ce qui est dit dans la salle a fait venir un sténographe. Mais il paraît qu'il n'y a pas de place pour lui.

Une discussion assez véhémente s'engage entre M. Mazoyer et les avocats Berthon et Jaeglé. La défense l'emporte, le sténographe reste dans la salle et s'installe à la table des huissiers.

**

Avant de continuer son « histoire d'Alsace », le député d'Altkirch proteste avec la dernière énergie contre une phrase qui se trouve dans le rapport de M. Mitton. « Jamais, dit-il, je n'ai dénoncé des parlementaires alsaciens à Berlin, jamais de ma vie je n'aurais été capable de commettre un acte aussi lâche. »

**

Au début du mois de novembre, le Dr. Ricklin revint de Berlin à Strasbourg où il rentra avec la ferme intention de faire un coup d'Etat pour détacher l'Alsace de l'Allemagne. L'empereur était déchu, l'armée allemande battue, l'Allemagne n'avait plus de droit sur l'Alsace. Les quelques parlementaires strasbourgeois, entre autres M. Delsor et le socialiste Peirotes se réunissent et constituent

le « Conseil national d'Alsace ».

On prévoit un nouveau gouvernement alsacien et le Dr. Ricklin est chargé de prier le Statthalter Schwander et le secrétaire général Hauss de se retirer. Il fallait agir vite. Le *Soldatenrat* s'était formé et les révolutionnaires tenaient la ville de Strasbourg en leurs mains. Le lendemain le Conseil National se déclare gouvernement provisoire de l'Alsace-Lorraine. On forme le gouvernement avec le plus de socialistes possibles pour ne pas exciter les révolutionnaires. Mais les événements se précipitent et bientôt les troupes françaises entrent à Strasbourg. Tous les fonctionnaires allemands étaient restés à leur poste ; le Dr. Ricklin les avait invités à y rester leur donnant sa parole de les protéger. Il ne put la tenir, tous furent expulsés. Beaucoup même auraient été traités d'une façon regrettable. Arriva comme administrateur délégué du gouvernement français, M. *Maringer*. Celui-ci au lieu de consulter le Conseil National qui réunissait les représentants élus du peuple alsacien l'ignora complètement.

Le Gouvernement français avait fin novembre 1918 suggéré au Conseil National, dont lui, Docteur Ricklin, était le président, de voter une déclaration d'adhésion à la France. Il en proposa la formule suivante: « **L'Alsace-Lorraine rentre dans le giron de la France avec la certitude de la sauvegarde de sa langue, de ses institutions religieuses, de ses particularités administratives et de ses intérêts économiques.** »

Cette formule fut rejetée par la majorité du Conseil. Ce fut là une grande faute. La France aurait certainement accepté cette déclaration dans la forme proposée par le Dr. Ricklin et nous aurions eu par là une charte, qui nous aurait mis à l'abri de toute attaque contre ce que nous sommes obligés de défendre aujourd'hui. Il n'y aurait eu ni malaise, ni « Heimatbund », ni mouvement autonomiste, ni complot, ni procès de Colmar.

D'ailleurs il avait déjà déclaré en 1917 dans une réunion de la fraction du Centre alsacien-lorrain que comme catholique et Alsacien, il regardait le retour pur et simple de notre pays à la France comme très néfaste. Il ajoute que les événements ont prouvé qu'il avait raison.

Le Dr. Ricklin donna dans la séance, où sa formule fut rejetée, sa démission comme président du Conseil National et proposa comme son successeur M. l'abbé Delsor. Sur sa proposition fut nommée ensuite une commission pour la rédaction de la déclaration d'adhésion, qui ne parla que de « respect des croyances et des traditions » des Alsaciens-Lorrains. Cette déclaration fut lue et acceptée dans la séance plénière du 5 décembre 1918, la dernière du Conseil National. Le Dr. Ricklin regrette qu'une formule précise ne fut pas acceptée par le Conseil National.

Et le Dr. Ricklin continue :

Mais personne en Alsace, entendez-vous, messieurs, personne ne songe à séparer l'Alsace de la France. Nous sommes Français et nous le resterons.»

(Bravo! Bravo!)

Dans la salle on entend quelques cris d'approbation. Le président demande le silence.

Me Berthon proteste, vu que c'était une action de patriotisme.

La séance est suspendue pour quelques instants. A la reprise, le Dr. Ricklin continue : «Nous tous Alsaciens, nous sommes des Français convaincus, nous ne voulons plus redevenir allemands. Mais nous ne haïssons pas l'Allemagne, nous ne voulons plus de guerre, au contraire nous demandons la réconciliation complète des deux nations, qui réunies, marcheraient non seulement à la tête de l'Europe, mais à la tête du monde entier.»

Rentré à Dannemarie le Dr. Ricklin est bientôt cité devant la commission de triage. Il est accusé d'être un « mauvais Alsacien». Parlant de la *commission de triage*, l'accusé dit, que c'est l'institution la plus honteuse, que nous n'ayons jamais vu en Alsace. Au lieu d'agir selon les préceptes du chef de la République:

« Faites aimer la France »,

les commissions de triage firent juste le contraire. Le député d'Altkirch souligne ici le rôle néfaste que certains revenants ont joué durant les premiers jours du retour, il est convaincu que la faute n'incombe pas au gouvernement.

Bref, le président de la commission de triage d'Altkirch un certain M. Pailhé dont on parlait récemment de nouveau à Grenoble (c'est le fameux magistrat, qui a interdit à un substitut de plaider, parce qu'il est dans sa vie privée président de l'association de la jeunesse catholique française), déclara à M. Ricklin, que des sanctions seront prises contre lui.

Et quelques jours après, l'administrateur de la circonscription d'Altkirch, M. *Paul Jourdain*, lui transmit l'ordre d'expulsion.

Un autre membre fut un aubergiste de la région, qui, du temps allemand, était le pire germanisant du pays.

Président: Mais cela n'entre pas dans notre affaire.

Me Berthon: Ah si, cela gêne peut-être certaines personnes, mais il faut que tout soit dit.

AUTOUR DE L'AFFAIRE CAILLAUX

Quoique les maires et les curés du canton de Dannemarie, canton, qui depuis 1914 était occupé par l'armée française, adressèrent au haut commissaire Maringer une pétition en sa faveur dans laquelle ils relevaient, que si l'idée française avait été maintenue dans la région, ce n'était que grâce à son influence, il fut expulsé et interné le 17 mars 1919 à la tête du pont de Kehl en Bade, avec domicile forcé dans un village nommé Boteswaier où il fut retenu jusqu'en janvier 1920, jour où le traité de Versailles fut ratifié par le Parlement français. En juin, il fut conduit par deux soldats à Kehl au siège du quartier général et on l'introduisit dans une salle dans laquelle se trouvaient plusieurs messieurs en civil, dont l'un lui déclara être le rapporteur dans le procès intenté à M. Caillaux.

M. X.... dit être chargé de faire une enquête à ce sujet en Alsace. Le sens de ces paroles fut le suivant: « Il avait appris, que le Dr. Ricklin étant l'un des chefs de la fraction des députés alsaciens-lorrains au Reichstag, avait assisté aux conférences secrètes, que le chancelier Bethmann-Hollweg avait avec les chefs des différentes fractions pour leur donner des renseignements confidentiels sur la situation de la guerre. Or, il savait, que dans l'une de ces conférences le chancelier avait aussi parlé de M. Caillaux en employant à son sujet les paroles : « Caillaux ist unser Mann ». « Caillaux est notre homme ». Etant devenu Français, le Monsieur en question attendait du patriotisme du Dr. Ricklin, qu'il lui dise, ce qu'il avait entendu de M. Caillaux et que c'était de son devoir de prêter son concours pour faire jaillir la vérité dans cette affaire. Comme M. Ricklin ne répondit pas immédiatement et qu'il semblait très ému, M. Raoul Péret (car il apprit plus tard qu'il s'était trouvé en face de lui), dit, qu'il comprenait très bien son émotion, mais qu'il attendait de lui des renseignements sur cette affaire, dont il avait eu connaissance sous le sceau du secret, même s'il devait être pénible au député d'Altkirch de le faire.

Et le Dr. Ricklin de lui répondre, qu'il n'était point ému concernant la réponse, qu'il lui ferait mais par le fait qu'on semblait admettre de lui, qu'il était capable de trahir un secret.

Mais du moment qu'il pouvait dire la vérité sur les déclarations du chancelier concernant M. Caillaux sans l'accuser injustement, le Dr. Ricklin était prêt à rapporter les paroles de Bethmann-Hollweg. En effet, celui-ci avait déclaré, qu'il savait que M. Caillaux cherchait à mettre fin — comme d'ailleurs le Pape même — à la guerre et qu'il semblait, que ces efforts puissent aboutir. Il importait par conséquent, de ne pas attaquer Caillaux pour ne pas le décourager, mais aussi, que l'on ne le loue pas pour ne pas le rendre suspect auprès des Français. Jamais l'expression, « M. Caillaux est notre homme » n'a été employée par Bethmann-Hollweg et ni lui ni aucun autre député n'ont eu l'impression, que le chancelier voulait dire que les efforts de M. Caillaux étaient faits dans l'intérêt et sous l'influence de l'Allemagne. Nous étions par contre tous persuadés qu'il ne travaillait pour la paix que dans un but humanitaire.

Voilà le sens de la déposition que le Dr. Ricklin a fait à Kehl devant le rapporteur du procès Caillaux. Il apprit plus tard qu'un député au Reichstag alsacien aurait déposé devant la Haute Cour que l'expression: « Caillaux est notre homme » aurait été employée par le chancelier. Or, ce personnage n'a pas assisté une seule fo's à une de ces conférences, auxquelles son collègue décédé Hauss et le Dr. Ricklin seuls ont pris part et jamais le Dr. Ricklin, n'a fait à cet homme une communication pouvant lui permettre de faire une pareille déposition.

— ◦◦◦ —

Au moment des premières élections législatives, le Dr. Ricklin a demandé la permission de rentrer dans le pays. On la lui refusa sous prétexte qu'il représentait tout un programme. La Chambre ayant cependant ratifié le traité de Versailles M. Ricklin put enfin rentrer dans son pays natal. Il voulait se retirer de toute politique et à cet effet, il allait voir le Dr. Kleinknecht à Mulhouse pour se faire recevoir dans le syndicat des médecins. Le Dr. Kleinknecht lui promit, que cette admission sera réglée sous peu. Mais les ennemis personnels du Dr. Ricklin firent une opposition acharnée et il en sortit le fameux procès Dr. Ricklin contre Syndicat des médecins de Mulhouse, qui prit une fin qu'un des juristes les plus éminents de l'Alsace caractérisa par les paroles : « Le Dr. Ricklin est devenu la victime d'une erreur judiciaire. »

Parlant en détail du

« Malaise Alsacien »

l'accusé déclare que ce ne sont pas les autonomistes et le « Heimatbund», qui ont créé le malaise, mais ces organisations sont sorties du malaise. Celui-ci a commencé dès le premier jour de l'armistice, en vue des différends du bilinguisme des fonctionnaires, de l'école, de la nouvelle organisation de l'administration, la « classification » des Alsaciens en série .A B. C. selon leur origine.

L'accusé déclare, que dans le mouvement autonomiste, personne ne poursuit des tendances séparatistes.

Au contraire, le mouvement alsacien tentait de régler les intérêts particuliers de l'Alsace qu'en entente avec la France. Les Alsaciens défendent les intérêts eux-mêmes et l'étranger n'y a rien à voir Quant à

l'argent allemand

dont on a tant causé, je tiens à déclarer, que notre mouvement n'en a jamais touché la moindre somme et si on lui en avait offert on l'aurait refusé.

Si d'autre part on prétend que l'autonomisme mène nécessairement à la guerre, le Dr Ricklin tient à déclarer, que c'est juste le contraire. Si la France accorde à l'Alsace un statut régional la question d'Alsace-Lorraine ne sera plus jamais soulevée et la paix sera d'autant plus assurée. L'accusé rappelle à cette occasion le discours prononcé par Monseigneur Ruch à Nancy et déclare y adhérer complètement. Concernant la fameuse lettre du

« cadre de la France »

adressée à l'agent provocateur Riehl de Mulhouse, le Dr. Ricklin dit, que ce ne fut pas une déclaration de principe, mais une tactique pour évincer la pression continue de l'agent, qui dans ces lettres donna l'impression de vouloir séparer l'Alsace de la France. Du reste, le Dr. Ricklin a déclaré à M. Riehl formellement et par écrit qu'il déclinait toute tendance séparatiste et que la réforme de la constitution ne pourrait se faire qu'en entente complète avec la France. A la fondation du « Heimatbund », ce fut lui qui insista qu'on pose les revendications régionales tout en voulant rester englobé à la Mère-Patrie.

Malgré toute la loyauté du manifeste du «Heimatbund» la lutte commença bientôt et ce fut le fameux dimanche sanglant du 22 août 1926, à Colmar. Ce jour, le député d'Altkirch accompagné d'un invalide de guerre fût assommé et blessé par des civils en arrivant à la gare de Colmar et cela en plein jour. Jusqu'à présent, aucune enquête n'a été faite sur ces agressions. Le préfet M. Gasser avait connaissance de ce fait. Il n'a rien fait. Mais le grand coupable ce fut un autre, qui aujourd'hui a trahi honteusement M. Gasser lui-même. Protestant d'une phrase contenue dans l'enquête de M. Mitton disant que M. Ricklin était devenu l'ami de Zadock, parce que ce dernier était «sans scrupule» l'avocat Jaeglé rappelle qu'on avait arrêté Zadock dans le Palatinat qu'on l'avait ensuite fait passer la frontière et aujourd'hui il est à nouveau accusé et dit « en fuite ».

Le Dr. Ricklin dit ensuite que le patriotisme ne s'inculque pas d'un jour à l'autre, comme on change une chemise, mais qu'il faut avoir de la patience avec la grande masse des Alsaciens « Attendez deux ou trois générations et l'Alsace sera aussi patriote que la France toute entière».

jourd'hui encore dans l'intérêt du peuple alsacien. On l'a incarcéré pour empêcher sa candidature. Il a été élu, quand même. Son crime serait d'avoir trop aimé sa petite patrie. Le «Heimatbund» n'a jamais pensé combattre le gouvernement par la force, telle que l'« Action Française » l'a déjà fait à plusieurs reprises. On ne demandait qu'une réforme honnête en collaboration avec la France.

Il montra ensuite la fameuse affiche dans les couleurs allemandes pour prouver de quelle façon on travaille. L'affiche avec une photographie de l'automobile qui s'est jetée dans la rivière de Hagenbach

Photo Christophe.

M le Président MAZOYER

Le président trouve que par cette remarque, le docteur Ricklin aurait insulté les Alsaciens tombés dans les rangs français.

La défense proteste, mais une fois de plus le Président rappelle que toute manifestation est interdite.

L'avocat général dit que sa patience est grande, mais qu'il ne permetttra pas de continuer sur ce ton. S'adressant à Me Berthon, il dit au défenseur: Je vous dis: Halte-là....

Me Berthon: Vous n'avez pas à me dire halte-là. Si vous voulez entendre des choses plus graves, vous pouvez continuer.

Le Dr. Ricklin termine enfin en disant qu'il attend en toute tranquillité les fameux «documents» annoncés par le Procureur Général. Il est à la tête d'un mouvement politique et non d'un complot. Il était autonomiste avant 1918 et il est au-

est montrée aux jurés. (Ces affiches furent collées la veille des élections dans l'arrondissement d'Altkirch par des jeunes gens de Mulhouse venus en auto. Poursuivis par des amis du Dr. Ricklin, l'auto, une 40 Ch. « Voisin » capota dans un fossé de Hagenbach.)

Et le Dr. Ricklin de s'écrier: « J'ai été élu par la population alsacienne, comme son représentant, et je garderai aussi longtemps mon mandat, que le peuple me donnera sa confiance, afin de servir ma chère terre d'Alsace, ce pays pour lequel j'ai tant souffert.»

Le dernier incident de la journée.

Au moment que le président veut lever la séance, Me André Berthon demande la parole. Il dit qu'on peut être un homme très honorable, même quand on etait avant et pendant la guerre officier allemand et quand on a peut-être prononcé des discours en faveur de l'Allemagne où par exemple aux fêtes du Kaiser. M. le juge Coen, qui assiste M. le président Mazoyer se trouve dans le même cas. En effet, l'avocat lit un discours, que le dit juge a prononcé le 27 janvier 1918 dans la salle des Catherinettes à Colmar. M. Coen déclara que l'Alsace ne veut pas de « libération par nos ennemis. » Mais, il déclare qu'il n'en veut faire aucun grief à M. Coen Il ne veut que constater que M. Ricklin se trouve dans le même cas et que dans l'enquête du juge d'instruction on fait des reproches très graves pour ce fait à l'accusé Il dépose ensuite des conclusions demandant, s'il ne valait pas mieux, que M. Coen se retire comme assesseur, ou qu'il avoue officiellement la loyauté de M. Ricklin.

Cette déclaration fit sensation. Mais tous les Alsaciens qui ont vécu avant la guerre dans notre pays, ne s'étonnent point de ce fait. Combien d'autres ne se trouvaient-ils pas dans le même cas? M. Ricklin tient lui-même à déclarer, qu'il n'en fait nullement un grief à M. Coen au contraire lui aussi, il a passé par là. Il a toute confiance en son juge, qu'il connaît comme un honnête homme.

Le président regrette, que la défense ait recours à des procédés pareils. Tous les juges sont Français à n'importe quel endroit, qu'ils soient nés. M. Fachot dit, si M. Coen était officier allemand, il a fait son devoir, il était jeune, il n'a pas connu la France. Mais depuis le premier jour de l'armistice il a été un bon Français et si l'on a à choisir entre M. Coen et «un Ricklin», on n'hésite pas. Le procureur serre la main de l'assesseur de M. Mazoyer.

Me Berthon : M. Fachot, vous n'avez pas le droit de dire «un Ricklin » C'est un très honnête homme, un représentant du peuple alsacien, un collègue à moi je le chéris (et en serrant la main de M. Ricklin) il vous vaut...

M. Fachot bondit et demande des réquisitions contre l'avocat pour «outrages à magistrat ».

Tumulte énorme dans la salle. On discute, on gesticule, la Cour se retire après que Me Berthon avait encore constaté qu'il n'y avait pas de procès-verbal de cet incident, et qu'il n'avait pas l'intention d'offenser le ministère public.

La cour délibère plus d'une demi-heure et en revenant, elle rejette les conclusions de Me Berthon, qui en dépose de nouvelles

Finalement M. Berthon dans l'intérêt de la cause, qu'il défend cède et fait ses excuses au Procureur.

L'incident est clos. La séance est renvoyée à demain matin.

———— ►◄◇►◄ ————

Troisième journée — 3 mai

Séance du matin.

La troisième journée s'ouvre dans une atmosphère de fatigue et de méfiance réciproques. La scène de mercredi soir a brisé quelque chose de l'entente cordiale qui existait entre la Cour, l'Avocat général et la Défense, et c'est sous cette impression que commencent les débats. Les journalistes s'attellent à leur tâche comme à une tâche quelconque fatigante et sans issue.

En ouvrant la séance, le président, **M. Mazoyer**, donne lecture d'une lettre reçue d'un individu d'Allemagne dans laquelle l'intéressé explique qu'ayant envoyé de l'argent à la « Zukunft », il lui fût renvoyé sous prétexte qu'on n'acceptait pas l'argent allemand.

Me Jaeglé se lève le premier pour demander qu'on suive dans les débats un plan ferme, qu'on ne crée pas une atmosphère défavorable aux accusés et qu'on précise le lien qui rattache chaque pièce au complot. Il demande énergiquement qu'on ne dévie pas du but principal du procès qui est de prouver l'existence du complot et qu'on laisse en marge tout ce qui ne se rattache pas au complot proprement dit.

Le **Président** lui promet de diriger les débats dans ce sens.

Me Jaeglé, très difficile sur ce point, insiste longuement pour faire comprendre aux jurés que tous les débats devront se borner à faire discerner ce qui est punissable de ce qui est fait pour colorer l'accusation.

Mᵉ Fourrier soulève un incident en donnant aux jurés et à la Cour lecture d'une grande affiche verte destinée à être lancée en Alsace et dans toute la France. Cette affiche contient des termes outrageants pour les accusés. On y parle de ficeler ces cochons de Boches et de les transporter de l'autre côté du Rhin. Or, par ces cochons de Boches, on désigne les députés Ricklin et Rossé. L'affiche est signée Herbelin, officier d'aviation, Belfort. Mᵉ Fourrier, d'un ton pathétique, s'élève contre de pareils procédés qui sont une provocation au meurtre.

« Il y a treize ans, jour par jour, dit-il, que, combattant moi-même au pied du Hartmannswillerkopf et dans la vallée de Dannemarie, j'ai été blessé et j'ai versé mon sang au sens propre du mot, et je dis ceci non pas par gloriole ni par vanité, mais par amour de la stricte vérité, pour l'Alsace et pour ceux que je viens défendre ici aujourd'hui. Ces anciens combattants qui parlent ce langage de provocation et de haine inassouvie, ne représentent qu'une infime minorité qui nous poussera tôt ou tard à une nouvelle guerre. J'y vois des menées lâches, indignes, une véritable provocation, et nous demandons à la Cour des poursuites contre les responsables. L'affiche a été apposée sur les murs de Mulhouse et de Colmar, le Procureur général doit en avoir connaissance, et je demande au Procureur, s'il en a connaissance et s'il n'est pas disposé à donner une suite quelconque a cette provocation. »

M. Mazoyer remarque que cet incident n'a rien à faire avec les débats.

Mᵉ Jaeglé lui répond : Vous nous faites grief d'avoir créé des troupes de protection, MM. les jurés constateront que, dans le cas, on en aurait bien besoin.

D'autre part, **M. Fachot** affirme qu'il n'a pas, jusqu'ici, connaissance de cette affiche, et que la Cour est incompétente pour organiser des poursuites. En conséquence, il considère l'incident comme clos.

Mᵉ Fourrier lui répond : Nous déclinons d'ores et déjà tout incident qui pourrait survenir au cours des débats. (Durant une petite interruption de séance, la défense dépose des conclusions à ce sujet.)

L'interrogatoire de **M. Ricklin** commence.

M. Mazoyer : Vous étiez, depuis 1920, inactif dans la vie politique. En 1924, vous recommencez à faire de la politique en vous occupant de la « Zukunft ». Expliquez-nous comment vous êtes entré en relations avec ce journal et quelle a été votre influence sur cet organe.

M. Ricklin : Comment cette question est-elle en rapport avec le complot ? Il n'y aucun rapport.

M. Mazoyer insiste pour avoir une réponse, mais il lui fait remarquer qu'il n'y tient pas d'une façon absolue et que la liberté est laissée à l'accusé de répondre.

La **Défense** intervient pour faire remarquer que réellement c'étaient bien là des à-côtés destinés à colorer l'affaire.

Après d'assez longs tiraillements sur ce thème et après que **M. Ricklin** eut fait remarquer à plusieurs reprises que ces questions n'avaient rien à voir avec le complot, il se décide à répondre franchement, car il n'est pas dans ses habitudes de tergiverser ni de mentir, et il commence ses explications.

« A la fin de 1924, en lisant la « Zukunft », j'ai commencé à m'occuper du mouvement que défendait ce journal, et c'est, je crois, par l'intermédiaire de l'instituteur Wurtz que j'en suis devenu lecteur et que, plus tard, j'ai même écrit des articles dans ce journal, articles que tout le monde connaît »

Le Président : MM. Rossé et Pinck ne sont-ils pas intervenus auprès de vous pour une collaboration ?

M. Ricklin : Je crois que oui. Mais je vous fais remarquer, M. le Président, que vous me faites répondre à des questions que je ne connais pas à fond. Je ne vois pas trop quelles relations ces questions ont avec le complot.

Le rôle du Dr. Ricklin dans la fondation du Heimatbund

Le Président insiste pour lui demander des explications sur la fondation du Heimatbund.

M. Ricklin : Nous nous sommes d'abord rencontrés à l'Hôtel Monopole à Strasbourg, dans une réunion préparatoire où l'on décida de se réunir plus souvent pour défendre nos idées. La constitution eut lieu au Luxhof, le lundi de Pentecôte 1925. Dans cette réunion, il y eut la discussion du manifeste du Heimatbund, dont MM. Keppi, puis Roos furent secrétaires.

Le Président : N'avez-vous pas discuté, dans ces réunions, la question du « cadre de la France », et quelle était votre attitude.

M. Ricklin: Nous avons, en effet, discuté sur la nécessité du mot « cadre » dans notre manifeste, et j'ai personnellement insisté pour voir figurer ce mot dans notre manifeste, car j'estimais ce mot indispensable pour ne pas nous exposer à des poursuites, comme je le dis d'ailleurs dans une lettre bien que, au fond, je le jugeais inutile, étant entendu que notre intention était de rester dans ce cadre Encore était-il de notre prudence de le dire, contrairement à ce qu'ont prétendu plusieurs des assistants Le même mot figurait d'ailleurs dans notre proposition d'autonomie d'avant-guerre, dans laquelle il était dit que l'Empire allemand encadrait les autres Etats (umrahmen). Nous avons donc demandé, dans ce programme que vous connaissez, l'autonomie administrative et législative, qui n'est en somme que la reconstitution de notre proposition de 1911.

Le Président : Si vous demandiez ces deux choses, autonomie administrative et législative, c'est-à-dire le droit de faire des lois en dehors du Gouvernement français, que restait-il à la France ?

Dr Ricklin : Nous voulions évidemment faire nous-mêmes nos lois, mais sans nous séparer de l'Etat.

M. Mazoyer précise : Vous laissiez donc à la France le droit d'assurer la sécurité publique de l'Alsace et de mener la politique extérieure ?

M. Ricklin : Oui, telle était à peu près notre pensée.

Les lettres à l'agent provocateur Riehl

Le Président demande ensuite à faire lire la lettre écrite à M. Riehl, le 12 Mars 1926, dans laquelle il est parlé du fameux cadre, lettre qui a été publiée d'ailleurs par le « Journal ».

La Défense demande immédiatement l'original, car elle craint la falsification. Comme on ne trouve pas immédiatement l'original, et sur les instances du Président, on lit la reproduction Tout le monde sait que, dans cette lettre, le Dr Ricklin affirme que le cadre n'est « qu'une façade que nous serons obligés de lâcher le moment venu » Cette lettre a été écrite antérieurement à la formation du Heimatbund, fait remarquer le **Dr Ricklin**, et mon attitude dans la discussion du manifeste prouve que telle n'était pas ma pensée.

M. Mazoyer : Votre pensée n'était donc pas telle que votre lettre l'exprime, et pourtant vous disiez que vous ne mentez jamais

Dr. Ricklin: En effet, je ne mens jamais, mais entendez mes explications et vous comprendrez qu'il ne s'agit pas ici d'un mensonge. Mes sentiments n'étaient nullement ceux qu'on veut lire dans cette lettre. Il faut savoir que je me trouvais en face d'un jeune homme exalté, que je ne voulais pas éloigner en le contredisant trop brutalement Ses idées étaient exagérées et fantastiques, et je voulais le rendre à la raison peu à peu en laissant agir le temps et les événements.

M. Ricklin demande à lire ensuite une lettre adressée à M. Millerand lorsqu'il était exilé au pont de Kehl. Cette lettre prouve ses véritables convictions sur le problème de l'autonomie tel qu'il le comprenait. D'autres écrits, dit-il, prouvent que je n'ai pas changé d'une ligne dans mes opinions à ce sujet Il répète avec force que le cadre était pour eux une chose évidente, qu'on ne pouvait se passer de lui et que toute la discussion roulait sur l'opportunité de la mention de ce terme.

On fait ensuite lire une lettre assez longue, datée du 3 Mai 1926, dans laquelle M. Ricklin parle de la création d'un journal qui réunirait les lecteurs catholiques et protestants, de la création d'un front unique des hommes de tous les partis professant les mêmes idées autonomistes, et groupant surtout les fonctionnaires. Il insiste sur le besoin d'attirer à eux les fonctionnaires. On y trouve la phrase suivante : « Nous risquerions de nous faire traduire devant les Assises, si nous permettions de laisser de côté les termes « dans le cadre », car, n'étant pas un parti politique comme les communistes, qui cependant demandent le séparatisme pur et simple, nous ne pouvons aller aussi loin, car si réellement nous étions traduits devant les Assises, étant donné la partialité des tribunaux français en cette matière, nous risquerions d'être envoyés à Cayenne sans pouvoir compter sur l'intervention d'un parlementaire d'aucun parti » Il affirme, dans cette lettre, que le mot cadre est pour lui-même ridicule.

Le Président lui demande pourquoi il est ridicule ?

Le député **Ricklin** lui répond que l'autonomie ne peut se comprendre autrement que dans le cadre d'une grande nation, et voici pourquoi le mot est superflu et se comprend de lui-même.

M. Mazoyer lui pose une question insidieuse : Dans quel but cherchiez-vous donc à attirer à vous les fonctionnaires ? C'était sans doute pour avoir entre les mains les rouages de l'Etat et pour mieux pouvoir agir dans votre sens ?

Le lion du Sundgau bondit à cette demande: « C'était la dernière de mes pensées ! insiste-t-il, je savais qu'il existait un mécontentement parmi les fonctionnaires, je savais qu'ils étaient autonomistes par eux-mêmes, sans que nous fassions de la propagande auprès d'eux, et qu'ils se joindraient à notre mouvement pour y trouver de la protection contre le fonctionnarisme français qui tente d'envahir notre pays. »

M. Mazoyer : Vous prévoyiez qu'en omettant « le cadre de la France », vous vous exposeriez à des poursuite ?

Dr Ricklin : Je ne voyais en effet, d'autre moyen d'évolution pour notre mouvement que dans le cadre légal, puisque nous n'étions pas un parti.

Et M. Ricklin de protester contre ces questions insidieuses : « Vous me parlez comme à un criminel qu'on veut à tout prix faire condamner. Vous voulez créer des charges qui n'existent pas ! »

M. Mazoyer fait remarquer à M. Ricklin que ce sont exactement ces mots de « cadre de la France » qui peuvent le sauver. Il fait encore allusion au procès Ferrette-Ricklin, dont il est question dans cette lettre, et il demande des explications sur ce point et les motifs de sa défiance envers les tribunaux français.

Les avocats expliquent qu'il s'agissait d'un procès qui devait être plaidé le Vendredi-Saint, et qu'en Alsace c'était là chose défendue. M. Ricklin n'ayant pu y assister personnellement, fut condamné par contumace. Plus tard, un arrangement eut lieu entre MM. Ferrette et Ricklin.

Après épuisement de ce thème, la séance est suspendue.

A la reprise de l'audience, des conclusions sont déposées par la défense pour que des poursuites soient organisées contre les responsables de la fameuse affiche dont il était question plus haut, poursuites basées sur l'excitation au meurtre. Elles insistent sur le fait que le Parquet général ne trouve aucune parole pour flétrir ces agissements, qui pourraient nuire à la marche des débats.

M. Mazoyer donne à la défense l'assurance que les conclusions sont acceptées et M. Fachot fait remarquer que si dans la circonscription de Colmar, cette affiche sera trouvée, procès-verbal sera certainement dressé à ses auteurs et des poursuites seront engagées. La défense remercie le Procureur sur ce point.

M. Ricklin insiste ensuite pour faire lire sa lettre du 7 mai 1926 à M. Riehl, l'agent provocateur trop connu. Il explique son vrai programme et ses sentiments. Il répond à son correspondant au sujet de la création d'un cercle d'amis de la « Zukunft ». Il lui explique que nous n'aurons de garanties suffisantes pour défendre les lois et le particularisme alsacien que le jour où les Alsaciens jouiront de l'autonomie politique. Il insiste sur la traduction de certains termes que l'interprète traduit très mal. Il fait remarquer que la situation constitutionnelle dont jouit l'Alsace à l'heure où il écrit ne donne pas les garanties nécessaires. Il faut que le gouvernement français apporte des modifications à ce régime d'unitarisme et de centralisation où l'Alsace se trouve mal à l'aise. Il fait remarquer que cette modification semble impossible à la majorité des Français il est vrai, mais qu'à l'heure actuelle un mouvement se propage de toutes parts en faveur du régionalisme et que des hommes sensés travaillent dans ce but. Retenons une phrase typique de cette lettre et qui explique bien la pensée de M. Ricklin, phrase sur laquelle lui-même insiste: *« Les Français seront contents si l'Alsace-Lorraine autonome reste unie à la France, c'est aussi notre désir. »*

Cette phrase détruit les griefs formulés contre lui dans la lettre précédente, où il est parlé de la destruction du cadre. Il continue plus loin: « C'est un problème difficile, mais nullement insoluble. Il faut travailler de toutes nos forces et éclairer l'opinion pour aboutir au changement de la constitution française. »

« Toutes les autres lettres adressées à M. Riehl, dit M. Ricklin, sont inutiles et vaines. C'est là ma pensée, ce que j'ai écrit à cet écervelé ne prouve rien ». et il demande à placer un mot sur M. Riehl. Il vient d'apprendre dit-il, par la lecture du «Temps» que l'agent provocateur était depuis des années au service de M. Mitton.

Le président proteste disant que vraiment un magistrat tel que M. Mitton a à s'occuper d'autres besognes que de s'entendre avec des agents provocateurs. Mais voici que Me Peter se lève et corrobore les dires du « Temps » en affirmant qu'à Strasbourg il existe aussi des agents provocateurs en relations avec la gendarmerie.

La création de la „Volks-stimme"

M. Mazoyer demande à M. Ricklin quel était son rôle dans la création de la « Volksstimme » et de l'« Erwinia » (Imprimerie d'édition de Strasbourg-Neudorf).

M. Ricklin rappelle à ce sujet une lettre dans laquelle il était question de la création d'un quotidien pouvant être lu par les catholiques et les protestants, quotidien basé sur un programme chrétien social. Il s'était entendu à ce sujet avec l'abbé Fashauer et un professeur, sans doute M. Rossé et il avait souscrit pour une somme de 100.000 frs. sans s'occuper directement des détails de cette création et de la gérance de l'imprimerie.

M. Mazoyer insiste sur son rôle exact.

« Je n'avais, dit M. Ricklin, rien à faire si ce n'est à signer mes 100.000 frs. Tout le reste ne me regarde pas, ne me demandez pas des choses que je ne connais pas et sur lesquelles d'autres vous répondront D'ailleurs ceci n'a rien à voir avec le complot. Mais permettez-moi de vous faire remarquer qu'aucune liasse de papier ne sort de cette imprimerie sans qu'elle soit contrôlée par la police. C'est un état de choses que nous n'avons jamais vu en Alsace.

M. Mazoyer fait des compliments à M. Ricklin sur sa prudence habituelle et son sens des affaires. Il lui demande comment il a pu signer 100.000 frs. sans s'occuper davantage de cette importante affaire où il risquait ses fonds.

M. Ricklin: « M. le président, je n'accepte pas vos compliments! Quant à ces 100.000 frs. je vous dirai que je les ai donnés dans la confiance entière que j'avais en l'abbé Fashauer et les autres collaborateurs. Il me suffisait de savoir mon argent placé dans une bonne cause pour me désintéresser du reste. Vous me direz que c'est une sottise de ma part. J'avoue que ce n'est pas la première et que sur ce rapport on pourra me placer en curatelle.

M. Mazoyer fait le bilan des frais d'achat du terrain de la construction des bâtiments, frais qui s'élèveraient d'après lui à 1600 ou 1700.000 frs. Vous disposiez d'un capital de 300.000 frs. et comment osez vous affirmer que vous ne risquiez pas imprudemment votre argent dans une pareille affaire.?

M. Ricklin: C'est en effet extraordinaire mais c'est la vérité.

Nous sommes au nœud de l'affaire, la provenance de l'argent qui servit à la création de la « Volksstimme ».

Mais M. Ricklin demande à revenir sur son thème. Il veut d'abord relire une lettre écrite à M. Millerand pendant qu'il était en captivité à la tête du pont de Kehl. C'est une lettre de protestation à M. Millerand sur son internement. Il l'a écrite en allemand, estimant que parlant la langue des 4/5 d'Alsaciens-Lorrains, il a le droit de l'écrire dans une lettre à une personne officielle. (Rappelons que M. Millerand était alors commissaire général d'Alsace-Lorraine).

Dans cette lettre M. Ricklin reconnaît l'incorporation de l'Alsace à la France comme un fait accompli auquel il ne s'oppose nullement, mais il proteste contre le mode d'incorporation et contre la façon de gérer les affaires d'Alsace-Lorraine. Il fait une profession de foi en une administration autonome telle que nous venons de l'expliquer à plusieurs reprises en parlant des autres lettres.

Le Dr. Ricklin lit ensuite un manifeste électoral au sujet de sa candidature au Conseil Général en 1923. Il dit: « C'est une preuve de plus, que jamais je ne fus ni neutraliste, ni séparatiste.» En effet il proteste énergiquement contre toute tentative de représenter sa candidature comme antinationale. Il ne demandait qu'une chose, servir son petit pays dans les difficultés, dans lesquelles il se débattait, car le candidat d'alors était

« persuadé qu'une Alsace contente et heureuse est le plus beau joyau pour la France. »

Sur une question au sujet de « Bons Français » posée par le président, l'accusé répond:

« Oui, je suis un bon Français, et je suis pacifiste et pour la réconciliation de tous les peuples. Si M. le président comprend sous bon Français, la haine des peuples entre eux, je ne puis pas le suivre.»

M. Mazoyer : Ricklin, tous les bons Français sont comme vous.

Il y a ensuite une discussion entre Dr. Ricklin et le président. Celui-ci reproche à l'accusé de trop parler. Il croyait que le Dr. Ricklin avait terminé son exposé hier soir. Il recommence ce matin.

Me Berthon: « Permettez, M. le président, vous interrogez l'accusé, il a le droit de répondre et de se défendre.

Me Feillet de Quimper, qui se trouve depuis ce matin au banc des défenseurs: « Très bien, très bien ».

M. Ricklin: « Je suis un honnête homme je puis me défendre, je n'ai rien à me reprocher. Je vais droit au but je suis une « tête carrée » du Sundgau.

Il est midi, la séance est renvoyée à 2 h. 15.

Séance de l'après-midi.

La séance est reprise à 2 h. 25.

Le Procureur Général fait une déclaration au sujet des fameuses affiches contre les députés Rossé et Ricklin dont il a été question dans la matinée. Il dit: « Je puis vous assurer qu'aucune de ces affiches n'a été placardée dans une commune dépendant du réseau de mes trois départements » Il se demande où la défense s'est procurée cette fameuse affiche. M. Fachot parle de « manœuvres » et dit que ce n'est sûrement pas la dernière. Méfiez-vous, dit-il, tous les pièges, qui seront tendus seront déjoués. Les auteurs seront poursuivis.

(Nous avons eu depuis confirmation, que ces affiches ont vraiment été collées à Mulhouse et dans le Sundgau. La Réd.)

Me Marcel Fourrier: Nous sommes à la fois réjouis et étonnés des paroles, que vient de prononcer M. le Procureur Général.

Réjouis, parce qu'il nous assure qu'immédiatement, il va ouvrir une enquête pour trouver l'auteur de la dite affiche. Pas besoin de courir bien loin, dit l'avocat, elle est signée et imprimée par M. André Herbelin à Belfort. Adressez-vous donc à lui, il pourra vous renseigner.

Nous sommes *étonnés* quand M. le Procureur Général parle de manœuvres. Nous ne voulons qu'une chose, que la lumière et toute la lumière se fasse dans ce procès. Et nous verrons, qu'il y a « une innocence », qu'il y a quinze personnes, qui se trouvent sur ce banc d'accusés et qui ne l'ont pas mérité. Cette affiche est une manœuvre, oui, dans le sens d'une provocation du côté de nos adversaires et ce n'est pas la première et sans doute pas la dernière. Nous espérons, que la poursuite soit poussée jusqu'au bout, afin que la lumière se fasse.

Anciens Combattants, Français de l'intérieur, nous sommes venus ici, pour défendre des gens honorables. Nous n'avons pas peur. Malgré les nombreuses lettres de menaces quon nous adresse journellement, Manœuvre ! Il n'y en a pas de notre part, elles ne viennent pas, Messieurs les jurés du côté de la défense. De tout cœur, de tout notre courage et avec une ferme conviction nous faisons notre devoir et nous remercions M. le Procureur Général de vouloir nous soutenir, nous nous réjouissons de cette collaboration dans l'intérêt de la Justice, de la Paix et de cette chère terre d'Alsace. Nous maintenons nos conclusions.

Me Berthon se lève et d'une voix grave et solennelle déclare: En effet. nous marchons de surprise en surprise et nous en sommes profondément étonnés. Hier déjà on nous envoie un texte et ce matin encore on nous passe dans la salle même une affiche dirigée contre deux de nos clients et immédiatement nous signalons le fait à la Cour. La séance est levée à midi et quelques heures après, M. le Procureur peut nous affirmer qu'aucune de ces affiches n'a été collée dans les trois départements et ailleurs à Belfort par exemple. Ne circulait-elle pas encore tout à l'heure dans la ville de Colmar? M. Fachot, nous espérons que vous pousserez l'enquête jusqu'au bout.

Me Thomas: Une question. L'enquête du parquet portera-t-elle aussi sur la fameuse affiche du Dr. Ricklin?

M. Fachot: Si je voulais poursuivre toutes les affiches électorales !

M. Ricklin: Je tiens à protester avec la dernière énergie contre les paroles de M. Fachot de tout à l'heure. Il parlait de manœuvre et laissait comprendre que cette manœuvre émanait de nous. Or, nous accusés nous étions dans l'impossibilité d'entreprendre chose pareille.

M. Fachot d'un geste fait comprendre qu'il ne voulait pas dire cela.

Président: Continuons l'interrogatoire. M. le greffier passez-moi la lettre Ricklin à Schall, qui date du 21 sept. 1927. On y apprend que M. Ricklin était invité à assister à la séance de fondation du parti autonomiste. Il y était empêché et s'excuse de ne pouvoir y assister, tout en souhaitant un plein succès à la réunion et au jeune parti.

Le président demande des explications sur les termes de la lettre.

Me Berthon: Permettez-moi de vous rappeler, que cela n'est nullement poursuivable Mes clients sont accusés de complot, c'est de cela qu'il s'agit. Quant à une réforme régionale de l'Alsace sachez que le gouvernement s'en occupe lui-même et qu'un projet a été déposé au bureau de la Chambre, que celle-ci n'a plus voulu voter. En plus, permettez-moi de vous dire, que le parti autonomiste comptait 500 membres et qu'aucun autre de ces 500 ne se trouve sur le banc d'accusation. Appartenir à ce parti, ce n'est pas un crime.

Le *Dr. Ricklin* répond ensuite encore à quelques griefs, qu'on lui a reprochés dans la matinée. Il parle notamment de sa vie privée dont la plus grande partie était occupée ces temps derniers à donner des leçons à un petit neveu, auquel il enseigna la langue française et le latin,

A ce moment il y a un léger incident entre la défense et la Cour

Me Feuillet de s'écrier:

« Je me suis engagé à 19 ans pour défendre la France et aujourd'hui on me traite ici à Colmar de boche, parce que je viens défendre les autonomistes. »

Me Jueglé.: On cherche à rendre impossible nos clients en leur reprochant des niaiseries. Avec une phrase on peut les faire déporter.

Mazoyer: Mais il ne sera jamais déporté

Me Berthon: Non, On ne veut que lui enlever son mandat.

L'accusé déclare enfin que ce fut une erreur de vouloir combattre des « idées » en les tirant sur le terrain politique. L'autonomisme, n'a jamais pensé à sortir du cadre de la France. Les Alsaciens n'ont jamais eu envie même avant la guerre de fermer à la culture française l'accès dans notre pays. Nous ne demandons, que la paix. La population alsacienne s'oppose avec la dermière énergie à cette contrainte de changer tous les cinquante ans de nationalité, sans qu'on tienne compte de leur volonté.

Me Peter: M. Ricklin, connaissez-vous mes clients, Kohler et Baumann?

Dr. Ricklin: Non.

Me Peter: Je tiens à souligner, que malgré cela, ils sont accusés pour le même crime.

Me Feuillet: M. Ricklin, qu'auriez-vous fait s'il y avait eu de l'argent allemand dans votre mouvement?

Dr. Ricklin: Si j'avais cru servir l'Allemagne je n'aurai fait aucune démarche.

Du reste, les Allemands auraient pu dépenser des millions. Ils auraient jeté l'argent par la fenêtre.

L'Alsace ne veut plus retourner à l'Allemagne.

Me Feuillet : Le procès est jugé.

Me Berthon: Aviez-vous des rapports depuis l'armistice avec les personnalités du Reich?

Ricklin: (levant la main droite) Sous la foi du serment, je vous déclare que jamais depuis l'armistice, je n'ai eu des relations avec des personnalités politiques de l'Allemagne. Je n'ai eu ni des entretiens, ni eu une correspondance, même pas avec Wirth, l'ancien chancelier avec lequel j'étais ami intime pendant la guerre, Lui, il était toujours comme moi un grand pacifiste et ne s'entendait pas avec les pangermanistes.

En ce moment, Me Fourrier dépose des conclusions demandant une enquête concernant l'affiche Ricklin.

Ensuite l'avocat lit un extrait de l'«Echo de Mulhouse» de jeudi 3 mai parlant de la fameuse affiche d'André Herbelin.

M. Fachot: De quelle date est le journal?

Me Feuillet: D'aujourd'hui.

M. Fachot: Je dis qu'actuellement il n'y a plus d'affiches.

Me Feuillet: Parfaitement, mais elles étaient affichées et le journal croit savoir, que les dites affiches ont été enlevées sur ordre de la Préfecture.

Me Jaeglé: Voilà M. le Procureur un complot. Mais maintenant, que l'interroga-

toire de M. Ricklin est terminé, où est le complot, dont il doit être le chef? Quels sont les griefs que vous avez contre lui?

M. Fachot fait comprendre que cela viendra plus tard.

L'interrogatoire de M Paul Schall

On procède enfin à l'interrogatoire du second accusé Paul Schall, gérant de la « Zukunft ». Il était d'abord gérant de deux journaux dits la « Stadtbrille » et le « Schliffstaan ». Comme tel il a encouru une punition, pour des articles pornographiques. S. avoue avoir été puni, mais dit qu'en ce moment il était encore jeune et n'avait aucune influence sur la rédaction du dit journal. Une fois, qu'il avait le droit de s'en mêler, il l'a transformé en journal satyrique politique.

J'avoue, que j'ai peut-être commis une faute en étant gérant du journal, mais que celui, qui durant sa vie n'a encore jamais commis de faute, me jette la première pierre.

L'accusé déclare ensuite, qu'on a oublié dans l'acte d'accusation de rappeler qu'il a été chassé pendant la guerre de l'école des Beaux Arts de Strasbourg pour sentiments francophiles. De cette façon toute sa carrière aurait été gâtée.

Président: Parlez-nous de la fondation de la « Zukunft ».

M. Schall, un jeune homme de taille moyenne d'une figure assez pâle fait ses dépositions d'une façon très sensée, calme et réfléchie. Il accentue bien et accompagne ses paroles de gestes gracieux.

Schall: Il y a longtemps déjà, on causait, dans des milieux alsaciens de la création d'un pareil journal, vu qu'un grand nombre de la population le demandait pertinamment. Un beau jour, M. René Hauss, que je ne connaissais pas avant me donna un coup de téléphone, en me priant de venir chez lui, il aurait une communication très sérieuse à me faire. M. Hauss me conduit dans un restaurant, où se trouvèrent M. Pinck, les pasteurs Maurer et Hirtzel et l'instituteur Wurtz. On me demandait, si je voulais assumer la direction politique du journal à créer. Je dis, que oui à la condition, que nos revendications alsacien-

nes (Heimatrechte) seraient toujours défendues sur le terrain du traité de Versailles. Tous étaient d'accord et on parlait
de la question financière. Je faisais remarquer à ces messieurs qu'une pareille entreprise pour pouvoir vivre demandait au
moins 80.000 à 100.000 frs. La réponse
était : jamais nous n'aurons tant d'argent.
Nous recevons de nos amis tout au plus
25.000 frs. Sur ce M. Schall se retira et ré-
fléchit pendant une semaine. On se décida
enfin à marcher et alla à Saverne, dans
une petite imprimerie et la «Zukunft» fut
lancée. Son succès fut, dit-il, formidable
dès le premier jour. Mais, avant de faire
sortir le premier numéro, je voulais encore me renseigner, si les fonds. que nous
détenions étaient vraiment de l'argent
français, donnés par des citoyens alsaciens.
On disait que oui et comme preuve, on in-
diquait quatre ou cinq noms à M. Schall,
Il fit une enquête et put constater que l'argent était vraiment donné de personnalités alsaciennes.

Président: Qui sont-elles?

Schall: M. le président, permettez-moi de
me taire.

Président: Quel était le rôle du pasteur
Hirtzel.

L'accusé: Il était trésorier.

Ensuite l'ancien gérant de la «Zukunft»
lit toute une série d'extraits d'articles
de la « Zukunft », disant que le mouvement
autonomiste ne **veut jamais se séparer
de la France. Que l'Alsace ne veut pas
de la libération de l'Allemagne.** elle demande l'entente et la paix, et veut régler
les différends avec le gouvernement français, sans qu'aucun autre pays s'en occupe
Il cite ensuite les extraits de journaux allemands tel la « Deutsche Allgemeine Zeitung » qui concluait d'un article de la « Zukunft » : « Le peuple alsacien peut souffrir, mais il se défendra avec toute son
énergie. Il ne veut pas de nouvelles guerre et il n'emploiera pas la force pour arriver à son but.» Même les «Heimatstimmen » du fameux Dr. Ernst reprochaient à
la « Zukunft » de ne pas être «séparatiste ». Aussi les autonomistes ne voulaient-ils
jamais combattre la langue française en
Alsace, au contraire, l'Alsace doit être un

foyer des deux cultures, pour former le
«pont» entre les deux nations.

Du reste je me permets de souligner à
MM. les jurés, qu'un grand nombre de la
population alsacienne était d'avis, que notre journal ne défendait pas assez vigou-
reusement les intérêts des Alsaciens. A cet
effet, la « Wahrheit » a été créée contre
nous. On connaît son succès.

Président: Qu'était-ce l'association des
amis de la « Zukunft ».

Accusé: Des amis, qui s'étaient réunis
pour soutenir notre presse et notre mouvement politique.

Le président fait chercher dans les dossiers une circulaire adressée aux hommes
de confiance de la « Zukunft », dans laquelle on leur donne des directives, pour la
propagation du journal. Il y est dit, que
les agents doivent procéder avec une prudence tout à fait spéciale:

Président: Pourquoi cette prudence?

Schall: Parce que dès la première heure,
nous étions entourés d'agents provocateurs, nous ne pouvions rien décider, sans
que deux jours plus tard un journal d'opposition en parlât.

Président: Je persiste à ne pas comprendre.

Schall: Il n'y a rien de plus simple.
Toute organisation politique a ses hommes de confiance. On leur donne des directives et des ordres, qu'ils ne doivent pas
communiquer au premier venu.

Président: Mais pourquoi cacher quelque
chose? Il y a là *conspiration.*

Schall: Cette fiche, que vous me reprochez ne dit absolument rien, M. le président veuillez faire chercher les suivantes,
elles doivent être dans le dossier, elles donneront toute explication à la demande de
la Cour. Ce sera la meilleure preuve, qu'il
n'y avait pas de conspiration.

Le président voudrait bien faire chercher le document, mais on ne le trouve pas
quoique le prés. ait l'inventaire devant lui.
Les avocats s'amusent, font ouvrir un sac,
une caisse, se font passer des dossiers etc.
Me Jaeglé parle d'une « vraie salade ».

Le président lève la séance et la renvoie au lendemain à 9 h. 15 du matin.

Quatrième journée — 4 mai

Séance du matin.

Toute la matinée d'aujourd'hui a été consacrée à l'interrogatoire de **M. Schall**, qui a continué ses dépositions d'hier sur le rôle qu'il a joué dans le mouvement autonomiste par l'intermédiaire de la **Zu kunft**, dont il était le rédacteur.

Rien de sensationnel ne distingue cette matinée. La défense a enregistré quelques petits succès en démontrant l'inanité de certaines pièces, qu'on croyait importantes pour l'accusation.

Mais venons-en aux

détails de l'interrogatoire.

Dès le début des débats, la Cour donne acte à la Défense des conclusions qui ont été déposées hier concernant l'affiche qui a été collée dans le Haut-Rhin.

Ensuite, **Me Berthon** fait un grief au Président de la Cour d'avoir interdit aux défenseurs de passer par la porte de derrière à la Cour d'Assises, et d'entrer par la porte de droite, qui donne sur le banc du jury. « Jamais, dit-il, nous n'avons subi pareille mesure, et nos collègues qui plaidaient aux autres Assises n'ont pas eu à se plaindre de pareille vexation. Je constate que, depuis le début de ma carrière d'avocat, je n'ai jamais eu, à Paris, à subir pareille humiliation. C'est, au fond, une chose qui témoigne de méfiance tant vis-à-vis des jurés que vis-à-vis de nous. »

Le Président affirme que la salle a été aménagée tout récemment, et que c'est en raison de cet aménagement que cette mesure a été prise. Il rappelle, d'après ses souvenirs personnels, qu'à Paris on accède à la salle des Assises par une porte spéciale.

Me Berthon : Vous conviendrez, Monsieur le Président, que plaidant depuis 25 ans à Paris, j'aie une supériorité sur vous, et nous passons où nous voulons. (Quant à l'aménagement de la salle, les portes n'ont pas été changées de place, ni la dis- de la position de la salle.)

Me Berthon insiste encore une fois pour demander une décision.

Le Président répond : Je maintiens la consigne.

Me Berthon de répondre : Nous sommes fixés.

M. Ricklin demande la parole au sujet d'une nouvelle affiche.

Le Président proteste : Quand donc nous laisserez-vous en repos avec vos affiches ? Nous jugeons un procès de complot contre l'Etat, nous ne faisons pas la guerre des affiches.

La Défense insiste, et **M. Ricklin** reçoit la parole. Il s'agit d'une affiche jaune, apposée mercredi matin à la porte du domicile de M. Ricklin, à Dannemarie, affiche qui lui est parvenue ce matin par lettre. On lit sur cette affiche que M. Ricklin est un ignoble boche, et que le signataire du manifeste, un nommé Herbelin, officier d'aviation, dont nous avons parlé hier, se chargerait de lui botter le derrière.

M. Ricklin relève tout l'odieux de cette mentalité. Il reproche à cet homme de manquer de l'esprit chevaleresque qui fait la gloire du corps des officiers français. Il a eu la lâcheté, d'ailleurs, dit-il, de faire afficher une pareille ignominie à la porte d'une maison qu'on sait habitée par deux femmes seules, Madame Ricklin et sa bonne. Puis M. Ricklin part en guerre contre l'officier Herbelin. Il se lance dans une comparaison des mérites de l'aviation et de l'infanterie, et sans vouloir dénigrer les mérites de cet officier d'aviation, il fait remarquer qu'ils ne sont pas plus grands que ceux de simples poilus exposés à toutes les intempéries de l'air et au danger continuel des balles et de la mitraille ennemie dans une tranchée qui n'offre qu'un minimum de sécurité.

A ce moment, le **Président** l'interrompt pour lui faire remarquer qu'il ne voyait aucun rapport entre cette comparaison oiseuse de l'infanterie et de l'aviation, avec le procès.

On revient donc au sujet, et **Me Fourrier** pour développer l'incident, lit un article de l' « Echo de Mulhouse », qui affirme que des affiches ont été apposées hier à M house sur des lieux d'affichage officiels, et que la population, indignée, les a arrachées. Cet article dit encore que, dès hier, les autorités ont prévenu leurs agents de faire arracher immédiatement toutes les affiches existentes. Et la défense demande à M. Fachot comment il se fait que tout le monde ait connaissance de ces faits et que lui seul les ignore

M. Fachot: Laissez donc s'achever l'enquête, nous avons tout le loisir de mener la chose vers un but en gardant notre calme. C'est le seul moyen de faire un bon travail.

Et *Me Berthon* insiste encore: Nous regrettons, dit-il de n'avoir trouvé auprès de la Cour aucun mot de blâme, et c'est cela, qui nous irrite et qui montre une mauvaise volonté. En même temps,

Me Feuillet se lève et déclare que le président de la section des Anciens Combattants de Colmar, lui a déclaré, qu'il se désolidarisait nettement des agissements indignes de M. Herbelin et qu'il les réprouvait. Me Feuillet affirme qu'il est très fier de constater, que les Anciens Combattants de France ont gardé le bon sens et qu'ils réprouvent ces manières d'agir.

Et la série des incidents continue. M. Fachot communique à Me Berthon une lettre de menaces, qui lui est adressée de Paris. Me Berthon la lit au public. Il s'agit d'un père et de ses deux fils, qui menacent de venir à Colmar abattre Me Berthon comme un chien. (Il s'agit d'une menace à la suite de certaines excitations faites à Paris, et dont Mᵉ Berthon serait responsable.)

Me Berthon insiste sur le fait, que la lettre ait été communiquée directement au Procureur Général et lui demande de donner immédiatement des poursuites pour menace de morts.

M. Fachot prend acte de cette demande

Et *Me Fourrier* pour revenir à la charge: Nous avons cherché hier, dit-il, sous la surveillance des gendarmes quelques pièces dans les dossiers. Au bout d'une demi-heure nous avons trouvé une foule de pièces importantes. Elles étaient naturellement dans les recoins des dossiers. Il y a , dit-il des scellés, non cotés, que M. Mitton n'a pas mis à notre disposition lors de l'enquête

Propagande organisée de la Zukunft

Nous revenons enfin à l'interrogatoire de Schall. On fait lire à l'interprète une circulaire aux hommes de confiance de la « Zukunft ». Cette circulaire rappelle le succès considérable, qu'obtint le journal dès son apparition. Et l'influence qu'il commence à exercer aussitôt sur la politique générale en Alsace. L'organisation en faveur du particularisme alsacien doit être conduite de façon méticuleuse. Dans aucun cas il ne doit se laisser englober dans les autres partis, mais groupés tous les hommes des divers partis autour d'une même idée générale. Il est évident que le programme du mouvement doit se mouvoir dans le cadre de la France, au moins dans le sens où cette expression a été discutée à la récente réunion.

La circulaire pose ensuite quatre questions au sujet de l'organisation du parti. Elle demande notamment si les hommes de confiance estiment qu'il serait préférable qu'on fonde un parti ou si l'on devait seulement grouper les hommes en les laissant dans leur parti politique respectif. Elle demande avec quels hommes ils sont spécialement en relations, quels sont les partisans des divers groupements politiques qui partagent en grande majorité les opinions de la « Zukunft ». Quelle était enfin, au sujet de la constitution d'un parti, l'opinion de la majorité des adhérents du mouvement Zukunftiste.

Après traduction de cette circulaire, qui éclaire d'un jour particulier le problème de la propagande de la « Zukunft », le traducteur lit une deuxième lettre adressée à Schall en réponse à cette circulaire. Cette lettre donne des réponses très claires aux quatre questions et se prononce notamment contre la constitution d'un parti. « Il serait dangereux, dit-elle, de grouper des hommes des divers partis politiques pour nos idées, car la divergence de vues sur d'autres problèmes pourrait les inciter à des trahisons. Voici pourquoi le mouvement doit être au-dessus des partis » Elle prône par ailleurs le système de propagande par les conférences publiques destinées à éclairer le public, et affirme que lorsque tous les vrais Alsaciens auront pris connaissance de ce mouvement, ils seront prêts à verser une cotisation pour permettre l'organisation de ces conférences.

Pourquoi les chiffres?

Le Président demande ensuite ce que signifient sur certains dossiers les chiffres 05 et 09.

M. Schall explique le mystère des chiffres, sur lequel, comme il semble, l'accusation a basé une partie de ses préventions. « Il s'agissait, dit-il, avant tout, de trouver un moyen d'échapper sans cesse à la violation du secret postal. C'était à ce moment la grande plaie pour notre journal. Toutes nos correspondances étaient ouvertes. Un article publié dans l' « Elsässer » insiste sur ces continuelles violations du secret postal pour une foule de personnes qui n'étaient pas toutes autonomistes. Voici pourquoi nous décidâmes de désigner les membres de la « Zukunft » par une lettre et un chiffre. C'est moi-même, dit-il, qui ait classé nos correspondants, nos hommes de confiance de cette façon, afin de pouvoir prendre connaissance de leurs communiqués sans que la police connût les expéditeurs. Je désignais les Lorrains par la lettre L et le chiffre 1 à X. Les Bas-Alsaciens par la lettre U (Unter-Elsass) 1 à X; les Haut-Rhinois par la lettre O (Ober-Elsass) 1 à X. Tout le monde avouera qu'après les faits que je viens de vous expliquer, MM. les jurés comprendront que nous y étions réellement forcés. D'ailleurs, nous aurons l'occasion, au cours des débats, de demander à l'un des témoins s'il ne s'était pas vu obligé de protester auprès du Préfet contre le fait que des lettres à lui adressées avaient été ouvertes contrairement à toutes les règles en vigueur. »

Me **Jaeglé** demande à placer un mot.

Me **Fourrier** de même.

Le Président s'énerve. « Je demande, dit-il, que vous ne m'interrompiez pas à chaque instant. »

— Cependant, les avocats font appel au pouvoir discrétionnaire du Président et demandent à donner la parole à celui qui a écrit la lettre dont il était question tout à l'heure. C'est un des accusés, **M. Schweitzer**, qui dit que cette lettre est l'expression de ses sentiments.

M. Schall demande à revenir sur son thème pour expliquer certaines particularités frappantes de la lettre. Elle porte l'empreinte d'un politicien idéaliste. On y parle de l'Alsace européenne, (das europäische Elsass). Nous devons, en effet, dit-il, parler de l'Alsace, de la France et de l'Allemagne, dans un sens européen, et nous serons ainsi dans la note que donna le Ministre des Affaires étrangères, M. Briand, lorsque, parlant de sa politique de Locarno, il dit : « Nous devons parler européen. » Mais pourquoi ces mesures de précaution, me demandera-t-on avec méfiance. Et pourquoi est-il question dans cette lettre de prendre des égards vis-à-vis de certaines personnes, dont le courage civique laisse des doutes ?

Dans un pays continuellement surveillé, tantôt par une police, tantôt par une autre, où chaque mot risque de porter préjudice à celui qui parle, car on n'est jamais suffisamment garanti contre les espions, on peut comprendre que la population soit méfiante et que le courage civique soit une chose rare. Le manque de courage civique est une des caractéristiques d'une population frontière qui change de nationalité. C'est un défaut qu'on constate chez nous et qui n'est attribuable qu'au tragique de notre histoire. Le manque de courage de dire toute notre pensée, de la défendre entièrement, est la caractéristique des Alsaciens au point de vue politique. Or, il était souhaitable qu'enfin nous commencions à jouir de la liberté absolue de parler clairement. Pour le faire, nous avons dû avoir recours au système que je viens de vous expliquer.

Le traducteur explique. Ces paroles font sensation dans le public et l'exposé de l'accusé, qui parle avec une clarté et une sûreté remarquables, impressionne le jury. Pour terminer **M. Schall** affirme encore que, sans avoir écrit la lettre, il la fait sienne et il serait prêt à la signer. L'auteur n'a fait, en somme, que demander le programme minimum d'une autonomie incomplète, du mode de celle dont nous jouissions depuis 1911 .

M. Schweitzer obtient une deuxième fois la parole et affirme qu'il est l'auteur de la lettre. Il prétend ignorer le chiffre avec lequel il signait.

Après traduction de ses paroles, **M. Schall** revient sur l'association des « Amis de la Zukunft ». Nous avions établi, dit-il, un plan de travail sur lequel je me vois obligé de revenir aujourd'hui pour éclairer MM. les jurés sur une insinuation du président, durant l'audition d'hier. On se méfie peut-être encore de nos cercles politiques, dans lesquels on voit une organisation dangereuse. Dans notre plan de travail, nous avions en effet prévu de petits cercles politiques. Ils étaient au nombre de sept, je crois, et n'existaient que dans les grandes villes. C'étaient des cercles de propagande pour nos idées par le moyen de notre journal. On y avisait aux meilleurs moyens de gagner des lecteurs au journal, voilà tout le secret de ces cercles, sur lesquels on semble insister. Lorsque fut débattue la question de la création du « Heimatbund », et que ce mouvement organisé eût dépassé le but de la « Zukunft », nous engageâmes nos hommes de confiance et nos adhérents à se faire les propagandistes du Heimatbund. A partir de ce moment, nos cercles disparurent pour se fondre dans le nouveau groupement.

M. Schall fait ensuite appel aux jurés et à la Cour. Après avoir pu, pendant une demi-heure, fouiller les dossiers, il a trouvé plus de matériel, pour éclairer l'affaire en question, dit-il, que M. Mitton n'en a trouvé au bout de quatre mois de recherches. Le tout consiste, dit-il, à faire appel à ceux qui connaissent quelque chose au problème.

Des lettres d'agences allemandes

Le Président : Quelles étaient les relations que vous aviez avec les librairies allemandes ? Quels étaient vos agents en Allemagne ?

M. Schall : M. le Président me rendrait service en me posant des questions précises.

Le Président : Aviez-vous des agents de vente en Allemagne ?

L'accusé : Mais naturellement.

Le Président : Quel était donc le fameux officier allemand, ce Deutsch-Amt, dont il est question dans une lettre ?

L'accusé : Je ne sais ce que vous voulez dire.

Le Président fait lire une lettre émanant en effet d'une agence surnommée Deutsch-Amt, qui sollicitait la « Zukunft » de lui indiquer les noms des journaux qui combattent l'idée de la Heimat. Elle demande les noms des principaux organes de cette tendance, et parle d'un échange de journaux.

M. Schall explique : J'ai, dit-il, classé mes lettres selon les nuances. Celles qui avaient des tendances nettement pangermanistes étaient mises de côté. Je m'abstenais d'y répondre. Pour toutes les autres lettres, je considérais comme un devoir de politesse d'y répondre. Quant à l'agence dont il est question ici, et que le traducteur a traduit par 'le mot agence allemande, elle évoque dans l'esprit des jurés l'idée d'une agence officielle, mais ce n'est point le cas.

Et aussitôt les journalistes d'intervenir auprès des avocats et ceux-ci de préciser. Il s'agit ici d'une agence de publicité en général, qui s'appelle Agence allemande, comme elle pourrait s'appeler Agence française, mais elle n'a rien d'officiel.

Me Fourrier fait remarquer au président que ceux qui font allusion à ce document ne comprennent rien à la journalistique et que tout journaliste pourrait lui répondre que les agences de publicité font fréquemment de pareilles demandes. Personne ne peut les empêcher de les faire, qu'elles viennent d'Allemagne ou d'Amérique, c'est une habitude dans le service de publicité. L'impression que fait cette explication est plutôt pénible pour l'accusation, car on semble ignorer de ce côté de la barre des choses sur lesquelles tout journaliste aurait pu renseigner M. Mitton. La défense

Me fait remarquer sans cependant trop y insister..

Il est question ensuite dune seconde lettre adressée à une librairie de Karlsruhe. M. Schall demande le signataire, elle n'est pas signée. Il en conclut qu'elle émane du gérant M. Mattern et qu'il se voit dans l'impossibilité de répondre sur une pareille pièce que la Défense pourrait d'ailleurs récuser. La lettre parle d'un envoi de vingt cinq exemplaires de la « Zukunft ». Le gérant demande lequel des deux agents Vanderhertz ou Robitzer paiera la facture. La lettre n'est pas très claire. Mais M. Schall se chargera de l'expliquer: « Je constate, dit-il, qu'on me demande des explications sur des choses que je ne connais pas, mais je crois avoir compris le sens de la lettre et pour prouver aux jurés toute ma franchise, je l'expliquerai comme je l'entends. »

« La lettre est du gérant Mattern qui était un personnage purement administratif, qui n'avait aucun rapport avec les rédacteurs dont j'étais. Il s'agit en la question de deux maisons rivales dont l'une avait autrefois son siège à Saverne et notre gérant demande des explications sur le paiement de nos journaux. Il est vrai que l'une des maisons était notre dépositaire officiel, chose que nous n'avons aucun intérêt à cacher.

M. Mattern affirme qu'il a brûlé de nombreuses lettres. C'était à la suite de mouchardages comme il en survint malheureusement trop fréquemment. Ce faisant, M. Mattern a agi, comme vient d'agir récemment M. l'abbé Haegy, en brûlant sa correspondance, car dans tout Etat civilisé il est du devoir de gens honnêtes de garder le secret épistolaire et de ne pas laisser tomber entre les mains de la police des lettres privées que les expéditeurs n'aimeraient pas voir entre les mains d'un tiers quelconque à fortiori de la police. Je pourrais d'ailleurs vous citer des cas tellement frappants de la violation du secret postal que les jurés en seraient ébahis.

Président: Quels étaient les rapports de la « Zukunft » avec les « Elsass-Lothringische Mitteilungen? »

Accusé: Je me suis permis de les lire.

Président: Pourtant il y avait des annonces de la « Zukunft ».

Schall. Parfaitement et quoique cette chose ne me regarde pas comme rédacteur, je tiens à préciser autant que je puisse. Les annonces dans les « Elsass-Lothringischen Mitteilungen» furent mises dans cette revue par M. Vandenhertz de Baden-Baden, Alsacien émigré, dépositaire de journaux Il a donc fait cette annonce dans l'intérêt de son commerce, pour avertir les nombreux Alsaciens-Lorrains en Allemagne qu'ils pourraient obtenir le journal par son intermédiaire.

Le président fait tirer des dossiers une lettre du gérant de la « Zukunft » à M. Vandenhertz. Elle date du 24 novembre 1925. Il y est justement question de ces annonces. Le gérant de la « Zukunft » tient à avertir son dépositaire, qu'il a commis une erreur en mettant sous le titre «Die Zukunft», la remarque: organe pour l'indépendance». Sachez dit-on dans la lettre, que nous demandons «l'autonomie dans le cadre de la France». Le gérant prie ensuite le dépositaire d'être plus prudent dans ces annonces car autrement la « Zukunft» pourrait s'attirer des poursuites et pourrait se faire citer pour «haute trahison» devant la justice.

Président: Comment expliquez-vous cela.

Schall: Je remercie très chaleureusement M. le président d'avoir fait lire cette lettre. Elle prouve une fois de plus que notre mouvement n'avait jamais l'intention de se séparer de la France. Toutefois j'admets, que Vandenhertz voulait spéculer en profitant du mécontentement des Alsaciens dans le Reich pour les y exciter Mais nous, nous ne sommes pas responsables de ces actes et la lettre prouve notre loyauté.

M. Mazoyer: Pourquoi parle-t-on de «haute trahison» dans cette lettre.?

Vous deviez avoir vos raisons de prendre ces précautions.

Me Jaeglé: On les a traduits devant la justice sans cela.

Me Peter intervient pour rappeler, que ses clients Kohler et Baumann n'ont absolument rien à faire dans cette affaire.

Schall: En somme il y a deux autonomies, l'autonomie complète et absolue et celle qui se contente d'un cadre d'un grand Etat. Il ne pouvait jamais avoir question de la première, qui est un non-sens pour l'Alsace.

Nous étions dans ce dernier cas, et si j'ai défendu cette seconde autonomie, ce n'était pas par tactique, mais parce qu'une grande partie de notre histoire nous rattache à la France. Nous étions toujours loyaux et nous tenons absolument au cadre. Quant à cette annonce, je ne comprends pas pourquoi on en fasse tant de difficultés, vu qu'elle n'était pas faite par nous.

Le président insiste cependant.

La Défense intervient et ne comprend pas que le président insiste tellement sur ce fait et cherche à donner «une interprétation fausse» à la lettre. «Si c'était le Procureur Général je pourrais encore comprendre.» dit Me Berthon.

M. Fachot: Je garde le silence, le plus absolu pour ne pas retarder les débats.

Défense: Nous le regrettons.

M. Fachot se lève: Je ne produirai «aucun document sensationnel» dont on parle tant. Je me contenterai tout simplement du dossier et de documents qui pourront être mis à la disposition de la défense; je baserai notamment mon accusation sur la déposition des témoins à charge. Le jury en appréciera.

Me Berthon: Nous aurions aimé que M. le Procureur fasse dans l'intérêt de cette affaire, un effort dès la première minute pour dire: «Voici les charges, voici ce que je reproche aux accusés». Le débat en aurait gagné.

M. Fachot: Attendons les témoins, nous n'avons pas encore commencé.

Me Berthon: Ah! Nous n'avons pas encore commencé l'affaire? (Hilarité.)

M. Schall: Après avoir rectifié quelques points importants de la traduction de l'interprète, il explique au président pourquoi M. Matter le gérant a prié son dépositaire en Bade d'être plus prudent avec ses annonces: Il dit dès la première heure, nous avions une peur fondée et légitime car certains chauvins ne craignaient aucun moyen pour nous combattre. L'un d'eux aurait bien pu découper la dite annonce, pour la porter au Procureur et demander des poursuites. Malheureusement nos idées n'ont pas été combattues par des idées, mais par tous les moyens qui sont à la disposition du Gouvernement.

Le président fait lire une seconde lettre du dépositaire badois disant qu'il est content des affaires et souhaite que le mouvement marche «de victoire en victoire».

Président: Quelle est cette victoire?

Schall: C'est encore une lettre du président à M. Matter, qui en somme ne me regarde pas. Toutefois l'explication en est bien simple. Dans l'expression «votre victoire» l'auteur de la lettre voulait dire «la victoire de notre programme».

Le président fait lire ensuite une lettre d'un nommé Victor Alleman datant de Dortmund du 18 novembre 1927 adressée celle-ci à Paul Schall. L'auteur de cette lettre demande à M. Schall une liste pour ramasser de l'argent et parle de réunions en cercles d'amis, qu'il veut faire pour la propagande de la « Zukunft ».

Président: Qui est ce correspondant?

Schall: Permettez-moi de vous dire d'abord, que ce n'est pas la seule lettre de ce genre que j'ai reçue. Ordinairement je n'y répondais pas et si je l'ai fait, j'ai prié ces gens de nous laisser en repos avec des offres pareilles.

Quant à Victor Alleman, je ne le connais pas personnellement. Si, je ne me trompe il habitait un certain moment à Stiring-Wendel et était souvent sans travail. Il se peut qu'en nous faisant cette offre, il espérait faire une bonne petite affaire. Nous connaissons tant de cas analogues. En tous les cas je ne lui ai pas envoyé la liste demandée et si je lui avais répondu, je lui aurais dit, carrément: «Cher Monsieur, ne vous en occupez pas«

Me Fourier: C'est le complot.

Sur ce, la séance est renvoyée à 2 h. 15.

DECLARATION

Certains journaux de Paris et de Province donnant un compte-rendu de la première audience de l'affaire du complot autonomiste de Colmar, font suivre nos noms des mentions suivantes: Me Feuillet, autonomiste (certains écrivent même: séparatiste breton) ; Me Palmieri, autonomiste corse.

Nous tenons à faire savoir, que devant la Cour d'Assises de Colmar, nous sommes des avocats et non des partisans.

Ce sont d'ailleurs les procédés de M. Mitton, juge d'instruction, des commissions rogatoires, des perquisitions, des vexations de toutes sortes, qui ont incité les autonomistes alsaciens et leurs amis de Bretagne et de Corse à nous demander d'être présents à Colmar.

La cause des autonomistes alsaciens est d'ailleurs celle, que des avocats français peuvent défendre sans rien renier.

Roger Palmieri
Avocat au Barreau d'Ajaccio.

Jean Feuillet
Avocat au Barreau de Quimper.

Séance de l'après-midi.

La séance est reprise à 2 h. 25: A l'ouverture, le président demande aux jurés, s'ils veulent faire la « semaine anglaise» et ne pas siéger samedi après-midi. Le jury est de l'avis du président. Ensuite Me Feuillet dépose deux requêtes l'une demandant la permission, que les accusés puissent recevoir durant la journée de samedi après-midi et dimanche leurs familles, la seconde que tous les soirs ils puissent recevoir les journaux du soir sans contrôle aucun. Et Me Feuillet de s'écrier : Durant toute la journée les accusés sont obligés d'entendre des injures. Or, des amis viennent d'envoyer à MM. Ricklin et Rossé des fleurs. Ils ne les ont jamais reçues.

Le président répond que la décision dépend non des Assises mais de la direction de la prison.

Ensuite le président fait lire une lettre de Paul Schall à Pinck. Elle date de 1927. En tête elle porte la remarque: «confidentielle, à détruire après lecture. » La lettre est tenue en style télégraphique:

« Zukunft, 5.000 au début, Janvier 1926; 26.000 au moment des attaques du «Journal d'Alsace et de Lorraine». Vient le mouvement du Heimatbund. Il y a un changement, par suite de la renonciation de cette association à une politique active. La Zukunft n'a pas été consultée. Il y eut des différends entre Heimatbund, Zukunft, L'Humanité, qui mène une campagne plus vigoureuse et qui fait la guerre à la bour-geoisie en profite. Viennent les sanctions. La « Volksstimme » est fondée. Le déchirement du mouvement est inévitable. Suivent les dépositions de régionalisme par le député Walter, lutte latente entre «Volksstimme» et « Zukunft ». Mars 1927 création de la « Wahrheit ». Succès énorme, elle profite des fautes du Heimatbund, (fausse loyauté manque d'organisation).La «Wahrheit » repousse la « Zukunft » dans les environs de Strasbourg et dans l'«Alsace tordue» La «Zukunft» n'a plus qu'un tirage de 13.000. Cette perte a été causée par la mauvaise politique du Heimatbund, la fondation de la « Volksstimme », qui fut une grande faute et le défaut de fonds de propagande.

Pour pouvoir développer l'organisation il fallait 1) un mouvement sur une base large dans le sens de la « Zukunft » sans dépendre ni de l'Evêque ni du préfet, ni de l'U. P. R.; 2) Un quotidien défendant la politique de la « Zukunft ». 3) Des hebdomadaires travaillant les partis, notamment l'U. P. R. et la S. F. I. O.

L'idée du « Volksbote » fut bonne. Le vrai homme pour le « Neue Elsass» aurait été M. Dahlet. Si notre mouvement a perdu, c'est qu'on a lamentablement dirigé le mouvement (erbärmlich gewurstelt).

Théâtre: Le plan suivi était faux. Il fallait cultiver la langue allemande plus que l'art. Les représentations de la troupe « Pons » ont fait fiasco. Il fallait des représentations populaires, qui plaisaient au peuple. Le théâtre de l'Union n'a pas de public. L'essai des troupes bavaroises à l'Eden, prouve, qu'il y aurait à faire quelque chose.»

Signé: Schall.

Schall: Cette lettre prouve, qu'il y avait des différends dans le mouvement du Heimatbund. M. Ricklin par exemple, s'avoua franchement comme clérical. Mais notre mouvement englobait aussi des politiciens d'autres opinions comme moi par exemple. Certaines contradictions étaient donc inévitables. Quant à la question du théâtre M. Pinck me dit avoir vu le Dr. Wentzler, qui dirigea les représentations d'une troupe viennoise. Ce directeur avait demandé certains renseignements à M. Pinck sur le théâtre en Alsace.

Président: Pourquoi cette phrase «à détruire après lecture.». Schall: L'explication est bien simple. De M. Pinck on sait, qu'il avait l'habitude de communiquer toute nouvelle à ses connaisances. Il m'aurait été désagréable, si mes explications sur les différends dans notre mouvement avaient conduit à de nouvelles difficultés.

Il y a ensuite une discussion sur l'expression fausse déclaration de loyalisme. Schall déclare, que d'après son opinion on n'aurait pas dû répéter à tout instant cette déclaration de loyalisme du cadre de la France. La première aurait du suffir pour toujours.

Le président se demande, si cette expression ne devait pas signifier une déclaration qui n'était pas sincère.

Me Peter.: M. le président, permettez-moi de vous dire que dans la traduction il y a encore une erreur. (Falsche Loyalitätserklärung dans ce sens ne veut pas dire loyalisme faux, mais déclaration déplacée).

Président: Venons au théâtre: Vous aviez donc l'intention d'introduire en Alsace Lorraine toute la culture allemande?

Schall: Je suis très étonné que M. le président parle d'introduction de cette culture en Alsace. Ce n'est pas juste, tout homme sait que la majorité des journaux sont imprimés en allemand que de tout temps, même avant 1870 on avait du théâtre allemand en Alsace. Du reste, les autonomistes n'étaient pas seuls à demander des représentations allemandes. M. Peirotes, le député-maire de Strasbourg, auquel on ne peut certes pas faire le reproche d'être un mauvais patriote, a fait depuis 1918 des démarches pour le théâtre allemand. Nous n'avions nulle intention d'introduire quelque chose de neuf, nous ne demandions que le maintien de vieilles traditions alsaciennes. Nous ne faisons pas le jeu de l'Allemagne; comme un Suisse causant l'allemand peut demander de pouvoir assister même dans la Suisse romande à une représentation allemande, l'Alsacien a le droit de demander un théâtre allemand à Strasbourg.

Plus loin sur une demande du président, Schall déclare que la bourgeoisie n'a pas besoin du théâtre allemand, comprenant suffisamment le français. S'ils ont défendu cette idée, c'est dans l'intérêt de la grande masse du peuple.

Me Peter: Permettez-moi M. le président de faire remarquer que le professeur Wentzler a eu la permission de donner des représentations allemandes à Strasbourg, grâce à l'intervention de M. Paul Vallot et de M. Briand et non sur l'intervention de MM. Schall et Pinck (Hilarité).

Schall: Permettez-moi encore MM. les jurés d'y ajouter que M. Millerand quand il était commissaire général à Strasbourg, avait élaboré un vaste plan pour créer un théâtre populaire allemand, qui devait se composer d'artistes autrichiens, suisses et alsaciens, et qui devait jouer dans toutes les villes de l'Alsace.

Me Jaeglé: Je dépose à la Cour des conclusions pour savoir, ce que la question de «théâtre» fait dans ce procès du «complot». Permettez-moi M. le président de vous rappeler que nous sortons du «cadre», qui nous occupe. Le «cadre théâtral» est international.

Président: Etes-vous dans «le cadre» de vos conclusions?

Me Jaeglé: Oui, je développe, mais j'avoue à MM. les jurés que la défense n'y comprend plus rien.

Schall: Je tiens à remarquer, que les questions de M. le président ne me gênent nullement. Je suis très ferré sur la question théâtrale et pourrai lui répondre sur n'importe quelle pièce: opéra, comédie ou opérette (Hilarité).

Président: Vous étiez membre de la «Schutztruppe». Vous avez pris part à la bagarre de Colmar?

Schall: M. le président vous me demandiez tout à l'heure des renseignements sur la « Brücke », je tiens à les donner d'abord. Dans son rapport M. Mitton parle longuement de la « Brücke » et lui donne une importance exagérée. Ce n'était qu'un supplément littéraire de la « Zukunft » paraissant tous les mois. L'accusé en lit quelques titres du dernier numéro: « Beethoven und wir» «Die Allemanen und das Elsass» etc Dans la bibliographie on parle de: «Der diluviale Mensch», « Die Vögel Mitteleuropas», «Au soir d'un mont», «Hygiène internationale et la S. D. N.» «Etude sur Oberlin ».

Président: Qui en étaient les rédacteurs?

Schall: M. Pinck et M. l'abbé Zemb. Mais permettez-moi MM. les jurés de vous dire que dans l'ordre de transmission de M. Mitton on parle d'une lettre du professeur Schmidlin à Pinck. Cette lettre est datée du 5 octobre 1927 et contient la phrase: « Continuez avec la publication de la Brücke, vous serez soutenus d'ici ». Or, déclare l'accusé, le dernier numéro de la Brücke a paru en mars 1927.

Cette lettre est inexplicable...

Président: N'aviez-vous pas des collaborateurs allemands?

Accusé: Avec la meilleure volonté du monde je ne puis répondre à cette question. Je ne m'occupais nullement de la rédaction. Je sais que la plupart des articles étaient écrits par M. Pinck. Du reste M. l'abbé Zemb viendra comme témoin.

Président: Que savez-vous de la Schutztruppe?

Schall: Dès le début de la création de notre mouvement, nous étions sujets à de nombreuses attaques et à des lettres de menace. La première attaque eut lieu le 3 octobre 1925 contre l'imprimerie de notre journal à Saverne, où les engagés volontaires vinrent manifester devant l'imprimerie. Les menaces continuaient toujours. La situation s'aggravait au moment où les royalistes entraient officiellement dans la vie politique à Strasbourg. Il y eut bientôt une bagarre entre les fascistes et les camelots du roi. Les communistes eux-mêmes ont une troupe d'ordre nommée Arac. Les socialistes et même l'U. P. R. N. se virent obligés de former une pareille organisation à Strasbourg. Parmi tous cependant les camelots du roi sont les plus forts ils ont une vraie organisation militaire. Permettez-moi de rappeler que l'Action Française» mène une campagne contre la République, comme un Bulach même n'aurait pas eu le courage de le faire. Ils déclarent ouvertement qu'ils demandent le rétablissement de la monarchie.

Défense: « Complot ».

Président: Quelle année la Schutztruppe a-t-elle été créée?

Schall: En vue du danger et des nombreuses menaces, on en a déjà causé au printemps 1926. Cependant, nos amis n'y croyaient pas et il fallait la leçon de Colmar pour les décider.

Le président rappelle à l'accusé que le procès-verbal contient en ce moment une phrase de cette réunion de laquelle on peut conclure, que la Schutztruppe existait déjà

Schall: Je sais très bien, mais c'est une simple faute d'écriture du rédacteur occasionnel. Il a écrit au lieu de «Aufgebaut», «Ausgebaut». On ferait bien de passer le procès-verbal aux jurés, ils pourraient en juger eux-mêmes. La séance est suspendue.

**

Après la reprise, le président fait lire le plan d'organisation de la «troupe de défense alsacienne-lorraine ». Son but est de protéger le mouvement et ses chefs, tout en servant un idéal et en respectant les opinions des autres. Elle s'étend sur l'Alsace-Lorraine. Ses membres sont des jeunes volontaires du Heimatbund. L'unité de base est un groupe de cinq hommes avec un chef Quatre groupes forment une section, quatre sections sont commandées par les chefs d'arrond. Le chef suprême, c'est le président du Heimatbund, qui est assisté par un Etat-Major. Les chefs des centuries sont nommés par le comité-central, ainsi que l'inspecteur. Il y a une discipline ferme envers le comité central pour tous les associés. Toute désobéissance est réprimandée soit par un avertissement simple, l'avertissement grave ou l'expulsion.

Président: C'est un vrai plan de mobilisation, que vous avez là.

Me Klein: Il est copié sur les jeunesses patriotes.

Me Fourrier: C'est le complot!

Schall: J'arrive maintenant au complet l'explication sera très longue pour qu'on puisse comprendre, je me vois forcé de parler d'abord de la bagarre de Colmar du 22 août 1926.

Président: Parlez de la Schutztruppe.

Accusé: M. le président, j'y arriverai, mais la bagarre de Colmar est le vrai motif de la création de la troupe de défense.

Le président n'en veut rien savoir, mais tous les avocats insistent ensemble, le président sonne énergiquement et coupe la parole à la Défense. Et Me *Feuillet* de s'écrier: N'oublions pas le mot de Danton:

« La voix de la sonnette n'étouffera pas la voix de la vérité. »

Le président cède et Schall commence l'explication.

Le 13 juin déjà un honorable habitant de Lapoutroie, M. le Dr. Bruar et sa dame furent attaqués et maltraités par des engagés volontaires pour avoir signé le manifeste du Heimatbund. Bientôt après, poussé notamment par des gens du pays, le gouvernement prenait les sanctions contre les signataires et le 22 août 1926 les Heimatbündler avaient décidé de faire à Colmar une réunion de protestation contre ces sanctions. On demanda la permission à la Préfecture et M. le Préfet Gasser la donnait par écrit. Entre temps on apprit, que les fascistes, les camelots du roi et les engagés volontaires firent courir le bruit, que les autonomistes verraient du beau à Colmar. A cette nouvelle, on fit une réunion à Strasbourg et décida d'envoyer 35 hommes à Colmar pour protéger la réunion Ceux-ci n'étaient nullement armés. Le dimanche matin à 10 heures des individus s'étaient déjà réunis devant les Catherinettes. Quand enfin le Dr. Ricklin arriva à midi, il fut assailli à la gare et sérieusement blessé. Derrière lui, vint un invalide de guerre, ayant perdu un bras ; lui aussi fit insulté d'une façon lamentable.

Président: N'était-ce pas Zadock?

Schall: Si, mais cela ne change rien.

Me Feuillet: C'était un invalide, il était toujours sacré à quelque armée qu'il appartenait.

Quand ils arrivèrent vers les deux heures devant les Catherinettes elles étaient occupées. Ils essayèrent d'entrer. Un coup de sifflet retentit et ce fut l'attaque. Les autonomistes furent assaillis à coups de canne, de matraques et de coups de poings américains. La gendarmerie et la police étaient là sans intervenir. Un homme fut grièvement blessé et transporté à l'hôpital, où il fut quatre jours sans connaissance. Les gendarmes n'ont rien fait pour protéger la liberté de réunion. Ce n'était pas de leur faute, ils obéirent à des ordres supérieurs. Quelques autonomistes furent arrêtés et condamnés à trois et quatre jours de prison. Par contre les chefs des agresseurs n'ont pas été poursuivis. Une

partie des autonomistes 120 à 150 se sont retirés dans le jardin du cercle St. Martin. Là encore ils furent attaqués et purent se défendre. Un chef de la gendarmerie intervint d'une façon très louable pour calmer les partis.

L'accusé lit ensuite un article de «La Dépêche», qui protestait contre cette façon d'agir. Le journal déclare que c'est un bonheur que les autonomistes étaient sans armes autrement il y aurait eu « des morts » malgré la gendarmerie, qui n'intervint pas. Le journal radical-socialiste qualifie «d'acte de brutalité» l'agression contre le Dr. Ricklin. M. Schall lit encore un article de la «Presse Libre» disant que tous les partis de gauche vont être obligés de s'organiser pour protéger les réunions.

Après ce dimanche, on décida enfin la formation d'une organisation de défense. Mais dès la première heure, il fut déclaré qu'on ne la dirigerait jamais contre des partis politiques, ni contre des organes de l'ordre publique.

Schall; en vue de former cette organisation, étudia celle des royalistes, qui est étendue sur toute la France. Il la copia presqu'entièrement avec cette différence de lui donner une tendance plus démocratique Nous voulions éviter les excès et ne pensions pas à attaquer. Des choses pareilles ne sont pas dans nos traditions alsaciennes. Nous n'avons pas besoin de matraques. C'est avec des armes de l'esprit, que nous nous battons !

Aviez-vous un plan des troupes de protection des royalistes?

Schall: Ce sont des troupes d'assaut, M. le président.

L'accusé rappelle ensuite les exercices de manœuvre faits pendant la nuit par les camelots du roi à Strasbourg. En plus, dit-il, Gustave Hervé avait affiché dernièrement à Paris un appel avec l'inscription: Je cherche mille volontaires.

Jusqu'à présent Messieurs, je vous ai parlé de la théorie, maintenant nous verrons qu'en pratique, les choses étaient toutes autres. En effet notre troupe de protection existait uniquement à Strasbourg, Schiltigheim, Bischheim, Hoenheim et comme membres inscrits nous comptions : 40.

Président: Mais pourquoi cette disproportion entre la théorie et la pratique?

Me Berthon: Il ne faut pas leur reprocher de ne pas avoir réussi.

Président: La troupe a donc existé?

Schall: Oui, On s'est réuni la première fois vers le 20 septembre 1926 et 25 membres étaient présents.

Président: Est elle entrée en fonction?

Schall: Vous allez trop vite, M. le président, comme armes la troupe avait une simple canne noire, qui se distinguait si peu des autres cannes, que la police ne les a pas remarquées lors des perquisitions. On s'était proposé de se procurer des matraques en caoutchouc, mais on ne les a pas introduites.

Président: En avez-vous acheté?

Schall: Il se peut que les modèles ont été payés, mais ils n'ont pas servi.

La troupe de défense est entrée en action une seule fois. Le Dr. Ricklin devant assister à une réunion au «Pigeon» à Strasbourg on craignait une nouvelle attaque à la gare. Nos jeunes gens allèrent l'attendre et l'accompagnèrent tranquillement au dit restaurant.

Le président lève la séance. Elle sera reprise demain matin à 9 h. 15.

Cinquième journée — 5 mai

Séance du matin.

La matinée d'aujourd'hui ne fut qu'une suite ininterrompue d'incidents à la suite de conclusions déposées et refusées à tour de bras. On finira la matinée sans avoir interrogé aucun des inculpés et sans avoir fait faire un pas au procès.

D'autre part, le Président du Ministère devant arriver demain à Strasbourg, et devant parler du procès autonomiste, la séance de ce matin semble destinée à lui fournir la matière de son sujet.

Or, la défense sera assez adroite pour faire continuer les débats, comme ils ont commencé, mais en se bornant à des faits précis concernant le complot, et elle ne laissera pas déposer un témoin à charge sans que l'occasion lui soit donnée d'exploiter à fond les dépositions de ses témoins. C'est ,semble-t-il, une guerre d'usure, surtout du côté de la défense, et les conclusions de **Me Klein,** que nous allons citer ci-dessous, le prouvent suffisamment.

Mais tout d'abord la Cour lit un arrêt rejetant les conclusions déposées la veille par Me Jaeglé, en quoi la question du théâtre se rattache au complot. La Cour se déclare incompétente.

Me Klein dépose ensuite des conclusions qui résument l'ensemble des débats depuis les quatre jours que dure le procès. Les voici en entier :

« Attendu qu'après quatre jours d'interrogatoire les inculpés ne sont toujours pas en état de connaître les faits qui constituent les éléments du complot qui leur est reproché et pour lequel ils sont traduits en Cour d'Assises.

« Attendu en effet que les discussions d'ordre politique, littéraire et artistique, ayant jusqu'ici été l'objet des interrogatoires, n'ont apporté aucun fait qui puisse, si vaguement fût-il, figurer parmi les éléments d'un complot,

« Attendu que, d'autre part, la troupe de protection ne saurait entrer en ligne de compte à cet égard, pour le seul motif que parmi les quinze inculpés présents à l'audience, deux seulement ont fait partie de cette troupe, tandis qu'il est acquis qu'un grand nombre parmi les treize autres n'avaient même pas connaissance de son existence, comme par exemple M. le député Rossé; en plus neuf autres membres de cette troupe, qui avaient été arrêtés et poursuivis pour complot, ont bénéficié d'une ordonnance de non-lieu,

« Attendu que cet état de choses met la défense dans l'impossibilité de présenter utilement ses conclusions;

« Pour ces motifs, conclut à ce qu'il plaise à la Cour de donner acte à la Défense :

1° De ce que la défense constate qu'il n'a jusqu'à ce jour pas été porté à la connaissance des inculpés quels sont les faits qui constituent les éléments du complot contre la sûreté de l'Etat, comme acte qui leur est reproché.

2° De ce que la défense exprime le vœu qu'il soit précisé, tant aux accusés qu'à MM. les jurés, quels sont les éléments du sultat de l'instruction. Que dire de cette qui constituent, aux termes de la loi, la résolution d'agir par des moyens illégaux dans le but de détruire le Gouvernement. »

Et *Me Klein* d'expliquer aux jurés le motif de ces conclusions, d'en développer les termes. « Nous avons peut-être entendu, dit-il, discuter sur une politique intéressant l'Alsace, nous avons entendu des déclarations d'accusés, des discussions sur le théâtre et sur le journalisme. Nous n'avons pas encore entendu parler du complot proprement dit et pourtant l'occasion ne nous manquait pas. Nous avons parlé de la fameuse « Schutztruppe » Deux seulement, des accusés en faisaient partie, Tous les autres, par exemple M. Rossé, n'étaient pas au courant de ces faits. Neuf personnes qui étaient inculpées dans ce cemplot et qui étaient membres de la troupe de défense, ont été relâchées à la fin de l'enquête. Il n'y avait rien de sérieux dans tout ce qui a été demandé, on n'a même pas discuté, sur la valeur de ces accusations.

Et *Me Jaeglé* de prendre la parole: Nous ne sommes pas, dit-il, un congrès autonomiste, nous ne sommes pas là pour discuter les théories philosophiques et politiques sur l'autonomisme qui n'est pas un crime, ni un délit. Nous sommes là pour discuter sur les éléments constitutifs et juridiques d'un complot, dont le but est de détruire le gouvernement. Tout le monde est là pour entendre parler du complot. On nous a parlé du théâtre, de la « Brücke » de tant et tant de choses. On a posé des questions, ce n'est pas nous qui avons soulevé ces thèmes, c'est la Cour. Et pour bien préciser nos intentions de rester sur le fonds du débat, nous déposerons au début de chaque séance les mêmes conclusions.

Et pendant que Me Jaeglé discute sur la fermeture d'un vasistas et sur les questions d'hygiène élémentaire pour la Défense, M. Fachot se lève et dit que les conclusions ne sont pas dans la compétence de la Cour. Il demande immédiatement qu'on entende les témoins.

M. Fachot déclare après un mot du président : «Je suis d'accord avec la Défense pour dire que nos pâlabres durent depuis quatre jours sans résultat. Je suis heureux de voir que la Défense me propose d'activer le procès. J'attendais cette demande et je vous propose, Messieurs, de faire entendre immédiatement les témoins à charge.

Toute la Défense se lève indignée, pour protester. Des rumeurs se font entendre dans la salle. Plusieurs défenseurs bouclent leurs dossiers pour partir. *Me Berthon* les rappelle à leur devoir et dit que cette façon de protester ne rendrait aucun service aux inculpés.

Après plusieurs minutes de confusion, *Me Fourrier* réussit à prendre la parole. « Nous venons d'entendre dit-il, M. Ricklin qui est soit-disant l'âme du complot.

C'est l'Eminence Grise de la prétendue conspiration. M. Schall est l'organisateur matériel du complot. Toutes les accusations portées contre eux ont été réduites à néant par leurs explications. Il n'est rien resté de l'accusation au sujet du « cadre de la France» Nos clients ont prouvé qu'ils agissaient loyalement dans le cadre de la France. Si nous rapprochons les explications qui nous ont été données par ces deux inculpés, des paroles prononcées par M. Poincaré le 12 février à Strasbourg : « L'Alsace sera stupéfaite des vilenies, qui lui seront dévoilées. Elle frémira de connaître les actes de démence des accusés,» nous devons avouer que l'Alsace est vraiment stupéfaite, **non pas de ce qui a été révélé, mais de ne rien apprendre sur ce fameux complot après quatre jours d'assises.**

Remarquons que cette déclaration publique de M. Poincaré a été faite le 12 Février 1928. Le 2 Avril, soit quatre semaines plus tard, a été transmis à la Chambre des mises en accusations le récomplot, notamment quels sont les faits atmosphère générale qu'on crée contre des Alsaciens, que nous avons entendu traiter par le Préfet du Haut-Rhin de « bande encanaillée » ? ! Les électeurs ont répondu à ce prétendu complot comme ils devaient le faire !

Nous-mêmes avons fouillé les dossiers Nous attendons les preuves, les éléments juridiques du crime qui est constitué par une résolution arrêtée d'agir, une volonté positive, non pas des vœux, ni des menaces, ni des projets, tout cela ne constituant pas un attentat à la sûreté de l'Etat. Où sont ces commencements d'exécution ? Où est cette volonté arrêtée ? Il y a un complot, mais c'est le Gouvernement qui a fomenté ce complot.

Le Président : Messieurs, je vous rappelle qu'il est dix heures, et nous ne sommes pas encore entrés dans les débats.

Me Jaeglé : Nous avons le temps, il faut que justice soit faite.

Me Berthon : Et n'oubliez pas, M. le Président, que moi je parlerai encore !

Me Fourrier continue: Si les témoins maintiennent ce qu'ils ont affirmé, et vous les avez entendus, vous ne trouverez rien du tout dont vous puissiez nous faire un crime. C'est une certaine presse qui a commis la grande faute. Il y a des journalistes qui n'ont rien compris jusqu'ici au problème et je sais qu'il y a des personnes qui commencent seulement maintenant à comprendre ce que c'est que le journalisme. Quant à vous, M. le Président, vous ne pouvez sérieusement nous reprocher d'avoir prolongé les débats et d'avoir parlé de sujets ridicules. N'est-ce pas vous qui avez interrogé sur le théâtre ? N'est-ce pas vous qui avez fouillé dans le passé de M. Ricklin ? N'est-ce pas vous qui avez demandé des explications sur les suppléments littéraires, et qui faites un reproche à M. Solveen d'avoir exposé en Allemagne des peintures, ce que font d'ailleurs tant de peintres français ? Il est vrai que ce qui est permis aux Français de l'intérieur ne l'est pas toujours en Alsace. Quant à MM. les jurés, comment peuvent-ils être juges de pareille discussion ? Ils ne sont pas des experts. Ils sont là pour juger un crime ! Où est le crime ?

Me Berthon : On aurait dû commencer par jouer franc-jeu. J'aurais voulu qu'à l'ouverture des débats, le président dise à chaque accusé ce qui lui est reproché. La procédure est certes anormale, et je tiens à le rappeler à M. Fachot et à la Cour,

je m'en rapporte au texte de la loi, qui demande que **le Procureur général expose le sujet de l'accusation.**

Cette formalité prévue par l'article 315 du Code Pénal n'a pas été remplie. Vous n'avez pas dit aux accusés, vous allez entendre ce qui est porté contre vous. Le président n'a pas interrogé l'accusé sur le crime. J'avoue que l'interrogatoire est un devoir essentiel et les réponses précises données par nos clients ont mis l'accusation en déroute. Voici pourquoi on veut changer de méthode.

Après avoir insisté auprès du jury sur le fait, qu'il est là pour juger un crime, il se lance dans des considérations générales sur l'autonomisme. C'est une «opinion politique » et je déposerai à la Chambre un texte de loi, suivant lequel on ne peut qualifier l'autonomisme de crime. La Chambre appréciera. M. Poincaré est prêt lui aussi à déposer un projet semblable. Et je déposerai encore un deuxième projet à la commission des marchés. Je prouverai quelles erreurs ont été commises en Alsace sous ce rapport par l'administration.

Je ne veux pas prononcer des paroles dures contre la Cour ou contre le Procureur de la République. Mais, je constate qu'on veut fermer la bouche à la Défense, en éliminant des avocats, qui en savent trop. Les accusés ne se sont peut-être pas rendus compte de l'erreur qu'ils commettent, si demain ils veulent renoncer à leur interrogatoire. C'est là le guet-apens qu'on nous a préparé et auquel vous faisiez allusion hier. Vous entendrez encore vos policiers et vos agents provocateurs. Mais d'abord il faut que l'accusé ait le droit de s'expliquer.

Le président: Vous comprenez Messieurs, que soucieux de votre temps, du nôtre et de celui des jurés, nous désirons abréger les débats. Ce n'est pas de ma faute si ceux-ci ont dévié. J'ai moi-même posé des questions précises sur lesquelles on m'a répondu par des développements oratoires. Je n'ai rien dit, mais j'en ai assez. C'est à moi de déterminer, de quelle façon les débats doivent être conduits, et à moi seul. Et j'interromps l'interrogatoire. Nous passerons à l'audition des témoins.

Les avocats de se lever. Voici bien le guet-apens préparé.

Me Berthon demande une suspension.

Le Président déclare que la manière dont les accusés ont développé leurs explications n'est plus de jeu.

Me Berthon: Vous parlez de jeu. Nous ne sommes pas là pour jouer, mais pour faire régner la justice.

Me Palmieri: On veut escamoter l'audition des inculpés.

Me Berthon se lève et demande immédiatement à déposer des conclusions, cependant que le tumulte continue à régner dans l'assistance.

Le Président: Déposez vos conclusions par écrit.

Me Berthon: Non, je les dicte, j'ai le droit, Greffier écrivez !

Le Président : Je n'accepte aucune conclusion qui ne soit écrite de votre main.

Me Berthon se ravise et l'audience est suspendue pour permettre à Me Berthon de déposer ses conclusions.

Durant la pause, l'animation est très grande parmi l'assistance. Les avocats se concertent, les journalistes discutent vivement, et les inculpés se réjouissent de l'incident. Au banc de la défense, **Me Berthon** rédige avec **Me Fourrier**, le Code pénal en mains, le texte de ses conclusions, qui comportent près de deux pages. Après 20 minutes d'attente fiévreuse, la Cour revient et **Me Berthon** donne lecture de ses conclusions.

« Attendu que les accusés peuvent répondre sans être limités dans leurs explications, que deux d'entre eux ont été entendus, et que les treize autres protestent contre cette différence de procédé à leur égard,

« Attendu que la Cour a préparé cet acte,

« Attendu que M. Bauer, qui est présent ici, ne devrait pas y être, étant donné qu'hier soir M. le Président a affirmé publiquement qu'on ne procéderait pas à l'interrogatoire des témoins à charge,

« Attendu que cette interruption est anormale,

« Attendu que le chef du pouvoir exécutif a prononcé plusieurs paroles qui ont engagé des magistrats et qu'il veut encore parler des débats actuels,

« Attendu que les accusés veulent répondre aux questions qui leur seront posées par le jury qui a demandé à interroger les accusés, etc...

« Nous demandons que l'on procède à l'interrogatoire des accusés suivant le procédé habituel. »

Et **Me Berthon** d'ajouter que ces conclusions se suffisent à elles-mêmes.

M. Fachot demande purement et simplement qu'on récuse les conclusions.

Le Président explique encore une fois que la méthode était fausse et qu'il demande à changer le système.

Me Berthon : Puisque le président avoue le premier que sa méthode était mauvaise, ce que nous n'avons jusqu'ici pas voulu dire, par déférence pour sa personne, nous demandons qu'elle soit changée et nous proposons la méthode suivante . qu'on n'interroge plus les accusés que sur l'inculpation proprement dite du complot.

Le Président avoue ensuite, pour ce qui concerne M. Bauer, qu'il l'a invité personnellement à être présent aujourd'hui.

La Défense proteste et dénie au président le droit d'inviter des témoins à charge sans prévenir la défense.

Me Fourrier est suspendu pour un mois

Me Fourrier: Permettez-moi de vous dire, Messieurs les jurés, que jamais encore depuis le temps que je me trouve à la barre, pareilles méthodes n'ont été employées. Le désir de M. le président des Assises de changer de méthode juste au moment du voyage de M. Poincaré en Alsace, me paraît bien singulier.

Président: Il n'y a aucune concordance entre les deux choses.

Me Fourrier: Nous faisons ici un procès politique. On reproche à des hommes honorables d'avoir comploté contre l'Etat. Or, après une semaine de débats nous n'avons encore rien appris et déjà un journal parisien, qui est sous l'influence de M. Raymond Poincaré ne parle plus de complot mais de tractations internationales. Et le journal continue: Le président du Con-

A DROITE, LE BANC DES JURÉS = AU CENTRE LES JOURNALISTES

LA COUR
De gauche à droite : M. FACHOT, procureur général ; M. BOUDIER, substitut ; M. COEN, juge ;
M. MAZOYER, président ; M. BATOT, juge ; M. INGOLD, juge suppléant.

seil s'expliquera là-dessus dimanche prochain dans un discours, qu'il prononcera à Metz. Attendons de l'avoir entendu pour savoir ce que nous en devons penser. Et laissons-le faire, il ne pourrait y avoir de meilleur interprète de notre chère Alsace que ce grand Lorrain.

Et l'avocat de s'écrier: Maintenant que les électeurs de l'Alsace ont répondu et

Après une demi-heure de délibération, la Cour revient et donne acte à Me Fourrier pour ses conclusions concernant le procès-verbal. Ensuite le président veut lire l'arrêt concernant les sanctions contre M⁰ Fourrier.

Me Fourrier: Pardon, M. le président, je n'avais pas encore la parole pour ma défense et je veux déposer des conclusions.

Photo Christophe.

M⁰ FOURRIER

que malgré les paroles maladroites de M. Poincaré à Strasbourg, 85% des électeurs alsaciens ont donné leurs voix à deux inculpés, M. Poincaré veut réparer demain à Metz les gaffes....

M. Fachot: Je requiers contre Me Fourrier pour outrage à magistrat.

Me Berthon: Il n'y a pas de procès-verbal.

Président: M. le greffier.

Le greffier: Il m'est impossible de faire le procès-verbal séance tenante.

(Tumulte dans la salle.)

La défense dépose des conclusions pour que soit pris acte de cette ommission.

Le Président: La séance est suspendue pour permettre la rédaction du procès-verbal.

Les défenseurs s'écrient: Illégal. Illégal!

Président: Si, vous avez parlé.

La Défense: Permettez M. le président.

Tous les avocats se lèvent ensemble et protestent énergiquement.

Le Président: Me Fourrier a été entendu.

Défense: Non, non, c'est illégal.

Le Président qui est visiblement énervé et qui agitait énergiquement tout à l'heure la sonnette, cède et donne la parole à Me Fourrier.

Celui-ci rappelle, que c'est le droit imprescriptible de la défense dans un procès politique, de se défendre. C'est la chose la plus élémentaire et qui a été plus d'une fois défendue avec énergie par Me Labori le grand avocat de Paris, dont tout le programme se résume dans les paroles: «In-

4

tégrité, honnêteté ». Selon les traditions de l'ordre, je prie mon ami et collègue Me Berthon qui est comme moi membre du conseil de l'Ordre du barreau de Paris, d'assumer ma défense.

Me Berthon se lève et d'une voix grave, à la fois sonore et émue, il s'adresse à la Cour. Il dit qu'il est là pour défendre le respect des avocats, qui est une vieille tradition. Il m'apparaît, s'écrie-t-il, qu'on désire nous faire partir de la barre, mais le but sera déjoué. Nous ne nous retirerons pas autrement que par la force, et si l'un de nous devait partir, les autres resteront à leur place, nous défendons la justice.

Permettez-moi de vous rappeler que M le Procureur général a commis une erreur lourde en demandant des réquisitions pour outrage à un magistrat. M. Poincaré est un homme politique, et on a le droit de critiquer son attitude. Aussi M. le Procureur général, après avoir réfléchi dans une suspension « salutaire », a retiré sa plainte et demandé l'application du paragraphe 311 qui exige que les avocats s'expriment avec décence et modération. Eh bien ! mon collègue n'a manqué ni de décence, ni de modération. Permettez-moi de vous dire que, d'après le Larousse officiel, « gaffe » est synonyme de « maladresse ». Qu'y a-t-il d'injurieux en ce terme, alors que tout le monde le dit ? Et dans un procès politique comme celui qui est né des fautes qui ont été commises par le Gouvernement depuis 1918, nous avons le droit de parler des maladresses, que l'homme s'appelle Millerand, Herriot ou Poincaré. Je me permets, Messieurs, de vous donner lecture d'un télégramme que nous envoyons à la minute même au bâtonnier de Paris :

« Avocat Marcel Fourrier, ayant, en procès politique Colmar qualifié « gaffe » certains actes Président Conseil, Procureur général a requis application peine prévue outrage magistrat et article 311.

« Protestons si impossibilité parler de « gaffe » du Gouvernement (synonyme selon Larousse « maladresse »), en expliquant malaise alsacien défense devient impossible. En retour sollicitons M. le Bâtonnier assurer liberté de la défense pour bon fonctionnement de la justice.

« Me Fourrier, Me Berthon, avocats au barreau de Paris, en entente avec tous les confrères assumant défense. »

Eh bien ! permettez-moi de vous rappeler que M. Poincaré n'étant pas un magistrat, et que le § 311 n'ayant pas été enfreint, mon collègue Me Fourrier, est innocent. Je dépose dans ce sens des conclusions.

La Cour délibère sur place. Elle maintient son arrêt.

Le Président le lit. Après une série d' « attendus », il conclut qu'en parlant de « gaffe », Me Fourrier a commis une « IRRÉVÉRENCE GRAVE » envers M. Poincaré. en conséquence, la Cour prononce contre lui

L'INTERDICTION COMME AVOCAT PENDANT UN MOIS.

(Sensation).

Me Berthon se lève et veut déposer des conclusions, vu que l'arrêté a été écrit avant que l'accusé n'avait été entendu.

Le Président lève la séance dans un tumulte complet, et la renvoie à lundi matin à 9 heures. Les avocats protestent énergiquement, affirmant que le procédé est illégal. La salle se vide et tout le monde commente l'arrêt qui vient d'être rendu

Sixième journée — 7 mai

Séance du matin.

Après une matinée de discussion, l'audition des témoins sera commencée, malgré de nombreuses interventions de la Défense en faveur de l'application du procédé habituel, à savoir : l'interrogatoire des accusés devant précéder l'audition des témoins à charge.

La séance s'ouvre dans une atmosphère d'orage, qui est cependant bien vite calmée. La séance est ouverte à 9 h. 30 par M. Mazoyer, qui invite les témoins à se retirer de la salle. Il rappelle que Me Fourrier s'est pourvu en Cassation et il donne la réponse aux conclusions de Me Klein.

La Cour rejette ces conclusions et passe outre au débat, estimant que c'est à la Cour de diriger les débats comme bon lui semble. Il fait connaître à la Défense que, par une ordonnance spéciale, huit pièces ont été mises sous scellés et pourront servir durant le débat.

M. Fachot croit devoir donner connaissance de plusieurs lettres de protestation contre les autonomistes, lettres adressées à lui, entr'autres par une jeune fille de Strasbourg, par un nommé Muller de Mulhouse, et par quatorze Alsaciens résidant dans la Suisse française.

Me Berthon dépose ensuite des conclusions contre l'illégalité de la suspension de Me Fourrier. Dans ses conclusions, il proteste contre le fait que la parole avait été coupée à l'intéressé et à son conseil, que la Cour avait décidé après simple consultation, mais sans s'être retirée. Il fait remarquer qu'il a saisi de l'incident le Garde des Sceaux et que Me Fourrier s'est pourvu en Cassation.

Il donne lecture d'une dépêche que vient de lui adresser Me Campinchi, l'avocat bien connu du barreau de Paris. Celui-ci cité plusieurs cas d'avocats ayant parlé beaucoup plus violemment contre l'autorité, et il conclut en disant qu'il espérait voir la Cour de Colmar s'inspirer d'autant de libéralisme que le Gouvernement impérial qui n'avait pas estimé de son devoir de suspendre un avocat qui avait comparé le chef de l'Etat Napoléon Ier à un César bourgeois.

Les conclusions ayant été déposées entre les mains du Président, la Cour se retire pour se concerter à nouveau. Durant une pause de quarante minutes, la salle discute le pour et le contre.

En rentrant, le Président donne lecture des décisions de la Cour. Elle rejette les conclusions de Me Berthon et maintient sa décision. Vu que les conclusions n'ont trait qu'à la forme et non au fond, et que la Défense n'a pas à discuter sur la forme des arrêts.

Me Thomas demande ensuite la parole pour revenir sur la décision du Président d'interrompre l'interrogatoire des accusés pour procéder immédiatement à l'audition des témoins à charge. Pour justifier son intervention, il fait appel à la réputation des Lorrains, que tout le monde considère comme des gens calmes et pondérés. Il prie la Cour de considérer qu'en interrompant l'ordre habituel du procédé judiciaire, on ne gagnera nullement du temps. Il propose donc une nouvelle méthode.

Le Président : Maître, je suis libre de décider ce que bon me semble.

Me Thomas : Je ne veux que vous suggérer une méthode; à vous d'apprécier. Nous avons suffisamment goûté à des hors-d'œuvres. Revenons-en donc au plat de résistance, aux éléments constitutifs du complot. Ce serait la seule méthode de progresser. Je suggérerai donc au Président de continuer l'audition des accusés, mais en les interrogeant sur ce qui constitue l'élément du complot et en laissant de côté toutes les questions accessoires.

Me Feuillet demande la parole : Nous voulons qu'on observe la tradition séculaire de rigueur dans nos assises. Qu'on pose aux accusés une question de principe comme on l'a adressée déjà à M. Ricklin : Pourquoi ont-ils travaillé à propager l'autonomie ? Qu'on leur demande s'ils n'ont pas toujours travaillé pour leur petite patrie. Et tous pourront répondre, non seulement qu'ils ne se sont pas enrichis, mais qu'ils se sont appauvris et qu'en outre ils ont dû subir la prison. Ce ne sont pas là des agents d'un pays étranger, qui s'imposent de tels sacrifices.

Qu'après cette question de principe on pose aux accusés quelques questions concernant le fond de l'affaire. Et l'avocat breton termine par ces mots : Nous espérons qu'on fera observer à Colmar, centre de Justice française, la même formule qui a toujours été observée en France.

Le Président rejette toutes ces suggestions et rappelle qu'il procédera à l'interrogatoire des témoins.

Me Berthon insiste pour qu'on donne aux accusés, conformément à la loi qui leur en donne le droit, la faculté de se prononcer en quelques mots.

Le Président les y autorise et donne la parole à M. Hauss.

M. Hauss : Depuis quatre mois que je suis arrêté, je ne vois pas encore en quoi mon arrestation est justifiée pour complot contre la sûreté de l'Etat. J'ai demandé des explications à M. Mitton pour savoir en quoi mon arrestation était en relation avec le complot autonomiste. Je constate qu'après huit jours de débats on parle vaguement encore de l'argent venu d'Allemagne. Je répondrai à cette question comme l'a fait M. Ricklin, en disant que si on nous avait envoyé de l'argent de ce côté, il aurait été jeté par la fenêtre, car tout le monde sait que le mouvement que nous soutenions était une question d'ordre alsacien et qu'elle avait été soulevée dans le cadre de la France.

M. Wurtz : On me reproche d'avoir créé l'agitation par la diffusion d'almanachs et de livres. Je n'ai pas voulu, même dans cette propagande que j'ai fait, parler de séparatisme, et je n'ai même pas parlé de questions politiques. Je tenais à défendre nos traditions et nos particularités locales, ce qui revient à défendre notre double culture. Mais de là à me mêler à un complot, je ne vois pas de relations.

M. Solveen: MM. les jurés savent que je suis peintre. J'ai obtenu de nombreuses médailles d'or à des expositions de Paris. De nombreuses revues françaises parlent avec éloge de mes œuvres. Je suis impliqué dans une accusation de complot, dont je ne sais pas un traître mot. J'estime qu'après avoir été détenu pendant cinq mois, j'ai le droit de savoir pourquoi je suis séparé depuis si longtemps des miens.

M. Heil: Depuis cinq mois nous attendons vainement le jour, où nous pourrons prendre connaissance du fond de l'accusation qu'on porte contre nous. Il est malheureux qu'on se soit basé dans l'accusation que sur des excès de presse. Des témoins vous prouveront que je n'ai pas été fondateur du Heimatbund, ni de la Schutztruppe. Je vous prouverai d'autre part qu'on peut apposer sa signature au manifeste sans enfreindre aucune loi, car j'ai moi-même avant de les signer consulté les lois françaises et les « Débats Parlementaires ». Je vous avoue que j'y ai trouvé une foule de revendications, qui ont été exposées à la tribune de la chambre française, et qui ont été soulignées de chaleureux applaudissements. Il ne restera en fin de compte de tous les points d'accusation que ma signature au Heimatbund.

M. Fashauer: MM. les jurés, je vous avoue que je suis étonné de constater qu'après huit jours de débats le tribunal n'a aucun désir de connaître l'origine de l'argent allemand. Pour vous citer un témoignage, je vous rappellerai que la « *République* », le journal qui n'était pas un des derniers à exciter sans cesse le Gouvernement contre les autonomistes, a écrit hier : « Il ne reste plus de l'accusation qu'un brin de paille, une question nullement juridique, mais simplement platonique, c'est la question de l'argent. »

Ayant été arrêté après trois perquisitions et sans avoir été entendu, j'ai adressé deux demandes de libération à M. Mitton, sans obtenir de réponse. Puis j'appris que j'étais accusé de complot contre la sûreté de l'Etat. Durant mon interrogatoire du 27 mars je demandais à M. le juge d'instruction de bien vouloir me préciser, par quoi était constitué le complot. Mon défenseur est témoin, que je n'ai pas reçu de réponse, et qu'après cela je ne voulais plus répondre à l'interrogatoire du juge d'instruction. Ce n'est que sur son intervention que je me décidais à répondre. Et sur ma demande très précise à la fin de l'interrogatoire: Pourquoi j'étais arrêté depuis si longtemps, on me répondit que j'étais là pour répondre de l'argent de l'«Erwinia» et de la «Volksstimme». Sur la remarque que je fis à M. Mitton que je n'étais même pas gérant de l'établissement et que je n'avais pas juridiquement à en répondre, on me répondit: Nous ne voulons pas le gérant, mais celui qui est derrière l'organisation. Je ne suis donc pas qualifié pour répondre de l'argent de l'«Erwinia». Mais je suis pourtant prêt à assumer toutes les responsabilités de notre gérant et à répondre pour lui.

J'ai déjà à plusieurs reprises et notamment lors de mon interrogatoire auprès de M. Mitton expliqué en détail l'origine de l'argent et j'ai cité tous les noms des souscripteurs et donateurs. J'ai moi-même fait pour plus de 50.000 francs de dettes. Plus tard j'ai même fait mettre sur mon nom personnel des factures s'élevant ensemble à 68.000 frs. M. Ricklin se porta garant pour cette somme. J'ai plus tard encore vendu mes actions de l'«Alsatia» pour mettre tous mes fonds disponibles dans l'«Erwinia». Messieurs, vous songerez qu'un agent de l'Allemagne n'agit pas comme j'ai agi, ne dépense pas son argent et sa vie pour une cause aussi ingrate.

M. Fashauer est interrompu à plusieurs reprises par le président, qui veut le rappeler à la question de fond. M. Fashauer arrive au bout de ses explications. L'accusation, dit-il, ne s'accroche plus qu'à la question de l'emprunt fait en Suisse. Nous avons invité celui qui a prêté cet argent à venir témoigner ici sur cette question. Nous espérons qu'il pourra se présenter à la barre et prouver qu'il n'était pas un intermédiaire. Lorsque j'eus donné des explications à M. Mitton, il m'affirma qu'elles étaient très claires et très complètes. Mais, toute sa franchise se bornait à cette constatation.

M. Schlegel: J'ai subi pendant deux jours l'interrogatoire de M. Mitton. J'ai vainement demandé au juge d'instruction le rôle qu'on voulait bien me faire jouer dans ce complot. Que le président veuille bien me l'expliquer aujourd'hui après quatre mois de détention.

M. Rossé : Mon interrogatoire a duré deux jours complets. J'ai vainement demandé au juge d'instruction quels étaient les éléments constitutifs du complot, et quelle était la relation de mon activité avec le complot. Je l'adjurais en vain de me citer un mot, un geste démontrant que je n'acceptais pas de plein gré le retour de l'Alsace à la France. Dans une lettre je posais la même question à M. Mitton, sans obtenir de réponse. On me répondit plus tard qu'il ne me restait qu'à attendre l'acte d'accusation et que j'y trouverais les griefs formulés contre ma personne. Je constate que, dans l'acte d'accusation, il se trouve six points dont on ne m'a même pas soufflé mot durant l'instruction.

On se base non pas sur des faits simples, précis, mais sur des affirmations générales étayées d'un ensemble de détails que je ne puis évidemment connaître. Ainsi, on m'accuse d'être l'auteur d'une foule d'articles violents, parus dans le « Kurier ». Mais quels sont ces articles ? Sont-ils écrits de ma plume ? Comment puis-je contrôler et quels seront mes moyens de défense lorsque, tout à l'heure, on m'en accusera ? Je veux qu'on m'interroge et qu'on me donne acte des bases de l'accusation, afin que je puisse, le moment venu, répondre comme il sied aux témoins qu'on citera contre moi.

M. Schweitzer : On me reproche d'être l'homme de confiance de la « Zukunft ». Mais je ne vois pas quel rapport il y a entre l'homme de confiance de la « Zukunft » et le complot. Or, l'accusation prétend que j'étais l'organisateur des **Schutztruppen** à Mulhouse. Cette prétention est ridicule. Vous entendez, Messieurs, je défie l'accusation de me citer un seul soldat dont je serais le lieutenant. M. Boltz, commissaire de police à Mulhouse le sait. M. Riehl, l'agent provocateur le sait. Je serais enchanté si on me disait le motif réel de mon arrestation. Lorsque vous saurez, Messieurs, que j'ai perdu trois fois ma situation, vous comprendrez que j'insiste sur le droit que j'ai de connaître le fond de l'accusation. Quant aux Schutztruppen, je me rappelle en avoir parlé dans une réunion et d'avoir suggéré l'idée de les organiser. C'est tout ce que j'ai de commun avec le complot.

M. Sturmel comme M. Schweitzer et comme le député Rossé, parle français. Ses explications ont une pointe agressive et ironique. « Je cherche toujours le complot dont on parle tant, dit-il. De vrai, il y a un complot, mais c'est un complot dirigé contre les autonomistes. On parle d'argent allemand, je n'en ai jamais vu un sou. J'ai vu des personnes, au contraire, qui ont fait de la propagande pour l'autonomie à leurs dépens. J'ai vu des agents provocateurs et d'autres personnes au service des bureaux d'espionnage. Quant au complot, je ne le connais pas.

« Je posais donc par écrit, quelques jours après mon arrestation, la question suivante : Pourquoi suis-je incarcéré ? Quels sont les textes de la loi sur lesquels on s'appuie ? Durant mon interrogatoire, j'ai discuté durant toute une journée avec M. Mitton, sans que le mot complot fût prononcé entre nous. Nous discutions même dans un sens général sur le malaise, sur le manifeste et les journaux autonomistes. Si bien qu'en fin de séance je demandais au magistrat instructeur quel rapport il pouvait bien y avoir entre les questions qu'il venait de me poser et le complot ? Je demandais en outre à répondre sur chacun des dits rapports qu'un agent provocateur avait déposé contre moi. Mais on ne me donna pas l'occasion de les réfuter.

Mais bientôt j'espère être confronté avec Riehl. Cette confrontation je la désire surtout pour la presse locale et la presse de Paris. On verra alors qu'il n'y a rien qui autorise à parler de complot. J'espère que j'aurai le loisir alors de donner tous les détails que j'estime nécessaires pour éclairer l'opinion publique sur nos buts et revendications, Car il faut que l'opinion publique soit éclairée. »

Mme Fashauer parle de son arrestation sans motif. Elle demanda à être relâchée immédiatement, étant mère de famille. Or on ne lui précisa que trois mois plus tard le motif pour lequel elle était détenue à Mulhouse. Ce n'était pas à cause des payements qu'elle avait effectués au profit de la « Volksstimme ». Elle n'a jamais rien eu à faire avec un complot et ne connaît guère les autres accusés. Elle connaît M. Rossé, mais il y avait une année entière, avant son arrestation, qu'elle ne l'avait pas vu. Elle tient donc à savoir finalement, après ses longs mois de détention, son rôle dans le complot, d'autant plus qu'elle se défend d'avoir fait autre chose que de travailler dans son ménage.

L'interrogatoire de M. Mitton ne lui a rien appris. Elle regrette qu'ayant assez à faire chez elle, on l'amène dans cette histoire de complot.

M. Baumann ne veut faire qu'une courte déclaration : Je constate, dit-il, qu'on m'accuse d'être l'instigateur de la politique de M. de Bulach. Je n'ai jamais inspiré la politique de ce dernier et la preuve irréfutable en est le fait, que M. de Bulach a écrit aussi violemment avant mon entrée à son service qu'après. J'étais son employé et comme rédacteur, j'ai refusé de nombreux articles écrits de sa main. Bien plus, M. de Bulach s'est vu obligé de présenter et de refaire ses articles quatre et cinq fois. Quant à l'argent allemand, je n'en ai pas vu. Je sais que nous avons refusé des annonces allemandes qu'on voulait nous adresser par l'intermédiaire d'agences françaises, refus qui était motivé par des griefs qu'on pourrait nous faire de travailler pour l'Allemagne. Quant à ma politique personnelle, je me réserve d'en parler plus tard. M. Baumann envoie une phrase cinglante à l'adresse de M. de Bulach: Que diront MM. les jurés en songeant que le fondateur de la « Wahrheit » court le pays en toute liberté, alors que ses employés sont arrêtés. C'est une honte.

Le président: N'exagérez pas, je vous prie.

M. Baumann: Il n'y a pas un mot de vrai dans la question d'espionnage. Il s'agit ici encore d'agents provocateurs. On me reproche d'être mêlé à l'affaire du complot. Je mentirais si je disais que j'ai connu personnellement ces messieurs avant de les rencontrer dans la prison. J'avais eu simplement quelques relations d'affaires avec MM. Ricklin, Rossé, Fashauer,

M. Kohler: J'appris à connaître les accusés le jour de mon transfert à Mulhouse. J'étais heureux d'aller à Mulhouse et d'être mêlé à l'affaire du complot, espérant jouir bientôt du régime politique. Après avoir souffert pendant quatre mois de la faim, j'allais au-devant de nouvelles illusions. Je vous avoue que jamais M. Mitton ne m'a parlé de complot, mais seulement de l'affaire d'espionnage. Je constate donc que je suis illégalement en prison. D'ailleurs j'étais simple comptable de la « Wahrheit » et je vous avoue que je ne vois pas pourquoi je suis sur ce banc.

M. Reisacher parle le dernier. D'un ton pathétique et avec l'enthousiasme d'un exalté il commence: Que la Providence soit bénie, que je suis à cette heure sur ce banc pour faire luire la vérité et la justice. (Tout le monde sourit.) Je vous dirai que jamais l'argent allemand n'a circulé entre nous, qu'il n'y a pas lieu de parler de complot, mais il y avait un mécontentement général qui augmente encore, pour devenir dans certains endroits de l'exaspération.

Le président constatant que M. Reisacher qui parle en français dit des généralités, sans parler de l'accusation qui est portée contre lui, et qui concerne la « Schutztruppe » lui coupe la parole, la lui redonne pour dire une dernière phrase de protestation et suspend la séance pour procéder ensuite à l'audition des témoins.

A la reprise, on entend, comme premier témoin à charge,

M. Bauer

chef de la police secrète à Strasbourg.

Celui-ci fait un exposé sur le mouvement autonomiste en Alsace. Il part du fameux discours que le Dr Ricklin a prononcé au mois de Juillet 1917. Puis le témoin esquisse en quelques paroles la situation politique de l'Alsace trois semaines avant l'armistice. Ce fut le moment où Schwander devint Statthalter à Strasbourg. A l'armistice, Schwander quittait le pays pour devenir vice-président de la province du Hesse et président du « Hilfsbund ».

En Alsace, on fonda au même moment l' « Elsässerbund ». Celui-ci fut notamment soutenu par le trio Ley, Rapp et Muth, qui menèrent une campagne énergique pour l'indépendance de l'Alsace-Lorraine. Dans un tract qu'ils auraient lancé on peut lire : « Alsaciens, protestez contre le rattachement de l'Alsace à la France, qui est aussi une domination étrangère. » En Avril 1920, au moment de la grève générale, ils lancèrent de l'Allemagne un nouveau tract, demandant l'autonomie pour l'Alsace. Entre autres, la phrase suivante figurait dans cet appel : « Ne reculez pas devant les baïonnettes. Qui meurt pour son pays est un martyr. »

Le témoin tient à rappeler que les agitateurs se tenaient toujours sur l'autre rive du Rhin et que, de cette façon, on ne put jamais avoir les « vrais coupables ».

Au mois de Juillet 1919, l'abbé Sigwalt (décédé il y a quelques années) fonda avec M. Dumser le « parti fédéraliste alsacien ». Ce parti profitait de l'appui des trois agitateurs Ley, Muth et Rapp.

Le 8 août 1919 quelques messieurs, entre autres M. l'abbé Haegy, Fashauer, Keppi et Hauss, se réunirent au cercle St-Martin à Colmar. La réunion était présidée par M. l'abbé Haegy. On élabora un programme fédéraliste, dont l'abbé Fashauer aurait été le rédacteur. Au début de 1920 le « trio agitateur » fut condamné par contumace.

Me Jaeglé: N'oubliez pas, que les autres accusés présents ont été acquittés. A ce moment, le président interrompt la déposition du témoin Bauer, pour entendre le

Comte de Pange

qui est témoin à décharge.

Le comte de Pange, un régionaliste bien connu, était en 1911 en Allemagne au moment où l'Alsace fit le premier pas vers l'autonomie. La question de l'Alsace l'intéressa tout spécialement.

En 1918 il entra avec les troupes françaises à Strasbourg et entendit parler du « Conseil National », qui s'était réuni. Il avait espéré, que le Président de la République ou un remplaçant officiel viendrait à Strasbourg pour recevoir le serment du

Conseil National dont les membres étaient élus par le peuple! Malheureusement, dit-il, celui-ci fit sa déclaration sans qu'aucun membre du Gouvernement ne soit présent. Le comte de Pange allait voir le Dr. Ricklin, qui le reçut dans le bureau du président du Conseil National. L'entretien fut assez long.

Le Dr. Ricklin exposa au témoin les raisons de sa déclaration de juillet 1917. Il dit: Je ne l'ai fait que dans l'intérêt de notre pays. Nous nous trouvions devant la menace formelle du démembrement de l'Alsace-Lorraine.» En plus le Statthalter von Dallwitz a fait remarquer tout de suite après cette déclaration, qu'il n'en fallait pas exagéré l'importance, vu que la majorité du Landtag n'avait pas la même opinion. On parlait toujours du régionalisme et le témoin fut quelque peu déçu de voir, qu'on n'entreprit rien.

Cependant il espérait toujours car il savait que M. Millerand élaborait un projet de loi.

Mais je n'ai cessé de penser que pour empêcher l'éclosion de l'autonomisme il aurait fallu que le gouvernement français donnat dans une certaine mesure satisfaction à nos aspirations régionalistes. J'ai toujours été régionaliste et je comptais sur le retour de l'Alsace-Lorraine pour provoquer notre réorganisation administrative. Il y a eu avant tout malentendu, et incompréhension réciproque. Une personne hautement qualifiée me disait que si les rédacteurs du manifeste du Heimatbund avaient connu le projet Hennessy, ils y auraient trouvé un cadre valable pour toute la France, et les libertés qu'ils revendiquaient eux-mêmes.

Différentes questions sont encore posées au témoin.

Il affirme qu'au moment de l'entrevue avec le Dr. Ricklin, celui-ci ne manifestait aucune idée de séparatisme.

M. Ricklin: Quand je vous ai lu la formule, que j'ai déposée au Conseil National, aviez-vous l'impression que j'ai agi dans l'intérêt de l'Allemagne et que j'étais au service de ce pays?

Témoin: Non, non, certainement non!

M Palmieri:* Le mouvement alsacien peut-il être antifrançais?

Séance de l'après-midi.

Témoin: Les revendications régionalistes sont légitimes.

Après une intervention de Me Feuillet, rappelant quelques fautes qui ont été commises par le Gouvernement, la séance est levée et renvoyée à 2 heures 15 de l'après-midi.

Le commissaire spécial Bauer continuera sa déposition.

M. Bauer, commissaire de police spécial, réapparaît à la barre. Il dit que dès 1920 une campagne anti-française est menée en Alsace par MM. Haegy, Rossé et Fashauer. Cette campagne a préparé la voie à la «Volksstimme». Il parle ensuite de l'abbé Hanhart et d'un discours qu'il aurait fait à Donau-Eschingen en présence du prince de Furstenberg.

La défense demande ce que ces choses ont à faire ici.

Le président repousse toute intervention et répète plusieurs fois, que c'est à lui de diriger les débats. M* *Berthon* observe: Mais toujours dans le cadre de la loi.

M. Bauer ayant lu des extraits de discours d'une semaine alsacienne à Donaueschingen et des articles des «Heimatstimmen».

M Jaeglé* demande, qui donc avait fait ces traductions.

M. Bauer ayant répondu que c'étaient ses bureaux, les avocats s'indignent contre ces « traductions policières ».

M° Feuillet observe: Voilà l'homme qui se servait d'un Riehl.

M. Bauer (vivement ému): Je n'ai jamais connu Riehl et je ne le connais pas.

M. Bauer continue à parler de l'abbé Hanhart, qui aurait fondé après la guerre en Allemagne une association alsacienne. Il parle des dactylographes du «Courrier d'Alsace» et de leurs sentiments politiques. L'une d'elles est une naturalisée.

Un des jurés, M. Béha, interrompt pour demander au président, ce que toutes ces histoires ont à faire ici? Tout ce qui s'est passé avant la guerre et pendant la guerre ne peut pas intéresser le tribunal.

M. *Bauer* en vient donc à l'année 1922 où ses bureaux l'informaient, qu'un baron de Gemmingen se serait occupé d'attiser une propagande autonomiste en Alsace-Lorraine et d'avoir envoyé en Alsace des agents de propagande. Ce baron de Gemmingen est le beau-fils du grand industriel de la Sarre Rœchling. M. Rœchling aurait reçu 20 millions de marks pour la propagande allemande. MM. Pinck et Robert Ernst auraient été en relation avec la famille Rœchling, et c'est M. Pinck qui créa la «Zukunft». La création de la «Zukunft» fut saluée par les «Heimatstimmen».

M. Bauer voit le complot déjà dans le groupe des collaborateurs de la «Zukunft» qu'il faisait surveiller par la police, MM. Schall, Matter, Hauss, l'abbé Zemb, le pasteur Hirtzel, le pasteur Maurer.

Il sait où ils se rencontraient et dans quelle brasserie ils buvaient leur chope. Il connaît leurs dessous qui sont inquiétants. M. Matter venait directement de Berlin et avait connu personnellement Erzberger, le grand politicien du Centre. Le chef était M. Pinck.

Le témoin parle ensuite de l'article paru dans le «Rheinischer Beobachter» disant que le peuple alsacien ne reposera pas jusqu'à ce qu'il ait «brisé» les chaînes de la domination française, qui le font souffrir

Puis, il est d'avis que le fameux Pinck, toujours en relations avec l'industriel Rœchling déclanche le deuxième mouvement autonomiste en créant la « Zukunft». Les collaborateurs de ce journal étaient: MM. Pinck, Schall, Matter, Hauss, l'abbé Zemb et les pasteurs Hirtzel et Maurer. Ceux-ci se réunissaient une fois par semaine au moins à l'imprimerie Hauss. M. Bauer rappelle ensuite, que Schall était rédacteur de deux feuilles obscènes et une fois la «Zukunft» défendue, Schall voulait éditer un nouveau journal, dont le gérant devait être un certain Thomann, qui a épousé une prostituée.

La défense proteste avec sa dernière énergie et invite le témoin à respecter des tierces personnes.

Celui-ci continue: Matter, le gérant de la «Zukunft», vint directement de Berlin en Alsace. Il était pendant un certain temps occupé en Autriche et en Allemagne, comme artiste lyrique. Il figurait aussi comme propriétaire de la «Zukunft», dont le véritable propriétaire fut le neutraliste Pinck. Il se vantait souvent, d'après les renseignements reçus par l'agent M. Vallon en 1923, d'avoir été l'ami d'Erzberger. Rœchling aurait fourni les capitaux pour la «Zukunft». Entre autres, «Mercur-Bank» a versé le 24 mai 1923 une somme de 200.000 frs. à la banque Gérardot-Pinck à Strasbourg. Or, le directeur général de cette banque est un allié de Rœchling. Dès qu'on eut ces renseignements sur Pinck, on le surveilla plus étroitement et quand le 26 novembre 1925, il voulut aller en Allemagne, il fut arrêté au pont de Kehl et fouillé. Pinck eut sur lui une lettre à Robert Ernst, mais qui portait l'adresse à Mademoiselle Ernst, fille du fameux Robert.

Défense: Complot.

Or, dans cette lettre Pinck parlait de la situation actuelle à Strasbourg et des relations avec la Bretagne et la Corse

Et le témoin de s'écrier: Donc Pinck exerçait non seulement son influence néfaste en Alsace, mais il tentait aussi à exercer son métier à l'intérieur de la France.

Cependant M. Bauer avoue, que Pinck se plaint dans sa lettre à Ernst que: «pour la propagande, nous n'avons presque rien». Aussi l'ancien postier avait sur lui un reçu de 5.400 frs. Il déclara l'avoir touché de M. Dumser comme gérant de l'«Erwinia».

Revenant à la «Zukunft», le commissaire spécial de Strasbourg, déclare que son programme n'était pas sincère. Nous allons voir en effet que le programme de la « Zukunft» était « autonomo-séparatiste», et après une longue périphrase sur l'«Union Populaire», qui elle déjà va nettement vers l'autonomie, il revient au programme de la «Zukunft». Celui-ci est simplement un «trompe l'œil», prétextant le rapprochement pacifiste des peuples. En effet, la « Zukunft » dans son numéro du 22 mai 1926 avoue franchement être autonomiste et, qu'elle se battra jusqu'au bout pour arriver à l'autonomie du pays.» Quelques mois plus tard la « Zukunft» publia un programme nettement séparatiste.

Président: Interprète, cherchez-moi cet article qui est très intéressant.

Me Peter: M. le président, comment savez-vous que cet article est intéressant ?

Président (agitant la cloche): Continuez, continuez.

L'article est lu par l'interprète. Nous apprenons que la « Zukunft » défend un programme fédéraliste, dont le comte Jean de Pange est aussi un ardent défenseur. Elle est ensuite pour l'union des peuples, mais elle tient à servir en premier lieu la population d'Alsace et de Lorraine et elle tient au maintien de la paix. On parle ensuite d'une réforme administrative urgente, d'une représentation élue par le peuple, qui aurait le droit de voter le budget et des lois locales pour l'Alsace-Lorraine. Cependant le parti refuse tout séparatisme et demande l'autonomie dans le cadre de la France. Il exige du Gouvernement de respecter nos traditions, bilinguisme, école, administration, etc. Il demande que les victimes de la commission de triage ainsi que les internés pendant la guerre doivent être dédommagés. Les chemins de fer au lieu de verser leurs bénéfices dans une caisse centrale à Paris, doivent rester la propriété intégrale de l'Alsace-Lorraine. On demande une banque spéciale, une administration des postes, etc. etc.

Après lecture de ce document le président suspend la session.

A la reprise, le président charge l'ancien receveur des finances M. Gélas de contrôler l'origine de l'argent des comptes Pinck à la banque Gérardot.

Me Klein lit ensuite des lettres de M. Rœchling dans la Sarre et du baron Freiherr von Gemmingen, ancien préfet de Metz. Les deux messieurs ont fait devant un notaire de la Sarre une déposition sous serment, dont voici le résumé:

Rœchling déclare ne jamais avoir été en relations directes ou indirectes avec un des accusés de la Cour d'Assises de Colmar, n'avoir jamais donné de l'argent pour le mouvement autonomiste. Le baron de Gemmingen fait une déclaration analogue. Les deux messieurs, qui du reste ont été cités comme témoins par la défense, déclarent que leur situation ne leur permet pas d'entreprendre un voyage en France, mais qu'ils seraient disposés à prêter serment

devant une commission rogatoire ou devant un juge de la Sarre.

Président: J'estime qu'il n'est pas « opportun » d'entendre des témoins par commission rogatoire.

M. Bauer continue son exposé. Il parle d'un nouveau programme de la « Zukunft ». Celui-ci serait nettement séparatiste. Deux trois après la publication de ce programme le mouvement séparatiste se confond avec le parti régionaliste. On demande une Alsace-Lorraine autonome avec un président à la tête.

Et le témoin de s'écrier: On dira ce qu'on voudra, demander chose pareille, c'est établir une barrière infranchissable entre l'Alsace et la France. Ensuite le témoin part en guerre contre la presse haegyste, qui elle aussi, aurait soutenu dans le Haut-Rhin le mouvement autonomiste. M. Pinck aurait déclaré que même des gens avec la Légion d'Honneur soutenaient leur mouvement. On parla toujours de jeter un pont entre la France et l'Allemagne.

Me Berthon: M. Poincaré y est.

Le témoin: Au début les articles de la «Zukunft» étaient beaucoup moins violents. On cherchait à chloroformer le peuple. Peu à peu, les théories autonomistes furent développées et on arriva à un séparatisme complet et au « président » de l'Alsace-Lorraine. En 1925, M. Rossé entre en ligne. Il parle en de nombreuses réunions de fonctionnaires à Strasbourg. Le but de ses discours devait aboutir à une grève générale comme en 1919. On vit même l'agent Pinck comme ancien fonctionnaire prendre la parole dans une réunion.

M. Rossé: Il touche une rente de l'Etat Français.

Bauer: En janvier 1928, les nommés Schall, Pinck, Hirtzel et Zemb se rendirent à Colmar. Là, le Dr Ricklin les rejoignait et ils se rendirent à l'Ecole Préparatoire de Colmar, c'est à dire au domicile de M. Rossé où eut lieu de 2 à 6 h. du soir une réunion secrète. Cinq jours plus tard, l'association des fonctionnaires, dont M. Rossé était président, liait son action à celle des cheminots pour défendre en front unique les intérêts des fonctionnaires alsaciens. Une grève générale devait éclater sur la base des « minorités nationn!es». La manœuvre fut déjouée, grâce à la sagesse des cheminots et des fonctionnaires. Cette grève, si elle avait éclatée, aurait pu produire une crise dangereuse comme ce fut le cas en 1920.

Le témoin annonce qu'en mai 1921 il arrêtait un communiste hongrois, qui avait sur lui une lettre adressée à la Troisième Internationale de Moscou. Dans cette lettre, le «communiste hongrois» parle de la grève générale 1920 et dit que ce fut un véritable mouvement populaire. Il ne manquait plus qu'une «étincelle révolutionnaire» et nous aurions pu faire «table rase». «Oui, en 1920 les troubles furent si grands à Colmar et à Strasbourg, que 'a gendarmerie et la police furent dans l'impossibilité de maîtriser le peuple. On dut avoir recours à l'armée, qui eut toute une après-midi à faire.

M⁰ Berthon: Vous apprenez cela maintenant?

M. Bauer se fâche et se tournant contre M⁰ Berthon lui demande: «Etiez-vous là en ce moment?» Le témoin adresse au défenseur des paroles exaltées. (Hilarité.)

M⁰ Peter: M. le président, la défense n'a pas besoin de se faire rudoyer par un témoin, même si c'est un commissaire spécial.

Continuant à parler de M. Rossé, le témoin lui reproche de n'avoir jamais cessé d'exciter les fonctionnaires. Parlant du Heimatbund, M. Bauer souligne que des associations analogues existent à Eupen - Malmedy, dans la Haute-Silésie, etc.

Le témoin repasse ensuite toute l'histoire de la « Volksstimme », fondée le 10 avril 1926 et de l'Imprimerie «Erwinia» à la tête de laquelle se trouvaient les Ricklin, Fashauer. Revient sur le tableau toute l'histoire du garçon-boucher Vonblon et du 1½ million qu'on connaît déjà. Le témoin parle ensuite des nombreux voyages d'Agnès Eggemann en Suisse. Interrogée sur ces voyages elle disait toujours être allée voir sa famille à Lucerne et Bern. Quant aux comptes de 240.000 francs que l'accusée avait déposés à la banque Gérardot, elle prétendait que c'est de l'argent émanant de personnes alsaciennes donné pour l'affaire. Le président fait lire en ce moment une lettre de M. Fashauer au directeur de l'«Action Française», dans laquelle il déclare qu'il n'y avait pas d'argent allemand dans la «Volksstimme».

M⁰ Berthon: M. le président, quand permettrez-vous aux accusés de répondre?

Président: A la fin de la déposition du témoin.

M⁰ Berthon: On n'y comprendra plus rien.

Le témoin parle ensuite d'une lettre adressée par M. le Dr. Ricklin au moment du procès Haegy-Helsey à la presse locale, article dans lequel le député d'Altkirch déclare, qu'il n'y a pas d'argent allemand dans l'«Erwinia». Or, dit l'accusé, en novembre 1927, M. Fashauer avoua aux témoins qu'on aurait pu trouver difficilement tout l'argent nécessaire à l'«Erwinia» en Alsace, et qu'il avait été obligé de faire un appel à l'étranger. En effet, un avocat suisse, M. Wildy, avait prêté 100.000 frs. suisses à l'«Erwinia» en prenant la première hypothèque sur la maison et les machines. Le témoin se perd ensuite en un long exposé sur les différentes hypothèques qui existent sur l'«Erwinia» et part en guerre contre les accusés Fashauer, Ricklin, Rossé.

M⁰ Palmieri: Est-ce un témoin ou le Procureur Général qui parle?

M. Ricklin veut rectifier quelque chose.

Le président ne lui donnant pas la parole, M⁰ *Berthon* de s'écrier: MM. le jurés constateront qu'il n'est pas possible de se défendre.

Entre temps, l'heure est avancée, le président lève la séance et la renvoie à demain matin.

Le commissaire spécial Bauer continuera sa déposition.

Septième journée — 8 mai

Séance du matin.

Le président de la Cour usant de son pouvoir discrétionnaire continue de la méthode qu'il a introduite depuis lundi. L'exposé de chaque accusé est supprimé. Nous verrons plus tard si ce procédé est utile ou non, en tous les cas il n'est pas très élégant.

Il ne semble pas jusqu'ici que e procédé soit très utile et la déception est générale dans la salle, auprès du public et les journalistes, et enfin au dehors. Ce que nous apporte le commissaire de police Bauer sont des faits vagues, des observations personnelles, les extraits d'articles de journaux qui ont été publiés. Il cite enfin des articles d'autres journaux qui combattent les journaux autonomistes; comme documentation ce n'est point riche.

Remarquons d'autre part que ces articles n'ont pas donné lieu à des poursuites judiciaires. Pourquoi le Procureur de Strasbourg n'a-t-il pas procédé contre les auteurs en ce temps ?

On peut, politiquement, réprouver ces articles. Chacun peut s'irriter et les condamner à son point de vue, mais ils n'ont rien à voir avec le complot. D'ailleurs M. Bauer a-t-il une seule fois parlé d'un complot, dans son exposé? Non, il n'a pas encore prononcé ce mot une seule fois. Un curieux procès, en effet, où l'on parle de tout, sauf du complot, dont sont accusés quinze personnes.

Comme d'habitude, la séance est ouverte avec un considérable retard. Il est 9 h. et demi passées lorsque la Cour entre dans la salle.

Le Président donne lecture d'une lettre du Dr. Hannes qui désire déposer comme témoin pour ajouter quelques explications aux paroles du Dr. Ricklin. Il sera entendu comme dernier des témoins à décharge.

Me Berthon: Nous ferons au besoin usage de ce droit.

M. Rossé désire déposer des conclusions.

Le Président hésite.

Me Berthon: Je vous assure M. le président que ces conclusions sont très importantes.

Un article du „Temps“

M. Rossé prend connaissance dans ses conclusions d'une lettre de *M. Jacques Bardoux* du «Temps» qui s'excuse de ne pouvoir paraître à la barre des témoins étant légèrement malade. M. Rossé fait remarquer qu'il regrette énormément cette malchance. M. Jacques Bardoux a publié dans le « Temps», en date du 3 décembre 1927, un article sensationnel sur des réunions secrètes d'autonomistes à Strasbourg. Il affirme qu'un agent allemand a assisté à ces réunions.

M. Rossé lit ensuite l'article en entier, article dont nos lecteurs savent les détails. Il y est parlé de deux mitrailleuses allemandes, de pistolets automatiques, dernier modèle, bref de tout ce qui nous a porté à appeler M. Bardoux l'homme aux mitrailleuses. La lecture de cet article suscite une grande hilarité au banc des accusés.

Et M. Rossé cite un deuxième article de M. Jacques Bardoux dans lequel il affirme connaître l'auteur du procès-verbal de cette séance secrète. Dans cet article figurent les groupes autonomistes d'enfants avec des appellations d'oiseaux. Figurent également dans cet article les révélations sur les agents autonomistes qui infestent les sous-préfectures. M. Rossé demande qu'on insiste auprès de M. Jacques Bardoux pour apprendre le nom de l'agent allemand dont il est parlé, le nom de l'auteur du procès-verbal, l'endroit où sont cachées les mitrailleuses et les pistolets allemands. Il serait très important d'établir s'il existe en dehors des autonomistes qui se trouvent sur le banc des accusés, d'autres autonomistes qui assistent peut-être, à l'heure actuelle aux débats. Si ce n'est pas le cas, il serait pourtant important de savoir si M. Jacques Bardoux écrivant dans le «Temps» s'est trompé.

M. Rossé insiste pour qu'on donne connaissance aux jurés de tous les détails que réunit M. Bardoux sur le complot autonomiste et que ces détails soient discutés.

L'avocat Klein produit une lettre de l'abbé Haegy, Conseiller Général, démentant là déposition de M. Bauer, de hier, qui prétendait que l'abbé Haegy avait présidé le 8 août 1919 au cercle St. Martin de Colmar une réunion privée dans laquelle a été élaboré un programme fédéraliste. L'abbé Haegy n'a jamais eu connaissance de semblable réunion. Monsieur Bauer prétendait ensuite que l'abbé Haegy était en relation avec une association nommée «Elsaesser-Bund», l'abbé Haegy déclare que dans cette affirmation il n'y avait pas une syllabe de vrai.

Le Président déclare qu'il sera inutile de déposer cette lettre au dossier vu que l'abbé Haegy sera entendu comme témoin.

Avocat Berthon: Un témoin a le droit de protester contre les inexactitudes.

Monsieur Bauer commissaire de police reparaît à la barre. Il raconte la peine qu'il s'est donnée pour discerner les rapports de M. Fashauer avec l'avocat Wildy de Zoffingen qui prit sur l'Erwinia une hypothèque de 100.000 frs. suisses. M. Bauer voulut savoir qui avait mis M. Fashauer en rapport avec l'avocat suisse. Il a cherché longtemps mais en vain. M. Fashauer avait déclaré que c'était un fonctionnaire et père de famille qu'il ne nommerait pas pour lui épargner des ennuis. M. Fashauer a opposé un «non possum» absolu à toutes les tentatives de M. Bauer pour lui extorquer cette information.

M. Fashauer répondit même à M. Bauer: «Vous pouvez m'envoyer à Cayenne, mais vous ne me ferez pas manquer à ma parole d'honneur».

M. Bauer se mit donc à la recherche de l'avocat Wildy lui-même. Le commissaire de police de Strasbourg a trouvé que cet avocat né à Zoffingen en Suisse, possédait une mentalité ultra-germanophile. Bien plus M. le Dr. Wildy a même des relations d'affaires avec des sujets allemands.

M. Bauer apprend à MM. les jurés qu'un journal de Strasbourg affirme que la «Volksstimme» est un journal allemand en Alsace; et il en revient à M. Rossé.

M. Rossé a fait un jour un voyage à Fribourg. Il a fait aussi un voyage à Munich. Il a été frappé du fait que ces voyages coïncidaient avec la construction des bâtiments de l'«Erwinia». M. Bauer sait d'autre part que M. Rossé et M. Fashauer firent ensemble un voyage à Zoffingen pour rencontrer M. Wildy. Il suppose que Madame Fashauer les accompagnait. Ce voyage a eu lieu le 26 octobre 1926, ajoute M. Bauer qui possède une mémoire effarante des dates. Mais si Madame Fashauer a pris part à ce voyage, le fait contredirait une rectification envoyée par M. Fashauer à l'«Action Française» et dans laquelle il démontrait qu'il n'avait plus vu Mlle Eggemann depuis qu'elle avait quitté l'«Elsässer Kurier».

M. Bauer sait que M. Rossé a fait, fin 1926, une visite à la famille Eggemann, et qu'ici encore il y aurait une contradiction avec les dires de M. Rossé, affirmant dans une lettre n'avoir pas vu Mlle Eggemann depuis un temps considérable. Pendant deux ans, M. Bauer recherche assidûment la provenance des matériaux et des installations de l' « Erwinia ». Avec la meilleure volonté il ne réussit point à obtenir de Mlle Eggemann des précisions sur ce point. Celle-ci lui expliqua, en effet, qu'elle avait été à Berne, mais elle n'estimait pas nécessaire de donner des détails sur les livraisons de matériel à l' « Erwinia », matériel provenant de la Suisse. Enfin M. Bauer réussit à saisir la photographie d'une facture de 40.000 francs suisses, qui avait été émise par la maison Clarette, de Berne. Cette somme était destinée à l' « Erwinia ». Mais ici encore, malgré les documents qu'il avait en mains, M. Bauer ne put obtenir de Mlle Eggemann aucun aveu. Ses tentatives vis-à-vis de M. Fashauer restèrent également vaines.

Et M. Bauer abandonne ce terrain ingrat pour commencer une conférence sur le programme de la « Volksstimme ». Mais il a le malheur de citer M. Jacques Bardoux, le malheureux témoin qui ne veut à aucun prix paraître à la barre. M. Bardoux a désigné la « Volksstimme » comme un journal séparatiste et ennemi de la France. « Et M. Jacques Bardoux avait raison », ajoute le commissaire.

Un petit incident survient. Le commissaire de police a la manie d'appeler les accusés suivant son jargon policier : « La Fashauer, le Rossé. »

Mᵉ Palmieri : Je prierai M. le président de faire remarquer au témoin qu'il est d'usage de parler plus poliment. Il n'est ni avocat, ni juge, mais simple témoin.

Mᵉ Berthon : Nous ne disons pas Bauer tout court.

Et **M. Bauer** donne de nouvelles preuves de sa merveilleuse mémoire, en citant par cœur des passages entiers parus dans la « Volksstimme ».

Mᵉ Palmieri : Les textes originaux sont-ils ici ?

Mᵉ Klein : Qu'on nous lise les articles en entier, et non pas des passages choisis au bon plaisir du témoin.

Mᵉ Berthon de se lever.

Le Président s'énerve et déclare : J'en ai assez !

Mᵉ Berthon veut parler malgré tout.

Le Président : Déposez des conclusions si vous voulez parler.

Mᵉ Berthon : Immédiatement, M. le président.

Et à l'instant il écrit ses conclusions dans les formes de la procédure. On y lit : « Lorsque la défense veut faire une observation sur les débats, le président répond : J'en ai assez ! »

Les conclusions sont déposées devant la Cour. **Le Président** ne se contente pas, cette fois, de se déclarer incompétent; après une consultation de deux minutes, la Cour revient avec une réponse affirmative aux conclusions de Mᵉ Berthon, à savoir qu'en vérité le président avait dit : « J'en ai assez ! »

Mᵉ Berthon : Je suis satisfait de cette constatation.

Le Commissaire **Bauer** veut continuer avec ses citations.

Mᵉ Berthon : M. le Président, veuillez ordonner la lecture des articles en entier.

M. Bauer se voit obligé d'ouvrir à nouveau son dossier et de lire les numéros de la « Volksstimme » qu'il venait de citer.

Suit donc la lecture indéfinie d'articles de journaux que le public a lus l'année dernière et qui n'ont jamais été poursuivis par la loi de la presse. Chaque article étant écrit en allemand et devant être tra-

duit en français, ce travail prend un temps considérable. La scène de lundi après-midi se reproduit. Il n'est nulle part question de séparatisme. On y voit de longues tractations sur l'activité des journalistes en Alsace au XVIᵉ siècle. Tout le monde se désintéresse de ces lectures. Les accusés lisent leurs journaux. A la table des journalistes, c'est le départ en masse.

Le Président interrompt le témoin et demande à l'huissier de lui présenter le dossier Zorn de Bulach.

Mᵉ Berthon : Je pensais qu'il était interdit d'interrompre le témoin.

M. Bauer continue d'extraire quelques articles de la « Wahrheit », spécialement un article du 7 Mai 1927, dans lequel il était dit : Vous devez clouer au pilori la façon d'agir du maire de Barr, qui avait interdit la vente de la « Wahrheit », c'est un traître. Dans un article du 14 Mai, intitulé : « Dix pour un », la population aurait été excitée à s'armer : « Si l'on veut recevoir des grenades, qu'on continue à faire de cette politique ! Ouvriers, paysans, aiguisez vos faux, etc... »

Mᵉ Peter : Plusieurs de ces articles ont été écrits par la police et par l'agent provocateur Fromageat.

La séance est interrompue.

A la reprise de la séance, **Mᵉ Peter** déclare : Mon client m'a assuré que ce dernier article a été écrit par l'agent provocateur Fromageat.

M. Bauer affirme au contraire qu'un certain agent provocateur Hoffmann avait affirmé que M. Reisacher était l'auteur de cet article.

M. Reisacher se lève et proteste énergiquement.

La Défense se désintéresse de la traduction de ces articles, et M. Bauer continue. Il affirme que M. Baumann a publié de nombreux articles signés par lui, qui sont de basses injures contre la France et sont tous d'un caractère nettement antifrançais. Ainsi il avait écrit le 10-12-1927 que la violence faite aux droits des minorités par Bismarck n'était rien en comparaison des violences exercées par la IIIᵉ République contre les Alsaciens.

Mᵉ **Jaeglé** : « Action Française ».

Mᵉ **Berthon** : Daudet.

D'autres articles sont cités, mais que nous ne voulons pas reproduire.

M. Bauer parle également d'un film qui a été pris à la sortie de prison de Zorn de Bulach. Ce film n'a pu être saisi par la police, car Kohler le porta à Fribourg.

Parlant de la politique de la « Volksstimme », le témoin déclare que M. Fashauer lui aurait assuré que le dit journal poursuivra la politique de l'Union Populaire, et tous ceux qui connaissent la politique en Alsace savent que, le 29 Novembre 1925, (ce fut le 30), ce parti a demandé l'autonomie administrative. De plus, M. Fashauer aurait déclaré : « Nous ne sommes pas antifrançais, nous ne demandons que l'autonomie administrative et nous nous tenons sur le terrain de l'U. P .R. »

Certains chefs de l'Union Populaire, cependant, prétendent que les articles de la « Volksstimme » auraient des tendances séparatistes et se trouveraient en contradiction avec le programme du dit parti. M. Bauer avait l'impression que M. Fashauer et le Dr Ricklin se trouvaient à la tête de tout le mouvement. Pour montrer les sentiments intimes de M. Fashauer, le témoin veut lire un article de M. Oscar de Férenzy.

Mᵉ **Berthon** : Où est-ce que cela nous mène ?

Mᵉ **Jaeglé** : Selon la loi, le témoin doit être impartial.

Le Président : J'ai prié le témoin de ne plus parler de cette affaire.

M. Bauer parle alors de la « Wahrheit » et du baron Claus de Bulach; le vrai dirigeant du journal était César Ley. Bulach en était le directeur et Baumann le rédacteur responsable. Ley a été condamné en 1923 pour haute trahison, à sept ans de forteresse, mais il a été grâcié en 1926 et devint à Fribourg dans le Brisgau l'agent du service d'espionnage allemand. Kohler entra dans la « Wahrheit » avec une lettre de recommandation de César Ley. Dans un article de fond de la «Wahrheit », le même Ley demande le plébiscite pour l'Alsace et l'indépendance du pays,

selon le modèle des cantons suisses. Dans une autre lettre, Ley déclare qu'il ne peut plus être question du « cadre de la France », vu que celui-ci n'existe plus depuis longtemps.

Il cite ensuite une lettre de M. Ley au préfet du Bas-Rhin, dans laquelle M. Ley affirme que ce film sera projeté en Allemagne et dans d'autres pays, spécialement en Amérique, où l'on porte beaucoup d'intérêt à la question alsacienne. On constate qu'il s'agit ici d'une vaste propagande antifrançaise dans les pays étrangers.

M. Bauer a saisi dans la rédaction de la « Wahrheit » une lettre qui détruit toutes les espérances de Ley pour sa propagande en Amérique. On lit dans cette lettre que les Américains s'occupent aussi peu de l'Alsace que les Européens de l'Etat d'Ohio. Le film avait été donné à la Société « Phoebus » pour être achevé, et l'on sait que cette Société avait reçu du Ministère de la Reichswehr d'énormes subsides par l'intermédiaire du capitaine Lohmann.

La Défense ne voit pas trop bien ce que la Société Phoebus fait dans le complot.

M. Bauer déclare encore que Ley a cherché à connaître plusieurs détails sur les questions militaires en Alsace. Kohler était à son service et exécutait ses ordres.

Mᵉ **Peter** : Je proteste contre ces paroles. Ce que le témoin affirme ici est absolument faux. Je prétends connaître le dossier aussi bien que le témoin.

M. Bauer maintient ses affirmations, disant que devant le tribunal correctionnel il maintiendra ses dires sous la foi du serment.

M. Kohler proteste contre le témoignage de M. Bauer, qu'il qualifie de fausseté énorme.

Pour prouver que l'affaire d'espionnage est étroitement liée avec le séparatisme, **M. Bauer** cite deux lettres de M. Roos qui a filé à l'étranger, et dans lesquelles M. Roos donne des détails précis sur le séparatisme en Alsace.

M. Fachot interrompt à ce moment le témoin et donne au Président un dossier dans lequel se trouvent divers documents se rapportant à cette affaire.

Me Berthon : Enfin, nous entendons la voix du Procureur général. Nous aurions été bien aise de l'entendre plus tôt, afin que les accusés eussent connaissance des faits qu'on leur reproche. Je verrai d'autre part d'un très bon œil que M. le Procureur général ne travaille pas de commun accord avec le témoin à charge. Mais où donc se trouvaient exactement tous ces dossiers ? Se trouvaient-ils parmi ceux qui ont été communiqués à la défense ?

M. Fachot : Non.

Me Jaeglé : La défense n'a pu prendre connaissance de ces dossiers, car on les avait tenus cachés.

Me Berthon: Nous demandons à la Cour la constatation, que de nouveaux documents ont été versés dans les débats.

Me Jaeglé: C'est une surprise, MM. les jurés jugeront si une telle surprise est à la place dans un procès d'une pareille envergure.

Le Procureur Général avoue, que c'est une surprise.

Le président remet les dossiers en question à la défense qui fait constater par Me Berthon, que les dossiers contiennent des documents datant des mois de décembre 1927 et janvier à mars 1928 et s'adressant à M. Fachot Il dit: Vous nous aviez donné l'assurance, que tous les documents concernant le procès se trouveraient dans les dossiers qui se trouvent ici devant la table de la Cour. Nous avons demandé M. Fachot s'il verserait de nouveaux documents dans les débats et il nous assurait que non. Malgré cela il présente en ce moment de nouveaux documents. Nous demandons que la Cour en prenne note. Depuis plus d'un mois déjà le Procureur Général tient ces documents en mains. En interrompant maintenant le témoin, il voulait rappeler à celui-ci les dits documents.

Me Peter: C'est une conspiration, un complot.

Pendant que Me Berthon écrit ses conclusions on lit une lettre d'une demoiselle Lucie Burger d'Allemagne. Dans la lettre, on parle de la situation en Alsace et du mouvement autonomiste. Il y est également question d'un certain agent provocateur nommé Hoffman.

Me Klein: De qui est cette lettre? Par qui est-elle signée ?

Président: La lettre n'est pas signée. Elle a été trouvée durant les perquisitions au domicile de M. Roos.

Me Peter et Jaeglé: Fromagent !

Sur ce, *Me Berthon* dépose des

Conclusions

demandant à la Cour la constatation que de nouveaux documents ont été jetés dans les débats, quoique le président et le Procureur Général avaient déclaré qu'on n'emploierait que des documents déjà connus par la défense. La défense demande une enquête.

Me Berthon : La constatation que nous venons de faire est de la plus haute importance. Nous venons de prendre connaissance de documents que M. l'Avocat général dépose sur sa propre initiative, et en assumant les responsabilités. Mais quelles sont les attributions de chacun parmi nous ?

Le juge d'instruction a versé à la fin de l'instruction ces documents à la Chambre des mises en accusation. Par la transmission de l'affaire à la Cour d'Assises la Chambre des mises en accusation dépose sur la table des Assises ces documents. Ceux-ci se trouvent donc à la disposition de la Défense comme de l'Avocat général. Mais qu'advint-il des documents dont on nous donne maintenant connaissance ? Ces documents étaient entre les mains du juge d'instruction M. Mitton. La signature qu'ils portent prouve qu'il en avait connaissance. M. Mitton s'abstint-il de communiquer ces documents à la Chambre des mises en accusation et les donnat-il directement au Procureur général ? Mais dans ce cas nous demanderons justification de ce procédé à M. Mitton, car il ne doit y avoir aucune relation entre le Juge d'instruction et le Procureur général; il existe, en France, des lois même contre les magistrats.

Ou bien le Juge d'instruction, M. Mitton, a fait son devoir : Il a transmis ces documents à la Chambre des mises en accusation et ceux-ci furent plus tard retirés par une autre personne. Etait-ce le Procureur général ? Nous voulons le savoir Si oui, si c'était lui, nous demanderons des comptes au Procureur général. Nous posons ici la question précise : M. Mitton possédait ces documents depuis le mois de Février. Où étaient ces documents depuis Février jusqu'à aujourd'hui; qui les avait retenus; qui avait intérêt à les retenir ?

Le tumulte grandit. On entend qu'il s'agit d'articles de journaux, de lettres anonymes et signées, et on se demande ce que doit signifier cette nouvelle irrégularité de procédure.

Bien qu'il ne soit pas encore midi, le Président lève la séance et remet les débats à la séance de l'après-midi.

Séance de l'après-midi.

La séance est reprise avec les vingt minutes de retard obligatoires.

Me Fourrier se lève immédiatement et dépose des conclusions.

On entend le témoin Bauer qui nous parle d'une lettre que l'autonomiste César Ley a adressée le 17 septembre 1927 au préfet pour demander la permission de venir à Strasbourg, afin de se défendre. Selon les avis du commissaire spécial Bauer, Ley avait l'intention de venir à Strasbourg pour réunir les différents groupements autonomistes. La permission lui fut refusée et malgré cela deux mois plus tard les mouvements se sont groupés en un seul .Le témoin parle ensuite d'un certain Schneider qui aurait reçu en 1928 une lettre d'une demoiselle Muller lui donnant un rendez-vous dans différentes villes de Bade. Ce Schneider se rendit en effet à Appenwihr, où au lieu de rencontrer une bonne femme il rencontra deux hommes « dont l'un avait les allures d'un officier allemand ». Cet homme « à l'allure d'officier allemand » lui demanda s'il voulait assumer une mission d'espionnage en France. Il devait lui donner la réponse au nom de « Wernert, Postfach 652, Stuttgart.» Or, quelques mois plus tard, un nommé Deutsch essaya de s'approprier une mitrailleuse au camp de Bitche et celui

ci était en relations avec « Wernert, Postfach 652, Stuttgart. »

Me Jaeglé: Est-ce le complot?

Nous apprenons ensuite par le témoin qu'il existe dans le Bade à onze kilomètres de Fribourg un village de 418 habitants, nommé Bourg et à côté de ce village il y a un autre village dont le témoin ignore le nom et dans lequel trois policiers dirigent le service d'espionnage allemand.

Défense: Complot!

C'est avec ce service d'espionnage que le Dr. Roos était en relations.

Me Jaeglé: M. Roos n'est pas inculpé d'espionnage.

Le témoin principale a terminé sa déposition, M. Ricklin a la parole .Il rappelle au témoin qu'il a omis de dire le rôle que le Dr. Ricklin a joué dans la « tentative de la dernière heure » faite par le gouvernement allemand et Schwander pour garder l'Alsace à l'Allemagne. Le Dr. Ricklin rappelle en quelques paroles toute son attitude durant ces temps telle qu'il nous l'a déjà décrite dans son premier exposé. Et le député d'Altkirch de s'écrier: Le mouvement actuel n'est pas la suite logique du mouvement autonomiste des derniers jours de la guerre, il ne s'agit pas pour nous de nous séparer de la France. Nous sommes Français, mais nous entendons qu'on respecte nos vieilles traditions notamment nos traditions religieuses.

Président: Vous êtes un des fondateurs de l'« Erwinia. » Dans quel but l'avez-vous fondée? La « Volksstimme » le dit: « l'Alsace allemande libre dans le cadre de la France ou sans le cadre ». Expliquez-vous, c'est là le point névralgique de tout le procès.

Défense: Est-ce le complot

M Ricklin: Je ne suis pas encore là, mais je vous répondrai toute à l'heure à cette question, M. le président, question qui du reste ne me gêne nullement .

Le Dr. Ricklin rappelle ensuite la déposition du comte Jean de Pange. Il déclare que jamais il n'a assisté à une réunion de l'« Elsaesserbund » et du parti fédéraliste. Quant aux relations avec le trio Ley,

Muth, Rapp, dont l'accusait le commissaire Bauer il dit qu'il n'en existait pas. Lui-même il répondit une seule fois à Ley .

Le président insiste sur la correspondance avec Ley, La défense proteste. Elle dit :Nous mêmes nous recevons journellement une masse de lettres de Ley que nous ne lisons même pas .

Me Berthon montre en effet une lettre recommandée envoyée par Ley qui n'est pas encore ouverte .

Me Fourrier en verse plusieurs au dossier.

M. Ricklin: Pour nous, Ley est un pauvre fou. Beaucoup d'entre nous le considèrent comme un agent provocateur .

Défense: C'est juste.

Me Berthon nous lit une lettre de Ley par laquelle nous apprenons que ce dernier a envoyé à M. Fachot une somme de trente francs et vingt francs au greffier. (Hilarité).

M. Fachot: En effet, mais je les lui ai de nouveau fait retourner .

Me Berthon: On a de nouveau perdu un temps précieux à discuter les lettres d'un pauvre dément.

M. Ricklin: Oui, il a perdu, comme on dit chez nous la « boule ». M. Ricklin après avoir parlé en quelques mots de Muth, et Rapp, vient à l'abbé Hanhart avec lequel il aurait dû avoir de nombreuses relations. Or, il ne le connaît pas. «Avec quel droit demande-t-il M. Bauer a-t-il osé nous rendre responsables des actes des Alsaciens émigrés? Jamais nous n'avons eu des relations avec des Alsaciens de l'autre côté du Rhin ». En ce moment un incident se produit .

Me **Jaeglé** disant quelques mots à son client qui a des difficultés à se prononcer le président proteste énergiquement: il ne veut pas que les réponses des accusés soient dictées par la défense.

Les avocats protestent énergiquement.

M. Ricklin: Quant à Rœchling et von Gemmingen ils n'avaient jamais rien à faire avec nous. Si nous avions eu les fameux millions de Rœchling, nous n'aurions pas tous perdu de l'argent et nous aurions été quittes de mendier.

Le Dr .Ricklin, sur une remarque du président déclara qu'il avait l'intention de ne plus entrer dans la politique, mais les événements l'y ont poussé. Parlant de la réunion qui doit avoir eu lieu chez M. Rossé M. Ricklin dit que si sa mémoire est fidèle, Pinck n'y était pas.

Président (en souriant): Schall fait même l'impression de vous contredire.

Défense: C'est la meilleure preuve que nos clients sont sincères et qu'ils cherchent toute la vérité.

M. Rossé: M. Bauer a fourni au sujet de cette conférence des renseignements qui ne sont pas exacts. En effet, il n'a cité que les noms de ceux qui y ont assisté sans y avoir été invité par lettre.

Une longue discussion s'engagea ensuite concernant la

constitution et les bailleurs de fonds de la

Société « Erwinia »

Nous n'y apprenons rien de neuf. La séance est suspendue. A la reprise le président fait lire une lettre de M. Ricklin à Pinck dans laquelle il déclare accepter la présidence du comité de presse de la «Zukunft» Mais il paraît que le président s'est encore une fois trompé dans le numéro du dossier car il n'insiste pas du tout .

M. Ricklin déplore encore, que Jacques Bardoux n'ait pas le courage de venir paraître à la barre. Il aurait bien voulu que l'« homme aux mitrailleuses » vienne déclarer franchement et ouvertement devant les jurés du Haut-Rhin de qui il tient les fameux renseignements.

L'argent de l'Erwinia

On passe à l'interrogatoire de M .l'abbé **Fashauer** .

M. le président ,dit-il je suis inculpé de complot et d'excitation du peuple à s'armer contre le gouvernement .Ainsi est-il écrit dans l'acte d'accusation. Depuis quatre mois et demi déjà, je subis la prison et personne encore n'a pu me montrer jusqu'à ce jour le complot.

Le président veut intervenir .

Accusé: Non, non, Monsieur le président il nous faut une fois pour toutes une distinction nette, claire et précise. Où y a-t-il complot, où est le crime? Car si même nous avions reçu de l'argent de l'étranger, ce ne serait pas punissable, car selon les renseignements tenus par M. Helmer, le Procureur Général M .Fachot, refusa il y a un an de faire une enquête dans ce sens disant même que si le fait existe il ne constitue pas un délit. Dans quelle réunion, dans quelle assemblée privée ai-je formé ce complot? Sur quel article du Code Pénal basez-vous vos accusations. Je donnerai tous les renseignements voulus sur la fondation de l'« Erwinia » mais qu'on nous dise une bonne fois pourquoi nous sommes accusés.

Me Berthon: C'est le langage du bon sens .

Président: Vous connaissez l'acte de transmission de M Mitton et l'acte d'accusation. Parlez-nous de l'« Erwinia » .

Accusé: Avec plaisir. M. le président Mais dites-moid'abord pourquoi je suis accusé de complot... — Je constate que le président ne veut pas répondre. (Hilarité.)

Me Feuillet: Il s'agit de l'honneur et de la liberté d'un homme, les rires dans la salle sont indécents .

Président: Je prie la salle de se taire.

M. l'abbé Fashauer: Je donnerai maintenuan toutes les explications concernant notre argent. Nous avons invité plusieurs journalistes, qui avaient écrit sur cette question et qui avaient parlé d'argent allemand. Nous avons renoncé à leur témoignage, mais nous faisons appel à leur sens d'équité et espérons qu'après ce procès, ils auront le courage de dire la vérité dans leur journal.

L'accusé fait ensuite un long exposé sur la provenance de l'argent de l'« Erwinia » Nous apprenons d'abord qu'il n'y avait pas un Pfennig d'argent allemand. M. Fashauer tient à souligner que de l'acte de transmission jusqu'à l'acte d'accusation, il y a déjà une différence de 400.000 francs dans les fonds de l'« Erwinia » Au mois de mai 1926, au moment où le contrat avec l'architecte a été conclu, le bilan était

de 300.000 francs. Quantre-vingt mille francs m'étaient promis par des obligations signées par des amis de notre mouvement et M. Bauer s'est bien trompé en prétendant que ces milliers de petites gens n'existaient que dans la tête d'un Fashauer. Le 26 Mars 1926, mon frère a déclaré devant le juge d'instruction que lui seul a ramassé la somme de 25.000 frs.- parmi les petits fonctionnaires .

M. Ritter a rassemblé dans la vallée de Guebwiller la somme de 11.000 francs. Mon second frère a ramassé une première fois 7 à 8.000, une seconde fois 4 à 5 mille francs et une dernière fois 15.000 francs. Vous voyez donc l'imprudence de M. Bauer. Un prêtre que je ne nommerai pas, mais que Me Thomas connaît, enfin je pourrai toujours vous dire qu'on a perquisitionné chez lui, m'a donné 15.000 francs.

Président: Les milliers de petits donateurs existent-ils donc

Fashauer: Oui, ce sont des petits donateurs.

Président: Où est la liste de ces créanciers?

Fashauer: Elle est bien conservée. Vous ne sanctionnerez pas les petits fonctionnaires!

Président : Vous faites donc une chose illicite .

M. Fashauer: M. le président, je vous prie de prendre une bonne fois la chose au sérieux. Vous n'êtes pas dans un théâtreVous savez que des signataires du manifeste du Heimatbund ont été sanctionnés. Or, la Cour d'Appel de Colmar a déclaré que ce geste politique n'était pas un crime et n'était donc pas antifrançais. Votre question ne vaut rien.

Me Thomas: Permettez, M. le Président nous sommes en train de dresser un bilan n'interrompons pas trop l'accusé .

Président: Où sont vos milliers?

M. Fashauer: Si vous ne m'aviez pas interrompu, vous auriez la réponse depuis longtemps.

L'abbé Fashauer nous montre ensuite comment il a lui-même rassemblé ses 100.000 frcs. Il a retiré de l'argent auprès de caisses d'épargne et a fait un emprunt de 43.000 francs.

Président: Pourtant vous aviez des actions à l'« Alsatia » et vous vous êtes vu obligé de faire des dettes?

M. Fashauer: M. le président, je vous en prie, j'ai travaillé toute ma vie, j'ai fait des épargnes, je vous ai tout déclaré concernant l'« Erwinia ». Vous ne me demanderez pas d'expliquer au public toute ma vie financière privée. Si je n'ai pas vendu mes actions à l'« Alsatia », j'avais des raisons personnelles qui ne regardent personne. Après avoir constaté que le président s'est encore trompé de 60.000 francs en indiquant le chiffre d'achat du terrain de construction de l'« Erwinia », l'accusé nous rappelle qu'ils ont acheté pour 210.000 francs (et non 270) un terrain de trente ares donnant sur trois rues. Après construction de l'imprimerie, il leur restait encore quatre terrains de construction qui rep...sentaient une garantie assez forte pour qu'il n'y avait pas de banqueroute à craindre. Le terrain ainsi que les frais d'enregistrement payés, il nous restait donc encore 211.800 frs. Nous commencions alors à construire dans les meilleurs conditions. La construction projetée était évaluée à 480.000 francs. Nous avions donc déjà presque la moitié de la somme à payer. Je me demande, qui ne construirait pas en de pareilles circonstances En juin 1926 enfin, c'est à dire au moment de la baisse du franc, nous nous décidions à faire un emprunt, comme du reste les chemins de fer d'Alsace et de Lorraine en ont fait deux en Suisse. Une fois l'emprunt fait, nous n'avions plus d'argent étranger, mais nous avions tout simplement des dettes comme notre réseau de l'A.-L.

Me Palmieri: M. le Président, je tiens à vous rappeler un fait, qui est contre toute loi et contre tous les usages. Vous procédez à l'interrogatoire d'un accusé, alors que le témoin est présent dans la salle. Comment voulez-vous qu'une confrontation soit encore possible.?

Défense: C'est la nouvelle méthode.

M. Fashauer: Un fonctionnaire, qui avait des connaissances en Suisse me propose de faire le marché. Je ne citerai pas son nom.

Président: Je tiens à constater, que vous refusez de dire le nom de cette tierce personne.

Me Berthon: Et vous, vous renonciez à nous dévoiler le complot.

Fashauer: M. le président, il y a des fonctionnaires, qui ont signé le manifeste du Heimatbund, qui ont été sanctionnés. Si vous me promettez de soutenir le fonctionnaire en question en cas qu'il soit sanctionné, je vous donnerai son nom..... C'est donc ce fonctionnaire, qui nous a mis en relations avec M. Wildy. On dit qu'il est germanophile je ne le sais pas, je ne suis pas là pour moucharder les gens. Du reste ce grief de « sentiment » est le seul que Mitton ait trouvé dans l'affaire.

Président: Nous en verrons d'autres.

M. Fashauer: En juillet nous avons signé le contrat avec M. Wildy, il nous a prêté 100.000 francs suisses, c'est à dire 820.000 francs français à l'époque. Il avait droit à une première hypothèque de notre construction et à sept pour cent d'intérêt, mais n'avait aucune influence sur la rédaction du journal. Nous avons fait comme beaucoup d'autres, nous avons fait une spéculation et nous avons réussi, car nous nous sommes entendus avec notre créancier et avons décidé de le payer en francs suisses. Or, en ce moment, si nous devions lui rendre la somme prêtée, nous ne lui payerions plus pour ses 100.000 frs. suisses, qui restent toujours comme prêt 820.000 frs. français mais 450.000 frs. français environ.

L'accusé parle ensuite encore de l'acquisition des machines. Il dit: Si nous avions acheté des machines neuves, on aurait parlé des millions de Rœchling. Nous avons acheté une vieille machine de rotation, construite en 1902 et maintenant, c'est le courtier qui est suspect.

Au moment où nous voulions faire un contrat concernant l'hypothèque nous apprîmes qu'il était impossible d'après une circulaire ministérielle de prendre une hypothèque en France pour 100.000 francs suisses. On s'arrange avec M. Wildy, qui se réserva le droit d'hypothèque, c'est-à-dire que nous ne pouvions prendre aucune autre hypothèque sur notre maison sans sa propre permission.

Président: Je ne comprends plus. Vous auriez aussi bien pu faire un emprunt en France .

M. Fashauer: Parfaitement. Mais nous avons suivi l'exemple de beaucoup d'autres et nous avons réussi. De cette façon nous avons, je vous le répète fait une bonne affaire et gagné près de 300.000 frs.

Président: Je persiste à ne pas comprendre ,

M. Fashauer: MM. les jurés comprennent ils?

Ceux-ci font signe, que oui.

Le président cependant ne comprend toujours pas et M. l'abbé Fashauer fait l'impossible pour lui expliquer le petit calcul.

Me Berthon: M. le président, si nous revenions au complot, cela vous épargnerait ces difficultés.

Sur ce la séance est levée et renvoyée au lendemain . M. Fashauer doit terminer l'exposé du bilan de l'« Erwinia ».

Huitième journée — 9 mai

Séance du matin.

La huitième matinée sera consacrée toute entière à l'interrogatoire de M. Fashauer, qui donnera d'amples explications sur la provenance des fonds de l'« Erwinia » et sur la manière, dont ont été gérées les affaires de cette imprimerie.

La séance est orageuse. Les explications de M. Fashauer sont parfois violentes. Les discussions entre le président et lui sont toujours aigres-douces.

Tout d'abord le président donne acte à la défense des conclusions déposées la veille par Me Fourrier, au sujet du manque de liberté accordé à la défense pour défendre ses clients durant l'interrogatoire. En second lieu la Cour donne acte aux conclusions de Me Berthon concernant le versement par M. Fachot du nouveau dossier pendant les débats. Elle rejette les conclusions estimant qu'il n'est pas nécessaire de faire une enquête sur la provenance de ce dossier. Il n'y a aucune irrégularité dans la forme. Le Procureur Général a le droit de déposer un nouveau dossier; le même droit est d'ailleurs réservé à la défense.

L'interrogatoire de M. Fashauer recommence.

Le président: Nous terminions donc hier par une discussion sur l'hypothèque Wildy. Vous estimiez normal que suivant le contrat M. Wildy se contente d'une hypothèque de 150.000 frs. français. — Toute la défense de protester, ainsi que plusieurs accusés: «Erreur, erreur, double erreur. Vous voulez parler de l'hypothèque Schenck.»

Le président veut apaiser la défense.

Me Berthon: Laissez-nous nous expliquer.

Le président: Non, vous recommencez à interrompre les débats, je prends à témoin les jurés.

Me Berthon: Vous commettiez une erreur juridique lourde.

Le président et Me Berthon se disputent sur la façon de procéder.

Me Berthon s'indigne de ne pouvoir placer un mot dans des questions qui regardent les avocats et non l'accusé. Il veut citer des textes de loi, mais le président coupe court.

Les hypothèques

M. Fashauer veut répondre personnellement. Je constate, dit-il, que le président ne comprend toujours pas. Si nous avions fait inscrire une hypothèque de 100.000 francs suisses en argent français, nous aurions à payer aujourd'hui 820.000 francs français. Or, ne l'ayant pas fait inscrire en argent français, nous devons aujourd'hui 420.000 francs. Nous avions tout intérêt, sachant que le franc français allait remonter, à ne pas signer une hypothèque au cours du franc français. Quant à une hypothèque de 150.000 francs, il n'en est pas question. Ce n'est qu'une allusion à une autre hypothèque. M. le président ne comprend pas l'allemand et c'est très regrettable, sans cela il saisirait sans doute immédiatement

On constate qu'il y a malentendu, et tout le monde regrette d'une part que M. Fashauer ne puisse s'exprimer clairement en français sur ce thème, et d'autre part que le président ne puisse lire l'original. Ces malentendus provenant de difficultés de traduction, sont très pénibles, pour l'accusation comme pour la défense.

Et de nouvelles discussions s'engagent, au cours desquelles nous entendons M* Thomas interpeller: Il y a une erreur de droit.

M Berthon:* Il y a une question de droit qui nous intéresse. Nous déposons des conclusions, si nous ne pouvons pas parler. Et le débat devient de plus en plus animé.

M. Fashauer: Je constate que le président ne comprend rien.

Le président: Je vous pose des questions précises, et vous ne me répondez pas.

M. Fashauer: Mais posez moi donc des questions qui ont affaire au complot! Je défends mon droit. J'ai tout de même le droit de savoir, sur quoi vous basez votre accusation.

Le président: Veuillez quitter ce ton d'impertinence. Je vous préviens...

M. Fashauer proteste. Le président intervient: Veuillez parler avec calme, M. Fashauer.

M. Fashauer (d'un ton ironique): Je parle avec calme. (Hilarité)

Le président revient toujours sur la même question, à laquelle il voudrait une réponse précise. Comment l'avocat M. Wildy se contente-t-il d'une hypothèque de 150.000 Frs.?

M. Fashauer, sur un ton d'orateur populaire, continue: Je donne des explications aux jurés. Ce sont eux qui sont juges et non pas le président ni ses assesseurs. Si l'on ne m'interrompait pas à chaque instant, nous serions bien plus loin déjà. Je demande qu'on relise l'acte

concernant les hypothèques Il y est dit que M. Wildy se réserve le droit d'une priorité d'hypothèque de 150.000 frs. au premier tour.

Le Président : Mais tout cela confirme mon idée. Pourquoi M. Wildy ne veut-il qu'une hypothèque de 150.000 francs ? La lumière éclate malgré vous.

M. Fashauer : Mais les paroles du président se retournent contre lui-même. Il ne peut donc pas comprendre que nous avons renoncé à signer d'autres hypothèques sans la permission de M. Wildy ? Nous lui faisons ainsi une concession énorme et nous lui donnons tous droits sur notre établissement. S'il veut bien se désister en faveur d'un autre, ceci le regarde. Mais de là à insinuer qu'il se contente d'une hypothèque de 150.000 francs, il y a de la marge.

Et après que l'interprète eût traduit ces phrases, **M. Fashauer** continue : Si nous avions eu de l'argent allemand, nous n'aurions pas eu de peine à signer des hypothèques tant qu'on en aurait voulu. Et si nous avions eu des fonds de propagande, ces Messieurs se seraient passés d'hypothèques.

Le Président : Mais pourquoi M. Wildy renonce-t-il à son droit ? Pourquoi cette légèreté ? MM. les jurés apprécieront.

La Défense n'insiste plus. Elle se contente d'affirmer que M. Wildy ne renonce à rien du tout.

Le Président : M. Fashauer, dites-moi comment M. Wildy a pu vous donner cet argent ? Ne serait-il pas un intermédiaire ?

Et **M. Fashauer** cite une lettre de M. Wildy au gérant Dumser, pour prouver que l'argent avait bien été donné par un propriétaire qui s'intéresse aux fonds qu'il verse dans une entreprise. Nous entendons, d'après cette lettre, que M. Wildy demande des explications à M. Dumser sur le bilan de l'exercice de l'année écoulée. Il craint que le budget ne soit déficitaire. Il demande si le produit du travail suffit à payer les intérêts, surtout en raison des difficultés qui ont été faites à l'imprimerie, et dont il a connaissance. Il prie le gérant de le renseigner sur les engagements que peut avoir la maison.

Le Président fait préciser à M. Fashauer à quelle date a été conclu le 2ème contrat. Il a été conclu le 22 Novembre. Le prêt rapporte 7 % au propriétaire et les intérêts sont payables par semestre au domicile du prêteur. Tout ceci découle d'une lettre dans laquelle M. Wildy demande l'intérêt de l'argent versé par lui, intérêt qui n'a pas été payé aux dates fixées.

M. Fashauer prouve que 35.000 francs d'intérêts ont été payés à telle date en 1927.

Le Président : Mais avant, vous ne payiez pas d'intérêt. Pourquoi M. Wildy ne s'est-il pas fait remettre les intérêts régulièrement ?

M. Fashauer : Mais la lettre que je viens de vous lire l'explique. M. Wildy réclame, il proteste contre le non-paiement des intérêts, qui n'a pas été effectué aux dates voulues. J'ai demandé personnellement à M Wildy, par écrit et oralement, de nous dispenser provisoirement du paiement des intérêts, vu que nous avions à lutter avec de grandes difficultés financières. Et, s'adressant aux jurés M. Fashauer dit : Messieurs, vous voyez que le Président veut exploiter contre nous-mêmes nos difficultés financières pour prouver que nous avions de l'argent allemand. Si nous avions eu de l'argent allemand, nous n'aurions pas eu ces difficultés. On tourne tout contre nous, même notre manque d'argent.

D'ailleurs je veux expliquer à ces Messieurs pourquoi nous étions dans une pénurie de fonds. Tout le monde sait quelle condamnation nous avons subie à Colmar dans nos procès contre les royalistes. Nous avons été condamnés à verser à six individus de l' « Action Française » 32.000 francs. J'étais obligé personnellement de vendre des actions de l' « Alsatia » pour faire face à ces échéances. Rien n'a pu être payé à ce moment, pas même l'intérêt de l'emprunt Wildy

Le Président veut interroger M. Bauer pour lui faire préciser les dates.

Mᵉ Palmieri proteste qu'on procède à cet interrogatoire. Comment la confrontation pourra-t-elle avoir lieu dans ces conditions ?

Mᵉ Berthon : Je constate que M. Bauer collabore même à l'interrogatoire.

Après cet incident, **Mᵉ Palmieri** dépose des conclusions pour protester contre cette façon de procéder.

M. Fashauer élude la question et explique aux jurés pourquoi il a été forcé de faire l'emprunt Wildy. Voici pour quel motif nous avons contracté cet emprunt de 100.000 francs. C'est à la suite des événements du 22 Août Après le fameux dimanche de Colmar, où nos partisans furent reçus à coups de matraques et de cannes, après l'attentat contre le Dr Ricklin; nous avons été obligés à ce moment de prendre des mesures défensives pour notre établissement, afin d'éviter toutes les surprises. Nous avons été forcés de faire une dépense de 150.000 francs pour faire construire des murs à l'entour de notre bâtiment. Ces murs revenaient chacun à 50.000 francs, car les fondations devaient être en béton armé, vu que nous ne rencontrions un sol ferme qu'à une très grande profondeur. Nous avons dû préserver les fenêtres par des volets de fer, les portes durent être protégées par des grillages, etc... Voici des dépenses énormes qui nous ont été imposées à nous que les Procureurs généraux d'Alsace n'ont pas voulu défendre à cette époque, alors que les camelots du Roi et les fascistes nous menaçaient. En outre, nous avons été obligés, à cette époque, de faire un nouvel emprunt immédiat de 25.000 fr auprès d'un vigneron que je ne nommerai pas et qui a été nommé dans ma déposition. Je l'ai assumé à mon propre compte, M. Ricklin s'étant porté garant. Plus tard, je n'ai même pas pu payer les intérêts de cette somme. Dans une lettre assez « salée » que m'envoie le Dr Ricklin, il proteste contre le non-paiement de ces intérêts.

Le Président : Mais pourquoi toujours cacher les noms ? Vous cachez les listes des donateurs. Vous cachez tout et vous prétendez qu'il n'y a pas de mystère

M. Fashauer : On me fait un grief de ne pas donner des noms Que ces Messieurs me permettent de citer un cas récent pour prouver que la terreur règne dans notre pays. Dans le « Journal d'Alsace et de Lorraine » et le « Journal de l'Est » de ce matin, nous voyons que M. Albert Chéron, professeur à la Faculté de Droit à l'Université de Strasbourg, menace de donner sa démission des Amis de l'Université de Strasbourg, si M. le comte de Pange ne se retire pas de la dite Société

Le fait de défendre le programme autonomiste le force à ce geste. Et après cela ces Messieurs nous diront qu'il n'y a pas de terreur ?

Le Président déclare que ceci n'a rien à voir avec l'interrogatoire et passe outre. Il demande : Qu'avez vous fait de l'argent emprunté ?

M. Fashauer : J'en ai retenu une partie, j'en ai déposé une autre dans une banque suisse. Avec le restant de mon argent français, j'ai acheté de l'argent suisse et je l'ai déposé dans des banques suisses.

Le Président : Pourquoi placez-vous ce dépôt au nom de Mlle Eggemann ? Pourquoi enfin le déposez-vous dans des banques suisses ?

M. Fashauer : Etant rédacteur de l' « Eisässer Kurier », et faisant le travail que l'on sait, je ne pouvais tout de même pas aller en Suisse pour faire mes virements. Voici pourquoi je les plaçais au nom de Mlle Eggemann. J'eus été vraiment une merveille si j'avais été à même de tout faire personnellement. J'avais bien autre chose à faire et puis j'avais une confiance absolue en Mlle Eggemann. D'autre part, il était de la prudence élémentaire de tout homme d'affaire de laisser l'argent en Suisse. Si nous l'avions amené en Alsace, nous aurions eu besoin de la permission de la Chambre de Commerce pour exporter de nouveau cet argent en Suisse, puisque l'exportation de capitaux était interdite à ce moment. Enfin, ayant acheté du matériel en Suisse, il était naturel que nous gardions un dé-

pôt en Suisse. Ce sont d'ailleurs des questions que tout commerçant ne poserait pas. En m'interrogeant sur ce point, M. le président témoigne de son peu d'expérience dans cette branche.

Le Président : Mais pourquoi au nom de Mlle Eggemann ?

M. Fashauer : Je l'ai déjà dit, et je le répète : Je travaillais de midi jusqu'au matin, je ne pouvais voyager après un tel labeur.

Le Président : Vous aviez donc confiance en Mlle Eggemann ?

M. Fashauer : Parfaitement, M. le Président. Elle est de ces personnes à qui l'on peut confier de l'argent; il en est d'autres à qui l'on ne peut pas en confier.

Le Président : Ne pouviez-vous donc pas faire vous-même vos virements de compte ?

M. Fashauer (irrité) : Je vous ai déjà dit comment je travaillais. Depuis deux heures après dîner jusqu'à 6 heures du soir j'étais dans mon bureau, et de 8 heures à 6 heures du matin de nouveau. Avec un tel travail, on n'a nulle envie de faire des voyages, et c'est cela le travailleur Fashauer et non pas l'homme qu'a dépeint l' « Action Française ». Je vous étonnerai peut-être si je vous confie que je me reposais à peine cinq ou six heures par jour.

Le Président : Pourquoi ne déposiez-vous pas votre argent à une banque d'Alsace ou à une autre banque française, pour opérer ensuite des virements ?

M. Fashauer : Je ne comprends pas, M. le Président, l'importance de cette question.

Le Président : Elle en a une.

M. Fashauer : Aucune !

Le président: Pourquoi n'avez-vous pas agi personnellement dans cette affaire? Pourquoi en chargez-vous Mlle Eggemann?

M. Fashauer: Etant employé dans une entreprise, je ne pouvais ouvertement travailler pour une autre. Tout le monde comprendra cet argument. Puis, enfin quel grief peut-on me faire d'avoir laissé un dépôt d'argent en Suisse? Tous les établissements de commerce n'ont-ils pas des comptes à l'étranger? N'en ayant pas, j'aurais dû retransporter mon argent en Suisse c'eût-été ridicule, Messieurs.

Le président: N'avez-vous pas fait un voyage en Suisse, à telle date?

M. Fashauer: Si, M. le président et j'étais seul.

Président: Mlle Eggemann, et M. Rossé n'y étaient pas?

M. Fashauer: Non j'étais absolument seul.

M. Fashauer (irrité) demande au président: Mais enfin où voulez-vous en venir? Est-ce là le complot? Est-ce là le texte de la loi. excitation de la population à s'armer? Puis il interrompi le président, qui lui fait des observations. Je demande à donner toute la balance que j'ai commencée hier, je n'aime pas à être interrompu à chaque mot. Nous serions bien plus avancés à l'heure où nous sommes.

Le président (découragé): Parlez-en.

M. Fashauer: L'emprunt de 25.000 frs. ne peut donc pas être contesté. Mon frère m'avait fait en plus deux versements de 3 et 4.000 francs. Nous avions donc recueilli d'avril à décembre une somme qui après défalquation du terrain, que nous avons payé s'élevait à un million 800 frs.

Le président: Mais supposez que cet argent eût été allemand. N'eussiez-vous pas eu tout intérêt à faire des dettes pour couvrir l'origine de l'argent?

La défense proteste contre cette insinuation.

Le bilan de l'Erwinia

M. Fashauer a le sourire. Si nous avions fait deux emprunts suisses, on aurait eu plus forte raison de faire croire que notre argent était de source inavouable. Voici pourquoi nous avons fait des emprunts en Alsace. Il eût été bien plus aisé pour nous de faire un nouvel emprunt en Suisse. Il continue sa balance. Nous avions dépensé fin décembre 1926: 500.000 frs. versés à l'entrepreneur pour la construction de l'édifice. J'ai versé au moins 20.000 frs. à l'électricien. A la maison Ludwig Meyer en Suisse j'ai payé 10.000 frs. suisses, soit 50.000 francs français. A M. Claret j'ai payé 15.000 frs. suisses, soit 75.000 francs français. Pour les lynotypes j'ai payé 28.000 francs suisses, soit 140.000

francs français, à la maison Kempé Nuremberg 8.000 francs français pour machines, pour douane j'ai payé 92.000 francs. Dépenses en décembre: 885.000 francs. Reste: 334.000 francs.

Cet argent est en grande partie bloqué. Nous commencions donc la balance en 1927 avec une somme de 334.000 francs. Après insistance auprès de M. Ricklin, j'obtins de lui en janvier, février et mars 50.000 francs pour faire face à de nouvelles dettes.

Le président: Parlez nous de l'achat des machines.

M. Fashauer dit alors: J'en suis aux revenus de notre entreprise. C'est une question importante.

Le président: Je ne vois pas comment cela nous intéresse.

M⁰ Berthon: C'est tout de même un interrogatoire, il a le droit de s'expliquer.

Le président: Vous n'êtes pas à la Chambre. Me Berthon.

M⁰ Berthon: Je me permets cependant un mot, à titre de transaction.

Le président: Non.

M⁰ Berthon: Bon, j'enregistre.

Finalement, *M. Fashauer* se lève, dépité, et parle du matériel se conformant au désir du président. Il nous restait donc, dit-il, à acheter du matériel. Nous ne pouvions acheter des machines neuves. On n'achète pas des vieilles machines dans des fabriques. Nous étions donc obligés de nous adresser à des représentants, des voyageurs. Par hasard, le père de Mlle Eggemann nous dit connaître un M. Claret de Suisse. Nous nous sommes donc mis en relation avec M. Claret. Il fallait négocier avec lui. Quel mal y avait-il à cela? Tous les négociants n'en font-ils pas de même? Mlle Eggemann fut envoyée en Suisse pour faire le paiement.

Le président: Pourquoi Mlle Eggemann?

M. Fashauer: Il me semble que j'ai répété assez souvent que j'avais chargé Mlle Eggemann de faire les virements à ma place, parce que je n'avais pas le temps.

Le président: Pourquoi ces machines furent-elles envoyées à M Sigrist?

M. Fashauer: Ceci n'a aucune importance.

Président: Si, la preuve c'est que M. Sigrist tombait des nues lorsqu'il reçut ces machines.

M. Fashauer: Rien de plus simple, M. Ricklin était à Dannemarie, M. Rossé et moi à Colmar. Il était naturel que je fasse envoyer les machines à Sigrist, puisqu'il était à Strasbourg. Les machines restaient en gare et ne pouvaient le gêner à domicile. Qu'il fût étonné c'est possible mais on peut comprendre que je ne l'ai même pas averti, puisqu'il ne pouvait résulter aucun dommage pour lui.

Le président: Comment opériez-vous le paiement de ces machines?

M. Fashauer: Par versements.

Le président: N'avez-vous pas envoyé Mlle Eggemann? Pourquoi n'opériez-vous pas par écrit?

M. Fashauer: C'est une question superflue. Je connais d'ailleurs le sens de vos interrogations. Il s'agit vraiment ici d'un complot.

D'ailleurs, continue M. Fashauer, Mlle Eggemann connaissait Claret, contrairement à ce que me suggérait le président.

La défense veut parler. Le président l'en empêche. (Mouvement.) Le président lève la séance brusquement, tandis que Me Berthon rédige les conclusions.

A la reprise, Mᵉ **Berthon** dépose des

Conclusions

Il y constate au nom de la défense que la nouvelle méthode employée par M. le Président allonge les débats encore davantage. Il demande qu'après l'audition de chaque témoin les accusés aient le droit de poser des questions ou de s'expliquer sur la déposition. Dans les conclusions, on constate de plus que la défense est dans l'impossibilité d'exercer son droit, tandis que le témoin Bauer prend tous ses loisirs pour répondre à toutes les questions.

La Défense souligne ensuite quelques faits typiques qui permettraient de conclure qu'il y a une certaine entente entre le témoin et la Cour.

M. Fashauer parle une fois encore du bilan de l' « Erwinia ». On s'est étonné que nous n'ayons pas payé nos intérêts.

J'ai déjà donné les raisons suffisantes pour ces faits. L'accusé rappelle la condamnation subie pour « L'Action Française » etc...

L'accusé demande si c'est vrai que M. Poincaré aurait demandé s'il n'y avait pas moyen de rendre impossible l' « Erwinia » en la condamnant à de fortes amendes ?

Finalement, nous apprenons que le bilan des deux années de l' « Erwinia » se terminait par 1.771.800 francs de recettes contre 1.464.000 francs de dépenses; de sorte qu'il y avait un excédent de 310.000 francs. Cet argent, nous devions le garder liquide pour nos achats et un déficit éventuel.

M. Fashauer rappelle ensuite qu'on a interrogé l'entrepreneur sur les fonds de l' « Erwinia ». Sa sœur même, qui avant la guerre déjà était mariée à Besançon, et qui a acheté une maison, fut interrogée sur la provenance de son argent.

Le témoin Bauer se lance ensuite dans une nouvelle attaque et déclare qu'on ne peut pas faire de reproche à l' « Erwinia » d'avoir emprunté de l'argent suisse, mais ce qui est « louche », dit-il, c'est que cette Société a reçu cet argent sans la moindre garantie d'une hypothèque .

Accusé et **Défense** protestent.

M. Fashauer: Prenez l'acte notarial, vous verrez que la déposition du témoin Bauer est erronée. Du reste, je me suis déjà expliqué là-dessus. Ce n'est pas de notre faute si M. Willdy n'a pu prendre une hypothèque directe, mais il avait tous les droits réservés sur notre bâtiment.

Il s'engage alors une discussion entre le **Président** et la **Défense**. Pendant ce temps, le témoin Bauer parle aux jurés.

Mᵉ Jaeglé proteste.

Mᵉ Berthon : Faites-le donc substitut !

La séance est levée à midi, alors que tout le monde cause et que personne ne comprend plus rien.

Séance de l'après-midi.

A l'ouverture de la séance, Me Feuillet dépose des conclusions. Il constate que le commissaire spécial Bauer dépasse ses droits de témoin, et qu'il parle depuis huit heures sans nous avoir dit mot du complot.

Me Berthon à son tour lit un manifeste d'une section de la ligue des droits de l'homme des environs de Paris. Dans cette résolution, on déclare que le procès autonomiste serait une attaque contre la liberté de la pensée et que le sentiment autonomiste n'est pas condamnable. La résolution proteste en plus contre la suspension de l'avocat Me Fourrier, qui serait un attentat à la liberté de la défense.

Madame Fashauer: M. le commissaire spécial a déclaré ces jours-ci, que j'avais dit des mensonges. Qu'il précise les mensonges, que j'ai dits.

Le témoin rappelle les voyages de l'accusée. Ensuite il dit, que concernant ses voyages à Genève, tout était vrai: elle allait voir son enfant. Quant aux voyages à Lucerne et à Bâle, elle a bien dit, qu'elle allait voir des connaissances, mais elle ne m'a jamais déclaré, qu'elle a déposé de l'argent à des banques.

Accusée: Suis-je obligée de tout vous dire.

Me Jaeglé: Vous n'aviez aucune obligation, Madame.

L'accusée: Que M. Bauer me précise quel était mon rôle dans le complot.

Président: Mais non.

Me Berthon: Mais si, qu'il précise donc.

M. Bauer: Je n'ai pas d'enquête à faire sur un complot. (Sensation.)

Défense: Pourquoi êtes vous là alors?

Madame Fashauer: Quelles sont les charges retenues contre moi?

M. Bauer: Je ne suis pas là comme témoin à charge, je suis là pour rendre compte d'une enquête que j'ai faite.

L'accusée rappelle ensuite, que la police avait conclu qu'elle était à Zurich d'après un paquet de cigarettes portant le nom d'une firme de Zurich, mais qu'elle avait acheté à Bâle. (Hilarité.) Madame Fashauer insiste pour que le commissaire spécial parle des charges retenues contre elle. Mais il n'y a pas moyen de faire préciser le témoin. On donne la parole à M. Rossé.

M. Rossé et les grèves

M. Rossé: M. Bauer a déclaré que j'avais fomenté les grèves de 1920 avec le trio Ley, Muth, Rapp. Or, j'oppose à cette déposition le démenti le plus formel. Je n'étais jamais et à aucun moment en rapport avec le trio.

M. Bauer: Nous avions des preuves ou au moins des « indications sérieuses » que ce trio fomentait ces grèves. En même temps, l'agitation était grande dans les milieux des fonctionnaires. Rossé et Hertzog ont fait une agitation dans toute l'Alsace pour exciter les instituteurs à la grève.

Et le témoin de s'écrier: Une grève d'instituteurs, jamais on n'a encore vu cela !

Rossé: M. Bauer, vous connaissez mal votre histoire de France. Mais, vous avez parlé de collusion entre moi et le fameux trio. Je devais même être à sa solde.

M. Bauer proteste d'avoir prétendu chose pareille.

Me Fourrier insiste là-dessus. Voilà vos dépositions.

M. Bauer: C'est une erreur.

Me Fourrier: Je me permets de rappeler que les dépositions du témoin devant la Cour sont en contradiction avec celles faites devant le juge d'instruction.

L'avocat lit la déposition de M. Bauer devant le juge d'instruction et conclut en disant: M. le président, vous connaissez la loi.

M. Bauer: C'est une erreur du greffier. (Sensation.)

La défense veut insister, mais M. Rossé y renonce et passe à d'autres questions.

M. Rossé: Vous m'accusez d'avoir fomenté les grèves de 1919 et 1920. Pourriez-vous me désigner mon rôle en 1919 ?

M. Bauer: Mon collègue de Colmar répondra là-dessus, vous ne dépendiez pas de mon réseau.

Rossé: Permettez-moi, M. le commissaire spécial, j'étais à ce moment à Lauterbourg et je dépendais donc bien de votre réseau. Mais, quel était mon rôle dans cette grève ?

M. Bauer: J'ai eu des renseignements.

La défense insiste: D'où viennent ces renseignements.

M. Rossé: Précisez mon rôle.

M. Bauer: Il est de notoriété publique. Du reste, M. l'inspecteur d'académie en parlera.

M. Rossé: Comment M. l'inspecteur d'académie qui est depuis dix-huit mois dans le pays peut-il juger mon activité d'il y a quelques années. Mais, sachez qu'il est de notoriété publique, que six instituteurs et deux institutrices ont été règlementés pour avoir excité à la grève. Je n'y étais pas. Un grand nombre d'instituteurs ont reçu un blâme. Le nom de Rossé n'y figure pas. Permettez-moi encore de vous rappeler que des réunions avaient lieu à Mulhouse et à Colmar, où les camarades Wicky et Richard étaient présents, tandis que moi j'étais à Lauterbourg.

M. Bauer: Oui, mais en 1926 le masque tombait.

Rossé: Je ne me cache pas derrière des masques, j'ai toujours lutté ouvertement et après les sanctions j'ai défendu avec la dernière énergie mes collègues. Je suis même allé jusqu'au ministère à Paris. Mais continuons, M. Bauer a basé toute son accusation sur le terme de minorité nationale, terme qui aurait été importé en 1922 d'Allemagne. Permettez-moi de vous dire, M. Bauer, que vous connaissez bien mal votre histoire. Ce mot a été employé la première fois en 1814 aux Pays Bas. En 1878 au congrès de Berlin; en 1919 dans une lettre de Georges Clémenceau au président de la Pologne, et M. Bauer doit bien le savoir, ce terme se trouve dans l'article 93 du traité de Versailles.

L'accusé lit ensuite un passage de la lettre de Georges Clémenceau, qui dit, que le « respect des spécialités éthniques, linguistiques et religieuses d'un peuple contribue plus vite à une assimilation nationale morale que l'assimilation par la force. »

M. Bauer: Ces choses ne sont pas applicables à l'Alsace.

M. Rossé: Vous disiez que de 1920 à 1922 le « Kurier », auquel je collaborais, menait une campagne anti-française.

M. Bauer: C'était un dénigrement systématique de tout ce qui est français.

M. Rossé: Permettez-moi de vous dire qu'en ce moment je n'étais pas rédacteur au « Kurier », mais votre ami Charles Haenggi y était. Par contre, le « Kurier » dans les années suivantes a toujours soutenu le gouvernement, c'est-à-dire la politique de M. Poincaré, alors que les socialistes nous parlaient toujours de « Poincaré la guerre».

En plus vous prétendez, que la résolution votée en novembre par l'U. P. R. aurait été votée par les autonomistes.

M. Bauer: Oui, d'après nos renseignements ce programme était présenté par la fraction de l'abbé Haegy à tendance autonomiste.

M. Rossé: Permettez-moi de vous dire que c'était la motion de l'aile droite donc du comte de Leusse et du général Bourgeois qui a été votée. La motion de l'aile gauche n'ayant pas triomphé. (Sensation.)

L'accusé rappelle ensuite en se servant de documents, que l'autonomie administrative, le bilinguisme etc. ont déjà été demandés par l'U. P. R. en 1919. Qu'en dites-vous ?

M. Bauer: Je ne sais pas où les explications de l'historien Rossé doivent nous conduire ?

Me Berthon: Pardon, il est législateur.

M. Bauer se perd ensuite dans une conférence que l'abbé Hanhart aurait faite sur l'Alsace-Lorraine. Le président même est fatigué par les exposés interminables du témoin et le prie d'abréger sa conférence. Celui-ci termine en parlant du bilinguisme et du séparatisme.

M. Rossé: Vous prétendez aussi que le bilinguisme est à la base du séparatisme? Vous dites donc que le général Maud'huy qui lui-même a déposé un projet à la Chambre...

Le président coupe court et demande une autre question.

LES VOYAGES DE M. ROSSE

M. Rossé: M. l'inspecteur spécial, vous parliez tout à l'heure de mes voyages à l'étranger en 1926. Je ne comprends pas votre façon singulière d'avoir omis de causer de mes voyages à des dates précédentes. Vous vouliez ainsi donner l'impression que je ne voyageais qu'au moment de la construction de l'« Erwinia ». Or, depuis

1919 j'ai fait des voyages un peu partout. Du reste, M. Bauer le sait, on m'a toujours fouillé. Etant à la tête du mouvement des instituteurs j'ai voulu étudier sur place les réformes scolaires et à cet effet, je suis allé en Bretagne, en Suisse, Italie, Yougoslavie, Allemagne, etc. Etant en plus membre de l'association interna-

M. Rossé: Vous parliez encore d'un voyage que j'aurais fait en ce temps à Munich. Laissez-moi vous dire, malgré toute l'admiration que j'ai pour vos services, qu'ils se sont trompés une fois de plus. En effet, j'étais en Autriche, où j'avais une entrevue avec Monseigneur Woitz, évêque de Feldkirch.

Photo : A. Vœgtli, Wintzenheim.

M. LE DÉPUTÉ ROSSÉ

tionale des instituteurs catholiques, je prenais part aux réunions du comité central de cette association.

Quant à mes voyages en Suisse, je vais m'expliquer.

J'ai une sœur infirme, que ma mère mourante avait confiée à mes soins. La pauvre malade se trouvait alors à l'hôpital de Bâle, j'allais la voir tous les quinze jours. Personne, j'espère, ne pourra m'en faire un grief. Quant à la prétention de M. Bauer, que j'étais présent lors de la signature du deuxième contrat est complètement erronée. J'ai assisté à la signature du premier contrat.

M. Fashauer: C'est juste.

M. Bauer tire de sa serviette un document. C'est un rapport de la police de Strasbourg au préfet. Nous apprenons, que M. Rossé est arrivé par l'Orient Express au pont de Kehl, qu'il était porteur d'une petite valise, d'un chapeau, d'un manteau, d'un parapluie etc. etc. Le rapport dit que M. Rossé venait de Munich.

Me Berthon: N'avait-il pas un masque noir ?

M. Rossé: Vous avez raison, M. Bauer. A Munich je suis descendu sur le quai pour prendre un bock. (Hilarité.)

Quant à mes voyages à Fribourg en voilà les raisons. Une fois j'ai assisté comme rapporteur de nombreux journaux au congrès de Marc Sangnier. Une autre fois je suis allé voir la veuve du professeur Fass-benler. Ce monsieur, qui était un de mes professeurs, m'avait fait beaucoup de bien dans ma jeunesse; il avait même rendu de grands services à ma famille. Or, il est tombé pendant la guerre et sa femme étant malade, se trouvait dans une grande misère, j'ai jugé de mon devoir de la secourir.

M. Rossé: A quel moment, me suis-je prononcé pour une grève ?

M. Bauer: Ce sont les inspecteurs de mon service, qui me l'ont rapporté. L'action de Rossé était néfaste, il poussait les cheminots à la grève.

M° Jaeglé: Voilà qu'un témoin nous parle d'autres témoins, qui viendront témoigner après lui à la barre. Mais nous les attendons.

M. Rossé: Je suis très étonné de vos déclarations. En effet, j'ai fait parti de ce comité et j'ai assisté à la fameuse réunion, mais j'ai dû quitter, M. Bauer le sait du reste, pour rentrer avec le dernier train à Colmar. Ce n'est qu'après mon départ que la motion a été votée. J'ai du reste reçu un blâme par ma fédération pour n'être pas resté jusqu'à la fin. Ensuite l'accusé nous rappelle la situation en ce moment. Les fonctionnaires n'avaient pas encore reçu les indemnités que le gouvernement leur avait promis depuis longtemps. L'excitation était grande. A Paris les fonctionnaires descendaient dans les rues. Leur mouvement était soutenu par la Fédération Nationale, qui encourageait tous « à crier la misère des fonctionnaires. »

M. Rossé: Quinze jours après seulement nous avons fait notre réunion à Strasbourg mais ce qui peut être un acte national à Paris, c'est un acte « autonomoséparatiste » à Strasbourg.

Je prends tout la responsabilité pour ce que j'ai dit. Mais sachez, que j'ai parlé au nom de 40.000 fonctionnaires, j'ai défendu avant tout nos pauvres retraités, dont certains n'avaient même pas d'argent pour acheter du bois de chauffage. (Sensation.)

Le président proteste.

M. Rossé: Oui, c'est vrai et l'un d'eux viendra témoigner à cette barre.

Le président lève la séance.

A la reprise le président parle d'une lettre de M. Rossé dans laquelle il déclare que sa fortune n'est que de trois marks.

M. Rossé: Oui, je sais, M. le président, mais je me permets de vous rappeler qu'on a déjà commis une violation grave de la loi, en donnant cette lettre à la presse pendant que j'étais en prison. Mais je ne me gêne pas de vous donner des explications. La lettre date de 1916, je venais d'être réformé de l'armée allemande et arrivais malade à Colmar. Je ne pouvais pas rejoindre ma famille, qui était de l'autre côté du front à Montreux-Vieux. En ce moment j'ai fait deux demandes au Landtag et j'ai obtenu 300 marks, dont j'ai dû donner 10 marks au Docteur Betz pour une opération, et pour le restant je me suis acheté un habit et un peu de linge.

Sur ce, l'accusé continue sa déposition. Il parle de la situation de nos fonctionnaires. C'était le moment de la suppression du commissariat général. Nos retraités qui d'après décret du 14 avril 1924 devaient toucher après trois mois leurs rentes, ne les ont pas encore pu obtenir le 1er janvier 1926. Je comprends, dit-il, que la tâche était difficile et les fonctionnaires, qu'on nous envoyait avaient bien de la peine. Mais chez beaucoup c'est la bonne volonté qui faisait défaut. J'en connais et je pourrais citer leurs noms, qui pendant deux mois ont laissé traîner sur leurs tables des décrets sans y toucher. Peut-on alors en vouloir à nos fonctionnaires, d'avoir été mécontents ?

La situation politique était analogue. Dans le pays tout entier on réclamait dans des réunions publiques l'autonomie administrative. Puis, le député de Colmar revient sur l'organisation des fonctionnaires. Il dit qu'on veut le rendre responsable de tout. Je prends ma responsabilité pleine et entière, mais permettez-moi Messieurs les jurés, de vous dire que notre fédération est dirigée par trois présidents « coordonnés », dont je suis le cadet. Ensuite, pourquoi M. Bauer ne souffle-t-il mot des tractations, qui ont eu lieu entre le 1er février et le 7 février 1926 avec le ministre de Monzie à Strasbourg. Le ministre même reconnut le bien fondé des revendications et répondit: «Je me heurte au veto du comité directeur des chemins de fer.»

Les négociations restaient donc infructueuses.

M. Bauer prétend, que ce n'est que les autonomistes qui auraient participé à ce mouvement.

M. Rossé: Pardon, nous sommes en ce moment sur le terrain syndical, restons y. Tous les syndicats s'étaient déclarés solidaires, même la police de Mulhouse y adhérait.

ENCORE L'« ERWINIA »

M. Rossé vient à parler de l'«Erwinia». Il rappelle comment il est arrivé à faire quelques économies. Il travaillait dur et vivait sobrement.

S'il est un des fondateurs de l'« Erwinia », c'est parce qu'il estimait la création d'un quotidien défendant énergiquement les vieilles traditions alsaciennes d'une nécessité absolue. En plus bien des lecteurs de la région de Strasbourg réclamaient ce journal, qui leur manquait. A ce moment, l'accusé rappelle, qu'il n'avait jamais malgré ses insistances pu obtenir de nos journaux parisiens qu'ils décrivent la situation de nos fonctionnaires alsaciens telle qu'elle est. Pour y arriver, dit-il, il fallait déjà être collaborateur ou actionnaire. C'est pour cela, que je suis entré partout où je pouvais, et que j'ai donné des conseils à mes collègues. M. Rossé donne ensuite des détails sur la provenance de l'argent recueilli pour l'« Erwinia ».

Le président insiste et entre dans les plus petits détails du ménage Rossé. L'accusé déclare, que quoi qu'il n'aime pas à en parler en public, ces questions ne le gênent pas: J'ai gagné chaque sou honnêtement, je puis en répondre.

Me Berthon: Je constate, qu'on commence à faire des comptes de cuisine, au lieu de chercher le complot.

L'accusé rappelle ensuite, qu'en entrant le premier octobre 1926, à la rédaction du « Kurier » il s'est *complètement* séparé de l'« Erwinia ». Il a même vendu ses actions à une autre personne.

Je termine pour aujourd'hui en déclarant que j'avais toujours un seul souci: être le porte-parole des revendications des fonctionnaires, revendications que je jugeais justes et nécessaires.

Me Fourrier: Je prie M. le président de demander M. le commissaire spécial, ce qu'il pense de cette déclaration, qui est analogue à celle, que M. Rossé vient de faire tout à l'heure. Des malentendus cruels et douloureux arrivent à tout moment en Alsace par suite des administrations qui n'y comprennent rien et qui commettent des maladresses incroyables.»

M. Bauer évite toujours la question précise, et répond sur autre chose.

Me Marcel Fourrier répète par cinq fois la question.

Mais il n'y a pas moyen de faire parler le témoin.

Me Fourrier: Enfin permettez-moi de vous dire, que c'est M. Raymond Poincaré qui dit cela. (Hilarité.)

Me Klein: Que M. Bauer nous parle de l'enquête, qu'il a faite ou fait faire à Epfig pour trouver les armes et les autos blindées de la «Schutztruppe».

M. Bauer: J'ignore tout cela.

Me Klein: C'est étrange, pourtant une certaine presse en a causé.

Me Klein: M. Rossé est-il séparatiste?

M. Bauer: Il a soutenu un journal de cette tendance, journal qui est même «pro allemand» pour ne pas dire allemand.

Me Klein: Et M. Ricklin?

M. Bauer: Il est dans le même cas.

Me Jaeglé: Que sait M. Bauer des lettres, que des accusés ont envoyées à leurs défenseurs et qui ont été ouvertes par la police.

M. Bauer: J'ignore.

Me Jaeglé: Nous en reparlerons.

Me Klein: M. Bauer, pourrait-il nous renseigner sur le rapport, qui existe entre la police et le service téléphonique?

M. Bauer: Je ne sais rien.

Me Klein: Comment se fait-il alors, que de mon étude, je puisse entendre par téléphone des conversations à la police, sans que j'ai demandé cette communication? (Sensation.)

La Cour proteste.

Me Klein: C'est exact, messieurs, et nous en reparlerons.

Mᵉ Thomas: Permettez, M. le président, que je vous pose une seule question, elle sera simple et courte.

Où est le complot?

Président: Je vous en prie, Maître.

Mᵉ Thomas: M. le président, après toutes ces déclarations et toutes ces discussions pourrait-il me dire, seulement approximativement, à quelle distance du complot nous nous trouvons en ce moment? (Toute la salle rit.)

Mᶜ Fourrier pose une question au sujet d'une certaine collaboration avec Ley.

M. Bauer: Ley est un espion allemand.

Mᶜ Fourrier: Oh! il y a des espions, qui touchent des deux mains.

Mᶜ Peter: D'où M. Bauer sait-il que Ley est le fondateur de la « Wahrheit »?

M. Bauer: J'ai dit, qu'il en est le directeur occulte.

Mᶜ Jaeglé: C'est encore plus.

Mᶜ Peter veut lire une lettre de Bulach. Le président s'y oppose. L'avocat fait des explications et dit en d'autres termes ce que le baron a écrit dans sa lettre. Il proteste contre les insinuations de M. Bauer d'avoir été le «prête-nom» d'une tierce personne.

Mᶜ Peter: M. Bauer est-il juste que M. Baumann était engagé volontaire dans l'armée allemande?

M. Bauer donne une réponse évasive.

Mᵉ Peter: Eh bien, il ne l'était pas.

Me Peter: Est-il juste, que mon client a été renvoyé du comité de la tombola organisée par la société des encouragements aux sports pour irrégularités?

M. Bauer: Oui, et nous tenons ces renseignements d'une source très sûre.

Mᶜ Peter: Permettez que je vous donne lecture d'une lettre du maire de Strasbourg. Par cette lettre nous apprenons que M. Baumann était effectivement occupé à l'organisation de cette tombola.

Il y avait un «poste de confiance» qu'il a rempli à l'entière satisfaction de ses chefs. Il n'a quitté ses fonctions qu'après liquidation complète du travail. (Sensation).

Mᶜ Peter pose encore une question précise sur le fameux Phœbus-film. Le témoin ne répond pas directement et Me Peter n'insiste pas. L'heure est déjà très avancée, il déclare au président qu'il en reparlera demain matin.

La séance est renvoyée à jeudi matin à 9 h. 15.

UN GROUPE D'AVOCATS
De gauche à droite : M᷎ KLEIN, M᷎ FOURRIER, M᷎ BERTHON, M᷎ JAEGLÉ. Derrière eux SCHALL debout.

Photo Christophe.

Photo Christophe.

L'INTERROGATOIRE DE M. FASHAUER.
Au 1ᵉʳ banc : M᷎ THOMAS, M᷎ PALMIERI, M᷎ FOURRIER.
Au 2ᵐᵉ banc : Les Accusés FASHAUER, HEIL, SOLVEEN, WURTZ, HAUSS et SCHALL.

Neuvième journée — 10 mai

Séance du matin.

Ce sera une audience sensationnelle. Avocats, jurés, journalistes, public, tout le monde se rend dans la salle comme à son travail. C'est devenu un second métier qu'on croit avoir exercé depuis des années.

La salle est moins pleine peut-être qu'aux premiers jours. Les places ne sont plus disputées aussi passionnément. A l'entrée du palais, les vendeurs de journaux font peu d'affaires. Il souffle une bise désagréable. Dans la matinée les comptes-rendus des journaux parisiens n'ont aucun intérêt. Les vendeurs des journaux de Paris tentent en vain de blaguer les vendeurs de notre édition spéciale qu'on s'arrache.

L'audience est ouverte à l'heure habituelle, soit à 9 h. 20. Le président lit plusieurs arrêts concernant les conclusions déposées la veille au sujet de l'attitude de M. Bauer dans sa déposition.

Enfin, le procureur demande la parole

Et voici que se lève avec la gravité et le sourire narquois qui le caractérise le **Procureur Général pour s'expliquer sur la marche des débats et pour demander qu'ils soient abrégés.** Il se prononce à peu près dans ces mots.

Nous voici à la dixième journée des débats. (C'est à vrai dire la 9e!) L'heure est venue de faire le point. Un seul des quinze accusés a été interrogé complètement. L'interrogatoire de Schall a été à peine commencé. Le plus important de son interrogatoire a été escamoté.

Messieurs, trois cent témoins ont été cités par l'accusation et par la défense. De notre côté nous avons invité 40 témoins à charge. La défense a invité deux cent cinquante témoins à décharge. Nous avons jusqu'ici entendu un seul témoin à charge. Son interrogatoire a duré deux journées complètes; il n'est pas terminé. Trente conclusions ont été déposées au cours des débats, qui ont été considérablement allongés de ce fait.

C'est certainement, Messieurs, un spectacle unique auquel nous assistons et je pourrais faire appel au témoignage de grands maîtres, qui n'ont jamais assisté à pareil procès. Je constate qu'à chaque question précise qui a été posée, nous avons reçu non pas des réponses claires, mais des conférences interminables.

Chaque témoin a été questionné et sera questionné par tous les avocats, et par les accusés. Dans ces conditions, nous avons calculé que l'interrogatoire des témoins à charge durera jusqu'à fin juin. Restera alors encore à entendre les 250 témoins à décharge. Vous voyez, Messieurs, que les débats dureront des mois et des mois. Je prononcerai ensuite mon réquisitoire. Je me contenterai de deux à trois heures, et vous entendrez encore ensuite les sept plaidoiries, les accusés ont droit à la parole. Nous serons donc dans cette salle jusqu'en automne.

Les accusés usent de leurs droits en demandant à être interrogés. La défense a le droit de déposer des conclusions. La situation comme vous le voyez est anormale. D'autre part, les débats devront être terminés au plus tard pour le 4 juin. Une nouvelle séance d'Assises est prévue pour cette date, et elle ne peut être reportée, les débats devront être interrompus. On répand de tous côtés le bruit, qu'on nous réserve des surprises, qu'un coup de théâtre pourrait se produire d'un jour à l'autre. Non, messieurs, j'oppose le démenti le plus formel, à ces bruits. Les débats suivront jusqu'au bout leur cours normal, mais le procédé devra être changé sinon nous n'aboutirons point.

J'ai la charge de l'accusation. J'établirai les preuves.

J'établirai, que les accusés se sont concertés pour changer par la force la

forme du Gouvernement. Je prouverai pièces à l'appui, qu'ils se sont concertés pour comploter. La preuve, que je donnerai du complot sera claire comme le cristal. Par l'exposé des témoins à charge et à décharge, car ces derniers sont souvent les meilleurs auxiliaires, par les contradictions entre les accusés et les témoins et les contradictions de leurs propres discours, je prouverai qu'ils se sont concertés en public et en privé.

Souvent, durant ces longues dissertations, je pouvais d'un mot détruire l'effet des discours, mais je ne voulais pas. Ce serait me laisser entraîner dans des digressions où je ne veux pas m'engager. Je sais, que la défense voudrait m'entraîner dans des sentiers dangereux, mais je vous assure, que j'ai trop l'habitude des montagnes pour ne pas suivre mes adversaires dans ces sentiers, où ils pourront me pousser facilement au précipice.

Ma méthode sera simple. Nous renoncerons, si vous le voulez à l'audition des témoins à charge et à décharge. Je me baserai sur ce qui est contenu dans mon dossier. Je ne citerai pas un mot, qui ne soit dans mes pièces. Nous nous contenterons chacun de quatre à cinq témoins, de huit à dix au maximum, car je vous rappelle que la session devra être terminée pour le 5 juin au plus tard, sinon la session sera interrompue.

(Le public, qui a entendu ces explications de M. Fachot est stupéfait. Serait-on malgré tout à l'approche d'un coup de théâtre ?)

Le président demande, si les défenseurs veulent se concerter. Ceux-ci demandent une suspension de vingt minutes, qui est immédiatement accordée.

Pendant la suspension, les accusés et les défenseurs se concertent en groupes compacts. Le député Rossé pour parler plus aisément à ses défenseurs saute hors du banc. Les gendarmes s'effraient. Déjà M. Rossé se trouve devant le banc des défenseurs. Les gendarmes accourent et lui demandent de retourner à sa place. Lestement et de bon gré

M. Rossé enjambe le banc de la défense et réintègre le box des accusés.

Pendant la suspension, dissertation animée des journalistes et du public. Où veut-on en venir? Puissent les pourparlers aboutir, entend-on de tous côtés, car on en a assez de venir s'asseoir toute une journée sur des mauvais bancs et de vieilles chaises pour ne rien apprendre de nouveau. Si une grande partie du public s'amuse, ni les jurés, ni la défense, ni les journalistes ne s'amusent à ce jeu et pourtant, ce n'est pas un jeu, c'est un débat très grave, il s'agit de la liberté de quinze hommes. Il serait temps, qu'on change de méthode. Qu'on précise l'accusation, qu'on écoute les interrogatoires, qu'on nous parle du complot.

Me Jæglé réplique

Après une demi-heure de suspension, la séance est reprise. On est inquiet de connaître les résultats des pourparlers entre défenseurs et accusés, qui se sont retirés dans le couloir. Cependant, que Me Klein s'est entendu par téléphone avec Me Berthon, indisposé et qui a promis d'assister à la fin de la séance vers 11 heures.

A la rentrée, Me Jaeglé reçoit la parole, pour prononcer avec un air de vainqueur des paroles très justes, parfois très ironiques.

C'est un peu tard, dit-il, qu'on vient nous faire pareille proposition, il y a bien longtemps, que le président aurait pu nous les faire.

M. Fachot s'excuse d'avoir ainsi laissé se prolonger les débats, nous pouvons le dégager de cette responsabilité. On a prétendu, que nous avions intérêt à allonger les débats, loin de nous, messieurs, cette idée, nous avons à cœur de terminer le pus tôt possible. Notre temps à nous est aussi précieux, que le temps de la Cour. Nous avons à cœur de vous laisser renvoyer le plus tôt possible à vos foyers, Messieurs les jurés. Nos études nous attendent, et surtout nos accusés soupirent après la liberté. Donc, vous voyez ue nous sommes aussi pressés, que le Procureur Général et que la Cour.

Aujourd'hui pour la première fois le Procureur Général précise, vaguement hélas, l'accusation. Et encore le président veut bien nous ouvrir un peu son cœur avec des réserves. Mais n'était-ce pas la défense, qui a sans cesse interrompu les interrogatoires des accusés, des témoins pour ramener les débats à son sujet, à la question du complot, proprement dit. C'est pour cela que nous avons déposé tant de conclusions. Vous constaterez, messieurs, que le témoin du Procureur Général nous a raconté hier des historiettes pour se faire à la fin de sa déposition refuter par la défense et les accusés.

Tant de fois, nous avons demandé à la Cour de poser aux accusés des questions précises, concernant le complot. Avant-hier encore M. Fashauer avait posé la question précise au président. Quelles sont les charges, que vous relevez contre moi? Précisez les, sinon je ne puis répondre. Maintenant que l'accusation s'effondre, je veux vous citer des journaux, qui commencent par ces mots: « Effondrement total de l'accusation, toujours à la recherche du complot », on veut inculper à la défense d'avoir voulu prolonger les débats. On n'ignore sans doute pas ce qui se dit dans le pays. On voit, que les choses ne vont pas, et on cherche un remède.

Messieurs, c'était à la Cour de faire ce geste. C'était à elle de proposer un changement de méthode et de procédure. C'était d'elle que nous attendions ce geste généreux.

Le Président intervient pour s'expliquer.

La Défense : Nous avons le droit de nous défendre aussi longuement que nous le voulons et jusqu'à ce que tout soit mis au clair. Ce n'est pas nous qui avons demandé à venir ici. On nous a traînés devant cette Cour. On comprendra que nous tenons à nous défendre pleinement. Nous sommes d'accord pour faire à M. Fachot des concessions pour pouvoir nous en-

tendre éventuellement. Mais qu'on n'oublie pas que nous défendons quinze hommes qui sont depuis cinq mois en prison. Nous demandons la poursuite de l'interrogatoire qui a été interrompu à l'interrogatoire d'un homme et demi. Qu'on déclare les charges qu'on relève contre chacun des accusés. Et voici en détail ce que nous proposons :

1° L'accusé ne pouvant se défendre utilement que s'il connaît exactement les charges qui pèsent contre lui, nous demandons qu'on précise, dans un court interrogatoire qui peut durer une demi-heure au plus, à chacun des accusés en quoi il est inculpé dans l'affaire du complot. Pour nous, il n'y a que le complot. Tout le reste n'est que des hors-d'œuvre, comme dit Me Thomas, et des hors-d'œuvre très maigres même. Qu'on précise les charges qui pèsent contre nos clients en se restreignant aux termes de la loi. Ce n'est pas nous qui avons parlé de théâtre et autres futilités .Qu'on comprenne une fois qu'il faut préciser et tout sera écourté.

2 Qu'on renonce aux dépositions écrites de tous les témoins qu'on ne voudra pas entendre. Nous demandons à l'accusation de ne pas faire état des dépositions écrites de témoins auxquels elle renonce.

3° La défense, qui a charge d'âmes et d'existences, n'a pas à cœur de jouer du théâtre, mais les minutes ne lui importent pas. On a assez parlé d'histoires de montre en main. Ce ne sont pas des criminels quelconques que nous défendons, et nous ne ferons pas de marché. **Mais pour raccourcir les débats, nous consentons à limiter nos témoins à décharge à un nombre proportionnel aux témoins à charge. Nous nous contenterons donc de vingt à vingt-cinq témoins, que l'accusation se contente de quatre ou cinq.**

4 Après avoir conféré avec le Procureur général sur la personne des té-

moins à charge qu'il veut produire, nous pourrons désigner nos témoins à décharge. Mais nous insistons pour que certains témoins à charge soient présents. Nous insistons pour que le rôle d'un Riehj soit dévoilé clairement au public. Bref, que le Procureur nous indique ses témoins, nous nous restreindrons à un nombre aussi minime que possible. Notre conscience ne nous permet pas de renoncer à tout; nous choisirons tel ou tel témoin pour éclairer les débats. Nous ferons tout ce qui est humainement possible.

Et **M⁰ Jaeglé** résume encore une fois ses quatre points et les explique dans certains détails. Il s'agit ici, évidemment, d'un prétendu crime; l'instruction est menée anormalement, mais ce n'est pas de notre faute. Le jury est le premier à s'en rendre compte. Pour abréger, nous avons voulu faire préciser l'accusation à chaque séance, on ne nous a pas écoutés.

Le Président : La Cour fera l'impossible de son côté pour abréger les débats, mais vous voyez que je suis astreint à suivre les formalités de la procédure et à me tenir au texte de la loi. Je suis prêt à reprendre l'interrogatoire à une condition, c'est que je sois libre de poser des questions sans être interrompu dans mon interrogatoire. Je me contenterai de questions précises, mais je n'admets pas que la défense intervienne.

M. Fachot : Tout le monde comprend que ce n'est pas à moi de préciser l'accusation. Je ne peux assumer le rôle du Président et puis, si je vous sors tous mes documents de l'accusation, que me restera-t-il pour mon réquisitoire. Ce n'est pas là le rôle du Procureur. C'est de l'ensemble des dépositions sur les accusés que ressortira une image complète. C'est alors seulement que je pourrai établir mon accusation.

M⁰ Jaeglé : C'est à M. Fachot de posséder l'accusation et de ne pas

nous parler de montre. (M. Fachot avait comparé ses accusations aux rouages d'une montre, qu'on présente l'un après l'autre.) Il faut qu'il possède la montre d'avance et qu'il la possède complètement, et non pas une pièce après l'autre. Ce n'est pas au Procureur de fabriquer le complot après avoir entendu les accusés. Voilà ce que nous lui reprochons. Mais je vais trop loin, je ne veux pas lui reprocher de ne pas savoir encore ce qu'il veut, sinon ce serait une faute grave de sa part. Voici pourquoi nous avons toujours ramené les débats sur le complot, sans pouvoir y parvenir.

Le Président : Vous pourrez utiliser peut-être les lettres explicatives de vos témoins au lieu de les entendre eux-mêmes.

La Défense proteste

Le Président : Je propose donc de suspendre l'audition jusqu'à cet après-midi pour permettre à la défense de se concerter avec le Procureur général.

La Défense acquiesce .

M⁰ Peter demande à poser encore des questions à M. Bauer.

M⁰ Jaeglé : N'insistez pas, M⁰ Peter. laissez-le dans l'oubli mérité.

M⁰ Peter : Je me réserve d'en poser tout à l'heure.

Mais déjà on a fait venir **M. Bauer,** et **M⁰ Peter** lui pose quelques questions.

M⁰ Peter : Est-il vrai que M. Zorn de Bulach est le fondateur de la « Wahrheit » ?

M. Bauer : Oui, la « Wahrheit » a été fondée par M. de Bulach et par Kohler,

M⁰ Peter : Sait-il que M. Ley répandit les mêmes idées que Zorn de Bulach et bien avant lui?

M. Bauer : Oui, aux années 1924 et 1925.

M⁰ Peter : M. de Bulach connaissait-il M. Ley?

M. Bauer : Je ne sais pas, je ne crois pas.

M⁰ **Peter** en conclut que M. Ley n'a pas pu inspirer M. de Bulach.

M⁰ Peter: M. Kohler était-il comptable chez M. de Bulach ?

M. Bauer: Oui, mais ses attributions étaient beaucoup plus étendues. Il traitait des affaires plus importantes.

M. Kohler ne proteste pas, peu m'importe dit-il.

M. Reisacher demande la parole: M. Bauer m'attribue l'article: «Dix pour un ». Or cet article ne peut être de moi: ni le style, ni les termes, ni les idées ne sont les miennes. On y parle d'ailleurs des paysans et des ouvriers, moi j'aurais parlé de tous les bons Alsaciens. L'écrit est signé R. F., or mes initiales sont H. R.; il semble donc que l'article est de Fromageat. Et l'on renonce à Bauer après cette mise au point.

M⁰ **Fourrier** demande la parole pour une minute. Il tient à préciser qu'il n'y a aucune mauvaise volonté de la part de la défense. Il se défend d'avoir voulu prolonger les débats. «Nous sommes d'accord que le débat se termine en huit jours. Mais, dit-il: Les jurés se rendront compte que la situation qui nous a été faite nous est rendue difficile et grave. Si nos clients ne sont pas acquittés, ils peuvent être envoyés en déportation en Calédonie ou dans une enceinte fortifiée. Devant la gravité de ce danger on comprendra que nous n'ayons pas voulu laisser se dérouler les débats d'une façon quelconque sans avoir relevé toutes les erreurs. Et si les débats ont été alourdis, c'est en raison des hauts intérêts que nous avons à défendre. Voici pourquoi nous relevons toutes les irrégularités et que nous posons souvent des conclusions. **J'espère que ces débats anormaux ne se reproduiront jamais sur aucun coin de France. »**

Le président: J'ai délégué un expert pour examiner les comptabilités, je ne puis le laisser libre.

La défense: Il s'agit de la comptabilité de M. Pinck, qui sera jugée par une procédure de contumace.

M⁰ **Thomas:** Il se présentera après les débats! (Rires.)

On réussit à s'entendre

Après un conciliabule de quelques minutes, l'accusation et la défense se sont entendues pour faire citer, l'accusation six à sept témoins à charge, la défense vingt-cinq à trente témoins. L'interrogatoire de ces témoins demandera un jour et demi environ pour les témoins à charge, deux jours pour les témoins à décharge.

L'interrogatoire des accusés pourra durer encore deux jours. La défense demande pour ses plaidoiries un jour et demi. M⁰ Berthon plaidera trois heures environ; M⁰ Jaeglé deux heures et les autres avocats une à deux heures.

Le Procureur général parlera trois heures, comme il l'a dit ce matin.

Les autres conditions seront discutées cet après-midi.

Dans ces conditions, le procès pourra être terminé dans une semaine environ. Bon courage donc !

Séance de l'après-midi.

La séance est reprise à deux heures quarante avec vingt-cinq minutes de retard.

M⁰ *Fourrier* reçoit la parole et déclare que la défense s'est entendue avec le Procureur général pour la marche des affaires. Il dit, que tous les avocats ont vu leurs clients «sous la surveillance d'un inspecteur». Des 250 témoins cités, la défense en retient 25, dont sans doute tous ne seront pas entendus. Cela dépend de l'interrogatoire des témoins à charge.

M. Fachot fait savoir, qu'il a retenu six témoins sur les quarante cités. Ce sont MM. Becker, général Bourgeois, Bourgoin, Haenggi, Riehl, Boltz et un expert.

M. Rossé insiste qu'une commission rogatoire entende M. Jacques Bardoux, pour que ce dernier déclare une bonne fois, d'où il tient les fameux renseignements sur les autos blindées et les mitrailleuses des autonomistes.

Sur ce, on recommence l'audition de *Paul Schall*, interrompu samedi. L'accusé déclare que réellement la «Schutztruppe» a cessé d'exister au mois de février 1927, vu que 25 hommes n'étaient pas suffisants pour protéger une réunion. Cependant, il a fait à ce moment un second effort pour gagner des amis des environs de Strasbourg.

Président: Mais pourquoi dites-vous dans cette circulaire que la « Schutztruppe » existe encore?

Accusé: Si je cherchais à former un nouveau mouvement, je ne pouvais pas dire, d'un autre côté que nous avons échoué. Et l'accusé continue: Je tiens à dire que M. le président posera sans doute quelques questions sur cette circulaire. Je déclare à Messieurs les jurés, dès maintenant, qu'elle contenait la question suivante : « Avez-vous servi dans l'armée ? » Cette question fut posée sur pression de l'agent provocateur Riehl. Moi-même j'avais tout de suite reconnu les intentions de cet homme et dès le premier jour j'ai fait une statistique à ce sujet. Au moins la moitié de nos adhérents avaient servi dans l'armée française.

Président: Bon, dans ce questionnaire on demande: Avez-vous une auto, etc., ces statuts n'étaient-ils pas copiés sur l'organisation du Stahlhelm?

Schall (en riant): Loin de là, M. le président, je les ai rédigés tout seul, et je ne connais pas les statuts du «Stahlhelm» ou d'autres associations allemandes.

Président: Parlez-nous du parti autonomiste.

L'accusé rappelle d'abord sa lettre à Pinck, dont on a donné lecture vendredi dernier. Il dit que le parti autonomiste fut réellement fondé le 25 septembre 1927. On avait d'abord l'intention d'attendre jusqu'après les élections, mais la politique du baron Claus de Bulach obligea les autonomistes d'agir plus tôt. L'agitation de Bulach était vraiment néfaste. Il demandait le plébiscite, dont les autonomistes ne veulent rien savoir. Pour éviter que la grande masse du peuple passe à la politique de Bulach, le parti autonomiste fut fondé. Dans la première réunion, le Dr. Roos déclara, que les autonomistes ne voulaient rien savoir du séparatisme, il ouvrit son discours avec le cri : « Vive l'Alsace-Lorraine libre» Il a déclaré ensuite comment il comprenait cette liberté, celle-ci devait être purement morale et non politique, comme on veut le prétendre maintenant. Une longue discussion s'engage ensuite entre le président et l'accusé sur les différentes formes de l'autonomisme, telle qu'on nous les a déjà développées le premier jour du procès. On parle d'autonomisme dans le cadre de la France, de séparatisme et enfin des Etats-Unis de l'Europe dont la réalisation serait le plus bel idéal et la plus grande assurance pour la paix du monde.

Président: Parlez-nous de la fusion du parti autonomiste, avec le bloc d'opposition.

Schall: Nous avions fait avant de fonder notre parti des tentatives chez de Bulach pour une fusion. Mais le baron avait déclaré: « Vous n'avez qu'à vous soumettre à mon commandement», et les pourparlers échouèrent. Plus tard, Bulach allait lui-même trouver les chefs du parti et demanda la fusion. On lui donna satisfaction à condition qu'il se soumette entièrement à la politique du parti autonomiste. On parle ensuite du comité des minorités nationales et du congrès des autonomistes en décembre 1927 en Bretagne. Après une longue discussion, l'accusé tient à déclarer que, d'après lui «une minorité nationale ne peut exister et défendre ses droits, qu'en adhérant et s'adaptant franchement à un grand Etat. »

Le président demande des renseignements sur la session du comité central des «minorités nationales de France», qui avait eu lieu le même mois à Paris. On veut faire à l'accusé un grief d'avoir répondu à une demande concernant cette affaire, à un sujet allemand.

L'accusé précise et dit qu'il n'avait répondu à ce monsieur, que sur les instances de M. Duhamel, chef du parti breton autonomiste, vu que celui-ci ne savait pas l'allemand.

Mᵉ Palmieri: Tout à l'heure, M. le président, vous donniez lecture d'un questionnaire du Heimatbund. On y demandait si le sujet en question avait servi dans l'armée, s'il avait une bicyclette, une motocyclette, une auto, etc. etc. Je viens de recevoir un questionnaire analogue et qui est de l'«Action Française», je voudrais en donner lecture. Le président s'y oppose mais permet qu'on le passe aux jurés,

M⁰ Palmieri lit quand-même: Avez-vous servi dans une armée, et dans quelle armée ?

Il passe la fiche à ses confrères, pour la faire remettre aux jurés.

M⁰ Jaeglé lit à haute voix: Avez-vous un avion, une automobile, une motocyclette, etc. etc. (Hilarité.)

M⁰ Fourrier: Quels étaient vos gages à la « Zukunft »?

M. Schall: Quoique cette question soit personnelle, je peux y répondre tranquillement. Messieurs les jurés verront qu'un agent allemand, profitant des millions de Rœchling, n'aurait pas travaillé pour cet argent. J'étais engagé avec 850 francs. En 1926 j'ai reçu 1.000 frs., en 1927 alors, que je liquidais encore une bonne partie de la correspondance de la «Zukunft», j'ai eu 1200 frs. En plus j'étais souvent obligé d'attendre deux à quatre mois pour toucher mon traitement. Au moment de mon arrestation, la «Zukunft» me devait encore le paiement de deux mois. Certainement Messieurs les jurés, vous devez penser comme moi; un agent allemand ne travaillerait pas à ces conditions.

M⁰ Peter: M. Schall, Bulach, était-il le chef du parti d'opposition ?

Accusé: Je suis convaincu, que la déclaration du commissaire spécial Bauer est erronée à ce sujet. C'est Bulach qui était le chef de ce mouvement et non Ley.

M⁰ Peter: MM. Baumann et Kohler, n'étaient-ils pas des petits employés de Bulach?

Schall: Kohler était simple employé de bureau et Baumann exécutait les ordres de Bulach.

M⁰ Feuillet: M. le président: Vous parliez tout à l'heure du congrès des autonomistes en Bretagne. Vous pourriez demander M. Schall, si l'agent, qui a assisté aux réunions dont moi-même j'ai présidé une partie, et je ne le cache pas, n'avait pas libre accès. Plus encore: pour faciliter le travail de ce bonhomme, les membres des commissions lui ont donné tous les renseignements utiles.

M⁰ Thomas: M. le président, ne voudriez vous pas demander à l'accusé où et quand il a assisté à des réunions dans lesquelles il fut décidé de s'armer contre le Gouvernement ou de le renverser?

Président: Mais, c'est celà tout le chef de l'accusation !

M⁰ Thomas: Je sais très bien, mais je voudrais y revenir de temps à autre.

M⁰ Thomas pose encore une question concernant l'argent allemand, mais le président n'insiste pas.

M⁰ Feuillet: M. Schall, quelles étaient les relations avec vos co-accusés ?

Schall: Je n'ai fait la connaissance de quelques-uns qu'en prison et avec les gens de la «Wahrheit» je n'avais que peu de rapports.

Défense: Mais tous sont accusés pour le même complot !

Le président suspend la session.

A la reprise on passe à l'interrogatoire de l'accusé

René Charles Hauss

fils de l'ancien Secrétaire d'Etat d'A.-L. Toute l'histoire du Heimatbund, du parti autonomiste etc. est repassé en détail. Sur les nombreuses questions du président, l'accusé veut préciser.

Président: Mais n'entrons pas trop dans les détails

M⁰ Feuillet: Je comprends qu'on passe sur les détails à condition que M. le Procureur général n'y insiste pas dans son plaidoyer.

M. Fachot: Vous seriez bien aimable de faire mon réquisitoire.

M⁰ Feuillet: Oh non, M. le Procureur général, je serais très embarassé, je ne voudrais nullement être à votre place. (Hilarité.)

Hauss nous parle de la «Zukunft», de la fondation du «Bund der Heimattreuen Elsass-Lothringer», etc. etc.

Les mêmes discussions comme tout à l'heure s'engagent encore au sujet des tendances du parti autonomiste. Ce sont toujours les mêmes explications interminables que doivent donner les accusés. On apprend une fois de plus que les autonomistes n'étaient nullement séparatistes et qu'ils n'étaient pas d'accord avec la politique de M. de Bulach.

Le président: Et la «Schutztruppe»?

Accusé: En effet, dans l'acte d'accusation, je suis désigné comme un homme extrêmement dangereux, en ce qui concerne la « Schutztruppe » je dis comme M. Schweitzer, qu'on me montre mon premier soldat.

M⁰ Peter: M. Hauss, connaissez-vous Baumann et Kohler?

Le président revient à la séance de constitution du parti autonomiste dans laquelle le Dr. Roos se serait écrié: « Vive l'Alsace libre et indépendante ».

Schall: Le Dr. Roos n'a jamais employé le mot « indépendante ».

M⁰ Jaeglé déclare qu'il a cherché dans les dossiers le procès-verbal de cette conférence. Pas moyen de le trouver. Il n'y a que la traduction, qui existe. Ne serait-ce pas un rapport de la police?

Hauss continue et déclare, que les autonomistes n'avaient aucune idée de séparatisme; ils voulaient rester Français, tout en formant le pont entre la France et l'Allemagne, comme du reste M. Poincaré l'a déclaré samedi dernier à Strasbourg. En plus, dit-il, l'idée autonomiste existait depuis longtemps en Alsace même déjà avant la guerre et elle a eu des champions, comme le député Salomon Grumbach. Jamais on n'a vu avant la guerre des poursuites. Pourquoi cette idée serait-elle illégale aujourd'hui

M⁰ Klein lit un passage du fameux discours du Dr. Roos, qui a été publié dans la « Zukunft ». L'accusé, qui est en fuite dit entre autres: « Quant à la séparation de l'Alsace de la France, la réponse est simple: « Nous autonomistes, nous ne sommes pas un parti séparatiste. »

M⁰ Jaeglé: La police a oublié de marquer cela

Le président continue la lecture du discours du Dr. Roos et croit pouvoir en conclure, que finalement le Dr. Roos s'avouait être séparatiste malgré tout.

M⁰ Feuillet: Nullement, toute cette déclaration veut dire: « Nous nous remettons à la sagesse de la France »

L'enveloppe mystérieuse

En ce moment *le président* fait tirer du dossier une enveloppe portant l'entête de l'« Esca » et adressée à Mademoiselle Jeanne Muller à Burg, le fameux village, qui d'après M. le commissaire spécial Bauer, est à onze kilomètres de Fribourg en Brisgau et compte 418 habitants! Cette enveloppe contient trois copies du discours de M. Hueber à la Chambre.

Président: Quelle était cette demoiselle?

Hauss: Messieurs les jurés, c'est une histoire terrible, que vous allez entendre maintenant et qu'il faut, que j'explique

Permettez-moi d'abord de vous dire que je n'ai pas écrit l'adresse, cela est constaté officiellement. L'accusé rappelle ensuite la perquisition qui a eu lieu la veille de Noël. Après deux heures de recherches M. le juge d'instruction North vient me trouver et me dit: « Qu'est-ce que c'est cela? »

Hauss n'en savait rien. Or, voici comment les faits se sont passés.

Deux ou trois jours avant la perquisition, le Dr. Roos vint trouver M. Hauss à son bureau. Comme il avait justement de la visite, M. Roos resta dans une chambre à côté auprès de la dactylo. Il lui demanda une enveloppe pour expédier les dits articles. Les enveloppes de M. Hauss étant trop petites, la dactylo lui passe une enveloppe à l'en-tête de l'« Esca ». Il écrit la fameuse adresse et charge la dactylo de porter la lettre à la poste. Celle-ci l'oublie et c'est ainsi que la police l'a trouvée chez lui.

Président: Mais, que faisaient chez vous ces enveloppes à en-tête de l'« Esca » alors que vous n'aviez rien à faire avec cette société

Hauss: Il n'y a rien de plus simple. Quelques jours avant, j'avais acheté quinze titres de capitalisation de l'« Esca ». Chacun de ces titres se trouvait dans une de ces enveloppes. Ma dactylo qui est très économe les avait mis de côté pour notre service intérieur, et voilà tout, quant à la fameuse Jeanne Muller, je ne la connais pas et je ne peux vous donner aucun renseignement sur elle.

Président: Oui, mais vous savez très bien d'après les dépositions de M. Bauer qu'il s'agit d'un service d'espionnage. Qu'en savez-vous? Qui est cette personne?

Hauss: Je m'étonne beaucoup, que M. le président me pose cette question maintenant.

A l'instruction M. Mitton me disait, qu'il connaissait la personne en question, et aujourd'hui j'apprends, qu'on l'ignore encore. M. Schall vient de me dire, qu'il pourrait donner les renseignements nécessaires.

Le président n'entend pas cette précision de M. Hauss et passe outre.

M⁰ *Fourrier* se lève et dit qu'avant l'arrestation de M. Hauss, il était allé le voir. Lui aussi il avait demandé quelques enveloppes à sa dactylo et comme par hasard, elle lui en passa aussi une, à la fameuse en-tête de l'« Esca ».

M⁰ *Thomas:* L'adresse est-elle poste restante? Si oui, j'accepte que c'était un service d'espionnage, si non la personne devait exister autrement la police n'aurait jamais pu recevoir la lettre.

Le président constate, que l'adresse n'est pas poste restante.

M⁰ *Thomas:* Celà nous suffit.

Hauss: J'ai vu Baumann deux ou trois fois et j'ai fait la connaissance de Kohler en prison. Je tiens à rappeler au même moment, que je n'ai pas connu jusqu'à mon arrestation ni M. Fashauer, ni M. Schweitzer et que je n'avais plus revu M. Sturmel depuis plus d'un an.

M⁰ *Fourrier:* N'étiez-vous pas sous-officier dans l'armée allemande et n'avez-vous pas été cassé en 1927?

Hauss: Parfaitement, j'étais forcé de quitter le front Ouest pour aller aux Balkans De là, j'ai écrit une lettre de protestation au ministre de la guerre, pour me plaindre du traitement des soldats alsaciens. La lettre a été interceptée, j'ai passé le Conseil de guerre et je fus dégradé. C'était le premier complot, aujourd'hui je suis au second. (Hilarité.)

Il est 5.45 heures. Le président lève la séance et la renvoie à vendredi matin.

En somme, dans cette après-midi, on a plus avancé dans le procès, que ces trois jours passés Après avoir changé trois fois de méthode, on semble enfin avoir trouvé la bonne Quant au complot, il n'a pas encore fait son apparition. Attendons le plaidoyer du Procureur général, qui enfin devra faire toute la lumière dans cette affaire mystérieuse.

Les vingt-cinq témoins, qui seront invités télégraphiquement par la défense sont :

M. l'abbé Haegy; M. le sénateur Muller; MM. les députés Brogly, Walter et Béron; MM. Trotzler, Hertzog, Heussner, Murschel, Gérardot, Schneider, Blondé, P. Weiss, l'abbé Tchirhart, Marco, le pasteur Adam, Haffen, Serrier, Weber, Schneider, Chanoine Dussourd, Pfister,

Dixième journée — 11 mai

Séance du matin.

Pour un bond qu'on a fait hier, nous recommençons aujourd'hui à marcher à pas de tortue.

Terrain déblayé, dit le « Journal d'Alsace et de Lorraine ». S'il l'a été, il est certes de nouveau encombré depuis ce matin. Et lorsque la défense insistait, pour que l'interrogatoire se poursuive uniquement sur des faits concernant le complot, nous constatons qu'on n'en tient aucun compte.

Toute cette matinée a été consacrée à l'interrogatoire méticuleux de M. Wurtz sur le colportage évangélique. Après une heure et demie d'interrogatoire, nous avons appris que M. Wurtz est un homme zélé, épris d'idéal et qu'il travaille pour le bien du peuple.

L'audience d'aujourd'hui est certainement la moins intéressante, mais elle caractérise l'esprit dans lequel ont travaillé certains accusés et le manque de compréhension de certains milieux pour le travail d'un homme, auquel on ne saurait prouver qu'il a eu autre chose en vue que le bien spirituel, et intellectuel de la population.

Rarement l'audience a été égayée par une note comique.

A l'ouverture de la séance, le président cite les lettres qu'il a reçues: lettre d'un étudiant polonais, lettre d'un Autrichien qui prétend que l'Alsace est un pays germanique, lettre d'un agent munichois, écrivant du Luxembourg, qui prétend avoir été en rapport avec MM. Fashauer et Ricklin. Ceux-ci affirment qu'ils ne le connaissent même pas. C'est un nommé Baumgartner, délégué principal de la «Voelkische Zeitung», qui affirme qu'il avait été menacé d'être traîné devant la Justice allemande pour haute trahison, s'il communiquait certaines pièces. On passe outre.

Me Jaeglé proteste contre les façons d'agir de notre police secrète. Il affirme qu'un des agents de cette organisation, un nommé Burger, était attablé à une table voisine des avocats à l'Hôtel Bristol. Il insiste sur l'odieux de ces procédés.

Le président affirme qu'il n'y est pour rien.

La Défense fait ensuite lire une lettre du **baron von Gemmingen**, le gendre du grand industriel Rœchling, qui voudrait venir déposer pour réfuter les absurdités racontées par M. Bauer.

La Cour et M. Fachot insistent pour que la Défense renonce à ce témoin, vu qu'eux-mêmes renoncèrent aussi au témoin de Luxembourg!

Me Jaeglé prétend que pour aboutir à ce qu'on appelle la « purification de l'air en Alsace » l'audition de ce témoin ne serait pas inutile. «Nous proposons d'ailleurs de renoncer à la déposition de M. Walter, député. Le fameux personnage, dont parle M. Fachot est pour nous un témoin sans importance, puisqu'il n'est même pas connu de MM. Ricklin et Fashauer.»

La Défense veut lire ensuite une lettre du Consul de Norvège à Munich, en faveur de M. Ricklin, avec lequel il était en relations durant la guerre.

Le président s'y oppose; la Défense n'insiste pas.

Me Fourrier: Pour la bonne marche des affaires du procès, rappelons que nous avons encore douze accusés à entendre. Consacrons, si vous le voulez bien, une demi-heure à chacun.

Le président acquiesce et commence avec l'interrogatoire de M. Wurtz.

Il rappelle ses occupations passées. M. Wurtz était instituteur à Fertrup durant la guerre. Il fut cité immédiatement après la guerre devant la commission de triage. Son interrogatoire ne fut suivi d'aucune mesure et d'aucune sanction. Cependant l'accusé, considérant cette simple citation comme une offense, résolut de quitter l'Alsace.

Président: Vous écriviez en Allemagne et vous quittiez subitement l'Alsace.

M. Wurtz: Entre ma citation devant la commission de triage et mon départ pour l'Allemagne j'ai été victime de toute une campagne d'excitation, et n'est qu'à la suite que je me suis décidé à partir. Par l'intermédiaire d'un ami, j'obtins un poste d'instituteur libre dans un sanatorium d'enfants à Jena. Ma démission d'instituteur avait été transformée entre temps en révocation, à la suite de dénonciations. Je connais mes dénonciateurs. Il existe aujourd'hui encore à Ste-Marie-aux-Mines une «clique», et l'inspecteur M. Bourgoin pourra en témoigner. Il était obligé dernièrement d'intervenir énergiquement pour mettre fin aux continuelles dénonciations..

Le président: J'ai sous les yeux un rapport de l'inspecteur primaire de Ribeauvillé qui affirme qu'indirectement du moins vous faites de la propagande allemande, que vous êtes un client de l'Allemagne et en même temps un agent pro-allemand. Or ceci a été écrit en août 1919.

M. Wurtz: Ceci est bien trop vieux pour avoir encore quelque importance. Mais pour vous expliquer les raisons de ce rapport, je me vois obligé de vous dire qu'on m'a accusé d'avoir lancé une circulaire, invitant les instituteurs alsaciens à quitter le pays. J'ai toujours vainement demandé à l'administration de me citer des noms, ou de me présenter la liste qui devait accompagner cette circulaire.

Me Jaeglé: C'est de nouveau un de ces rapports fabriqués pour tuer les gens, mais ce n'est pas le complot.

M. Wurtz: L'inspecteur de Ribeauvillé, dont il est question ici, est un nommé Ducouret, qui m'a condamné sans me laisser parler, après quinze minutes d'interrogatoire, au cours desquels il m'a traité trois fois de « boche », et où il a terminé en me criant à plusieurs reprises: «Allez-vous en, passez le Rhin, la porte est ouverte.»

Le président: C'est assez extraordinaire. Je crois à peine qu'un inspecteur français ait agi aussi brutalement.

Me Jaeglé: Vous croirez donc l'inspecteur?.

M. Wurtz.: On m'a supplié de rester en me faisant comprendre que mon départ produirait un très mauvais effet. On m'a suggéré d'entrer dans les contributions indirectes où je pourrais avancer très rapidement.

Le Président: Mais parlez-nous de votre emploi de Jéna?

M. Wurtz: Comme Alsacien chassé, je touchais un traitement complété par le « Reich ». 125 marks m'étaient payés par la commune de Jéna, je faisais en même temps des études psychopathologiques à l'Université. Mais pour toucher l'argent, dont je viens de parler, du « Reich », j'étais obligé d'entrer dans le « Elsässerbund ».

Président: En 1923, vous vous mariez et vous revenez en Alsace, à Dorlisheim. Vous voulez y créer une école libre. On vous le refuse. Finalement vous créez une école pour des enfants anormaux.

M. Wurtz: Le président peut-il me dire, pourquoi on me refuse le droit de créer une école libre?

Président: Je ne suis pas l'administration. Jusqu'en 1927 vous faites du colportage évangélique.

M. Wurtz: Il faut que j'explique d'abord à ces messieurs en quoi consiste mon école. J'ai réuni chez moi des enfants dans la bonne saison qui va de Pâques à Toussaint. Je soigne des Alsaciens de Colmar, de Mulhouse, de Strasbourg, des enfants suisses, des Hongrois, des Autrichiens. C'est une vraie société de nations chez moi et on se trouve très bien.

Président: Vous étiez membre des Alsaciens-Lorrains du «Reich»?

M. Wurtz: Oui, uniquement pendant mon séjour en Allemagne, et parce que j'y étais forcé comme je viens de vous dire. La municipalité de Ste-Marie-a.-Mines m'avait refusé le paiement des derniers mois de mon traitement. Ayant appris que j'allais être révoqué, les 1.400 frs. qui me revenaient furent bloqués. J'avais en outre droit à une indemnité pour les cours d'adultes l'hiver. Or, ce dommage devait être réparé. L'association des Alsaciens-Lorrains s'en occupait spécialement.

Président: Vous étiez dans la deutsche «Buchgemeinschaft» et membre de l'Institut scientifique de Francfort?

M. Wurtz: En effet, et voici pourquoi. Etant bibliophile je voulais acheter les Alsatiques rares à un prix réduit. Or, en entrant dans cette société, j'obtenais un tiers de réduction.

Le président: Mais ces livres sont tous à tendance pro-germanique.

M. Wurtz: Nullement, M. le président, au contraire. D'ailleurs on peut les acheter tous à Strasbourg.

Président: Ceci prouverait qu'on est très large en France. Mais parlez nous du colportage évangélique.

M. Wurtz: Je cherchais une autre occupation; je ne pouvais rester inactif. Je me décidai donc à faire du colportage évangélique, poussé d'ailleurs dans cette voie par nos pasteurs.

Président: Vous vendiez toutes sortes de livres avec des rabais considérables. Vous obteniez même des rabais de 65%, ce qui est anormal.

M. Wurtz : Les mêmes rabais étaient accordés à tous les acheteurs.

Le Président : C'est à peine croyable.

M. Wurtz : C'est pourtant la réalité. En Allemagne, le système de vente des livres est tout différent de celui qui existe en France et dans d'autres pays, car il y a surproduction, et une quantité de livres se vendent avec des rabais considérables.

Le Président : Vous vendiez ces livres pour gagner de l'argent ?

M. Wurtz : En partie, oui, car il me fallait vivre. J'ai constaté dans l'acte d'accusation qu'on me reproche d'avoir vendu uniquement des livres allemands et pro-allemands. Or, la police a oublié de constater que dans mon magasin se trouvaient 40 % de livres français.

Le Président : Est-il vrai que vous avez reçu le livre « Deutsches Volk und Reich » ?

M. Wurtz : Un paquet de ce livre m'arrivait juste deux jours avant les perquisitions. J'ai seulement appris au cours de la perquisition quel était ce livre.

Le Président : Ce livre est écrit par le Dr Ernst, président des « Alsaciens-Lorrains du Reich » ?

M. Wurtz : Non M. le Président, M. Ernst est simplement membre du Comité.

Mᵉ Jaeglé : Nous sommes fondés à croire que la police a fait envoyer ce livre à cette date.

M. Wurtz : Je soupçonne une machination, car il est extraordinaire que le livre m'ait été envoyé juste avant qu'on perquisitionne chez moi. La majorité de mes livres sont de la librairie Schreiter de Berlin. On y voit des traductions d'Alexandre Dumas, de Victor Hugo, de Guy de Maupassant, de Dickens, de Tolstoï, des livres de Jacobsthal et de Keller. On constate que ce ne sont pas là des livres à nuances politiques.

Le Président : Je reviens à la « Zukunft », dont vous étiez collaborateur. Vous avez assisté à la fondation du Heimatbund ?

M. Wurtz : Oui M. le Président.

Le Président : Vous avez poussé Riehl à créer un « Soldatenbund » ?

M. Wurtz : Pardon, M. le Président, c'est M. Riehl qui m'a suggéré cette idée. Je lui ai répondu en l'engageant à le faire lui même. Je n'ai répondu qu'à deux de ses lettres. A la réception de la deuxième lettre de Riehl, je l'ai présentée à Schall, qui m'a mis en garde sans connaître l'auteur de cette lettre. J'ai répondu à Riehl pour constater comment et avec quels moyens on travaillait contre nous.

Le Président : Vous avez écrit un certain nombre de lettres à Ricklin et vous étiez fondateur de la « Zukunft » ?

M. Wurtz : J'y ai donné 2.000 frs., et ma famille 5.000.

Le Président : Pourquoi êtes-vous entré dans ce mouvement ?

M. Wurtz : Je voulais réunir toutes les victimes des Commissions de triage, tous les fonctionnaires victimes de la dictature en Alsace-Lorraine; bref, toutes les victimes de la mauvaise administration, dont parlait M. Poincaré. Je voulais les grouper pour mieux défendre leurs intérèts. J'ai suggéré la même idée à M. Ricklin, qui me répondit que tout en étant sympathique à ce mouvement, il ne voulait à aucun prix retourner dans la vie politique.

Le Président cite ensuite des lettres à Ricklin et à d'autres personnages en Allemagne. Il se fait expliquer certains termes. Pourquoi le mot « Français non reconnu » ?

M. Wurtz : Parce que le Préfet me dit un jour qu'ayant été quatre ans en Allemagne, je n'étais pas Français.

Le Président : Que veut dire le mot « ultimatum »

M. Wurtz (après s'être fait lire la lettre, comprend subitement) : C'était une attaque contre M. Pinck qui se vantait souvent de tout faire, de tout achever, quand rien n'était fait.

Le Président : Et qu'était cette correspondance, avec un nommé Pinkh?

M. Wurtz : Il s'agit ici d'un nommé Finkh, écrivain allemand, c'est tout autre chose.

Mᵉ Jaeglé : Quand on ne connaît pas la littérature...

Le Président : Je regrette de ne pas connaître la littérature allemande. Il cite une lettre du 23 Janvier 1925.

M. Wurtz s'explique sur le fond de sa correspondance : Je suis de ceux, dit-il, qui cherchaient à combattre par des moyens efficaces. Je travaillais donc contre le film pornographique. Or, je constatais qu'on laissait passer en Alsace de préférence des livres pornographiques allemands. La jeunesse d'Alsace connaissant insuffisamment le français n'avait pas à sa disposition des livres allemands qui auraient pu lui servir de nourriture intellectuelle. Voici pourquoi je suis entré en relations avec ce M. Finkh.

Le Président : Tout à l'heure, vous disiez que vous travailliez pour l'argent ?

M. Wurtz : Il y a une différence entre gagner des sommes exorbitantes et se réserver un gain rémunérateur pour son travail.

Le Président : Que veut dire cette phrase: « Le peuple meurt de faim »

M. Wurtz : Mais, je parle ici au point de vue littéraire et intellectuel. Notre jeunesse était séparée de la culture allemande et n'avait aucune nourriture intellectuelle. Voilà la faim dont il s'agit. (Rires ironiques, interjections de la défense.)

Mᵉ Jaeglé : Mais dans tout ceci il s'agit d'opinions littéraires, ce n'est pas un complot. A l'occasion d'une phrase au sujet des Congrès bretons de Rosporden, Me Jaeglé plaisante « l'accusé » Mᵉ Feuillet qui parlera encore des Congrès autonomistes de Bretagne, où il est question de thèmes semblables.

Mᵉ Feuillet (tandis que la salle s'esclaffe) : Ne me changez pas si vite de place et ne me mettez pas au banc des accusés avant la fin.

Le Président demande des explications sur une lettre dans laquelle il est question de lettres gothiques et latines.

M. Wurtz préfère les premières.

M. Wurtz: Beaucoup de nos vieilles gens ne savent pas lire les lettres romaines. Les lettres gothiques sont d'ailleurs beaucoup plus gracieuses.

Mᵉ Jaeglé: Revenez-en au complot.

Président: Maître, je vous supplie, avec vos interruptions!

On parle ensuite d'une lettre concernant la tactique poursuivie par Bulach et l'exaltation des journaux nationalistes allemands à l'endroit de M. de Bulach.

M. Wurtz rappelle ici qu'il aurait voulu éclairer l'opinion allemande sur les idées réelles des Alsaciens, et qu'il voulait faire valoir l'influence de M. Finkh sur la presse allemande. Il regrette que ce soit M. de Bulach qui tire si maladroitement les registres de notre politique.

Enfin le président insiste sur les re-lations de M. Wurtz avec les librai-ries allemandes. Pourquoi les tarifs réduits? Pourquoi un dépôt à Kehl?

Wurtz: C'est encore une question d'argent. Des livres envoyés directe-ment en Alsace sont payés bien plus chers de transport, que lorsqu'ils sont envoyés à Kehl avec le tarif pour l'in-térieur de l'Allemagne. Ils ne restent pas aussi longtemps à la douane. Il y a un bénéfice considérable, à opérer de cette façon.

Pour illustrer ses thèses, Wurtz rap-pelle qu'à une certaine date une quan-tité de bibles restèrent à la douane centrale de Strasbourg pendant qua-tre semaines pour être examinées sur leurs tendances politiques. (Rires sur le banc de la défense.)

M⁰ Jaeglé ironise: Il est encore ques-tion d'automobiles de transports et autres questions de ce genre.

M. Wurtz explique que les commu-nes ne pouvaient acheter de livres ve-nant directement d'Allemagne et que recevant les envois à prix réduits les communes ravagées par la guerre, comme celles de la vallée de Munster, étaient très heureuses.

M⁰ Jaeglé: Et le complot où reste-t-il? Nous déclinons toute responsabilité pour le prolongement des débats.

M. Wurtz lit encore une lettre de M. l'inspecteur Hourticq écrite le 3 no-vembre 1926 où celui-ci affirme, que le seul grief sérieux relevé contre M. Wurtz semble fondé sur des malen-tendus.

Après ces explications claires et pré-cises de M. Wurtz on passe à

l'interrogatoire du peintre-artiste

Solveen

Après que le président eût terminé l'interrogatoire sur la personnalité de M. Solveen et après avoir constaté, qu'il n'est ni fondateur ni collabora-teur de la revue « Der eiserne Mann » (l'«Homme de fer»), qui est titularisée faussement de revue autonomiste, on

constate, que les affirmations conte-nues dans l'acte d'accusation sont faus-ses. La police aurait dû savoir que l'«Elsässer» a publié le 22 septembre 1925 un démenti énergique aux atta-ques du «Journal d'Alsace et de Lor-raine».

Président: Vous étiez collaborateur des «Neuen elsässischen Hefte»?

M⁰ Fourrier (tenant un de ces cahiers en main et le montrant aux jurés): Ces cahiers sont une gloire de la littéra-ture française.

M. Solveen affirme, qu'il est fier d'a-voir été collaborateur à cette revue.

Le président: Qu'est-ce que c'est que l'Arc?

M⁰ Fourrier: Pour ce livre que M. Solveen a publié par l'intermédiaire de l'association « Arc », M. Solveen a re-çu à une Exposition de Strasbourg une médaille d'or.

M. Solveen: Après la guerre on pro-duisit en masse en Alsace de la litté-rature patriotique, mais celle-ci n'é-tait pas de grande valeur littéraire. Et voici pourquoi les artistes alsaciens se groupèrent dans l'intérêt de la littéra-ture pour publier les «Neuen elsässi-schen Hefte».

Ces artistes fondèrent une société sous le nom «Arc».

L'avocat Jaeglé passe aux jurés une série de livres pour qu'ils puissent se rendre compte de la valeur artistique des œuvres de M. Solveen.

Le président: Vous étiez collabora-teur de la « Zukunft »?

M. Solveen: J'ai collaboré à la «Zu-kunft » comme critique théâtral. Je devins membre du parti autonomiste parce que j'étais membre du «Heimat-bund».

Président: Vous étiez chargé de la propagande du mouvement autonomis-te au point de vue artistique?

Solveen: Je n'ai jamais reçu pareille charge, mes publications de l'année dernière sont la conséquence logique de mes premières œuvres.

Le président lit une lettre de M. Sol-

ceu à Hauss et dans laquelle, il devait
'agir d'une semblable mission.

M. Solveen cela prouve exactement,
ue je n'avais pas reçu de mission semblable.

Le président: Dans cette lettre, vous
parlez de la grande responsabilité que
vous portez.

M. Solveen: Je parle de ma responsabilité personnelle. Ceci prouve que
e travaillais pour moi et non pour le
«Heimatbund». Et il raconte un épisode:

Quelques jours avant la suppression
de la «Volksstimme», j'ai rencontré
MM. Roos et Schall dans un restaurant à Strasbourg. M. Roos me nar-
guait, que par la suppression de nos
journaux la lutte contre les autonomistes était passée au premier plan et que
je devais moi-même avancer en première ligne. Blessé par ces paroles, j'é-
crivis ma lettre, où il est question de
cette responsabilité.

Le Président : Vous vous rendiez
donc compte de votre responsabilité ?

M. Solveen : Oui, très exactement.
Je considérais la lutte que je menais
sur le terrain culturel et linguistique,
tout aussi importante que la lutte purement politique pour la défense de
nos particularités.

Le Président : Dans cette lettre,
vous dites que vous refusiez tout paiement pour tout travail que vous feriez
encore ?

M. Solveen: Oui, j'ai écrit ceci, parce que je considérais la proposition de
M. Roos comme une mauvaise farce.
Je continuais à écrire, mais lorsque je
ne pouvais prendre part plus intensi-
vement à l'action politique et quitter
le terrain culturel, ce fut en raison de
ma famille. Je savais que la lutte que
j'avais entreprise sur ce terrain était
assez importante et que je ne pourrais
me lancer sur le terrain purement politique pour encourir toutes sortes de
risques .Mes craintes se sont même
trop tôt réalisées. J'ai assisté à plusieurs séances du Heimatbund, mais

aucune décision d'ordre politique n'y
fut prise.

Le Président : Dans la suite de la
lettre, vous affirmez que vous voulez
garder votre indépendance et que vous
voudriez prendre part aux décisions
importantes de l'action politique.

M. Solveen : Ce n'est qu'une façon
de s'expliquer, car j'ai toujours affirmé que je ne voulais pas entrer dans
la lutte politique.

Le Président: Qu'est M. Reinacher?

M. Solveen : M. Reinacher est un
Strasbourgeois; il était pendant la
guerre rédacteur de la « Neue Zeitung »; il est membre de l' « Arc »,
qui n'avait pas la manie de demander
à ses membres leur carte d'identité.
Son père était Badois, mais plusieurs
membres de sa famille sont d'origine
alsacienne .Son nom jouit d'une excellente réputation à Paris.

Le Président : M. Reinacher vous
écrit une lettre dans laquelle il vous
fait savoir qu'il écrit à un certain M.
Reinbold une circulaire concernant la
situation des artistes alsaciens en Allemagne. Expliquez-vous.

M. Solveen : M. Reinacher voulait
me rendre attentif au fait que les
artistes alsaciens jouissaient en Allemagne de meilleures conditions d'existence, que les facultés de vente étaient
beaucoup plus grandes. Les revenus
de nos artistes ne correspondent pas
ici à des dépenses que nécessite leur
art.

Mᵉ Jaeglé : M. Solveen a contribué
par un livre à apprendre aux enfants
alsaciens la langue française.

Après quelques minutes de discus
sion, il réussit à communiquer ce livre aux jurés.

Mᵉ Peter répète toujours la même
question : M. Solveen connaît-il tous
ses co-accusés ?

M. Solveen : Avant mon arrestation
, je n'ai pas connu ni M. Sturmel, ni
Kohler, ni Baumann, ni Mme Fashauer.

Mᵉ Jaeglé : Où est le complot ?

On passe

à l'interrogatoire de

M. Fashauer

L'accusé rectifie quelques erreurs, qui sont contenues dans l'acte de transmission et dans l'acte d'accusation; on prétend que j'aurais fait une partie de mes études en Allemagne. M. le Président pourrait-il me dire à quel endroit ?

Le Président : Vous n'êtes pourtant pas là pour me questionner.

M. Fashauer : Oui, mais je ne peux pas comprendre pourquoi des inexactitudes pareilles se trouvent dans l'acte d'accusation. J'ai fait toutes mes études à Zillisheim et à Strasbourg, et non en Allemagne.

Le Président : Parlez de votre rôle dans la « Volksstimme ».

M. Fashauer : Nous avons un gérant responsable et, d'après la loi de la presse, c'est lui qui devrait répondre devant la justice pour la politique et tous les articles de la « Volksstimme ». Je prends cependant la responsabilité entière.

Le président revient encore une fois sur un article de la «Volksstimme» concernant un livre de M. Eugène Meyer le «Deutschtum en Alsace ».

M. Fashauer: Permettez-moi de vous dire, que les messieurs, qui ont traduit cet article, ne savent pas bien lire l'allemand. Autrement, ils auraient bien vu qu'au début de l'article M. Meyer déclare: «L'Alsace-Lorraine doit rester française». Si ce livre doit être une œuvre de propagande allemande, nous pouvons être contents.

M. Fashauer veut continuer dans ses déclarations; le président agite la cloche, l'accusé continue toujours, et le président ordonne aux gendarmes de faire taire l'accusé.

M. Fashauer: D'abord une constatation. M. Meyer déclare spécialement que le mot d'«allemand» n'est pas à comprendre dans le sens politique, mais dans le sens culturel et ethnique. Le droit des revendications autonomistes dans le «cadre de la France» se base justement sur cette spécialité ethnique, culturelle, disons germanique, de notre pays. M. Meyer ne demande pas le retour de l'Alsace à l'Allemagne, au contraire, mais il dit que si la France voulait opprimer par la force les traditions alsaciennes dans le pays, l'Alsace pourrait s'adresser à la S. D. N. Pour le reste je tiens à souligner, que si ce livre est une œuvre de propagande allemande nous pouvons constater avec joie que l'Allemagne renonce au retour de l'Alsace à l'Empire. L'accusé demande alors la permission de lire quelques articles de la «Volksstimme» pour expliquer à Messieurs les jurés cette politique qui n'était nullement séparatiste. Le président lui permet de lire deux articles.

On apprend que la «Volksstimme» refuse le plébiscite dans l'intérêt de la paix. Il n'y a donc pas de séparatisme.

Le président cite deux articles de la «Volksstimme» disant que la prétention que l'Alsace était de tout temps un pays archi-français est un mensonge.

M. Fashauer: C'est une vérité historique, qu'avant 1648 l'Alsace n'était pas française. Dans un autre article la «Volksstimme» dit que ce fut un mensonge de prétendre que l'Alsace était opprimée par l'Allemagne avant 1914 c.-à-d. à partir du moment qu'elle avait son «Landtag».

Le président ne peut comprendre cette prétention.

M. Fashauer: Il y a justement deux conceptions, qui se combattent.

Après que M. Fashauer a déclaré, qu'il n'avait que des relations administratives avec les accusés Kohler et Baumann comme employés de Zorn de Bulach, la séance est renvoyée à l'après-midi.

Séance de l'après-midi.

On continue l'interrogatoire des accusés. C'est le tour de

M. Rossé

Le président rappelle, que M. Rossé a été nommé en juillet 1918 officier dans l'armée allemande. L'accusé tient à préciser qu'à ce moment presque chacun, qui savait lire, écrire et calculer convenablement était officier dans l'armée allemande. Il rappelle cependant que deux ans plus tôt il a été condamné par le Conseil de guerre à dix-neuf jours de prison pour avoir défendu ses collègues alsaciens. Après la guerre il est nommé professeur à l'E. P. S. à Colmar.

Président: Et comme tel une mesure disciplinaire a été prise contre vous?

M. Rossé: Oui, je fus déplacé d'un jour à l'autre à Lauterbourg. Et voici comment les choses se sont passées. Notre groupement s'occupait des « Flüchtlingslehrer », c.-à-d. des instituteurs, qui avaient été évacués pendant la guerre. La circulaire, que nous avons lancée a été mal traduite: au lieu «d'instituteurs réfugiés» on traduisit « instituteurs fugitifs ». J'ai immédiatement fait les démarches nécessaires et l'administration a reconnu, qu'il y avait erreur. J'ai pu retourner à Colmar.

On revient encore une fois sur les revenus et les comptes de M. Rossé qui donne quelques précisions.

Un peu plus loin on en arrive à la question de la « Brücke » dans laquelle M. Rossé est accusé d'avoir écrit plusieurs articles.

L'accusé précise son rôle. — L'abbé Hanhart, ancien aumônier au lycée de Colmar, avant la guerre, vint le trouver une fois, lors d'une visite à la Toussaint à Colmar. Il se plaignait de sa situation financière et dit qu'il aurait envie de se procurer un peu d'argent en se faisant correspondant d'un journal en Alsace. On parlait de la Brücke. C'est de cette façon aussi, que s'expliquent les quelques notes qu'on trouve dans une lettre de l'abbé Hanhart à M. Rossé. On lit ensuite une série de lettres peu intéressantes, qui n'ont aucune valeur.

Concernant un discours prononcé le 7 février 1926 à Strasbourg, on reproche à l'accusé d'avoir dit: Nous souffrons et crevons sous la camisole de l'administration française.

L'accusé précise et dit, qu'il avait parlé auparavent de la centralisation outrée de Paris et c'est de cette camisole qu'il voulait parler. On lui reprochait encore d'avoir parlé de séparatisme. Le député de Colmar proteste d'avoir exprimé le mot de séparatisme. Après quelques précisions sur les différents emplois de M. Rossé on passe à l'interrogatoire de

Mme Fashauer

Le président s'étonne, que l'accusée ait pu cesser de travailler et resta chez ses parents sans rien faire.

L'accusée précise, que sa famille était bien située et que, s'il n'y avait pas eu la guerre, elle n'aurait même jamais travaillé.

Le président insiste toujours

Mme Fashauer: Permettez, M. le président, je puis bien rester chez mes parents sans travailler. Du reste, j'avais aussi fait quelques économies, car je pouvais garder tout l'argent que je gagnais pour moi.

Nous apprenons, que l'accusée a en effet avancé une petite somme à ses parents.

Défense: Oui, elle a été récompensée par son beau-frère.

Le beau-frère trompait souvent la famille et abusait de sa bonté. Ainsi par l'intermédiaire de la famille Eggemann il reçut une place comme directeur dans la distillerie Schick à Metz, où il gagnait 2.500 à 3.000 frs. par mois. Mais cette somme ne lui suffisait pas. Bientôt il fit un nouveau prêt de 4.000 frs. chez Madame Fashauer sous prétexte d'acheter une salle à manger. Le ménage allait très mal, et Agnès Eggemann intervint plusieurs fois en faveur de sa sœur.

On revient ensuite au virement, qu'elle avait opéré en Suisse et à son compte à la banque Gérardot-Pinck.

Président: A qui était cet argent?

Accusée: J'ai fait les versements pour M. Fashauer.

Président: Mais pourquoi ne l'a-t-il pas fait lui-même.

Accusée: En ce moment, il était encore employé à l'«Alsatia» et il ne voulait pas que ses patrons sachent qu'il préparait une autre entreprise.

Me Feuillet: Je tiens à souligner, qu'il y a parfaite coïncidence entre les dépositions des différents accusés. Il n'y a aucune contradiction, comme l'a voulu faire comprendre hier matin l'accusation.

Me Klein: Madame, n'avez-vous pas été dénoncée par votre beau-frère pour trafic de cocaïne?

Accusée: Si, j'ai même été arrêtée à la frontière et complètement fouillée. Comme on n'avait rien trouvé, l'inspecteur s'est excusé en me disant: «Vous avez un ennemi, qui vous a dénoncé.» C'était mon beau-frère.

Président: Mais ces détails ont-ils un intérêt?

Défense: Parfaitement

Me Klein: Votre beau-frère n'a-t-il pas voulu une caution sur votre maison à Colmar?

Accusée: Si, quand il a voulu commencer un commerce de spiritueux. Je me suis opposée à ce projet et depuis ce moment, il m'en voulait, et il a dit un jour à mon frère qu'il nous ferait expulser de la maison.

Me Klein: Avait-il des rapports avec la police?

Mme Fashauer: Oui, et quand après mon expulsion, je pus revenir dans le pays, le commissaire de police de Colmar m'a avoué que mon beau-frère n'avait dit à la police que des mensonges

Le président n'insiste pas et passe à l'interrogatoire de

M. Heil

Nous apprenons, qu'il était avant la guerre rédacteur à la «Strassburger Post». Après la guerre, il fut occupé à Berlin, puis dans un journal à Stuttgart, finalement il s'installa, comme correspondant des journaux allemands à Paris pour venir à la «Neue Zeitung» à Strasbourg. Il était membre du parti progressiste et pour relier entre eux les mouvements analogues, il est entré dans le parti autonomiste.

Le président fait lire une série de lettres, qui ont été trouvées chez l'accusé. L'une d'elles avait été écrite après le 22 août 1926 et était adressée à un ami en Allemagne. On l'a trouvée, lors des perquisitions de Noël 1927; l'auteur ne l'avait pas expédiée. Il y parle de la fameuse bagarre de Colmar, des «Stosstruppen» du Heimatbund; qu'il ne serait pas étonnant, que d'autres bagarres plus terribles se produiraient bientôt encore dans les rues.

La défense intervient pour déclarer qu'en ce moment de nombreux journaux ont écrit des choses analogues.

Le président fait lire une autre lettre datant du 13 octobre 1926 et venant de Berlin d'une Agence télégraphique.

Président: Qui est l'auteur de cette lettre?

Accusé: Je ne sais pas.

Président: C'est vraiment étrange, pourtant on l'a trouvée chez vous.

Accusé: Oui, en ce moment j'avais écrit une vingtaine de lettres à des bureaux d'information de Berlin pour leur offrir mes services, comme correspondant politique. J'avais envoyé avec ma demande un article de la politique en Alsace. Dans la réponse à Heil l'auteur cause du journal, qui va paraître sous peu à Strasbourg. (Il s'agit de la «Volksstimme».) L'auteur de la lettre déclare qu'il avait déjà donné ses directives sur la manière de servir le nouveau journal.

Le président insiste.

L'accusé s'explique en français, puis en dialecte, en des phrases enchevêtrées Dans une seconde lettre écrite le 19 octobre 1926 (c'est encore une lettre que Heil n'aurait pas expédiée) à l'adresse d'un professeur d'Esslingen, l'auteur déclare après de longues périphrases qu'il ne faudrait pas gâcher imprudemment le but idéal de la «Heimatbewegung» en dévoilant son intention.

Me Jaeglé: Quels étaient vos rapports avec la «Zukunft»?

Accusé: Je n'en avais presque pas du tout.

Me Peter: Connaissiez-vous Kohler et Baumann?

Accusé Non. De même je n'ai pas connu ni Madame Fashauer, ni Schweitzer. J'ai vu M. Rossé une ou deux fois, M. Sturmel une fois.

Me Thomas: Aviez-vous des relations avec la «Volksstimme»?

Accusé: Non, pas la moindre, tout ce que je sais, et ce que j'ai écrit dans mes lettres, je le savais par le «Journal d'Alsace et de Lorraine» et le «Journal de l'Est».

Me Feuillet: Est-ce que vous êtes considéré comme un agent de l'Allemagne? Qu'auriez-vous fait, si vous aviez su qu'il y a de l'argent allemand?

Accusé: J'ai toujours dit, que nous ne pouvons pas avoir de l'argent allemand, car si nous avions eu le moindre Pfennig notre mouvement aurait été chose impossible.

Me Feuillet: Saviez-vous quelque chose du prêt Wildy ?

Accusé: Mais non, je vous dis tout ce que je savais de l'«Erwinia», je l'ai appris par les journaux

M. Fachot boucle ses dossiers et se prépare à partir.

Me Feuillet: La lettre adressée à l'inculpé date de quand?

Président: Du 13 octobre.

Me Feuillet: Donc le premier contrat avec Wildy était déjà signée et l'argent était versé.

Me Jaeglé: M. le président parlait tout à l'heure d'une action souterraine. Que comprend-il là-dessous?

Le président déclare qu'il conclut cela du contenu de la lettre.

Me Feuillet lit encore une dépêche qu'on vient de lui remettre. Elle dit: Bardes Bretons, de cœur avec vous, pour demander que la franchise soit à la base de l'Alsace et de la Bretagne avec la grande patrie France. — Pour le comité du parti: Taldic Léon, Le Berse, Jaffrenon.

Le président en souriant exprime à l'avocat les sympathies de la Cour toute entière.

Sur ce la séance est levée pour être reprise demain matin.

Onzième journée — 12 mai

Séance du matin.

L'accusation au lieu de s'effondrer, s'était échafaudée, pierre sur pierre, avaient prétendu ce matin de nombreux journaux. L'horloger avait trouvé une pièce maîtresse, se disaient - ils. Non, ce n'était pas le cas.

L'audience de ce matin avait rapidement démontré, que la pièce qu'on venait de trouver ne pouvait pas cadrer avec les autres rouages, qui d'ailleurs n'existent pas à l'état achevé, et nous craignons bien, qu'à moins de trouver mieux, la montre de M. Fachot ne marchera jamais.

On s'en vint ce matin à la salle d'audience avec un retard plus considérable que d'habitude, avec une lassitude plus accentuée de fin de semaine, et avec des soupirs exprimant le désir d'être délivré pendant quelques heures de ces interminables conférences contradictoires. La séance de ce matin ne manqua cependant pas d'intérêt.

Me Berthon avait pour la première fois depuis deux jours réapparu au banc de la défense. Les défenseurs se concertaient activement avant l'ouverture de l'audience. On devinait à leurs sourires ironiques qu'ils allaient vite passer à l'attaque, pour effacer l'impression de la veille, qu'avait laissée à certains l'interrogatoire de M. Heil, désarçonné et troublé par un président qui le harcelait de questions au sujet d'une lettre dont il ne se rappelait pas l'origine.

A 9 h. 20 nous entendons l'huissier prononcer ses trois mots réglementaires: « L'audience est reprise ».

Le Président de la Cour verse quelques documents au dossier. Il lit une lettre du président de la Ligue des Droits de l'Homme, section de Colmar, qui proteste contre la lettre de M. Victor Basch, et annonce la démission collective au nom des membres de la section car leurs idées sont en opposition avec le président de la Ligue.

Entre le président et M. Ricklin s'engage un petit duel sur la correspondance entre MM. Ricklin et Ley. On comprend difficilement de quoi il s'agit.

Me Fourrier interroge M. Heil

Me Fourrier demande qu'on sorte du dossier une lettre écrite le 20 septembre 1926 à Aix-les-Bains, à l'adresse de M. Heil. Il y est question d'acomptes qui ne sont pas réglés. Le correspondant s'excuse de ne pouvoir répondre, étant malade. Il explique que la « Deutsche Bank » qui devait verser à Heil cinquante marks, a l'habitude, comme les autres banques, de garder l'argent pour profiter de l'intérêt aussi longtemps que possible.

M. Heil demande la parole: « Cette lettre, dit-il, écrite à la main, m'a permis de reconnaître son auteur ».

Le président: Quel est donc cet auteur?

M. Heil: C'est un M. Seger, que j'ai connu en 1910 ou 1911 comme journaliste qui travaillait à la « Strassburger Post » à Strasbourg. Bientôt des relations s'établirent entre nous. Après la guerre, j'eus à cœur de ne pas le perdre de vue. Un jour il m'apprend, qu'il travaille à l'Union Télégraphique à Berlin.

Une erreur se glissant dans les explications, la défense veut la relever.

Le président proteste qu'on n'a pas le droit de l'interrompre.

Me Berthon demande qu'il lui soit permis, comme droit élémentaire, de relever avec déférence les erreurs commises.

Le président: Vous les relèverez dans vos plaidoieries.

Me Berthon: Non, de suite, il serait trop tard alors.

Me Fourrier: M. Heil, étiez-vous rédacteur de la « Voksstimme »?

M. Heil: A aucun moment.

Me Fourrier: Avez-vous mis en relation la T. U. avec la « Volksstimme » ?

M. Heil: Non, je ne connaissais pas

particulièrement ces messieurs de la «Volksstimme», je ne pouvais donc les mettre en relations avec la T. U.. J'ai seulement appris par les journaux que M. Fashauer allait quitter le «Kurier» pour venir à la «Volksstimme». Je ne le connaissais pas personnellement.

Me Fourrier: Etiez-vous autorisé à parler au nom de la «Volksstimme»?

M. Heil: Nullement, je n'avais aucun rapport avec eux comme je viens de vous dire.

Et le président veut préciser. M. Heil a dit à M. Mitton au cours de son interrogatoire, qu'il s'était agi d'un ami de la «Vossische Zeitung». Plus tard il demanda à me parler à ce sujet.. Or, il avait donné comme auteur à M. Mitton un nommé Bestel. Quand je l'interrogeais sur la provenance de la lettre il dit ne pas se rappeler l'auteur.

Le président: Comment était-il vraisemblable qu'ayant lu la lettre, vous n'ayez pas vu au premier alinéa de qui elle pouvait provenir, en constatant qu'il s'agissait d'acomptes?

M .Heil: Il s'agissait d'une lettre tapée à la machine, sans en-tête, la signature était illisible, comment pouvais-je me rappeler. J'ai écrit et reçu tant de lettres.

Le président: Mais la fin de la lettre était encore plus précise, elle aurait dû vous remettre immédiatement sur la piste.

L'accusé: Nullement, j'avais fait des offres à une vingtaine d'agences et j'envoyais des articles à l'appui de mes offres. Parmi la quantité de lettres reçues en réponse les unes étaient négatives, les autres positives. Je ne pouvais me rappeler dans ces conditions, surtout comme la lettre a été écrite il y a deux ans.

Le président demande à faire passer aux jurés les deux lettres. La première est la lettre explicative de la seconde. Les signatures doivent se ressembler. Les jurés sont à même d'apprécier personnellement.

Me Jaeglé: Mais quel défenseur a assisté à l'interrogatoire de M. Heil?

M. Heil: J'ai répondu sans la présence d'aucun défenseur au juge d'instruction.

Le président: Le juge d'instruction lui a demandé s'il voulait répondre sans l'assentiment d'un avocat. Il a répondu: «Oui.»

Me Klein, défenseur de Heil, intervient: J'étais à Mulhouse la veille de cet interrogatoire jusqu'à 8 heures du soir. M. Mitton m'a fait remarquer qu'il avait une petite question à poser encore au sujet d'un nom à mon client. Il s'agissait d'une question insignifiante. Je prévins mon client qu'il voulut bien répondre sans mon assistance. Mais nous étions loin de nous douter de l'importance du document.

Le président: Vous voulez donc suggérer que M. Mitton a soufflé le mot à Heil pendant votre absence.

La défense: Nullement.

L'accusé: J'ai lu la lettre que me présentait M. Mitton. Arrivé à moitié de la lettre M. Mitton m'interrompit et j'ai nommé comme auteur probable un nom quelconque, sans être certain. Plus tard en prison je réfléchis sur ma déposition. Je cherchais à me remémorer le nom de mon correspondant et j'ai fini par conclure, par le contexte de la lettre, qu'il ne pouvait s'agir de M. Bestel. Oppressé par cette déposition inexacte, je demandais à en reparler à M. le président, comme vous venez de l'entendre affirmer lui-même, que je ne connaissais pas exactement l'auteur de cette lettre.

Me Fourrier: L'accusé a-t-il écrit lui-même à Seger?

Accusé: Oui.

Me Fourrier: A-t-il écrit au nom des fondateurs de la «Volksstimme»?

Heil: Je ne savais rien de la «Volksstimme», et je n'ai connu les fondateurs que bien plus tard.

Président: Pour quelle raison l'accusé a-t-il écrit à Séger?

Accusé: C'était pour leur dire ce qui s'est passé ici. Je pensais d'autre part rendre service aux rédacteurs du journal qu'on allait créer, en les mettant en rapport plus tard avec l'Union Télégraphique.

Le président: Quels étaient vos rapports avec cette Agence?

Accusé: Je travaillais avec des journalistes allemands pendant que j'étais en Allemagne, et je connaissais toutes les agences. Je connaissais la valeur de l'Union Télégraphique, très appréciée à l'extérieur même, pour sa bonne tenue littéraire. Cependant, je n'ai rien dit à ces messieurs de la «Volksstimme» et je ne les ai pas entretenus de mes projets. La meilleure preuve en est, que ceux-ci entendirent pour la première fois parler de cette lettre à l'audience d'hier.

Mᵉ Fourrier: Avez-vous communiqué cette lettre aux messieurs de la «Volksstimme»?

Accusé: Non.

L'avocat général: Etiez-vous un moment en relations avec l'U. T.?

Accusé: Que le président précise à quel moment il veut dire. Lorsque j'étais en Allemagne ou depuis que je suis de nouveau en Alsace?

Le président: La question est indéterminée; répondez-y dans le sens, où elle est posée.

L'accusé: Lorsque j'étais en Allemagne, j'ai reçu les informations de l'U. T., jusqu'à ce que M. Seger eût quitté cette agence au mois de février 1927. Une de mes lettres fut renvoyée. Alors je constatais que Seger était parti. Les relations cessèrent à partir de ce moment. Les lettres, dont on parle ici, se rapportent à mon travail. Donc l'argent, dont il est question dans ces lettres, concerne les honoraires qui m'étaient dus.

Mᵉ Fourrier demande à déposer des conclusions sur l'audience d'hier, sur l'incident Heil et sur la suite des débats.

« Attendu que, malgré l'accord convenu entre le Procureur et la Défense, l'interrogatoire ne s'est pas terminé vendredi et qu'il reste encore six inculpés à interroger,

« Attendu que les interrogatoires devront être repris la semaine prochaine et que les témoins ne pourront être entendus que mardi, qu'en conséquence les débats ne seront pas terminés à la date prévue, la défense décline de nouveau, quant à l'allongement des débats, toute responsabilité.

« Attendu que, d'autre part, au cours de l'interrogatoire de Heil, le Procureur a cru devoir faire usage d'une longue **lettre d'ordre privé**, dont pas plus l'acte de transmission à M. le Juge d'instruction que l'acte d'accusation ne fait état.

« Attendu que le Président a interrogé en français M. Heil, qui ne connaît pas suffisamment cette langue, et que le Président a fait largement état, au cours de son interrogatoire, de commentaires personnels qu'il a donnés, contrairement au rôle d'impartialité que la loi impose au Président,

« Attendu que ces commentaires se basent sur une traduction incorrecte et une interprétation spécieuse, qui ne résistent pas à un examen attentif,

« Attendu que le Président n'a donné lecture que de certains passages isolés du contexte, et que M. Heil a pu donner le nom de l'auteur de la lettre, M. Seger, et que celui-ci faisait partie de la « Telegraph-Union »,

« Attendu que le contexte établit clairement que M. Seger ne parle du journal à créer qu'au point de vue technique, en des termes qui s'expliquent tout naturellement, que le mot **« Aufziehung »** veut dire : « présentation du journal » et qu'on l'a traduit par « orientation politique ».

« Attendu enfin que la lettre de Seger n'est qu'une réponse à une autre lettre, que Heil n'est pas en rapport avec la « Volksstimme » (ce que la défense prouvera),

« Attendu que la « Volksstimme » a reçu un abonnement gratuit de six mois comme tous les journaux nouvellement fondés,

« Attendu que la Cour n'a pas laissé parler la défense pendant l'interrogatoire,

« La Défense demande la nomination d'un expert journaliste pour prouver que les termes de cette lettre se rapportent à la technique journalistique, et que la présentation même de la « Volksstimme » n'est pas celle suggérée par l'U. T., et elle propose la nomination de M. William Martin, rédacteur au « Journal de Genève » pour faire cette expertise. »

Après traduction de ses conclusions M⁵ Fourrier demande à les développer. On a réellement voulu exploiter, dit-il, à l'extérieur, la déposition d'hier et l'ensemble des débats concernant une lettre privée, citée par l'accusation, mais qui n'est pas contenue ni dans l'acte d'accusation, ni dans l'acte de transmission. On a voulu en faire un argument massue.

Nous avons accepté avec joie les propositions de M. Fachot tendant à abréger les débats. Plusieurs de nos clients demandaient qu'on renonce à toute audition de témoins et qu'on prononce le verdict dans la soirée même de jeudi, car ils étaient sûrs du verdict qui les justifierait.

Il s'agit ici d'une affaire montée, et montée de telle sorte que nous ne pouvons lâcher la partie tant qu'elle ne sera pas complètement liquidée. Nous voulons sortir d'ici tous la tête haute, comme dit M. Ricklin. Ce ne sera pas la répétition du procès Haegy-Helsey. Mais, voici pourquoi, lorsqu'on voudra faire usage de pareils documents, nous nous réserverons d'y revenir et d'y appuyer. La lettre qu'on vient de nous citer fourmille d'erreurs de traduction. On torture les mots pour leur faire dire un sens qu'ils n'ont pas. Voici pourquoi nous insistons pour que la lumière rayonne pleinement.

M⁵ Klein : J'avais demandé hier à la Cour de faire venir ici et d'interroger M. von Gemmingen sur les rapports qui pouvaient exister entre l'Allemagne et l'autonomisme.

La Cour a insisté pour ne pas faire venir à la barre cet homme qu'on accuse de faire circuler des millions en Alsace. On n'admet pas de transactions. Mais, le lendemain, on insiste sur des lettres privées, lettres qu'on nous disait futiles, sans importance. On s'éloigne au moment de l'interrogatoire de mon client sur la provenance de cette lettre.

Comment se fait-il d'ailleurs qu'un journal de Colmar, les **« Dernières Nouvelles »** se fassent l'auxiliaire de la justice comme un M. Riehl. Nous trouvons en effet dans ce journal le texte complet de cette lettre.

Or, que voyons-nous dans la lettre sur laquelle insiste l'accusation ?

C'est une lettre d'un journaliste à un autre journaliste .On y parle en passant de la «Volksstimme». « Hier » a été traduit par un endroit convenable ou convenu. Or « Hier », par le contexte, veut dire « dans notre agence de la T. U. à Berlin.

Le restant de la lettre parle de la façon de présenter un journal, et on traduit par la façon de « monter un journal. ». « Kompetente Stelle » est traduit par « bureau officiel », etc... Enfin M. Heil n'a aucun rapport avec la « Volksstimme ».

Le Président interrompt **M⁵ Klein** qui achève en disant que c'est pour expliquer le sens des conclusions et les raisons pour lesquelles il demande une expertise.

M⁵ Jaeglé : Comme un ballon dégonflé, l'argument qu'on avait échafaudé hier retombe aujourd'hui sur le sol. Tandis que devant le public on a voulu donner une autre ambiance à ce procès en se basant sur cet argument, M. Helsey s'adresse directement aux jurés pour les influencer, dans un article du « Journal ». De même, le président de la section de la Ligue des droits de l'homme de Colmar,

Messieurs, c'est du travail de coulisse.

Nous voyons où l'on veut en venir. Je n'ai point besoin de mettre les points sur les i. On a parlé d'influencer la politique de la «Volksstimme» par l'U. T. Nous ferons une expertise. Si le tribunal la refusait nous offrons de faire venir M. William à nos frais, nous lui présenterons la collection de la «Volksstimme». On constatera qu'elle n'a pas été influencée.

Mᵉ Berthon: Un mot, M. le président! «Il est indispensable de procéder à une expertise, car voici qu'on nous cite une lettre à laquelle on n'attachait aucune importance jusqu'ici. Je m'étonne de la trouver intégrale dans un journal de Colmar, tandis qu'elle ne nous a pas été communiquée. Quelle est cette procédure? D'autre part, des personnes qui ne sont pas témoins, se croient obligées de témoigner dans leurs journaux, tandis qu'on veut bien se passer de leur témoignage. Il faut vider cet incident et mettre les choses au point.»

Mᵉ Thomas: Messieurs, dans toute cette question, il n'y a qu'une phrase d'incriminée est-elle d'ordre technique ou politique? Voilà où gît la question. Or, il n'y a pas de doute sur l'interprétation technique. Tout soupçon concernant une autre interprétation est injustifié.»

L'avocat souligne que « Richtlinien» n'est pas à traduire par «ordre» mais par « bon conseil ». Est-il question des fameux millions dans cette lettre. Parle-t-on de directives politiques? Non, ce sont de simples directives techniques qu'on veut donner, il s'agit d'une simple lettre d'affaires.

Mᵉ Feuillet à son tour donne quelques précisions techniques. Il explique pourquoi la défense insiste sur l'expertise et souligne notamment les fameuses erreurs de traduction sur lesquelles on veut baser l'accusation. Du reste, dit-il, les phrases incriminées ne tombent nullement sous les paragraphes 86, 87 et 88 de la Loi.

M. Fachot ne croit pas devoir insister sur la question devant «l'embarras visible» (!) de la défense. Il se réfère à la sagesse des jurés.

L'accusé. Baumann tient à rappeler encore une fois qu'il ne connaît pas Heil.

La séance est suspendue.

A la reprise, on passe à

l'interrogatoire de

M. Schlegel

commerçant à Strasbourg. Il est signataire du manifeste du «Heimatbund» et chef de la section de cette organisation dans cette ville. Il est aussi membre de la «Schutztruppe».

Président: Vous dirigiez les exercices physiques de la «Schutztruppe»?

Accusé: Non, j'étais très étonné de voir que M. Mitton m'avait donné de l'avancement dans la «Schutztruppe». Pourquoi, je ne le sais. L'accusé qui jusqu'à présent a causé le français demande la permission de s'exprimer en dialecte, et continue sa déposition.

M. le président ainsi que M. Mitton savent bien que parmi les neuf inculpés qu'on a libérés à la prison de Mulhouse, il y avait les quatre chefs de la « Schutztruppe ». Je ne comprends pas qu'on insiste maintenant auprès de nous sur ces détails.

Le président fait lire de nombreux extraits d'un livre de procès-verbaux trouvé chez Schlegel. Dans l'un on parle de l'organisation de la «Schutztruppe», dans l'autre, nous apprenons que le Heimatbund ne fait pas de différence entre les Alsaciens A et B.; il ne connaît que des Alsaciens-Lorrains.

Le président insiste là-dessus.

Schlegel: Permettez-moi de vous faire remarquer que de nombreuses associations patriotiques font comme nous avons fait. Je ne comprendrais du reste pas pour quoi. En plus les Alsaciens ayant la carte B. ou C. même sont rédacteurs dans des feuilles nationalistes.

Dans le même procès-verbal on parle de «Landsfremde».

Le président demande des explications.

Accusé: Nous ne voulions aucune relation avec des gens qui n'étaient pas de notre pays pour ne pas avoir des difficultés.

On revient à la «Schutztruppe» et l'accusé déclare que celle-ci n'a commencé d'exister qu'après le 22 août 1926. Dans le compte-rendu on parle ensuite de la défense et de l'occupation de l'«Erwinia» et du bureau de rédaction de la «Zukunft», les 31 octobre et 1er novembre 1927. Il est question de vingt hommes, de fil de fer barbelé, etc. etc.

Accusé: Permettez, M. le président, que je donne des explications. A la Toussaint 1926 eut lieu à Strasbourg, un congrès des Anciens combattants. « Il s'agissait des officiers de réserve. Or, quelques jours avant déjà, certains journaux de Strasbourg avaient annoncé que les bureaux de la «Zukunft» et de «l'«Erwinia» seraient pris d'assaut et que les machines seraient détruites. Concluant d'après le 22 août de Colmar qu'ils ne pourraient se fier ni à la police, ni à la gendarmerie les adhérents du mouvement décidèrent de défendre eux-mêmes les bâtiments. Comme le terrain de l'«Erwinia» est assez vaste, on a placé derrière le mur d'enceinte du fil de fer barbelé. «Comme toute arme nous avions une lance de pompe à incendie et je suis convaincu que cela aurait suffi pour repousser l'attaque de ces messieurs.

Dans un autre document, on apprend que les membres de la **Schutztruppe** ne sont pas assez nombreux, que les exercices physiques sont absolument nécessaires, que le mouvement doit entrer sans faute en relations plus intimes avec les Associations des Etudiants de l'Université qui travaillent très bien.

Le Président : Voilà un autre document dans lequel on envisage la création d'un « Soldatenbund ».

L'Accusé : Je ne sais rien de ce « Soldatenbund », mais autant que je sache cette idée a été lancée par l'agent provocateur Riehl. De plus, je constate qu'on me demande des renseignements sur des choses que je n'ai pas écrites.

On n'avait pas prévu d'uniformes, comme armes, on avait proposé un bâton, une canne, un câble d'acier. Les adhérents devaient porter une chemise caki, des bandes molletières et un chapeau scout. (Hilarité).

L'accusé s'explique là-dessus et précise que ce ne fut qu'une proposition et que, finalement, on adopta comme arme une canne.

Le Président : Une autre proposition nous dit que les membres de la **Schutztruppe** devaient être assermentés sur la « Burg Niedeck ». Ne s'agissait-il pas d'une conjuration ?

La Défense proteste.

L'accusé explique et dit que ce n'était qu'une proposition et une « idée romantique ». La Burg Niedeck avait été proposée parce qu'elle est en relations intimes avec l'histoire d'Alsace.

Le Président : Dans un autre procès-verbal, vous parlez de surveiller les membres à l'issue de vos séances.

M. Schlegel : Parfaitement, M. le Président, et voilà pourquoi. Comme à Mulhouse, nous avions bientôt remarqué que des agents provocateurs se trouvaient dans nos rangs, qui rapportaient tout à la presse adverse, et c'est pour cela que nous voulions les surveiller.

M. Hauss : Oui, dans toutes nos réunions de Strasbourg, nous avions des envoyés spéciaux de M. le commissaire spécial Bauer. Ces Messieurs, Schneider et Hoffmann, furent les seuls qui parlèrent, dans nos réunions, de **séparatisme.** C'est aussi eux les seuls qui voulaient toujours nous pousser à l'action. (Sensation). Ils sont même allés si loin, que je leur ait toujours retiré la parole et que nos membres les auraient bientôt mis à la porte.

La Défense voudrait qu'on termine l'interrogatoire de l'accusé Schlegel, mais le **Président** renvoie la séance à lundi matin.

Douzième journée — 14 mai

Séance du matin.

La séance de ce matin fut ouverte dans une atmosphère de fatigue générale. Nous voilà déjà à la troisième semaine de la recherche du complot. Tout le monde est las et l'on voudrait bien en avoir fini. Hélas, le procès pourra encore durer huit à dix jours!

A l'ouverture le président donne lecture de quelques lettres. L'une d'elles vient de Berlin, du nommé Brestel, qui avait été cité comme l'auteur probable de la lettre de Berlin adressée à Heil, et lue vendredi après-midi. M. Brestel déclare, ne jamais avoir écrit à M. Heil, au sujet de la politique en Alsace. Ensuite le président veut lire une lettre du maire de Barr au sujet de la « Wahrheit » et du gérant de ce journal.

M⁰ Peter intervient et dit qu'il a lui aussi des lettres à lire à ce sujet. On renvoie la lecture de ces lettres à l'interrogatoire de l'accusé.

Enfin le **Procureur général Fachot** donne lecture d'une lettre, qui lui a été adressée des services généraux de police de Strasbourg. (M. Bauer ?). D'après cette lettre, l'accusé Hauss se serait rendu personnellement au bureau de la société « Esca » et y aurait acheté quinze actions. Hauss avait demandé que chacune des actions soit mise dans un couvert spécial. Il ne serait donc pas juste que ces lettres se seraient trouvées comme par hasard chez M. Hauss.

Hauss: J'oppose à ce nouveau rapport de la police le démenti le plus formel. Je n'étais jamais aux bureaux de l'«Esca» et je ne sais pas où ils sont. Une demoiselle Brimot est venue me trouver chez moi et m'a offert les titres que j'ai achetés. Je ne comprends pas qu'on donne une telle importance à une affaire de rien du tout. Cependant si l'on insiste de l'autre côté, moi de mon côté je demande aussi qu'on entende Mademoiselle Brimot, et que l'employé, qui a fait de fausses déclarations à la police, soit invité comme témoin.

M⁰ Berthon annonce ensuite à la Cour, que M. Hauss souffrant d'un abcès à la gorge sera sans doute obligé de se faire opérer dans l'après-midi. Il prie la Cour de continuer l'interrogatoire des accusés, tout en n'insistant pas sur des faits qui pourraient intéresser l'accusé Hauss pendant ce temps. La défense d'autre part donne à la Cour la parole d'honneur qu'elle ne fera aucune difficulté.

M⁰ Klein demande ensuite qu'on verse au dossier l'expertise mentale sur M. Ley, contenue dans les actes du procès du trio Ley-Muth-Rapp. Puis on reprend l'interrogatoire de

M. Schlegel

On revient aux fameux livres des procès-verbaux.

Président: Dans le procès-verbal du 10 décembre 1927, on parle des »bolchéviques» qui ont accaparé le pouvoir grâce à leur organisation rigide. Que veut dire cela?

Schlegel: Nous voulions tout simplement montrer, qu'une minorité, avec une bonne organisation, peut arriver à quelque chose. Du reste, notre «Schutztruppe» n'avait qu'un seul but: protéger les réunions. Si l'original des statuts définitifs de la «Schutztruppe» n'avait pas disparu comme par hasard du dossier, on pourrait y lire que la « Schutztruppe » ne combattrait jamais le pouvoir public et que son seul but était la protection du mouvement de la « Heimatbewegung » et des réunions.

L'accusé déclare une fois de plus, qu'il n'en est pas l'auteur, mais étant assez versé dans le mouvement, il espère pouvoir donner tous les renseignements nécessaires.

Le président revient à la question du tribunal disciplinaire.

Schlegel: On en parlait ouvertement dans nos réunions où nous n'avions rien à cacher. Tout le monde pouvait y entrer, même les agents.

Le Président donne ensuite lecture du plan de mobilisation de la «Schutz-truppe». On cite le numéro téléphonique de Strasbourg, on parle d'un état-major de 10 membres. «Comment un état-major de dix membres peut-il être en rapport avec une troupe comptant tout au plus trente à quarante hommes?»

Schall: M. le président, c'est moi l'auteur de ce plan, permettez-moi de vous répondre. Il est vraiment lamentable qu'on insiste sur des choses pareilles. J'ai déjà dit une fois, qu'on ne doit pas vouloir comparer la théorie avec la pratique. En effet, il faut pour protéger une réunion à Strasbourg au moins une centaine d'hommes. Vous savez que nous ne les avions pas. Or, M. le président, si on nous avait laissé nos libertés de citoyens, tout cela aurait été inutile. Garantissez nous le respect de nos convictions, et tout sera de nouveau tranquille.

Président: Nous allons voir ce que vous comprenez sous liberté. Le président fait lire un document en style télégraphique où l'on parle de but — plébiscite — Etat — pas dans le cadre Etats-Unis d'Europe — désarmement— questions sociales — etc. etc.

Président: Voilà la preuve que votre mouvement était nettement séparatiste.

Schall: (qui s'est fait passer le document): Voilà qu'on base l'accusation sur une simple fiche de papier. Je tiens à vous dire, Messieurs les jurés, que ce sont des notes d'un de nos amis, dont je connais l'écriture maintenant. Il avait pris ces notes avant la réunion de fondation du parti autonomiste. Je peux vous dire que c'est un très honnête homme, un grand idéaliste, mais qui plus tard, si je ne me trompe, a passé au parti Bulach.

Le président insiste.

Schall: Si l'on veut faire des difficultés là-dessus, je demande qu'on fasse venir une cinquantaine de témoins, qui ont assisté à cette réunion. Ils pourront déclarer sous la foi du serment, que jamais notre mouvement n'était sé-paratiste, que jamais moi-même je n'ai parlé de séparation de la France. Du reste, si nous l'avions été, nous n'aurions pas fondé notre parti contre Bu-lach. Au contraire, nous aurions dit, laissons-le marcher d'abord, il nous prépare notre chemin et attendons les événements.

Président: Je trouve dans ce document le fameux mot « L'Alsace-Lorraine aux Alsaciens-Lorrains ». N'est-ce pas le séparatisme ?

Schlegel: Jamais, M. le président. Cet adage était officiel dans la politique alsacienne d'avant guerre, et l'Etat allemand ne s'est jamais vu obligée d'y voir un complot ! L'Alsace-Lorraine aux Alsaciens-Lorrains veut dire pour nous que nous devons nous sentir en Alsace chez nous, et qu'alors nous serons aussi de bons Français.

Président: On dit dans le même document, que ce serait un point d'honneur pour un Alsacien d'entrer dans la « Schutztruppe ». Il me semble qu'on n'aurait pas dit cela sous le régime allemand.

Me Jaeglé: Du temps allemand il n'y a pas eu de «bagarre à Colmar».

Schlegel: La « Schutztruppe » n'a du reste plus existé à la fin et avait été transformée en un cercle d'études pour la formation de jeunes orateurs. Quant au fameux dicton, j'y reviens encore une fois. Il n'a absolument rien de répréhensible et cela veut dire en d'autres termes: Que les Alsaciens veulent être assis à la table et non pas sous la table. Du reste le général Taufflieb a fait sa campagne électorale pour le Sénat en 1919 déjà avec le mot d'ordre incriminé aujourd'hui.

Président: Il n'est pas juste que la «Schutztruppe» avait cessé d'exister

L'accusé insiste sur la lecture du procès verbal de la dernière réunion.

Me Fourrier le soutient dans sa demande.

On cherche le document et on y apprend, qu'en effet les exercices physiques de la A. S. O. (Autonomistische Schutz-Organisation) ont été supprimés depuis le 14 décembre 1927. A l'avenir on s'occupera surtout à former des orateurs, qui seront capables de défendre le mouvement dans des réunions publiques.

Me Fourrier: Je voudrais encore faire lire le plan de la A. S. O. que M. Mitton n'a pas trouvé et que nous avons retrouvé avec Schall après une demi-heure de recherche. Dans ce document on précise que la « Schutztruppe » ne s'attaquera jamais ni au pouvoir public ni à des personnes isolées. Son seul but sera la défense du mouvement et de ses chefs. On n'y accepte que des volontaires.

Me Fourrier: On a trouvé chez M. Schlegel des armes dangereuses ; je voudrais qu'on les montre à Messieurs les jurés.

Schlegel : En effet, on parle dans l'acte de transmission d'armes dangereuses. Je tiens à préciser qu'il s'agit de quelques matraques en caoutchouc, mais qui n'étaient pas destinées pour la A. S. O. mais pour un groupe d'étudiants, amis de notre mouvement et qui étaient menacés par les étudiants fascistes et royalistes.

M⁴ Fourrier demande qu'on montre les armes.

Les secrétaires adjoints disent qu'elles ne sont pas là.

Défense: Mais si, nous les avons vues l'autre jour dans un sac. Il y a encore une baïonnette!

On cherche et l'on retire finalement d'un sac 3 matraques en caoutchouc neuf, d'une longueur de 3 à 35 centimètres, et une vieille baïonnette.

Me Thomas : Voilà l'arsenal du complot !

Me Feuillet : L'accusé peut-il dire si les adhérents de la « Schutztruppe » y sont entrés à titre individuel ?

M. Schlegel : On leur a laissé toute liberté.

Me Peter : M. Schlegel pourrait-il nous donner des renseignements sur la fameuse Erika Schutz ?

L'accusé : Je tiens à déclarer à MM. les jurés que la déposition de M. Bauer concernant la lettre d'Erika Schutz à Schneider et le voyage de ce dernier à Appenwihr n'est pas très juste. M. Bauer disait que les choses se seraient passées en Janvier 1928, or, en réalité, en Novembre 1927 Schneider est déjà venu nous trouver avec la fameuse lettre d'Erika Schutz. Toute la lettre, même la signature, était tapée à la machine. Quant à Schneider, c'est un homme qui a été interné civil en France pendant la guerre, et qui aujourd'hui encore se trouve dans des difficultés pécuniaires. Nous tous, nous lui avons strictement interdit d'aller à Appenwihr. Il y est allé malgré nous. Là-bas, il aurait rencontré deux Messieurs qui se seraient intéressés à notre mouvement et qui lui auraient promis des secours, à condition que Schneider leur procure des livrets militaires d'officiers aviateurs. Schneider reçut 200 Reichsmark. De retour à Strasbourg, il vient retrouver Schlegel pour lui demander s'il ne pouvait pas lui procurer les fameux livrets militaires. Schlegel refusa carrément et, à une réunion du mois de Décembre, Schneider fut prié de rendre l'argent; de plus, il ne fut pas invité aux réunions du Comité. Deux jours après son voyage à Appenwihr, il fut déjà entendu par la police de Strasbourg. Pour moi et pour tous mes amis, il ne s'agit pas d'un service d'espionnage allemand, mais d'agents provoeateurs.

Le Président : Je n'ai pas bien compris cette démonstration là.

Me Peter veut faire préciser l'accusé concernant les services de Schneider.

Mais **le Président** intervient : Comment, Schlegel, pouvez-vous prétendre cela, alors que vous savez que Schneider, se rendant sans passeport à Appenwihr, fut arrêté par la police en sortant de la gare, et qu'il fut libéré sur une simple intervention de deux Messieurs, dont l'un avait l'allure d'un officier allemand.

M. Schlegel : Faites venir M. Schneider. A Strasbourg, devant la police et sous la foi du serment, il a donné une version contraire à celle de M. Bauer. Ainsi, il n'est pas sorti de la gare, mais s'est simplement rendu au restaurant auquel on a accès du quai directement. Les 200 mark, il ne les a pas rendus, il s'en est servi pour acheter des habits.

Me Berthon : Mais qu'est-ce que cela, on veut mêler au complot une affaire d'espionnage, alors qu'on n'a pas voulu juger cette dernière ?

Kohler : Il est très intéressant d'entendre les dépositions de M. Schlegel et j'espère qu'on trouvera une bonne fois les vrais espions.

Me Peter : Connaissez - vous tous vos co-accusés ?

Schlegel : Je ne connais ni Rossé, ni Kohler, ni Baumann, ni Schweitzer, ni Mme Fashauer. J'ai vu le Dr Ricklin deux fois dans des réunions, M. Sturmel une fois.

L'interrogatoire de Schlegel est terminé.

Le Président suspend la séance.

A la reprise de l'audience,
l'interrogatoire de

M. Stürmel

est commencé.

Le Président donne d'abord quelques détails très honorables sur la famille de M. Sturmel, et ne manque pas de lui faire des éloges en rapportant qu'un de ses frères était engagé volontaire dans l'armée française. Il rappelle ensuite son passé, son premier emploi à Brunstatt, chez un notaire, son passage aux P. T. T., son mariage avec une demoiselle téléphoniste, son service militaire à Versailles, où il gagne le grade de sous-officier du 5ème Rgt du Génie. Il entre ensuite dans l'administration des Chemins de fer, où il passe facteur aux écritures; bientôt il est président du Syndicat des cheminots, groupement de Mulhouse.

Le Président demande à M. Sturmel dans quelles circonstances il a signé le manifeste du Haimatbund.

M. Sturmel : Je ne voyais que dans un programme régionaliste la sauvegarde de nos intérêts, de nos particularités purement alsaciennes. D'autre part, je suis même, pour toute la France, partisan d'un régionalisme décentralisateur, parceque j'y vois le seul moyen d'aboutir à un développement normal des provinces et des intérêts régionaux de la France. Je suis même fédéraliste, parce que je vois dans les Etats-Unis d'Europe le seul moyen de sauvegarder les intérêts européens en face de l'Amérique, et les intérêts des divers Etats entre eux.

M. Sturmel s'explique avec beaucoup de facilité, avec une certaine audace même, employant le mot de fédéralisme sans la moindre gêne.

Le Président : Vous étiez employé ensuite au « Volksblatt » et au « Kurier » ?

M. Sturmel explique qu'ayant été sanctionné, il fut engagé provisoirement comme rédacteur à ces deux journaux.

Le Président : Vous étiez chef de la section du Heimatbund à Mulhouse après M. Schweitzer ?

M. Sturmel : J'étais moi-même président, M. Schweitzer était président du cercle des « Amis de la Zukunft ».

M. Sturmel relève ensuite beaucoup d'erreurs contenues dans l'acte de transmission et tient à les redresser : Nous ne voulons pas qu'on en fasse usage dans le réquisitoire.

Le Président : Vous étiez très actif dans le mouvement du Heimatbund ? Vous avez collaboré à la « Zukunft » ?

M. Sturmel : Jai envoyé un article à la « Zukunft » sur le régionalisme, et diverses autres traductions d'articles du Dr Vazeille. Et M. Sturmel de continuer sur son rôle à Mulhouse. On m'a reproché d'avoir organisé la

« Schutztruppe ». On a même dit que je voulais évincer Schweitzer. Je remarque qu'il n'y avait pas de Schutztruppe à Mulhouse, et que je ne pouvais donc en être le chef.

Le Président : Une foule d'accusations ont été portées contre vous par Riehl. Vous vous expliquerez avec lui lorsqu'il paraîtra.

Sturmel: Je serai enchanté de cette rencontre.

Puis continuant à relever les erreurs de l'acte de transmission, il explique la correspondance entre Mr Ricklin, Riehl et lui-même. Il rappelle, que dans l'acte d'accusation on parle d'une lettre qu'adressa M. Ricklin à Riehl, et dans laquelle le premier appelait M. Sturmel un homme prudent et sûr. Ces mots ont suffi pour faire arrêter M. Sturmel. De tels éloges me présentent, comme un homme dangereux, cela sent vraiment le complot à dix mille pas, dit M. Sturmel. Mais, ce qui est plus frappant encore dit-il, c'est que cette lettre n'existe pas. M. Ricklin étant bombardé de lettres par Riehl et lui-même voulant se défaire de ce jeune homme le recommande à Sturmel. Sturmel répond à M. Ricklin. M. Ricklin écrit encore une fois à Riehl et à Sturmel et il espère qu'ils s'entendront, car dès le premier jour des divergences avaient été constatées entre Riehl et Sturmel. On constate donc, que de trois lettres, M. Mitton en a fait une. Il a extrait des phrases marquantes de chacune de ces lettres et l'ensemble a pour effet de présenter M. Sturmel comme l'homme de confiance de M. Ricklin.

Et les défenseurs de demander: Est-ce là le complot de M. Sturmel d'être prudent et d'avoir été présenté comme tel par M. Ricklin?

Me Berthon intervient pour faire remarquer que le procédé de M. Mitton est peu honorable.

Le président: Voulez-vous dire Me Berthon, que M. Mitton a voulu tromper?

Me Berthon: Je constate, qu'il a caché la vérité. De trois lettres, on en fait une. Cela constitue un faux intellectuel.

Le président. Cela suppose donc la volonté d'induire en erreur? Croyez-vous M. Mitton capable de vouloir induire en erreur?

Me Berthon: Je ne puis savoir quelles sont les intentions de M. Mitton, mais je constate un fait, c'est que de trois lettres M. Mitton en a fait une. M. Mitton écrit dans l'acte de transmission : « Dans une de ces lettres ». Or, cette lettre n'existe pas. Je voulais, que la Cour et les jurés apprécient ce procédé.

M. Sturmel continue: « L'acte de transmision est le document de base de l'accusation. Or, s'il est faux, que sera l'accusation?»

Le président: Ce n'est pas un document après tout. Et il interroge encore M. Sturmel. Quelle part avez-vous pris à la fondation de l'«Erwinia »?

M. Sturmel: J'ai appris qu'on parlait de créer un journal au programme chrétien-social. J'ai acheté quelques bons selon mes moyens.

Président: Vous étiez collaborateur de la « Volksstimme ».?

Sturmel: Au début j'y envoyais quelques articles de chronique locale.

Le président: Que connaissez-vous de la propagation de la « Volksstimme »? Le nombre d'exemplaires distribués?

Sturmel: Je sais simplement, qu'on en a envoyé quelques exemplaires gratuits, comme font tous les journaux. M. Riehl pourrait peut-être vous donner le nombre.

Il n'y a ni argent, ni séparatisme, ni complot dans ce mouvement, dit M. Sturmel, en agitant ses mains avec un scepticisme marqué. Mais il y a des agents provocateurs.

M. Sturmel insiste ensuite sur des lettres saisies chez lui. Il demande qu'on n'en fasse pas usage dans l'acte d'accusation. Si on devait le faire, il demande à s'expliquer tout de suite sur ces lettres.

Me Feuillet : J'ai une question à poser à Schall. Dans son interrogatoire, il n'a pas voulu donner au juge d'instruction le nom de deux Mulhousiens. Voudrait-il dire pourquoi ?

M. Schall : J'avais déjà cité un autre nom d'ami, qui a eu des ennuis dans la suite. Je décidais donc de ne plus donner de noms. Mais, dans le cas, il s'agissait de MM. Sturmel et Schweitzer. J'avais bien fait de ne pas le dire; mais deux jours après ils étaient quand même arrêtés.

M. Sturmel : Mon arrestation a été précédée d'un article paru dans le « Temps »; article écrit par son correspondant de Colmar. L'auteur de cet article se trouve, je crois, dans la salle. Or, Messieurs, tout ceci constitue la conspiration. Vous voyez comme certains journalistes sont informés et quelles relations suivies ils entretiennent avec la police.

M. Ricklin : Messieurs, mon jugement sur M. Sturmel n'était-il pas très juste, lorsque je disais qu'il était un jeune homme intelligent et prudent ?

Et tout le monde de rire.

L'on passe à

l'interrogatoire de

M. Schweitzer

Le Président lui demande ses emplois précédents..

L'accusé relève des erreurs dans l'acte de transmission.

Le Président : Vous étiez membre du parti communiste ?

M. Schweitzer (le géomètre à la figure géométrique, grand, noir et maigre) répond en souriant : J'ai en effet fait quelques études sur le marxisme pendant plusieurs semaines. C'est sans doute de cela qu'on veut parler, lorsqu'on dit que j'étais communiste.

Le Président : Vous adhériez donc au Heimatbund, vous êtes autonomiste ?

M. Schweitzer : En effet, je suis autonomiste, comme mon père et mon grand-père, c'est de tradition dans la famille.

Le Président : Quelles étaient vos relations avec la « Zukunft » ?

L'accusé : J'ai fondé le groupe des amis de la « Zukunft ». On nous demandait des hommes de confiance et nous avons fait de la propagande. En peu de temps, nous avons vendu 2.500 exemplaires de la « Zukunft », et de cinq le nombre de nos hommes de confiance s'était élevé à cinquante.

M. Schweitzer : Je crois que le président voulait me poser des questions sur une certaine lettre à M. Schall ?

Le Président : Il y était question de fonctionnaires.

Et sans y être invité, **M. Schweitzer** s'explique sur cette lettre.

Il en ressort qu'il n'y a au fond, qu'une histoire d'agents provocateurs.

Le président: Il est vrai, que vous ne voyez que des agents provocateurs.

M. Schweitzer: Ce n'est pas de ma faute, si nous avons été exploités par des agents provocateurs.

Me Berthon: Ce n'est pas pour rien, qu'il y a cinq millions de fonds secrets au budget.

Président: Quelle est la revue, que vous avez voulu fonder ?

Schweitzer: Il s'agit d'un cahier mensuel: l'«Alsace européenne», destinée à répondre aux journaux soi-disants patriotes le «Journal de l'Est» et le «Journal d'Alsace et de Lorraine».

Président: Vous succédez à M. Sturmel, lorsqu'il a peur? Vous étiez à Colmar à la bagarre?

Schweitzer: Oui, et j'ai ramené en trophée un nerf de bœuf, que j'ai arraché à un royaliste..

Président. Vous aviez donc le dessus

Oui, répond Schweitzer, avec un sourire modeste.

Président: Vos relations avec Zadok?

Accusé: Il a assisté à quelques-unes de nos séances. M. Sturmel m'a rendu attentif à Riehl et à Zadock, qu'il estimait être des hommes dangereux.

Mais c'est le thème qui constitue la spécialité de M. Sturmel, et il demande à s'expliquer. Il rappelle, que Zadock avait une femme allemande, qu'il estimait peu au point de vue moral. Il ordonne donc à Riehl secrétaire du groupement du Heimatbund à Mulhouse, d'envoyer une lettre à Zadock pour le forcer à donner sa démission. Il en possède encore une copie.

Président à Schweitzer: Vous avez écrit dans la «Zukunft »?

Schweitzer: Je leur ai envoyé une demi-douzaine d'articles.

Président: Vous avez assisté à la fondation du parti autonomiste?

Accusé: Non, mais j'ai donné à un de mes amis la permission de signer pour moi.

Président: Vous reconnaissez avoir souvent prononcé cette phrase: «Censeo Alsaticam esse liberandam ». Cela veut dire, que vous vouliez libérer l'Alsace. De quoi?

Schweitzer: L'Alsace doit être libérée de l'esprit chauvin, nos frontières doivent être défendues par les cœurs de nos populations et non par des baïonnettes. Les Alsaciens en ont assez d'être toujours accompagnés de gendarmes, d'agents de police et d'agents provocateurs.

M. Sturmel cite un article d'un journal royaliste, concernant le régionalisme et il revient encore sur Zadock. C'est Riehl, qui a présenté Zadock à M. Sturmel. Sturmel l'invite à distribuer les tracts. Zadock est blessé à Colmar Mais bientôt ses manifestations trop bruyantes semblables à celles de Riehl rendent M. Sturmel défiant.

Nous les considérions comme des agents pro-allemands. Nous ne connaissions pas encore les agents provocateurs. C'était une nouveauté en Alsace. D'ailleurs, j'avoue que je connaissais trop mal les services de la police; j'appris à les connaître plus tard. C'est M. Schweitzer qui m'a rendu un mauvais service en rapportant à Zadock et à Riehl les soupçons que je portais sur eux.

Mais bientôt Zadock trouve en Riehl un ami. Riehl me dénonce le triste personnage qu'est Zadock. J'invite

Riehl, notre secrétaire, à expulser Zadock (lettre dont il est question plus haut). Mais voici que Zadock, furieux contre Riehl, le dénonce à Sturmel. J'avertis donc tout le monde, dit M. Sturmel, de se méfier de Zadock et de Riehl, et j'appris de Riehl que Zadock avait offert ses services à la police. Celle-ci les refusa. Dans la suite, au cours de l'instruction, j'appris en effet que Zadock faisait déjà le métier d'agent provocateur dans la région franco-belge. Il avait offert ses services à la police française à Wiesbaden. On refusa ses offres. Voici pourquoi je comprends qu'après l'avoir arrêté et ayant en mains tous les documents voulus, on l'expédia de l'autre côté de la frontière.

Le Président : Et c'est sans doute pour cela qu'il est accusé par contumace ?

La Défense : Il faut sauver les apparences !

Me Feuillet. M. Schweitzer sait-il que Riehl était en relations avec Ley?

Schweitzer: Non, mais Riehl nous avait fait des offres pour chercher de l'argent à Bâle en vue de couvrir les frais de notre revue. Nous avons repoussé sa proposition.

Me Feuillet: Un journal sérieux très grave même, le «Temps» affirme que des réunions tenues chez M. Schweitzer se terminaient au chant de «Deutschland über alles » Qu'y a-t-il de vrai?

Schweitzer. C'est la plus grande injure qu'on a pu me faire. Il y a deux ans au début du mouvement le Dr Langjahr a chanté une fois en français les premiers mots du « Deutschland über alles» agissant en cela selon les suggestions d'un chef royaliste qui avait dit dans une réunion qu'il fallait maintenant chanter «La Wacht am Rhein» en français et garder effectivement les bords du Rhin (mais les bords français, s'entend!)

Me Feuillet: Quelle réponse M. Schweitzer avait donnée à Boltz lorsqu'il lui demanda s'il y avait des Allemands dans leur mouvement?

Photo Christophe.

BANC DES ACCUSÉS

droite à gauche : Dr. RICKLIN, SCHALL, HAUSS, WURTZ, SOLVEEN, BAUMANN, KOHLER, ABBÉ FASHAUER
SCHLÆGEL, ROSSÉ, SCHWEITZER, HEIL, STURMEL. Dans le fond à côté de Schlægel MME FASHAUER.

Photo Christophe.

DÉPOSITION DE M. BAUER.

Au fond à gauche : Banc des avocats et des accusés.

Schweitzer: Je lui ai dit que s'il me les nommait et sans doute visait-il des agents provocateurs, nous les mettrions à la porte en moins de 24 heures.

Sturmel: Je prouverai que l'agent Riehl était un agent provocateur.

La défense demande à Schweitzer et à Sturmel de préciser avec lesquels des accusés ils étaient en relations.

Schweitzer connait deux ou trois de ses co-accusés, Schall et Sturmel, M. Sturmel en connaît cinq ou six, à savoir MM. Rossé, Ricklin, Schall, Schweitzer, M. Fashauer.

L'interrogatoire se termine dans une atmosphère de détente générale. On rit d'assister à une séance où il est question de tout, sauf du complot. La question des agents provocateurs commence à mettre une nouvelle note dans les débats.

Séance de l'après-midi.

On commence par l'interrogatoire de

M. Reisacher

Celui-ci est négociant à Strasbourg. En 1914 il était à Paris. Il reste en France, car il comptait sur la sécurité que la République Française promettait aux Alsaciens-Lorrains. Ayant d'abord trafiqué des machines, il commença un commerce de papier à lettre et travaillait avec beaucoup de succès. Bientôt après des dénonciations contre les étrangers mirent Reisacher dans une mauvaise posture. Dans un journal de Paris, on pouvait lire, qu'il était un de ces « boches », qui ont voulu continuer leur commerce. Il écrit au ministre, vainement. Il attend ses réponses. Il est obligé de vendre une partie de ses provisions en marchandises. Un avocat M. Darmont le défend et plaide pour lui en sa qualité d'Allemand. Il est condamné à 200 fr. d'amende. Ceci pour expliquer dans quelle circonstance, il encourut une peine judiciaire.

On l'engagea ensuite à entrer comme volontaire dans l'armée française. Il s'y refusa, estimant qu'étant lié par son serment au « Reichsbanner », il ne pouvait entrer dans l'armée française. Bientôt après il fut interné pour n'avoir pas voulu s'engager. Il rappelle les épisodes de son internement dans divers camps. Un jour un préfet lui dit: « Vous devriez être fusillés tous comme des chiens » Les internés étaient pour la plupart des Alsaciens. Dans le camp de Villiers sur Rhône, il subit un meilleur traitement. Plus tard par un échange de civils, il revient en Alsace en passant par la Suisse. Il rappelle ensuite, que de nombreuses personnes évacuées ayant subi de mauvais traitements de la part des Allemands ont reçu des centaines de mille francs, en dédommagement Ce sont des personnes, dont la majorité gravitent autour de journaux soi-disants patriotes. 25 millions de marks ont été versés par l'Allemagne pour ces personnes. M. Reisacher s'indigne en constatant, que bien tardivement on a fini par voter près de trois millions pour les internés civils alsaciens.

Et il passe plus avant. Il dirige en ce moment une confiserie en gros et fait depuis 1926 de la politique locale. Il était membre de la Ligue des « Alsaciens Lorrains fidèles».

Enfin il est question du Heimatbund. Il demande à s'expliquer sur les fonds de la caisse du Heimatbund. Ces fonds se composaient des cotisations de douze francs par membre et des versements gratuits. Il rappelle que de son propre argent il donna 2.000 frs à Roos, 2.000 frs à la « Zukunft » et 1.000 frs. à Hauss.

Président: Vous étiez rédacteur à la « Wahrheit »?

L'accusé: J'y ai collaboré pendant que Bulach était en prison J'ai publié environ quatorze articles. Je n'étais nullement rédacteur.

Président: Vous avez eu des relations en même temps avec la « Zukunft » et la « Wahrheit »?

Accusé: Jai agi par exaspération.

Président: Vous étiez membre d'un comité de propagande de la «Wahrheit»?

Accusé: Ceci est en étroite relation avec mes idées.

On lui reproche d'avoir écrit un article contre le maire de Barr. Il avoue qu'il l'a écrit de concert avec Baumann. On lit cette lettre, mais tout le monde s'en désintéresse et la défense fait grief au président d'allonger les débats Dans un esprit de Locarno, dit Me Feuillet, nous avons décidé de ne pas nous éterniser sur toutes les lettres, qui ne regardent pas le complot. Pourquoi y revenir?

Mais le président insiste. Le programme de M. Bulach n'était pas très intéressant. Il voulait suspendre au premier bec de gaz, ceux qui ne lui plaisaient pas.

La défense: Et l'« Action Française » donc? Et la lettre à Schrameck?

Président: Vous aviez écrit une lettre à la Société des Nations par de Bulach?

L'accusé: Je l'ai gardée comme document historique. Mais c'est Baumann, qui l'a rédigée.

Président: Vous étiez de ceux qui voulaient le plébiscite pour l'Alsace?

Reisacher: Je n'étais pas le seul. Le bloc de l'opposition groupait un nombre important de membres.

Le président: Vous faisiez du séparatisme.

Par quel moyen vouliez-vous arriver demande Me Jaeglé?

Par la voie pacifiste, précise l'accusé.

M. Reisacher précise sa collaboration à la « Wahrheit ». Il affirme, qu'il n'a rien de commun avec l'auteur des articles signés H. et que d'autre part sa collaboration à la « Wahrheit » était indépendante de son activité dans le Heimatbund. On rappelle une lettre, qu'il écrivit à Ricklin et dans laquelle il lui reproche de persister dans l'idée que l'Alsace ne peut pas vivre séparée de la France.

M. Ricklin affirme, qu'il a toujours parlé de l'Alsace-Lorraine autonome dans le cadre de la France, que pour sa part, il était convaincu qu'une Alsace-Lorraine indépendante coincée entre deux pays, comme la France et l'Allemagne ne pouvait vivre économiquement et serait à la merci des deux grandes nations.

Et l'on passe à

M. Baumann

Celui-ci passe aussitôt à l'offensive et demande à préciser certaines erreurs de l'acte de transmission et de déposition.

Pourquoi M. Bauer, ne connaît-il pas M.

Fromageat comme rédacteur? Il le sait pourtant je le lui ai dit. Pendant qu'on rappelle sa vie passée, Baumann intervient à tout moment. Il rappelle, qu'il a travaillé honnêtement dans une fabrique où il était employé. Plus tard il fut coureur cycliste. On lui reproche d'avoir été volontaire pendant la guerre. Il constate, qu'il fut appelé comme tous les jeunes gens de 18 ans à creuser des tranchées. Et il ajoute toujours agressif, vous voyez comme la police travaille. Autre erreur on prétend qu'il fut relâché comme sous-officier allemand. Or, il était simple soldat. Il visita ensuite la France, l'Espagne, la Ruhr.

Le président: Vous avez écrit une lettre à la Société des Nations ?

Baumann: C'était M. de Bulach, M. Reisacher a gardé copie de ce document, qu'il considère comme document historique.

Président: Il y a deux mouvements, celui de la « Zukunft » et celui de la « Wahrheit ». Quel était le programme du bloc d'opposition ?

Baumann: Demandez-le à son chef.

Il est question encore d'une lettre écrite par Reisacher à M. Ricklin dans laquelle l'Alsace figurait comme vache à lait.

Le président insiste: C'est ainsi, que vous traitez la France. Vous prétendez qu'elle exploite l'Alsace.

Baumann et Reisacher de concert: Certainement. Et les millions, qui partent tous les ans pour Paris, les profits de nos mines, de nos chemins de fer?

Et on lit des lettres. Tout le monde se désintéresse de la question. Des journalistes-avocats commencent à sommeiller. Je vois en face de moi une tête gauloise se pencher sur son calpin, Dieu que ce complot est ennuyeux. On est las d'être à sa recherche depuis dix jours.

Cependant le président demande des explications à Kohler. Celui-ci de répondre gaillardement en alsacien: Mais tout ce complot ne m'intéresse pas.

On passe outre dans l'interrogatoire de Baumann. Il rappelle ses voyages en Allemagne du Nord. On l'arrête comme espion français. Il explique dans quelles circonstances, il avait trop vanté les qualités du maréchal Foch.

Président: Comment connaissez-vous Bulach ?

Accusé: Par les sports dans les courses cyclistes.

Président: Dans quelle circonstance avez-vous fait de la politique?

Accusé: M. de Bulach a créé la «Wahrheit» pour se défendre personnellement en public après qu'on lui eût infligé trois mois de prison.

Président: Vous avez signé l'appel aux volontaires.

Baumann: M. Bulach a faussement mis ma signature sous cet appel. Je n'ai pas voulu le démentir, parce qu'il était mon ami. D'autres l'ont démenti.

Président : Quel était le but de la « Wahrheit » ?

Accusé: Le plébiscite par la loi.

Président: Vos relations avec Ley.

L'accusé: J'aime bien m'expliquer là-dessus. Je n'ai plus été en Allemagne depuis 1923. Mais ma femme est malade. Elle pèse 90 livres, souffrant d'une incurable maladie d'estomac.

En conséquence des médecins allemands lui conseillèrent de consulter le Dr. Prufen de Fribourg.

Elle s'y rend en octobre 1927, et à partir du 4 novembre, elle reste à Fribourg, je me rends de temps en temps chez elle. Le 4 décembre, je suis arrêté au moment de rendre visite à ma femme. On communique une note à tous les journaux, on parle d'espionnage. Moi-même, je ne l'apprends que par le juge d'instruction.

Président: Votre correspondance avec Ley ?

Baumann: Je ne lui ai écrit, qu'une fois en réponse à ses nombreuses lettres. C'était une lettre assez violente d'ailleurs dans laquelle je lui demandais de s'occuper de ce qui le regarde, en réponse à une observation de M. Ley sur la présentation de notre journal.

La défense: Qu'on nous donne cette lettre, elle est très importante.

M. Fachot: Je ne puis la donner. Une autre affaire d'espionnage est instruite, très grave celle-là. Je ne puis divulguer ces documents.

La défense proteste: C'est ainsi qu'on influence le jury, qu'on crée une ambiance.

Mᵉ Peter: Alors on gardera mes deux clients en prison jusqu'à ce que l'autre affaire soit instruite

M Fachot: Oui, ce sont deux espions dangereux, que je ne puis relâcher en attendant.

Toute la défense proteste énergiquement.

Me Jaeglé, affirme que le Procureur n'a pas le droit de donner son jugement sur un accusé non condamné

Me Berthon affirme, qu'il est très peiné d'entendre ces paroles Il rappelle à M. Fachot, qu'il n'a pas le droit de juger et d'appeler « espion » un homme qu'on n'a pas entendu. Par contre, le Procureur général ne veut pas produire une pièce importante, il cite le passage d'une pièce et celle ,qui servirait à l'expliquer il la cache, ou bien on l'a fait détruire. Et il termine par ces mots: Vous dites trop M. le Procureur et vous ne dites rien, il n'est pas permis de prendre une pièce et d'en tirer un argument et de cacher le reste du dossier. Il nous faut tout ou rien. Les pièces, donnez-nous les pièces.

Le Procureur rappelle, qu'il y a une copie ici de cette lettre.

Me Berthon: Cela ne me suffit pas, je vous affirme qu'il y a d'autres pièces, qui ne sont pas ici. Qu'on les verse au dossier. On revient à l'histoire Fromageat-Ley Que reproche-t-on au fond à Baumann? Une phrase dans laquelle Ley dit, qu'on ne peut se fier à Baumann parce qu'il est trop bavard.

Me Berthon revient à la charge. On reproche à Baumann d'être un espion et on ne le laisse pas parler Le 10 janvier dernier l'affaire est instruite Le juge d'instruction avait trois jours pour donner un «Soit communiqué» Pendant ce temps, on transfert le document à Mulhouse pour instruire le complot et le malheureux est traîné de Ponce à Pilate sans savoir pourquoi.

M. Baumann proteste violemment des mauvais traitements qu'il subit en prison.

Le président suspend la séance.

A la reprise, Me Peter dépose des conclusions affirmant, que M Fachot avait appelé son client «espion dangereux», qu'il produit certaines pièces et en cache d'autres Et il réclame, que tout le dossier d'espionnage soit joint au complot pour liquider l'affaire

Me Peter développe ses conclusions Il affirme, que c'est la première fois qu'il voit un haut magistrat violer ainsi la loi. Il s'appuie sur les principes de 1789 des Droits de l'Homme. On n'a pas le droit d'insulter ainsi un accusé. «Sur ma parole d'honneur dit-il, qui vaut celle du Procureur, j'ai demandé qu'on termine l'affaire. On me promet qu'elle sera traitée de suite au mois de janvier. Rien n'a été fait. Le « Soit-communiqué» n'a été suivi d'aucun effet. L'instruction a duré trois mois. On a violé sciemment la Loi et le Procureur prétend garder Baumann, jusqu'à ce que l'autre affaire d'espionnage soit terminée C'est une façon vraiment inouïe d'influencer le jury. Le chef suprême du Parquet procède de façon singulière. Tant de fautes ont été commises par le parquet, qu'on cesse, et qu'on nous donne les dossiers Il est singulier encore avec quelle facilité on retient des citoyens en prison pendant des mois. Si Baumann n'était au banc des accusés, il ne pourrait jamais se faire entendre Les malheureux, qui sont en prison sont dans une tombe..

Me Feuillet: L'espionnage ne concerne pas le complot Au-dessus du Procureur, il y a les déclarations des Droits de l'Homme suivant lesquels tout accusé est présumé innocent jusqu'à preuve du contraire Or, le Procureur vient d'injurier un accusé.

Me Berthon: L'incident est de trop grande gravité pour que je puisse le laisser passer. Il y a un quart de siècle, dans un procès semblable on a produit de fausses pièces.

Nous espérions depuis ne pas revoir pareil procès. Je reproche d'ailleurs au Procureur général d'avoir attaqué des gens qui ne peuvent se défendre. On a violé la Loi dans la procédure. On procède singulièrement avec les dossiers, dont on extrait une partie pour cacher l'autre. Je constate d'ailleurs, que le président, qui était si rapide à prendre des mesures contre mon collègue Fourrier, n'a pas rappelé le Procureur général à l'ordre. Je comprends, qu'il soit gêné, mais c'eût été de son devoir

La parole est à M Fachot, qui affirme qu'il ne peut laisser discuter en public un dossier d'espionnage.

Me Jaeglé: Singulier procès. Il est encore question d'espionnage et non de complot. Je me demande quels sont les droits de la défense. Et tous de chuchoter en chœur. « De se taire ».

Me Fourrier parle enfin. Il veut préciser l'anomalie de l'histoire d'espionnage

M Fachot lui dit que ce n'est pas celle de Belfort

Me Jaeglé: Je constate, que tout ce procès n'est qu'un avortement

Me Fourrier Dans cette affaire, qui n'est encore qu'à l'état embryonnaire nous commençons par dévier. On fait perdre leur temps aux jurés Voici dix jours que nous discutons et nous ne savons encore, où nous en sommes.

Le Procureur Général aurait mieux fait de commencer par le réquisitoire. Dans ces conditions nous aurions su où nous en sommes. Je constate qu'on a voulu créer une ambiance en interrogeant Baumann et Kohler les derniers et en entourant leur interrogatoire du soupçon d'espionnage.

Le président donne la parole à Baumann Celui-ci fait un violent réquisitoire contre les tribunaux français affirmant qu'on est en train de commettre le plus grand crime judiciaire de ces derniers temps, Ma conscience, dit-il, est mon seul guide et elle est pure Je proteste avec la dernière énergie contre cette nouvelle inculpation d'espionnage qui ne me regarde en rien

Ce n'est que depuis que je suis en politique que je passe pour un criminel. Jugez Messieurs, de mon triste état.

Président: Expliquez-nous la «Stosstruppe».

M. Baumann: C'est M. Bulach qui l'a créée. Elle n'a existé d'ailleurs que dans sa fantaisie.

Président: Vous avez envoyé un questionnaire relatif à ces «Stosstruppen».

L'accusé: C'était de Bulach. Qu'on lui demande des explications. Il n'y a eu ni réunion, ni circulaire.

La défense.: Mais où est Bulach, qu'on le cherche.

La Cour fait ensuite grand état d'une lettre écrite par M .Pinck où Il traite M. de Bulach et Baumann de grands fumistes, d'ivrognes. de gens sans conviction, etc Il affirme que l'Alsace verrait avec enthousiasme de nouvelles Vêpres Siciliennes Baumann proteste contre l'opinion de M. Pinck et Schall explique la lettre par le caractère exalté de M. Pinck C'est un grand phraseur, dit-il, qui a autant de projets dans la tête quil y a de jours dans l'année. Il en commence trois. et n'en achève aucun. Il écrit lui-même sous le coup de la boisson. Je crois que cette letre, où il est parlé d'une bouteille de champagne et de tabliers de bonne, il l'a écrite lui-même en état d'ivresse.

Ces explications reviennent à dire que M. Pinck est un fou, qui traite les autres de fous. Et tout le monde rit en songeant qu'on est en train de juger une bande de fous.

La défense: A qui la lettre était-elle adressée?

On ne sait à qui. On constate qu'elle a été écrite par Pinck dans une brasserie de Fribourg. Elle n'est pas signée et n'a pas été expédiée

Me Jaeglé: C'est sans doute un poème de M. Pinck.

Baumann affirme qu'Il ne connaît pas Pinck. Il affirme que Bulach est français de cœur mais qu'il a fait de l'opposition par dépit.

Me Palmieri constate qu'actuellement Pinck est interné en Allemagne dans une maison de santé.

Le président lit ensuite pour terminer une lettre de Bulach et de Ley. M. de Bulach affirme que Baumann et Kohler ont été ses employés et ne sont pas responsables de la « Wahrheit » que sa politique était personnelle et qu'elle ne lui fut pas imposée par ses inférieurs. Kohler était comptable chez lui, Baumann n'a pas de relations avec Ley.

Il demande donc que Baumann et Kohler ne soient pas rendus responsables de ce qu'il a écrit. Ley dans sa lettre affirme qu'il n'était pas propriétaire de la «Wahrheit» Il dénonce Fromageat qui lui avait soutiré 800 francs.

L'interrogatoire de Baumann qui avait été très intéressant, quelque fois comique souvent violent, fait une pénible impression. Nous touchons encore ici à une question d'espionnage, mais le complot reste toujours à trouver. Qui le découvrira ?

Treizième journée — 15 mai

Séance du matin.

A l'ouverture de la session du matin, le président lit l'arrêt de la Cour concernant les conclusions déposées il y a quatre jours par M. Rossé. On sait que M. Rossé avait demandé la saisie des documents et un interrogatoire de M. Jacques Bardoux, le fameux «homme aux mitrailleuses.» Ces conclusions sont rejetées.

Ensuite le président lit une série de lettres, dont l'une est envoyée par un médecin-docteur Hannes de Mulhouse, disant que M. le Dr. Ricklin était toujours un pro-germain.

On passe à l'interrogatoire des accusés.

Baumann donne encore quelques précisions du fameux « Stosstrupp » de Zorn de Bulach. Se basant sur une feuille volante lancée quelques mois avant la création de la «Wahrheit» et dans laquelle il est question des fameuses «Stosstruppen», il tient à remarquer, que celles-ci n'avaient existé que dans l'imagination du baron.

Président: A vous, Kohler.

Kohler: «Deo gratias»!... Enfin!.... s'écrie l'accusé d'une voix bienheureuse

L'accusé est né à Mulhouse et avait jusqu'en 1926 un commerce de bois à Fribourg en Brisgau.

Président: Dans quelles conditions êtes-vous venu en Alsace?

Kohler: Il n'y a rien de plus simple. Mes affaires ne marchaient plus de l'autre côté. Commencement 1927 j'ai rencontré M. Rossé, dont la femme est une parente éloignée de moi. J'ai demandé s'il ne voulait pas me procurer une place et j'ai fait moi-même des recherches. J'avais une offre d'un commerce de bois de Strasbourg. Je me suis engagé, mais bientôt il y eut en France une crise dans ce commerce comme en Allemagne, et je quittais le chantier pour rentrer à l'«Erwinia» où je fus employé comme comptable. Ne m'entendant pas avec les chefs au sujet de mon traitement, j'ai demandé à M. Baumann qui venait imprimer chez

nous, s'il n'y avait pas de place à la «Wahrheit» Il me dit que non, car on venait d'engager une dactylo.

Quelque temps plus tard, M. Baumann vint me trouver pour me dire, que les affaires de la «Wahrheit» marchant très bien, et la dactylo ne s'étant pas présentée, je pourrais passer chez eux.

L'acte d'accusation dit que j'étais entré dans la «Wahrheit» sur recommandation de Ley. C'est faux. Il est aussi faux que la « Wahrheit » avait redoublé sa campagne anti-française dès mon entrée. Ce fut juste le contraire, mais pas par ma faute, car je n'avais rien à dire à la rédaction.

Président: Quelles étaient vos fonctions à la «Wahrheit»?

Kohler: Je m'occupais de la comptabilité, de l'expédition, c'est tout.

Président: Dans quelles conditions avez-vous fait la connaissance de Ley? Expliquez-vous.

Kohler: Ayant toujours un logement à Fribourg, j'y allais assez souvent. Je profitais de ces voyages pour régler des comptes avec une librairie, et là j'ai fait par hasard la connaissance de Ley.

Président: Ley ne venait-il pas dans votre logement?

Kohler: Si et je fus souvent étonné comme il était bien renseigné sur mon arrivée.

Président: N'étiez-vous pas l'agent de liaison entre la « Wahrheit » et Ley?

Kohler: Jamais. Ley m'avait fait des reproches au sujet de la mauvaise tenue et de la mauvaise rédaction de la « Wahrheit ». J'ai répondu que je ne m'en occupe pas.

Président: Avez-vous échangé des lettres avec Ley?

Kohler: Non. Il m'a écrit à plusieurs reprises, mais je ne lui ai pas répondu.

On vient ensuite à la manifestation devant la prison de Strasbourg à la sortie de Bulach.

Kohler: Je n'en sais rien. Adressez-vous à Baumann.

Baumann: Oui, nous avons voulu faire filmer cette manifestation pour montrer la douzaine d'autonomistes. Ce n'était rien d'illégal, le film devait servir de propagande pendant les réunions électorales de Zorn de Bulach, Du reste, l'idée fut lancée par la famille de Bulach même.

Le président rappelle tout l'épisode de la libération de Bulach. Il fut relaché plus tôt qu'on ne s'y attendait. La foule n'est pas là; elle vient plus tard. Bulach revient en auto. Un cordon de police lui refuse l'accès à la rue du Fil. Toute la foule se dirige enfin à Neudorf où eut lieu devant une maison privée la manifestation de sortie de prison, qui fut filmée.

Président: Le film est tiré, Où est-il?

Kohler: Qu'est-ce que cela a à faire avec le complot?

Me Berthon: Vraiment, je me demande aussi. Maintenant nous faisons encore du cinéma.

Me Thomas: On pourrait peut-être montrer le film à Messieurs les jurés.

Kohler: Le film était pendant dix jours à la rédaction de la «Wahrheit» Puis je l'ai porté à Fribourg à une fabrique de film pour le faire développer.

Président: Ley ne vous a-t-il pas écrit que ce film était manqué?

Kohler: Enfin, nous sommes à l'espionnage.

Président: Ce film devait être présenté en Allemagne et aux Etats-Unis pour montrer l'oppression des Alsaciens par les Français. Enfin n'aviez-vous pas une conversation téléphonique avec Ley?

Kohler: Pas moi, mais Baumann. Ley s'occupait du film, sans que nous l'en ayons chargé. Je ne sais pas pourquoi. Un beau jour je reçois une dépêche de Fribourg, que je ne comprenais pas du tout. Le lendemain arrive une lettre de Ley, disant que la dépêche avait été envoyée par lui. Baumann téléphona à Fribourg pour dire à Ley qu'il ne s'occupât pas de choses qui ne le regardent pas. Le baron l'apostropha également. Cet entretien téléphonique a été entendu par la police. On aurait du

s'en servir pour prouver notre innocence. Mais plus personne ne veut se rappeler de cet entretien.

Président: N'avez-vous pas signé des tracts avec Baumann?

Kohler. Non. J'en ai signé un, mais, seul.

Me Berthon: Toutes ces questions, qu'est-ce que cela vient donc faire ici?

Baumann passe le fameux tract à **Me Peter** qui le fait remettre au **Président.** Il s'agit d'une petite feuille de quelques lignes, invitant les autonomistes de Strasbourg à assister en nombre au procès Zorn de Bulach.

Kohler dit qu'il n'a connu ni Hauss, ni Solveen, ni Wurtz, ni Heil, ni Sturmel, ni Schlegel, ni Schweitzer. Il a vu M. Reisacher une fois. Ensuite il déclare qu'après son arrestation les « Dernières Nouvelles » (édition allemande) avaient publié un article avec le titre : « Kohler un espion. Kohler un agent de la police. Il est en rapport avec Hindenburg. »

« Je n'ai jamais fait d'espionnage. Quant à la police, elle ne m'intéressait guère. Cependant, il est vrai que j'étais en relations avec Hindenburg. Et voici comment. Ma femme était abonnée à la revue hebdomadaire « Die Woche ». Cette revue avait publié une édition spéciale du 80e anniversaire de Hindenburg. J'ai acheté cette édition spéciale. On l'a saisie chez moi lors des perquisitions. Voilà mes relations avec Hindenburg.

Le Président veut couper court.

L'accusé : Permettez, M. le Président, voilà six mois que je suis en prison et ne sais pourquoi, j'ai bien le droit de dire encore quelques mots. Et Kohler revient à l'affaire d'espionnage.

Le Président : Mais qu'est-ce-que cette affaire d'espionnage vient faire ici ?

La Défense : Nous nous le demandons depuis longtemps ! Pourquoi en a-t-on parlé hier ?

Kohler : Je voudrais seulement encore déclarer que M. le commissaire Bauer a offert une belle situation aux époux Risch à Mulhouse, s'ils voulaient déposer contre moi et dire que les livrets militaires saisis récemment dans le Haut-Rhin ou dans le Territoire de Belfort avaient passé par mes mains.

Me Peter demande la confrontation entre M. Bauer et les époux Risch. Ceux-ci sont prêts à déposer. Ils sont venus à Colmar et ils attendent et demandent à être cités.

Le Président ne veut rien savoir.

Kohler : M. Baumann pourrait vous dire que M. Bauer lui a fait une offre analogue.

M. Rossé tient à préciser pourquoi et comment il s'est occupé de Kohler. Ils sont deux amis d'enfance, et, en 1926, ils se sont rencontrés par hasard à Colmar. Il est faux que M. Rossé se serait entendu avec Ley, qu'il ne connaît du reste pas, pour l'emploi de Kohler.

Baumann : M. Kohler parlait tout à l'heure d'une offre que M. Bauer m'avait faite. Je tiens à préciser. En effet, lors de mon arrestation, M. Bauer m'a dit trois ou quatre fois : « Baumann, vous êtes un homme intelligent et prudent. Ne croyez-vous pas que si je disais un mot aux autorités compétentes vous pourriez entrer dans mes services ? » La première fois, dit l'accusé, je n'ai rien répondu. Enfin, le commissaire Bauer insistant toujours, je lui ai carrément dit que tout le monde n'avait pas du goût pour un pareil métier. Sur ce, M. Bauer est devenu grossier envers moi et m'a traité de menteur.

Président: Pourquoi n'avez-vous pas posé de questions à M. Bauer.

Baumann: Je voulais bien, mais il n'y avait pas moyen.

Défense: Il a disparu subitement.

Me Peter: Je voulus justement poser cette question précise à M. Bauer, quand M. le Procureur général est intervenu jeudi matin.

Hauss: Moi aussi j'avais une dizaine de questions à poser sur la façon d'établir des dossiers policiers, je ne l'ai pas fait dans l'intérêt de la rapidité des débats. Je commence par constater que notre bonne foi se retourne encore une fois contre nous.

L'audition des témoins

Le président fait appeler un témoin. C'est M.

Antoine Becker

Inspecteur de la police à Strasbourg. Après avoir prêté serment, le témoin se tournant vers les jurés dit d'une voix pathétique: Messieurs les jurés, je viens vous parler du complot. (Défense: Enfin nous y sommes) Mais d'abord un mot du fameux « cadre » que M. le Dr. Ricklin a brisé.

Un premier incident se produit déjà entre la défense et le président. La défense demande que le témoin ne fasse que des dépositions personnelles et qu'il ne fasse pas un réquisitoire.

Le président se fâche et dit à la défense qu'elle n'a rien à dire et que c'est à lui de diriger les débats.

Le témoin continue: J'ai des choses à mettre au point. Lors de la fameuse réunion du lundi de Pentecôte 1926 à Strasbourg on a créé la formule du cadre. Cette formule fut bien proposée par M. Ricklin, mais c'est par peur de l'intervention de la justice française. Le Dr. Ricklin avait dit : Si nous ne mettons pas cette formule, nous aurons bientôt le Procureur à nos trousses. MM. Ricklin et Schall font signe aux jurés que cela n'est pas vrai.

Me Jaeglé intervient pour prier le témoin de se tourner un peu vers la Cour, afin que les accusés, qui sont mis en cause puissent comprendre. Comme le témoin n'a pas envie de répondre à l'invitation de l'avocat celui-ci parle de politesse élémentaire qui l'exige.

Le président (tout furieux): Me Jaeglé, vous n'avez pas de leçons de politesse à donner au témoin.

Quelques occupants des bancs à droite dans la salle applaudissent.

MM. Fachot et Boudier: Bravo, bravo.

Mᵉ Jaeglé: M. le président: Je n'ai pas de leçons à recevoir de votre part.

Mᵉ Berthon: Ces applaudissements dans la salle sont indécents. Je me permets de rappeler à M. le président, que c'est lui qui doit maintenir l'ordre. Je constate qu'il ne le fait pas.

Mᵉ Peter: Le témoin cite des documents par cœur, où sont-ils ?

Mᵉ Berthon intervient à son tour pour protester contre cette façon d'agir.

Le Président : Je ne permettrai plus à la défense d'intervenir pendant la déposition des témoins pour quoi que ce soit. A la prochaine remarque,

M. BECKER, Inspecteur de Police

Enfin le témoin peut continuer ses dépositions.

Il revient à la réunion du lundi de Pentecôte, où le Dr. Ricklin aurait dit: Si vous voulez que je sois président de votre groupement, vous devez accepter la formule du cadre. C'est à prendre ou à laisser, le cadre ou moi.

Le témoin revient ensuite sur la fameuse lettre du « cadre » du Dr Ricklin à Riehl, et remarque que cette lettre caractérise l'état d'esprit de tout le mouvement. Il cite ensuite par cœur une nouvelle lettre de M. Pinck. Ce dernier aurait écrit : « Le mouvement de la « Zukunft » doit maintenant se mouvoir. Le peuple n'attend plus qu'un chef pour le conduire au but, à l'autonomie de l'Alsace en dehors de la France. »

je me tournerai vers M. le Procureur général et demanderai des réquisitions.

Mᵉ Berthon : Oh ! Il l'a déjà fait contre un de nos collègues, et malgré cela il est là à la barre et continue de plaider. Mais le Président rend notre tâche de plus en plus difficile. S'il y avait des sanctions contre nous, nous resterions quand même à la barre. Nous déposerons des conclusions.

Mais, M. le Président, je me permets de vous rappeler une fois de plus que c'est votre devoir de dire au témoin qu'il doit faire une déposition objective et non un réquisitoire.

Le Président: Je retiens ces paroles pour le moment où les témoins à décharge seront à la barre. En attendant, le témoin ici présent déposera comme il l'entend.

M. Becker parle ensuite des raisons pour lesquelles M. Keppi avait démissionné comme secrétaire général du Heimatbund. Il n'était plus d'accord avec la majorité de ses membres sur la politique à suivre. Puis, revenant sur la réunion du lundi de Pentecôte, il déclare que M. Schall avait parlé de la « Eigenstaatlichkeit » de l'Alsace-Lorraine. Ensuite M. l'inspecteur de police fait une critique du programme du «Landespartei» (sic). Le «Landespartei» avait pour but essentiel de créer une «communauté culturelle avec les autres pays allemands. »

Le Président suspend la séance.

Après une interruption d'un quart d'heure, M. Becker continue sa déposition.

M. Becker développe avec volubilité les relations, qui existent entre les autonomistes et l'Allemagne. Il passe en revue chacun des accusés, et tâche d'établir de son mieux la collaboration germano-autonomiste.

M. Solveen dispose de beaucoup de moyens de propagande. Pour lui, l'art est un moyen de propager des idées autonomistes en Allemagne. On le constate du fait qu'il cherche presque tous ses collaborateurs en Allemagne. La plupart de ses amis sont des Alsaciens-Lorrains du Reich ? Or, tout le monde sait, que ces milieux renferment les pires ennemis de la France. Les almanachs de M. Solveen sont pris au compte de l'institut scientifique de Francfort. L'agent Becker le suppose en relations avec le Dr. Robert Ernst.

Il revient par hasard sur Schall et explique, comment celui-ci est en relation suivie avec un nommé Dentzler de Vienne, qui s'occupe de la propagande autonomiste par le théâtre allemand. La société Pons, dit-il, a du disposer de fonds énormes, car son passage en Alsace fut un immense fiasco. La question d'art cultivée par M. Solveen est très importante. On en juge par les nombreuses expositions allemandes auxquelles prend part Solveen.

Me Berthon: Et la Comédie Française, ne joue-t-elle pas à Berlin, que va-t-elle y faire ? De l'autonomisme ?

Président: Je vous prie de ne pas interrompre le témoin.

Me Berthon: Je vous répète, c'est ridicule, et c'est ridicule au point, que je ne dirai plus un mot.

Et de nouveau le président et Me Jaeglé « se prennent par les cheveux ».

Le Président: Je vous prie, Me Jaeglé de vous taire, j'en ai trop.

Me Jaeglé: Nous avons une culture vaste et nous pouvons parler un peu de tout. Je connais la géographie et l'histoire.

Le Président: Il faudrait cependant être un peu plus réservé.

Me Jaeglé: J'ai autant d'éducation que bien d'autres.

Et la discussion s'envenime sur le mot éducation. Pour peu le président veut y voir une insulte et en fait un grief à Me Jaeglé. Celui-ci précise le sens de sa parole et le conflit s'apaise.

Et M. Becker rappelle, que dans une revue allemande on trouve la photographie de M. Solveen. Or, la dite revue est dirigée par le Dr. Ernst, qui affirme dans maints articles, qu'il est à l'entière disposition des Alsaciens-Lorrains du Reich.

Il veut sortir un document.

Me Berthon: La Cour, le connaît-elle. On ne répond pas .

Me Berthon insiste .

Le président. J'ai été patient, je l'ai montré bien des fois, j'espère qu'on ne m'interrompra plus, j'ai été très bienveillant même.

Me Berthon: Je ne suis pas forcé d'accepter votre bienveillance!

Président: Voici comment, j'ai été récompensé .

Me Berthon: Nous sommes ici, non pas pour vous récompenser, mais pour faire notre devoir .

M. Becker: Je lis cette phrase près du portrait: « Nous n'avons jamais caché, que nous voulions séparer l'Alsace-Lorraine de la France ».

M. Becker communique la revue « Heimatstimmen » et la défense constate, que la photo, n'est pas dans les « Heimatstimmen » mais dans une autre revue. La phrase en question n'a donc aucun rapport avec la photograprie de M. Solveen.

M. Becker: Tout le travail de M. Solveen prouve qu'il est en relations avec les propagandistes allemands. M. Becker passe ensuite à M. Wurtz dont il rappelle toute l'activité depuis 1919, Il constate qu'il revient en Alsace juste au moment où le mouvement autonomiste est lancé. Il fait partie de toutes organisations mais il agit en secret et avec discrétion. Il sait qu'il est mal vu par les Alsaciens pour avoir été si longtemps en Allemagne et il n'était pas désigné pour la propagandé du « Heimatbund »; et déjà il touche à Pinck qu'il représente et qualifie de propagandiste du « Deutschbund ». Pinck est en relations avec la « Zukunft ». Becker pérore sur la « Zukunft. »

Les rédacteurs de la « Zukunft » sont en relations avec l'abbé Hanhart à Donau-Eschingen. . Becker fait lire une longue lettre adressée par l'abbé Hanhart au rédacteur responsable de la « Brücke ». Dans cette lettre, il est question d'organiser une exposition à laquelle les artistes-peintres alsaciens pourraient prendre part. Il recherche quels sont les meilleurs moyens de propager la « Zukunft ». Il demande à connaître l'artiste Solveen et il parle des articles qu'il veut faire insérer à la « Zukunft » notamment d'un article sur Oberlin. Après lecture du document, **le Président** veut le faire passer à la défense. Celle-ci le refuse, n'y voyant aucun intérêt

M. Becker continue: Vous voyez que ces Messieurs cherchaient des collaborateurs spécialement parmi les Alsaciens-Lorrains du Reich. J'y vois même des Irlandais.

Me Fourrier: C'est un complot irlandais.

Me Feuillet: Les Alsaciens seront donc mêlés à la glorieuse histoire d'Irlande.

Le Président: Ernst collaborait-il à la « Zukunft »?

Becker: Je ne puis le prouver. mais j'en suis intimement convaincu parce que Robert Ernst est l'ami intime de Hanhart.

M. Rossé insiste: Une preuve, une seule preuve .

Le Président: M. Rossé, veuillez vous taire jusqu'à la fin.

M. Becker: Il me faut maintenant m'arrêter à deux hommes importants: Pinck et Hirtzel. Pinck était un propagandiste très dangereux. Il était en relations avec le « Schutzbund » qui possède à Berlin un immense local dans une des principales rues. Ce local est composé de 85 bureaux.

Me Berthon: C'est officiel

Le Témoin: Oui.

Le Président: Ne l'interrogez donc point .

Me Berthon: Voyez, si je ne l'avais pas interrompu, il n'aurait pas précisé.

Le Président: Je constate que vous aviez promis de vous taire et vous parlez sans cesse.

Et **M. Becker** fait une conférence sur la propagande du Dr. Ernst dans les pays de minorités allemandes; entre autres dans la Haute-Silésie, en Tchéco-Slovaquie, au Schleswig-Holstein, à Eupen-Malmédy et en Alsace-Lorraine enfin. Le Dr. Ernst dirige les « Heimatstimmen » défendues par le Gouvernement français, il dépense des sommes folles et use de tous les moyens. Il envoie sa revue sous enveloppe avec entête de maisons commerciales. Parfois il les envoie par la Suisse. Dans un des numéros des « Heimatstimmen » nous trouvons un compte-rendu d'une réunion des P. T. T. C'est M. Pinck qui trahit le thème de leur conversation. Or, Pinck venait de quitter son poste de receveur principal de Neudorf.

Me Fourrier: Mais tout cela ne nous regarde pas. Pourquoi avez-vous laissé partir Pinck.?

Me Feuillet: Parce qu'il avait rendu trop de services à la police.

Président: C'est encore un agent provocateur?

Défense.: Il y en a tellement, rien ne nous étonne plus.

Et sur cette dernière escarmouche la séance est levée .

Séance de l'après-midi.

A l'ouverture de la séance de l'après-midi, Me Feuillet intervient en faveur des témoins à décharge auxquels la défense a renoncé.

Le président demande à M° Berthon une liste des personnes pouvant entrer en considération.

M° Feuillet: Ah, non! Pas de liste de suspects. Ces messieurs s'engagent d'ailleurs à ne pas manifester comme l'ont fait certaines personnes ce matin d'une façon dont nous étions les témoins indignés.

M. Becker

continue ses dépositions du matin en affirmant que les autonomistes étaient en relations avec des pangermanistes notoires tels l'abbé Hanhart qui était en relations avec Ernst et le chef du « Schutzbund » de Berlin. Des lettres trouvées pendant les perquisitions le prouvent. Il en relève une adressée par Hanhart à Pinck et il en cite la phrase suivante: « Je sais en quels termes vous êtes avec Ernst. Nous espérons qu'il ne sera pas cité comme témoin, car l'impression qui en résulterait serait mauvaise. »

Ernst est en relations avec les créateurs de la « Zukunft » auxquels il donnait ses directives. Chose curieuse, dit-il, nous avons déjà vu deux traîtres. Roos et Pinck. Venons-en maintenant au pasteur Hirtzel qui était en relations avec le service d'espionnage allemand. A l'appui de sa théorie il cite une histoire de trahison. C'est celle de Redelsperger; celui-ci était un associé de Hirtzel. Il a publié un ouvrage anti-français écrit, prétend-il sous la dictée de Hirtzel

M° Feuillet prend occasion d'une phrase du témoin pour le rappeler au respect du traité de Locarno.

Président: Je vous rappelle au respect du silence.

M° Feuillet: Le silence est respectable, si la justice est observée.

Le témoin parle du « Grossdeutschland » et il produit une carte qu'il demande à communiquer aux jurés.

La défense l'examine avec soin et s'amuse en y voyant la Sibérie, l'Afrique et le Brésil rattachées à l'Allemagne.

Plus loin, Becker affirme que le programme autonomiste constitue un danger pour la paix de l'Europe et il rappelle des articles de l'abbé Haegy disant dans la « Heimat » que les élucubrations de Roos étaient vraiment un danger pour l'Europe.

Président: Parlez-nous de l'Institut Scientifique de Francfort. Il rappelle qu'il fut créé en 1920 par les Alsaciens-Lorrains du Reich. Il est spécialement destiné à grouper ceux-ci et il a édité à leur intention une collection d'ouvrages. Le Reich accorda d'importants subsides à cet institut. En 1924 il reçoit un édifice spécial avec de vastes salles. Dans la liste des livres édités par l'Institut on trouve les livres de Pinck et de Solveen.

M° Feuillet: Vous connaissez Wolfram, Schult, etc.?

Le témoin connaît vaguement Wolfram

Me Fourrier fait remarquer, que ce sont des savants hautement loués par la presse française.

Becker: Il est possible, que ce soient des savants, mais ce sont aussi des propagandistes de l'idée allemande. Tel d'entre eux a écrit un livre sur le siège de Strasbourg. Ce livre tend à représenter les Français, comme des personnes se défiant des Alsaciens, qu'ils traitaient depuis 1870 déjà d'espions et de traîtres.

Le président fait tirer du dossier une lettre de Pinck, dans laquelle, il est question de propagande de journaux autonomistes. Dans cette lettre adressée à Ammel et Cie. Kehl, siège à Strasbourg, il rappelle les efforts, qu'il a faits pour répandre la culture allemande de l'Alsace.

Me Fourrier: Becker connaît-il Riehl?

Becker: Je l'ai vu une seule fois. Je ne lui ai donné aucune directive.

Me Fourrier: M. Becker sait-il, que Riehl est en relations avec l'institut de Francfort? Il cite une lettre de Riehl à Wolfram Dans cette lettre, Riehl s'étonne des précautions, que prend M. Ernst pour lui envoyer ses cahiers. On y lit encore: Je ne suis jamais plus heureux, que lorsque je constate l'excellente harmonie, qui existe entre Alsaciens d'ici et d'Allemagne. Et j'espère, qu'un jour nous serons tous réunis de nouveau.

Me Fourrier: Si M. Pinck avait écrit la moitié seulement de ce qu'a écrit Riehl que ne dirait-on pas?

Me Feuillet pose des questions à Becker La peinture de Solveen était-elle autonomiste?

Becker: Oui. (Eclats de rire prolongés) Lui-même rit de sa naïveté.

Me Fourrier: Pourquoi alors n'a-t-on pas poursuivi aussi le peintre Durer?

Becker: Il est à Berlin. (Nouveaux rires prolongés. Durer est mort il y a quatre siècles !)

La note est vraiment comique. Il est intéressant de constater, qu'un agent de police secrète, n'admette pas, qu'un autonomiste puisse peindre autrement qu'en autonomiste.

Me Feuillet: M. Becker peut-il me dire, quel est le trajet le plus court entre Mulhouse et Colmar, par voie postale?

Président: Vous exagérez, Maître.

Me Feuillet: Non, je vais prouver, que des lettres écrites par M. Rossé à sa dame se sont égarées à Quimper.

Me Klein: Wurtz a-t-il fondé le «Schutzbund»? Vous disiez tout à l'heure que oui, et ceci sous la foi du serment.

Becker: C'est ma conviction.

Me Klein: Et nous pourrons vous prouver, que c'est Riehl qui en a suggéré l'idée. Je vous prierai donc désormais, de faire des réserves dans vos affirmations, car elles sont souvent fausses.

Me Klein: Quel est le caractère d'une exposition autonomiste?

Le président lui coupe la parole.

Becker: Il exposait à l'intérieur de l'Allemagne.

Et le président revient sur une lettre de Pinck, dans laquelle celui-ci termine par le mot: salutations allemandes». Le but de Pinck était d'ailleurs clair. Chez lui les points de vue culturels et politiques sont étroitement liés.

Président: Les rapports de Pinck et d'Ernst sont donc établis?

Me Jaeglé: Le parti séparatiste avait combien de membres?

Becker: Je ne sais.

Et Me Jaeglé lit une liste des tableaux exposés par Solveen. Ce sont des sujets champêtres, des paysages etc. Il constate qu'il n'y a rien d'autonomiste.

Pour prouver enfin que tout le travail culturel de Solveen n'avait rien d'anormal, ni de dangereux, il cite des paroles de hauts fonctionnaires français en faveur de la culture allemande en Alsace.

On en vient à la « Brücke ». Le témoin en donne la collection au président.

Me Palmieri. M. Becker peut-il nous dire ce qu'il entend par autonomisme. Il semble être expert dans cette question.

M. Becker: J'appelle autonomisme toute tendance ayant pour but de séparer une région d'un pays pour la rattacher à un autre.

Me Palmieri: Et qu'entendez-vous par séparatisme?

M. Becker: C'est exactement la même chose.

Défense: Vous voyez comme M. Becker raisonne.

M. Ricklin, se rapportant aux affirmations de Becker, proteste contre ses explications. Il revient sur sa phrase à Riehl concernant le « cadre de la France ».

Becker: M. Ricklin ne dit rien de ses autres lettres.

M. Ricklin: Croyez-vous réellement qu'après être sorti du cadre de l'Allemagne en faisant claquer les portes derrière moi, j'eusse réellement envie de rentrer par une porte secrète. Nous ne voulons pas changer tous les cinquante ans de nationalité. Dans toutes les réunions, que j'ai présidées nous n'avons même pas parlé de la question du cadre, elle était pour nous évidente.

Un accusé: Où était placé M. Becker lors de la réunion au Luxhof?

Becker: Je ne puis le dire.

M. Rossé: Vous étiez dans le cabinet.

Becker: Non.

Rossé: Je vous ai vu sortir du cabinet. Tout ce que vous avez pu entendre est inexact, car vous n'avez entendu, que des bribes de phrases.

Et aussitôt Me Berthon exploite l'incident. Il importe, dit-il, de savoir où notre police se cache.

Me Berthon: Dites-nous exactement où vous êtes resté pendant la discussion ?

Le président lui pose la question.

Becker ne répond toujours pas. Cependant que le public s'égaie de ce silence.

Le président lui suggère de se retrancher derrière le secret professionnel.

Me Berthon: Le secret professionnel dans cette affaire est très discutable. Il s'agit ici d'une question matérielle, qui ne regarde pas le dossier secret.

Becker: Je ne puis le dire à cause d'autres personnes.

Président: Je suspends l'audience. Posez des conclusions, Me Berthon, si vous le voulez.

Me Berthon: Je ne poserai pas de conclusions, mais je parlerai.

A la reprise de l'audience, Me Berthon demande la parole. Il ne posera pas de conclusions.

C'est une servante, qui vous a introduit, M. Becker. Vous étiez donc dans le cabinet

Becker: Je démens formellement cette affirmation.

Me Feuillet: Où était-il donc, qu'il vide lui-même l'incident.

On constate, que M. Becker n'ose le dire pour ne pas compromettre d'autres personnes et on passe outre.

M. Ricklin continue de s'expliquer. Je ne sais, ce qui me restera, dit-il, pour prouver aux jurés ma bonne foi. Il ne me restera, que le jugement de Dieu comme au Moyen-Age. Sur ce, le président fait lire une deuxième lettre de Ricklin à Zemb, dont il extrait la phrase suivante: Je me demande, si pour établir le front

unique, on n'aura pas de difficultés avec les radicaux. Je ne sais, si Wolff est aussi radical que nous. Nous ne pouvons faire des concessions. En constatant d'autre part l'enthousiasme de l'U.P.R. nous devons être plus sévères avec notre programme et nous couvrir en attendant d'un léger voile ou manteau séparatiste.

Président: Vous disiez ceci par attachement à la France?

Ricklin: C'est une question de tactique. Si les autres partis nous suivaient pas à pas et nous marchaient sur les pieds, nous nous verrions obligés, ai-je dit dans une lettre, de faire un pas de plus. L'exemple de la « Wahrheit » le prouve. Dès qu'elle apparut, la « Zukunft » perdit un quart de ses abonnés. J'ai toujours défendu dans les réunions le mot de cadre, et j'ai menacé de démissionner, si on n'acceptait pas ma formule. D'autre part je ne connaissais ni Ernst ni le « Schutzbund ». Aucun homme ne pourra jamais prouver par un seul fait, que j'eus des relations avec l'Allemagne après l'armistice.

Me Berthon: Un homme comme Ricklin doit être pris au mot, il faut lui croire.

M. Ricklin: Il est extraordinaire, que Bardoux ait affirmé tant de choses fausses. Je me demande, où il s'est renseigné.

Becker: Il est plutôt extraordinaire, que le chef du Heimatbund n'ait pas eu des relations avec l'Allemagne, alors que Hirtzel, Roos et d'autres en avaient.

Défense: Ceci ne prouve rien.

Président: Chez Hirtzel on a trouvé des portraits de Bismarck et de Hindenburg, cela prouve ses idées.

Me Feuillet: J'ai chez moi un portrait de Guillaume II. Qu'est-ce que cela prouve ?

M. Ricklin: M. Becker ne sait rien. Je suis responsable des assemblées, que j'ai présidées, tout le reste ne me regarde pas. Mais je constate, que l'« Action Française » qui veut renverser le gouvernement par la force, n'est pas inquiétée. Dès qu'en Alsace on veut changer quelque chose, on veut nous pendre. C'est à désespérer de la justice et de l'humanité.

C'est au tour de Schall de poser des questions à Becker. Avec la science d'un avocat il demande, quand et où Pinck a écrit la fameuse phrase: « Nous n'avons jamais caché, que nous voulons nous séparer de la France ? »

Becker: C'est écrit dans les « Heimatstimmen ».

Schall: Cette phrase n'est pas de Pinck. Le style me le prouve.

Schall: Vous dites, que Keppi est sorti du Heimatbund à cause de la discussion sur le cadre.

Becker: Je vous dis que oui, je pourrais vous citer la lettre le prouvant.

Schall: M. Keppi a simplement profité de ce prétexte. Nous l'avons expliqué ainsi dans la « Zukunft » et Keppi n'a jamais démenti.

Schall: Le témoin a dit, que 'e programme de la « Landespartei » était séparatiste. Le document, qu'il apporte n'est qu'une esquisse de Pinck. Le vrai programme publié en feuilles détachées, n'est pas séparatiste.

Schall: Comment Becker peut-il affirmer que j'étais l'organisateur de théâtre allemand en Alsace ?

Becker: Vous ne nierez pas, que vous connaissez Benzler de Vienne.

Schall: Je lui ai écrit une lettre pour exprimer mon opinion sur le théâtre allemand. Mais de là à affirmer, ce que vous venez de dire il y a de la marge. J'avoue que c'est un peu fort de prétendre de telles choses sous la foi du serment.

Schall: Vous dites que Ernst est le fondateur de la « Zukunft ». Alors pourquoi ne nous a-t-il pas donné assez d'argent pour payer convenablement les rédacteurs ?

Becker: Mais Hirtzel était co-fondateur. Or, il était l'agent de Ernst.

L'on soupire avec un plaisir non dissimulé lorsque le président appelle un nouveau témoin à charge, impatiemment attendu par les accusés et la défense, mais aussi par une grande partie du public et des journalistes, qui avaient entendu parler du fameux personnage en question.

L'agent provocateur Riehl

Lorsqu'il entre dans la salle, des rumeurs se font entendre.

Le président veut lui faire prêter serment, après l'avoir interrogé sur sa personnalité.

Me Berthon: La loi défend aux dénonciateurs de prêter serment.

Président: Vous vous opposez donc à ce qu'il prête serment?

Me Berthon: Nullement, au contraire.

Me Berthon: Vous devez prévenir le jury qu'il s'agit ici d'un dénonciateur. Vous n'observiez pas la loi.

Président: Déposez donc des conclusions

Me Berthon: Je n'en déposerai plus.

Président à Riehl: Dites-nous dans quelles circonstances vous êtes entré en relations avec les autonomistes.

Riehl est âgé de 29 ans. Il a une voix fluette, une mine de fouine. Sa tenue est irréprochable, il est comme on dit tiré à quatre épingles. Un pince-nez cache ses yeux qu'on aimerait bien voir à découvert. Il commence solennellement comme un docteur parlant ex-cathedra: Je suis né d'une famille nationaliste. Mon père directeur technique du « Volksblatt » était attristé de voir ce refroidissement de patriotisme dans ce journal. Certains articles du «Journal d'Alsace et de Lorraine» me rendent attentif au danger zukunftiste.

Me Berthon: Qu'il se place de telle façon que nous l'entendions.

Me Jaeglé: Oui, la défense veut entendre ce témoin.

Président: Vous êtes ennuyeux.

Me Berthon: Vous aussi.

Riehl: J'ai trouvé que ces articles traçaient un tableau attristant du travail de la « Zukunft » dans laquelle on dénigrait systématiquement tout ce qui était français. Je résolus donc d'entrer en relations avec Sohn et Robitzer qui éditaient la « Zukunft ». Je n'obtins pas de réponse à ma demande.

Il explique ensuite dans quelles circonstances il entra en relations avec Marter, gérant de la « Zukunft ». Et il demande à lire la lettre adressée à Matter ainsi que la réponse qu'il reçut. Il y est question d'abonnements, de propagation de la « Zukunft » de conduite à tenir dans les réunions, du héros national Ley, martyr de l'Alsace et il écrit des phrases au sujet

pays perdu... Le Français est un monstre en putréfaction. L'Alsace vit son calvaire depuis le retour des Français. »

Me Berthon: Je m'étonne de ne pas voir la Cour exprimer son étonnement. Et avec un geste significatif: Je constate que le jury exprime son dégoût. Effectivement

Photo Christophe.

L'Agent Provocateur RIEHL

desquelles nous pourrions vraiment dire que les auditeurs étaient stupéfaits d'entendre les horreurs qui leur furent dévoilées. «Ma haine contre la France est grande, dit-il, je n'avalerai plus ma rage. Le vin rouge que les Français nous ont apporté s'est transformé en vinaigre... Les méthodes allemandes et françaises sont comme le ciel et l'enfer. Cette prétendue grande nation (la France) ne vivra plus longtemps. C'est un peuple sans Dieu ni maître. Nous ne voulons pas périr avec ce

l'impression est très néfaste sur le public On se demande comment cet audacieux jeune homme a pu écrire, même s'il fut animé de sentiments patriotiques, des phrases aussi odieuses.

On lit ensuite la réponse de M. Matter. Elle ne présente aucun intérêt étant d'ordre purement administratif.

Le président lève la séance. «Nous contenuerons demain à 9 h. 15.»

Me Berthon: En effet, nous continueront nous-aussi demain.

Quatorzième journée — 16 mai

Séance du matin.

L'assistance de ce matin était un peu plus nombreuse que les jours précédents. Tout le monde est las et commente la déposition d'hier soir du témoin à charge Henri Riehl. Que va-t-il nous raconter ce matin?

Avant son entrée, nous apprenons que la Cour a rejeté les différentes conclusions, notamment celles de la défense de faire venir un journaliste expert de la Suisse, le directeur de la «Gazette de Lausanne», qui devait constater que la «Volksstimme» n'avait pas été influencée par la T. U. de Berlin et que les termes incriminés de la fameuse lettre à Heil, sont des termes purement techniques.

Dans deux lettres, l'une du président, l'autre du secrétaire général de l'association des proscrits, nous apprenons que la France a dépensé 25 millions pour les proscrits.

M⁰ Berthon demande la parole, mais le **Procureur général** se lève et s'adressant aux jurés, il dit: «Messieurs, j'ai à vous faire une proposition libératrice. J'aurais bien voulu vous renvoyer dans vos foyers pour Pentecôte. Jusqu'à présent, hélas, cela ne semble pas possible si nous continuons de ce train. Je vais faire un nouvel effort dans l'intérêt de la rapidité des débats et je me contenterai encore des deux témoins MM. Bourgoin et Boltz. J'espère que nous pouvons terminer ce soir. Les journées de vendredi à samedi seraient réservées aux témoins à décharge. Je pourrais ainsi prononcer mon réquisitoire lundi matin. Je ne serai pas plus long que je ne l'étais au courant des débats, car si l'on a la gloire de défendre une aussi belle cause, on n'a pas besoin de prononcer beaucoup de paroles. La défense pourrait prononcer ses plaidoyers lundi après-midi et mardi matin de sorte que nous pourrions terminer mardi soir.

M⁰ **Berthon :** D'accord avec tous les confrères je venais proposer la même chose à la Cour. Nous aussi nous allons réduire l'audition des témoins au minimum, de sorte que nous espérons pouvoir terminer mardi soir. Je suis heureux de constater que pour une fois, l'accusation et la défense sont enfin d'accord.

M. Fachot: Mais c'est la dernière fois.

M⁰ Berthon: C'est le jury qui tranchera la question entre nous et j'ai confiance en ces messieurs.

La déposition de Henri Riehl

Le président fait appeler le témoin Riehl. On résume en quelques mots ce que Riehl a dit la veille.

Président: N'étiez-vous pas dans une réunion au Casino en mars 1926?

Riehl: Si, c'était une réunion socialiste où parlaient Grumbach et Renaudel. Quand Grumbach disait, que les Alsaciens n'ont plus le droit de revendiquer le plébiscite aujourd'hui, Schweitzer a crié dans la salle : Aujourd'hui plus que jamais.

Le président continue de poser des questions. Le témoin lui répond du tac au tac. Parfois il se trompe, mais il se dépêche de se reprendre. Son français n'est pas toujours très correct, et amuse bien souvent tant le jury, les accusés et leurs défenseurs, que le public.

Dans une séance du comité, Schweitzer aurait déclaré en présence de Riehl, qu'il faut absolument maintenir le «cadre», sous peine de s'attirer des poursuites de la justice.

Président: N'avez-vous pas fait une visite à Hauss?

Témoin: Si, le 27 mars, nous sommes allés chez le Dr. Ricklin. Celui-ci nous a envoyés chez Hauss à Strasbourg. Par ce dernier, nous avons appris qu'il était en train de former une organisation des amis autonomistes.

Président: Que savez - vous de Schweitzer?

Témoin: Une fois qu'on s'est séparé il a dit: «Ceterum censeo, Alsatiam esse liberandam.» Je suis prêt à défendre toujours l'indépendance de notre pays, même si je dois aller à la guillotine.

Président: Schweitzer, n'a-t-il pas joué des fois du piano. Qu'est-ce qu'il jouait?

Riehl: Schweitzer voulait toujours pour nos réunions une chambre avec un piano et pendant qu'on discutait il jouait.

Président: Schweitzer n'a-t-il rien dit sur Foch?

Le témoin part dans une longue explication sur un voyage dans un village que Schweitzer lui avait désigné. L'instituteur aurait dit, en montrant une image du maréchal Foch: « Voyez cet homme, je voudrais bien le descendre. C'est lui qui veut transformer notre Alsace en une forteresse c'est un meurtrier.»

Me Berthon: Pardon, il me semble qu'il y a erreur. C'est le témoin qui a écrit cela dans une de ses lettres. Et Me Berthon cite d'une lettre de Riehl le passage que le témoin vient d'attribuer à l'instituteur (Sensation).

Le président intervient pour couvrir le témoin.

Me Berthon: Oh, cela va, continuons. Je croyais seulement que le témoin s'était trompé de personne, puisqu'il a lui-même écrit ces paroles.

Président: Que savez-vous de la « Schutztruppe »?

Riehl: Elle était copiée sur le Stahlhelm.

Schweitzer et Schall s'amusent.

Président: Que savez-vous de Zadock?

Témoin: J'ai été mis en rapport avec Zadock par le Dr. Ricklin. C'était un agent allemand. Il m'a dit, qu'il connaît tous les services de Ley et qu'il veut séparer l'Alsace de la France.

Président: Qui était le chef de la « Schutztruppe » de Mulhouse?

Témoin: Dans une réunion au cercle St. Fridolin à laquelle je n'ai pas assisté, Sturmel a nommé Schweitzer chef de la section militaire.

Président: Que savez-vous de la bagarre de Colmar?

Témoin: Schweitzer et Zadock ont dirigé la lutte. Zadock a cherché chez un entrepreneur des lattes qu'il a emmenées en camion. Il a dépensé ainsi 200 francs. Il a aussi cherché des troupes communistes.

Le Président : Que savez-vous de l'abbé Ohl ?

Le témoin : Il a assisté à deux ou trois réunions. Dans une, il a dit : « Le 11 Novembre n'est pour nous un jour de fête, mais un jour de deuil. »

Sur des questions précises du **Président** concernant une conférence de M. Schall à Mulhouse, **le témoin** se perd en de longues élucubrations. Il parle du « lâche Sturmel », des « Spitzel » qu'on craignait et qui étaient partout, pour conclure que Schall aurait dit que les Alsaciens ne sont ni Français ni Allemands, qu'ils sont Alsaciens.

Le Président : Schall a-t-il parlé de plébiscite ?

Le témoin : Il a dit qu'il faut développer le « Gemeinschaftsgefühl ».

Le Président : Que savez-vous de la Schutztruppe ?

Riehl : Elle fonctionnait très bien à Strasbourg; elle était composée d'hommes de confiance et avait une « Tchéca ». Une fois que le théâtre alsacien jouait une pièce chauviniste de Riffel, les hommes de cette « Tchéca » sont allés siffler la pièce.

Le Président : Que savez-vous de la T. S. F. ?

Riehl : Un jour, le Dr L. nous dit que les Allemands nous envoyaient maintenant des ondes et que lui-même en recevait déjà. Schweitzer aurait dit: « Cela, c'est très bien. »

L'accusé **Schweitzer** se lève : Je prie M. le Président de rappeler au témoin qu'il parle sous la foi du serment.

Cette remarque d'un accusé adressé au témoin à charge Riehl impressionne la salle.

Le témoin ne s'émeut cependant pas et continue à parler des ondes.

Me Berthon : Mais où sommes-nous donc ? Il est vrai que cela m'intéresse, les ondes allemandes, j'en reçois tous les soirs dans ma chambre à Paris. Mais la France n'envoie-t-elle pas des ondes en Allemagne et partout du reste ? Je ne comprends pas qu'on insiste là-dessus. C'est une plaisanterie stupide.

Le témoin nous parle ensuite à nouveau du travail entre les fonctionnaires, du curé dans les villages, qui remplace une section complète du H. B. de la création de cellules, etc...

Le Président : La formation du groupement de Mulhouse s'est-elle achevée

Riehl : J'ai assisté à toutes les séances. J'ai toujours collaboré. Il fallait bien, j'étais parmi les loups, et au moment de mon départ, le Heimatbund de Mulhouse s'est effondré !

Parlant de Schweitzer, le témoin déclare que c'était toujours un politicien franc, tandis que Sturmel était un homme mou, qui n'avait pas de sang, un lâche.

M. Sturmel intervient et dit au Président que c'est son devoir de rappeler le témoin à l'ordre.

Le Président : Que savez-vous des rapports avec Ley ?

Le témoin était en rapports continus avec les centres de propagande allemands. Aussi leur a-t-il écrit souvent qu'il s'était donné tout entier au mouvement des autonomistes.

Un jour il a rencontré à Bâle un émissaire de Ley. Celui-ci aurait traité les chefs du mouvement autonomiste d'imbéciles, parce qu'ils n'avaient pas le courage d'agir. Il lui aurait parlé du « Stahlhelm », et lui aurait offert des armes. Entre autres, il aurait dit que MM. Fashauer, Haegy, Pinck, Ernst, Stresemann formaient un seul groupe. (Hilarité). Aussi aurait-il déclaré que l'argent ne manque pas et que les autonomistes n'ont qu'à s'adresser à lui pour être secourus.

Président: Que savez-vous des relations Ley et Kohler?

Témoin: Dès le jour où l'«Erwinia » était créée, Ley m'a demandé des renseignements sur elle. Ley était certainement un espion.

Me Peter: Un collègue, quoi !

Témoin: Ley savait tous les détails sur ma famille. J'étais souvent étonné. Il voulait me mettre en rapports avec Kohler et dans ce but il m'avait envoyé une sous-bande de la « Volksstimme » avec l'écriture de Kohler. La bande était écrite à l'encre bleue.

Défense: Complot.

Me Peter: N'était-ce pas une bande de la « Wahrheit »?

Riehl: Non, de la «Volksstimme »

Le président voudrait que le témoin parle du Dr. Ernst. Mais il dit simplement qu'il a appris son adresse par Ley et c'est tout.

Président: Aviez-vous des relations avec M. Ricklin?

Témoin: Oui, à partir de février 1926 Pendant la guerre déjà il venait de temps à autre à l'«Echo de Mulhouse» demander à mon père un journal. Il venait toujours à cheval et en uniforme, et il était fier de pouvoir se promener à cheval. (Le témoin danse sur place, imitant le geste d'un cavalier. La salle s'amuse, Le Dr. Ricklin rit de bon cœur en secouant la tête, et les avocats protestent contre ce théâtre).

Le témoin continue à déclarer, que pour le député d'Altkirch, la question d'Alsace était une question européenne. Il était en relations avec l'ex-député Dr. Vazeille, qui est un fervent défenseur des Etats-Unis d'Europe.

Président: Que savez-vous de la création d'un quotidien?

Le Dr. Ricklin nous a dit, qu'il nous fallait absolument un quotidien et qu'à cet effet il avait donné la somme de 300.000 francs lui seul. (Dr. Ricklin fait signe que non). Aussi a-t-il dit que trois paysans du Bas-Rhin ont donné 180.000 francs.

Défense: C'est cela l'argent allemand

Témoin: Cette déclaration m'a été confirmée par les députés Brom et Bilger. Un jour le Dr. Ricklin m'a demandé: quel était notre but final? J'ai dit: L'autonomie, quoi! Et après hésitation le témoin continue d'une voix moins haute: La neutralité. Et sur ce le Dr. Ricklin lui aurait serré la main en disant: Maintenant nous sommes d'accord.

Le Président : Savez-vous encore quelque chose de Schweitzer ?

Riehl : Le 26 Mars 1926, je suis allé voir M. Schweitzer à Riedisheim. « Je suis pénétré » dans la cour; j'ai frappé à la porte et, après une longue attente, on m'a répondu : « Entrez ! » Alors, « je suis pénétré » dans l'appartement et Schweitzer est sorti d'une pièce à côté en pyjama. (Hilarité.)

Schweitzer : (en riant). Comment, en pyjama ?

Le témoin : Et il m'a dit qu'il n'y a personne avec lui, puis il a dit : « Reinhart, viens ici », et de la chambre à côté est sorti un homme avec une moustache américaine, une figure pro-germaine, et qui me faisait l'effet d'être un officier de réserve allemand. (Hilarité.)

Mᵉ Berthon : Nous avons bien de la patience, mais ce n'est plus du sérieux en ce moment.

Le témoin continue et dit que sur la table il y avait une carte de touriste sur laquelle le Monsieur qui s'était présenté comme Oberleutnant A. D. mesurait des distances.

La Défense : C'est de cette façon qu'on veut gagner du temps ?

Le Président : Que savez-vous de Sturmel ?

Le témoin : Un jour il m'a dit : « Nous acceptons tous les Alsaciens, même n'habitant pas le pays, ainsi que tous les Français. » Aussi M. Sturmel avait dit que le Heimatbund recevrait prochainement un envoi d'armes de l'Allemagne. (Les accusés s'amusent). A Strasbourg, la «Schutztuppe» devait avoir mille hommes. Elle a fonctionné une fois et cinquante cyclistes ont cherché le Dr Ricklin à la gare.

Schall montre des doigts qu'il y en avait trois.

Le Président : Que savez-vous encore des relations avec l'Allemagne ?

Le témoin : J'ai dit une fois à Sturmel que j'étais en relations avec l'Institut de Francfort. Il m'a dit que je devais cesser ces relations ,car il n'y a que les membres du Comité qui en ont le droit.

La Défense : Décidément, c'est le complot.

Le Président : Que savez-vous des minorités nationales ?

Le témoin : On avait essayé de s'adjoindre les Bretons et les Corses, mais Schweitzer a dit qu'on ne les admettrait que par politesse. (On s'amuse toujours au banc des accusés.)

Le Président : Que savez-vous des fonds de la banque Pinck ?

Le témoin: J'ai puisé à une bonne source des renseignements sur cette banque. Un voyageur de Kehl m'a dit en présence de mon père que l'argent de la banque Gérardot-Pinck serait de l'argent allemand versé depuis l'armistice par virements. Mais qu'on ne pouvait plus constater ce fait, car la banque détruit tous les documents.

Le Président suspend la séance.

A la reprise de l'audience le président demande:

M. Riehl quel est le rôle, que vous avez joué? L'avez-vous joué spontanément?

Le témoin explique une lettre de mars 1927 dans laquelle, il constate que le germanisme se réjouissait du travail autonomiste. Je pensais, dit-il, que c'était un travail très intéressant. Mais, craignant un jour d'être découvert par la police, et d'être considéré comme un agent allemand, j'estimais nécessaire d'en prévenir M. Boltz, qui est un ami de ma famille. Je lui montrais les lettres et il me dit qu'en effet, elles étaient intéressantes. Il me pria de lui communiquer celles, que je pourrais encore recevoir. Mais, je n'ai reçu un centime de personne et je n'ai suivi aucune directive.

Me Fourrier comence la lecture d'une lettre de Riehl: N'est-ce pas le délateur Riehl, qui écrit à M. Keppi.?»

« Nous avons du sang germain dans nos veines et nous ne pouvons jamais marcher avec la France...,»

Me Fourrier: L'avez-vous écrit?

Le témoin commence par raconter une histoire d'aviateurs allemands, et cite une conversation avec Ricklin dans laquelle celui-ci se plaint de ce que les Alsaciens-Lorrains ne peuvent pas porter les distinctions allemandes.

La défense: Qu'il réponde, il ne répond pas.

Me Jaeglé lit la réponse de Keppi. Celui-ci affirme, que ce jeune homme poursuit des tendances, qu'il ne peut approuver.

Me Fourrier: Le délateur Riehl est-il l'auteur de la lettre à Schall? Et il lit des extraits.

Le Témoin ne veut pas répondre.

Me Fourrier: Dites-moi oui ou non.

Finalement Riehl un peu honteux, affirme : « Oui je l'ai écrite. »

Me Fourrier: Avez-vous écrit la lettre à un tel ou tel.

Riehl: Oui je l'ai écrite.

Me Fourrier. Parfait, Riehl.

Et sur chacune des lettres, **M. Riehl** veut s'expliquer.

Le Président : Laissez-le parler.

Me Fourrier : Dévoilez votre âme vile.

La Défense : Personne ne proteste contre l'outrage fait à la France !

Le Président : Ceux à qui les lettres étaient adressées ne protestent pas non plus.

Me Fourrier : Le délateur Riehl...

Le Président : Je vous rappelle que vous n'avez pas le droit d'insulter le témoin .

Me Fourrier : Cet homme est au-dessous de toutes les insultes.

Me Peter : Pour moi, j'ai honte qu'il soit Alsacien.

Riehl : Toutes ces expressions, que vous trouvez honteuses, ont été prononcées dans des réunions d'autono-mistes. Le Dr L. avait même parlé de « putsch ».

Me Fourrier : Avez-vous écrit la lettre où il est parlé dans les termes suivants : « Foch est un des plus grands meurtriers de l'humanité. » ?

Riehl : Parfaitement.

Me Klein : Est-il vrai que le témoin a commis un abus de confiance au détriment de l' « Alsatia » N'a-t-il pas vendu des stocks de papier à Braun ?

Riehl : C'est une insulte, et je profiterai de l'occasion pour me justifier. Mon père était directeur technique du « Volksblatt » et il avait à sa disposition des stocks de papier. N'ayant pas la qualité voulue pour servir mes clients, je demandais à mon père le papier en question. Sous ce prétexte, mon père a été chassé de l' « Alsatia ».

La Défense proteste énergiquement.

Mais **Riehl** prétend qu'ils ont été renvoyés de l' « Alsatia » **parce que le jeune Riehl avait dénoncé le Dr Ricklin.**

Longuement et ardemment, **Riehl** explique ses déboires au «Volksblatt». Il prétend que M. Sturml tirait les ficelles dans la coulisse. Il fait ensuite lire une facture de l' « Alsatia », dans laquelle celle-ci fait le décompte de l'argent dû à la Société par le jeune Riehl sur le salaire de son père.

La Défense: On constate donc que le jeune Riehl n'a pas payé la facture. La Société s'est fait rembourser par son père.

En effet, il s'agit ici d'une vente de papier, qui n'avait pas été contrôlée, ce n'est que cinq mois plus tard, qu'un inspecteur de l'« Alsatia » s'est rendu compte de cette irrégularité.

Me Klein: Vous étiez en relations avec le «Deutsches Auslandsinstitut?» Vous leur avez écrit une lettre?

Témoin: Oui.

Me Klein: Vous l'avez écrite spontanément?

Riehl: Oui.

Me Klein: Vous y parlez de français fonçant comme des taureaux furieux sur tout ce qui est allemand. Vous dites, que les Alsaciens sont traités pis que des nègres du fond de l'Afrique, qu'on presse l'Alsace comme un citron.

Le Témoin: Oui, j'ai écrit ces mots Mais, je les avais entendus ailleurs.

Me Klein: Vous avez écrit à l'«Arbeitsausschuss » à Vienne?

Riehl: Oui.

Me Klein: Vous avez demandé l'organisation du « Stahlhelm »?

Riehl: Oui.

Me Klein: Et ceci spontanément-?

Riehl: Oui.

Défense: C'est très bien.

La défense constate, qu'il a écrit à toutes les sociétés de propagande allemande, qui combattent la France et le traité de Versailles.

Me Klein: Je constate, qu'il s'agit ici de haute trahison.

Et on cite des lettres, toujours des lettres dégoutantes. Les défenseurs s'indignent,

Me Klein: Vous avez écrit au «Bund der Auslandsdeutschen » . Vous demandiez un consulat allemand, où les Alsaciens puissent se réfugier.

Riehl: La « Zukunft » a propagé la même idée.

Schall proteste.

Me Klein: Vous étiez en relations avec l'Institut Scientifique de Francfort?

Riehl: J'en étais même membre. Mais j'ai fait tout ceci dans l'intérêt de la France et pour combattre l'autonomisme. J'ai donc travaillé contre l'Allemagne et non pas pour l'Allemagne comme les autonomistes.

M. Fachot: Il est curieux, que vous ayez tant de lettres. D'où les avez-vous Cela prouve que vous êtes en bonnes relations avec ces instituts allemands.

Défense: Elles nous sont arrivées par la poste. Des honnêtes gens nous les ont envoyées. Ces gens de l'institut allemand sont encore plus honnêtes que Riehl,

Me Palmieri : j'exprime ici tout mon dégoût des agissements de ce personnage. Le délateur Riehl...

Le Président : Je vous rappelle que vous n'avez pas le droit d'insulter M. Riehl.

Me Palmieri : Je rectifie : L'honorable M. Riehl que voici, a-t-il limité à l'Alsace-Lorraine son activité ?

Le témoin ne répond pas directement. J'ai constaté, dit-il, que les Allemands sympathisaient avec le mouvement autonomiste, et j'ai travaillé de concert avec eux.

Me Palmieri : Je constate que la réponse n'est pas précise. M. le Président, veuillez lui demander si son activité s'est bornée à l'Alsace ?

Riehl: J'ai écrit aux autonomistes d'Eupen-Malmédy, aux séparatistes des Pays Rhénans et j'ai constaté que la bande était partout la même, qu'elle avait toujours les mêmes tendances.

La Défense : Nous constatons qu'il a donc travaillé ailleurs qu'en Alsace.

Me Palmieri : L'honorable M. Riehl n'a-t-il pas écrit au parti autonomiste corse pour le provoquer à la violence.

Le président veut intervenir.

Me Palmieri : Je prouverai qu'il a excité la population à la violence. Mais ce n'est pas un agent provocateur !

Me Fourrier veut relever un point.

Le Président agite violemment sa sonnette.

Me Fourrier: J'ai constaté sur une lettre de Riehl une annotation de la main de M. Boltz. C'est une réponse de Mouvra. Il écrit en marge : Cette lettre m'a été remise par Riehl.

Me Feuillet : Le témoin sait-il quand et comment le Comité des minorités nationales a été fondé?

Riehl : Je ne le sais pas.

Me Feuillet: N'a-t-il pas écrit à Matter une lettre où il est question d'alcoves et de maîtresses? Quel rapport cela a-t-il avec l'autonomisme ?

Le Président : Et quel rapport y a-t-il avec le complot ?

Me Feuillet: C'est pour illustrer le personnage.

Me Fourrier: Le « Temps » a écrit il y a quelques mois que le courageux M. Riehl a consenti à se faire l'auxiliaire de M. Mitton.

Riehl: C'est le premier mot que j'entends.

Me Peter pose les questions habituelles: Le témoin connaît-il Baumann et Kohler?

Riehl: Non.

Me Peter: Est-il vrai qu'il a envoyé quelques fonds à la « Wahrheit»?

Riehl: Oui, j'ai envoyé quelques sous

Me Peter: N'avez-vous pas demandé à MM. Bauman, Kohler et Zorn de Bulach de venir à Bâle pour pouvoir les mettre en rapport avec Ley?

Riehl ne répond pas, il parle de lettres écrites dans tel et tel but.

Le président doit poser sur demande de Me Peter la question suivante: N'est-il pas vrai que vous avez attiré Zorn de Bulach à Bâle?»

Riehl: Oui, c'est exact.

Me Peter: M. de Bulach a-t-il répondu?.

Riehl: Il n'a pas répondu.

Riehl: J'ai écrit plusieurs autres lettres à Zorn de Bulach j'ai reçu quelques réponses.

Le temps presse. Les accusés veulent chacun poser des questions au témoin.

Schweitzer : N'est-il pas vrai que le témoin a voulu nous mettre en rapport avec des agents allemands ? N'a-t-il pas insisté ?

Riehl : J'ai dit ce que j'avais à dire là-dessus. Il n'est pas vrai d'ailleurs que j'ai voulu les mettre en relations.

Schweitzer : Nous le prouverons tout à l'heure. Ne nous a-t-il pas offert de l'argent allemand ? Ne nous a-t-il pas voulu amener à Bâle pour obtenir de l'argent pour nos revues ?

Le témoin nie.

M. Sturmel : M. Riehl a déclaré dans un rapport à M. Mitton que j'avais accepté de l'argent qui m'a été offert. Le témoin se trompe : il s'agit sans doute de l'argent offert à

Schweitzer et que celui-ci a refusé. Ces erreurs proviennent de ce que Riehl, secrétaire du Heimatbund, a écrit les notes un an après les faits.

Riehl prétend qu'on lui a suggéré de ne pas prendre de notes sur un cahier à cause de la police, mais d'écrire sur des feuilles volantes. On lui a demandé en outre de ne pas nommer le nom des assistants, mais le nombre.

La défense fait l'impossible pour terminer l'interrogatoire de Riehl avant midi. Mais tous les accusés veulent parler, et on ne réussit point à les satisfaire tous. Dans ces conditions, le **Président** lève la séance.

Séance de l'après-midi.

Dans l'audience de l'après-midi, on en revient aux lettres de Riehl.. Celui-ci a dépensé beaucoup d'argent pour sa correspondance .

M. Sturmel l'accuse d'autre part d'avoir trahi le secret professionnel en dénonçant M. Jourdain sur des indications de son père. M. Sturmel rappelle que les membres de la section de Mulhouse ont voulu l'exclure, mais qu'il a tenu à rester dans leurs rangs. Il demande à lui poser quelques questions précises.

M. Sturmel : Ce matin, le témoin a dit qu'il n'a jamais reçu d'argent de personne, ni de la police, ni de personnes privées.

Riehl : Je n'ai pas reçu un centime, j'ai tout fait de moi-même, spontanément.

M. Sturmel : A quel moment le témoin a-t-il fait la connaissance de M. Boltz ?

Riehl : A la fin du mois de Mars 1926.

M. Sturmel : Il est curieux de constater que ce n'est qu'en 1928 c'est-à-dire deux ans après que le fait s'est passé, que M. Riehl met le commissaire de police au courant de ma prétendue réception d'armes.

Riehl : C'était au début de Septembre 1926 que j'ai prévenu M. Boltz.

M. Sturmel : Alors pourquoi M. Boltz

n'est-il pas venu prendre cette fameuse caisse, comme c'eût été de son devoir ?

M. Sturmel : Veuillez demander au témoin s'il m'a jamais vu en possession d'une arme quelconque ?

Le témoin : Non.

M. Sturmel : Le témoin n'est-il pas venu presque tous les jours à mon domicile, pour m'exciter contre la France ?

Le témoin affirme qu'il a été invité quelques fois.

M. Sturmel : Ce n'est pas une réponse ! — Et il continue : N'est-il pas vrai qu'à la fin de Septembre 1926 nous avons invité Riehl à nous quitter ? Le témoin n'affirme-t-il pas que nous n'étions pas d'accord et que je n'approuvais pas ses façons d'agir ?

Riehl : Nous n'étions pas en mauvais termes.

M. Sturmel : Pourtant, dans vos lettres à M. Ricklin, vous vous plaignez à mon sujet ! Le témoin n'a-t-il pas collaboré à l'instruction ? N'a-t-il pas assisté à des interrogatoires chez M. Mitton, par exemple dans une chambre voisine ?

Riehl : Jamais.

Sturmel : Le témoin a accusé environ 150 personnes.

Le témoin le nie.

Sturmel : J'ai pourtant vu la liste chez M. Mitton.

Le témoin commence à perdre un peu de sa fierté.

M⁰ Berthon : Cessons ici : cet homme a déjà été jugé par l'opinion publique.

Schweitzer : Le témoin veut-il nous dire si nous avons été en relation quelconque avec l'Allemagne.

Riehl : Je ne sais pas.

M⁰ Feuillet : Je constate que le témoin a envoyé des lettres recommandées à un de mes compatriotes.

Riehl : Il s'agit d'un nommé Marschall du Breiz-Ataô.

M⁰ Feuillet : Monsieur Riehl est le pivot de l'accusation. Cet homme ignore sans doute notre devise et nos insignes. **Notre devise est: Plutôt la mort que la souillure.** Notre emblème est l'hermine. Cet homme qui ne connaît pas nos insignes a agi d'une façon indigne d'un Breton.

La Cour intervient pour protéger Riehl.

M⁰ Berthon leur lance ces mots cinglants : **«On se sert de ces hommes mais on ne les défend pas.**

Riehl est renvoyé dans la salle et s'y assied fièrement entre deux agents de police.

Le témoin suivant est

M. Boltz

Commissaire de Mulhouse

chef de la police secrète. Il est âgé de 43 ans. C'est un homme pondéré, dont toutes les paroles sont mesurées et pleines de sens; il n'est pas agressif et s'abstient de porter des jugements personnels sur les inculpés. Aussitôt on lui pose des questions.

Sturmel : A quel moment saviez-vous que j'avais reçu une caisse d'armes?

M. Boltz : En août 1926, la chose m'a été rapportée.

M. Sturmel : Connaissiez-vous donc Riehl?

Boltz : Je le connaissais depuis 1926. Je connaissais sa famille.

Président : Riehl a-t-il été l'agent de la police? A-t-il reçu de l'argent?

M. Boltz : Non, à aucun moment.

M⁰ Berthon : C'est une question naïve.

La Cour proteste.

M⁰ Berthon : Je ne me fierai pas à des agents provocateurs. La police officielle est d'ailleurs capable de mentir.

M. Boltz proteste énergiquement affirmant qu'on l'atteint dans son honneur.

Le président reproche à M⁰ Berthon cette réflexion injustifiée.

M⁰ Berthon : Je puis vous préciser que j'ai connu des agents de police qui ont menti. Je puis vous citer des cas. C'est une question d'ordre général et qui ne doit blesser personne,

M. Fachot : Vous avez une drôle de façon d'apprécier les Alsaciens. Vous avez trop dit, Mᵉ Berthon, vous n'avez plus rien à dire.

Mᵉ Berthon : Comment, je n'ai plus rien à dire ?

Le Président : Je suis ici depuis huit ans, et je sais que l'Alsacien a le sens de l'honneur.

Du côté droit de la salle on applaudit.

M. Fachot : Si vous saviez ce que des Maîtres du barreau de Paris ont dit, la semaine dernière à la deuxième Chambre disciplinaire sur la Défense de ce procès, par les avocats du barreau de Paris, vous seriez étonné.

Mᵉ Berthon : Je vous défends, M. le Procureur, de citer ici l'opinion d'un Monsieur quelconque que je ne connais pas. Ce que je sais, c'est que je jouis de l'estime du bâtonnier de Paris, tout le reste m'est égal, cela me suffit.

Mᵉ Peter : J'ai un mot à dire.

Le Président agite sa clochette.

Mᵉ Peter continue néanmoins : Il y dans cette salle une claque organisée grâce aux cartes du Président.

Mᵉ Feuillet : Nous ne nous laisserons pas manœuvrer, c'est de la comédie.

Et le duel continue entre **M. Fachot** et **Mᵉ Berthon** sur certains rapports de fonctionnaires.

Mᵉ Berthon riposte . Et moi, je vous parlerai d'un autre rapport disant que les fonctionnaires venant de France en Alsace n'avaient guère mérité d'éloges, pour ne pas employer de gros mots. L'incident, qui a été violent, est clos sur ces termes.

Le Président : Et vous, Schweitzer. qu'avez-vous à dire

Schweitzer : Vous avez rapporté des paroles que j'aurais dites et des gestes que j'aurais faits tendant à conspuer le drapeau français. Qui vous a rapporté ces propos.

Le témoin : C'est Riehl.

La Défense : Evidemment c'est toujours Riehl !

M. Sturmel : Et les propos rapportés sur mon compte, d'où les tenezvous ?

M. Boltz : De Riehl.

M. Sturmel : Je n'ai pu prononcer les paroles que m'attribuait Riehl; toute mon action publique prouve le contraire.

M. Boltz parle ensuite des réunions de la section heimatbundiste à l'Hôtel du Saumon. Schall y a fait une conférence. Il rappelle que les autonomistes ont de grandes archives à Strasbourg et que, bientôt, ils organiseront des enquêtes sur les membres du Heimatbund.

M. Boltz : J'ajoute, quant au Dr Ricklin, qu'il est un homme honnête et sympathique ; mais, comme politicien, il est néfaste en ce moment. Il ne peut comprendre la véritable âme alsacienne depuis 1918.

Le Président : En effet, dans sa déposition, il a prouvé qu'il ne sent pas battre le cœur de l'Alsace.

M. Boltz rappelle que dans une lettre adressée à l'instituteur Lidy (Illfurth) le Dr. Ricklin avait écrit que l'Alsace-Lorraine est une prostituée, qui s'est jetée au cou de la France. Pendant quatre ans elle a laissé piétiner ses particularités tout en prétendant les défendre

Ricklin: Je ne me rappelle pas de cette lettre.

Mᵉ Berthon: Finalement vous pourrez constituer un document avec tout ceci. On rappelle ici une histoire passée il y a quatre ans. Il y a bien des viols; dans le cas présent c'est la liberté qui est violée.

M. Fachot: Non, la Justice.

Mᵉ Berthon: La justice aussi. Je constate, que c'est en tout cas une mauvaise plaisanterie, à laquelle nous assistons.

Schweitzer: Riehl n'a-t-il pas tiré un poignard devant des témoins? Quelques jours plus tard le même Riehl me dit que M. Boltz avait affirmé que j'avais tiré un poignard dans une assemblée. Je vais voir Boltz et j'apprends de lui, que Riehl lui a raconté des sornettes. A la même occasion, je lui ai demandé de me nommer des agents provocateurs ou pro-allemands, que s'il y en avait dans notre mouvement, je les expédierais immédiatement. Il n'a pu m'en nommer. Vous voyez

Mais je n'ai jamais dit que je n'aime pas la France, tout court.

M° Fourrier pose des questions: Quelles étaient les notes de Riehl, qu'il feuilletait en votre présence ? A quoi fait allusion votre annotation ?

Boltz: J'ai vu la serviette de Riehl, mais non pas ses pièces. Il m'a remis quelques documents.

Photo Christophe

M. BOLTZ, Commissaire de Police

Messieurs, comment M. Riehl travaille et fabrique des complots.

Boltz: J'ai à la même occasion dit à Schweitzer de cesser ce mouvement anti-français.

Président: Vous l'avez donc prévenu ?

Schweitzer: Mais M. Boltz ne m'a pas prouvé que le mouvement était pro-allemand. Moi-même j'ai toujours agi par conviction régionaliste. Nous ne serons évidemment pas du même avis, M. Boltz et moi sur la définition de notre mouvement. Et l'on parle de Zadock.

Schweitzer termine, toujours le sourire sur les lèvres: J'étais régionaliste et c'est comme tel que je n'aime pas le gouvernement français centraliste.

La défense: Il travaillait donc en collaboration !

M° Palmieri: Connaissiez-vous les relations entre Riehl et le mouvement autonomiste corse?

Boltz: Je l'ignorais. Je ne sais que ce qui m'a été rapporté par Riehl lui-même. Je consignais quelques-uns de ses renseignements.

M° Fourrier: Saviez-vous qu'il était en relations avec l'Allemagne?

Boltz: Oui, j'ai vu plusieurs de ses lettres. Je sais qu'il a donné un rendez-vous à un Allemand à Bâle.

Président: Vos renseignements sur Sturmel et Schweitzer?

Boltz: Schweitzer est un homme franc, ouvert, conséquent avec lui-même. Il est capable de souffrir pour ses idées. Mais, c'est un rêveur politique, qui cherche encore et puise un peu partout. Il construit un «mosaïque politique».

La défense: Bien, très bien. C'est le meilleur éloge qu'on puisse faire d'un accusé.

Président: Et Stürmel?

Boltz: C'est un bon père de famille, il est travailleur. Il a été stylé au cercle St-Fridolin et a gagné de l'importance. Mais M. l'abbé Ohl m'a dit, que M. Sturmel est un arriviste.

La défense: C'est un éloge aussi!

Et l'on parle de l'apposition de papillons autonomistes à la sous-préfecture.

M. Boltz prétend l'ignorer.

Mᵉ Palmieri demande à lire une lettre adressée par l'avocat Rocca d'Ajaccio à la défense.

(De Rocca est journaliste et avocat autonomiste, cité comme témoin à décharge.)

Dans sa lettre il dit que Schall est un homme très modéré. Il l'a rencontré au congrès des minorités. Il affirme qu'il travaille dans les strictes limites de la loi. Qu'il mène une vie modeste, etc. Il rappelle que grâce à Schall, la cotisation pour les membres de cette association était ramenée à 90 francs. Il constate que les lettres de Riehl toujours violentes restèrent sans réponse de sa part. Il relève enfin qu'on a voulu confondre «autonomisme» avec «séparatisme» et il définit l'autonomisme. Les autonomistes, écrit-il, demandent la liberté des minorités dans le cadre du pays, dont ils font partie. C'est en ceci, que l'autonomisme se distingue du séparatisme.

Mᵉ Thomas rend hommage à la façon calme et digne avec laquelle a déposé M. Boltz. Toute la défense s'associe à cet éloge.

L'audience est suspendue pendant une demi-heure.

A la reprise, M. Boltz demande à replacer un mot sur les relations autonomistes avec l'Allemagne. Il croit qu'ils étaient en communauté d'idées. Pendant que l'autonomisme battait son plein, des livres allemands soutenaient la thèse des minorités allemandes. Il cite l'activité des «Jungelsässer» et un discours de Remmelé à Karlsruhe. Il constate qu'il cherchait à faire le pont entre la Bade et l'Alsace.

Mᵉ Jaeglé: C'était le désir de Remmelé. Peu nous importe.

Schweitzer: M. Boltz sait-il que la section mulhousienne avait du contact avec les associations allemandes?

M. Boltz: Je ne le sais pas. Je l'appris par un de mes amis en Allemagne, qui m'a affirmé que M. Fashauer avait vu un nommé Wintzinger à Kehl.

M. Fashauer: Je ne le connais pas.
Mᵉ Klein: Ce sont des racontars!
Le témoin suivant

M. Bourgoin

Inspecteur d'Académie.

paraît à la barre avec une serviette bien garnie.

Le témoin parle exclusivement de M. Rossé. Il rappelle son arrivée en Alsace, d'il y a deux ans. Il prétend très bien connaître M. Rossé. Il a refusé par principe de recevoir M. Rossé délégué du cadre local scolaire, parce qu'il lui avait adressé une lettre ouverte insultante pour lui-même et pour la France. Il constate que Rossé est un homme intelligent, capable, qui aurait pu rendre de très grands services à la France mais, comme professeur, il est peu actif, il emploie le minimum de temps prescrit à son travail. Peu d'observations cependant à faire sur son travail en classe; on ne relève là rien de tendancieux. mais l'activité de M. Rossé est ailleurs : en moins d'une année, il a déposé 144 demandes de congé.

Et le témoin passe à un autre aspect de l'activité de M. Rossé. Par des citations de la « Revue Scolaire » et des documents divers, il veut prouver le sentiment de M. Rossé à l'égard de la France. Il rappelle une dissertation de M. Rossé à l'occasion de son examen d'admission au grade de Mittelschullehrer, en 1918. Il constate que M. Rossé, dans cette dissertation, fait l'apologie du pan-germanisme.

Il cite ensuite une foule d'articles de la « Revue Scolaire ».

Me Berthon : Ce sont des controverses pédagogiques auxquelles nous assistons !

M. Bourgoin : Je ne serais pas plus bavard que les avocats, laissez-moi parler. Dans ces articles, nous voyons que Rossé parle de la défense des intérêts des instituteurs alsaciens. Il est particulariste dans ses articles pédagogiques. M. Bourgoin lui reproche de n'avoir pas compris l'attitude des Français de l'intérieur vis-à-vis des Alsaciens. Dans d'autres articles, M. Rossé demande à l'inspecteur de faire disparaître les idées de haine et de nationalisme outré, que lui et ses amis ont combattues chez les Allemands comme ils les combattent chez les Français.

La Cour veut interdire la lecture.

Me Berthon : C'est trop beau pour qu'on ne continue pas; c'est à notre avantage.

Me Fourrier : M. Briand parle, lui aussi, de cette façon.

Et tandis qu'on lit d'autres articles, M. Rossé contrôle mot par mot, alinéa par alinéa; il relève la mauvaise traduction, il reproche au traducteur de sauter des alinéas. Et, dans la lecture complète, nous voyons que M. Rossé demande à ses supérieurs de ne pas exiger trop de patriotisme des Alsaciens. Il leur suffit de rendre à César ce qui est à César, et de faire leur devoir, sans être obligés de montrer de l'enthousiasme pour certaines idées.

M. Bourgoin rappelle les raisons pour lesquelles M. Rossé a été puni pendant son service militaire. Ce n'était pas pour ses sentiments français, mais il avait simplement défendu des Alsaciens «rouspéteurs» comme lui. Le témoin en vient ensuite au traitement de M. Rossé, à la part prise par M. Rossé à la fondation de l' « Erwinia » Il tend à insinuer que M. Rossé n'a pu gagner des sommes folles.

Dans un nouvel ordre d'idées, on parle de la création de la « Revue Scolaire » et de son programme; les revendications de celui-ci sont particularistes et souvent d'ordre politique. Il prouve que Rossé est le vrai directeur de la « Revue ».

Il lui reproche d'avoir écrit un article signé Chapuis où au moins il en cache l'auteur. Dans cet article il dénigre systématiquement la France. Dans un compte-rendu il détourne le sens des paroles de Bourgoin. Le témoin lui reproche d'avoir écrit un article somptueux en l'honneur de M. Bassompierre, ancien inspecteur. Il parle de tout le tort fait à cet homme. Mais il oublie de dire tout le bien que la France avait fait pour les instituteurs d'Alsace.

Il en vient ensuite aux grèves de 1920 et 1926. Rossé avait jusqu'ici nié être l'instigateur de ces grèves. Or, on est venu le chercher en automobile à Lauterbourg et M. Rossé ne pourra le nier puisqu'il a reçu un blâme.

M. Rossé proteste.

M. Bourgoin affirme qu'il le prouvera. Il demande ensuite à lire les articles concernant le programme de la «Kulturautonomie» défendu par Rossé et qui correspond au programme des «Heimatstimmen». Il lit l'article dans lequel Rossé s'explique sur les raisons qui l'ont poussé à signer le manifeste du «Heimatbund». Il donne l'article au président.

Président: C'est l'article intitulé : « Sœnnecken-Tintenfässer ? » (Hilarité)

Les journalistes s'endorment, d'autres profitent pour faire de la manicure ,d'autres encore s'amusent à critiquer des photographies, c'est le désintéressement général,

Mᵉ Berthon: Que le témoin lise tout ce qu'il voudra; il apporte les meilleurs éléments à la défense.

Mᵉ Jaeglé: Et sans le savoir!

Et M. Bourgoin affirme que M. Rossé n'avait pas de raisons de tant critiquer, que les traitements étaient réglés, que les grosses difficultés s'étaient évanouies, mais déjà Rossé s'occupe de la défense de la «Muttersprache». Rossé semble en vouloir à l'enseignement de langue française en Alsace. A l'appui de ces thèmes il lit des articles des «Heimatstimmen». Ces articles ne sont pas signés.

Défense: Nous allons lire toute la presse allemande.

M. Rossé: J'ai encore à répliquer, je n'aurai pas le temps dans ces conditions si le témoin s'étend trop longuement.

M. Bourgoin: Le problème de la «Muttersprache» est le suivant: Il s'agit de défendre la langue allemande dans tous les pays séparés de l'Allemagne par le traité de Versailles. Or, par «Muttersprache» on entend la langue allemande, nullement l'alsacien, dans le cas présent. Vous voyez donc comment Rossé travaille avec ces messieurs des «Heimatstimmen».

Nous ne donnerons pas les détails de cette longue théorie basée sur la lecture de divers articles.

M. l'Inspecteur fait lire encore un article d'une revue allemande où nous apprenons qu'on veut déraciner le germanisme des minorités allemandes, qu'on veut anéantir l'école allemande, arracher l'âme allemande à la jeunesse.

M. Rossé : Je tiens à remarquer que je n'ai rien à faire avec tout cela.

Le témoin : J'arrive à mes conclusions et je vais prouver que si. Et M. l'Inspecteur d'Académie parle ensuite de la bibliographie de la « Revue Scolaire ». A partir de l'été 1926, dit-il, nous y trouvons non des critiques, mais de la réclame sur des ouvrages et des articles édités par le « Schutzbund »

et les « Elsass - Lothringer im Ausland ».

La Défense : Et l'on dit que c'est la défense qui allonge les débats. Nous voudrions bien savoir où est le complot.

M. Bourgoin cite un titre.

M. Rossé vérifie immédiatement dans la « Revue » et constate que le titre est incomplet.

Le témoin : Un autre livre, « der West-Deutsche Volksbote ».

M. Rossé : C'est juste, mais on met en garde contre ce livre.

Mᵉ Jaeglé (avec sa jovialité habituelle) : On cherche un complot.

Le témoin cite un troisième livre.

M. Rossé rappelle encore que la critique met en garde contre ce livre.

Enfin **M. Bourgoin** continue et cite un livre intitulé « Deutschlands Minderheiten und der Völkerbund ».

M. Rossé : On met encore en garde contre ce livre. (Hilarité dans la salle.)

M. Bourgoin parle encore d'une critique sur un livre intitulé : « Von deutschen Parteien im Ausland ». La critique date du 1er Octobre 1927; on y parle de ce qu'on comprend sous les « deutschen Parteien im Ausland » et leurs représentants. Or, le témoin en conclut qu'on y vise les députés Rossé et Ricklin.

Mᵉ Klein : C'est une insulte aux électeurs alsaciens.

Mᵉ Jaeglé : Comment a-t-on pu écrire pareille chose le 1er Octobre, alors que les élections n'avaient lieu qu'en Avril 1928 ?

M. Bourgoin : Les Allemands ont pu prévoir les élections.

Mᵉ Jaeglé : Tiens, mais notre Gouvernement ne les a pas prévues.

Le témoin parle ensuite d'un livre, « Deutschtum in Not » envoyé à la rédaction de la « Revue Scolaire » et dont l'expéditeur aurait demandé une critique au professeur Rossé. C'est significatif, dit-il.

La Défense : Pensez voir, quel crime !

Bref, l'action de Rossé était néfaste. Il est vrai qu'il s'est occupé du personnel enseignant, mais il a exploité ses collègues; il leur a rendu des services, mais il a su exploiter ses mérites. Puis **l'Inspecteur d'Académie** rend un hommage au personnel enseignant alsacien et espère qu'il constatera bientôt qu'on a voulu l'entraîner dans une mauvaise voie.

La parole est à **M. Rossé**.

Brillante défense de M. Rossé

L'accusé constate qu'il est déjà cinq heures vingt et qu'il ne pourra répondre en dix minutes à une accusation d'une heure et demie. Il n'avait pas l'intention cependant d'insister tellement sur ses dépositions. On l'y oblige, ce n'est pas de sa faute.

M. Rossé: M. l'inspecteur d'académie malgré tout le respect que j'ai pour votre haute personne, je suis obligé de constater que toute votre accusation se base sur des données fausses et injustes. Montrez-moi la cote dans mon dossier où il est question d'un blâme?

M. Bourgoin: Oh! vous savez qu'il y a blâme moral, blâme oral, blâme écrit.

M. Rossé: Messieurs les jurés, M. l'inspecteur d'académie a prétendu tout à l'heure que j'ai reçu en 1920 un blâme pour participation à la grève. Je le défie de me montrer ce blâme!

M. l'inspecteur cherche activement dans le dossier personnel de M. Rossé. Pendant ce temps il y a un duel très serré entre Me Berthon et le président.

Le président tire la courte paille, se fâche et d'un geste énergique il prend sa sonnette et la replace sur la table. (On rit.)

Entre temps, M. Bourgoin a trouvé. Il lit quelque chose au sujet d'un certificat médical, mais d'un blâme on n'entend rien.

M. Rossé: J'insiste je veux voir le blâme.

M. Bourgoin: Mais nous ne parlons pas du blâme. (Sensation.)

La défense s'amuse. M. Bourgoin d'un geste las ferme son dossier et le replace sur la chaise.

M. Rossé: Je constate donc que la base de l'accusation de M. Bourgoin est fausse. Mais ce qui est exact c'est que, la grève terminée, j'ai pris la défense de mes collègues. Je suis parti de Lauterbourg en auto le dernier jour de la grève. On m'a conduit à Colmar, j'ai cherché des documents, je suis allé à Strasbourg au Commissariat Général, j'ai traité avec le commissaire, et le soir j'ai signé la fin de la grève. Voilà mon action, Messieurs les jurés, dans la grève.

Enfin, M. l'inspecteur d'académie, permettez-moi de vous dire encore une fois, malgré tout le respect que je dois à votre personne, que vous n'étiez pas loyal. Vous avez fait lire tout à l'heure un article signé Victor Chapuis. Or, vous n'en avez fait lire que la première partie; si vous en aviez fait lire la seconde, on en aurait appris que c'est tout simplement une traduction d'un article de Jean Guiraud, rédacteur à la «Croix» et le traducteur a signé Chapuis. (Sensation.)

Venons à la question de mon examen. Vous me reprochez d'avoir fait une composition de tendance pro-germanique. Eh bien, M. l'inspecteur d'académie, vous qui connaissez si bien mon dossier vous auriez aussi dû dire dans quelles conditions j'ai fait cette composition. Tandis que mes collègues pouvaient tranquillement développer leur thème dans une salle, j'étais obligé de le faire au front. On m'avait imposé comme sujet «die staatsbürgerliche Erziehung der Jugend». Messieurs les jurés vous qui connaissiez notre situation pendant la guerre, vous comprenez qu'en ce moment je ne pouvais agir autrement. Du reste, j'espère M. l'inspecteur que vous n'allez pas mettre en doute les sentiments patriotiques de M. Meyer qui m'a donné pour ma composition la note «très bien».

M. Bourgoin : C'est juste.

M. Rossé : Je vous défie enfin, M. Bourgoin, de prétendre que j'ai dit avoir été condamné à la prison pour mes sentiments français. J'ai déclaré hautement ici devant toute cette salle qu'on m'a condamné pour avoir défendu mes collègues. En ce qui concerne mon traitement, je suis vraiment étonné qu'enfin vous avez pu calculer ce que j'ai pu toucher pendant ces dix ment. Mais si on avait des doutes làdessus, c'était du devoir de nos chefs de faire une enquête. Quand aux 144 demandes de congé, je ne sais que trop bien que je les ai demandées. Mais, Messieurs les jurés, n'est-ce pas triste quand un représentant des fonctionnaires est obligé de demander tant de congés pour intervenir pour ses collègues auprès des autorités ? Nous é-

Photo Christophe.

M. ROSSÉ au Banc des Accusés

ans. Il y a un an à peu près, on vous a demandé des renseignements là-dessus. Et c'est vous-même, M. l'Inspecteur, qui avez répondu, par lettre, qu'il vous était impossible de faire ce calcul. Je suis charmé, M. l'Inspecteur, de constater les progrès que vos services ont faits durant cette année. Ensuite, le témoin est venu dire qu'il ne sait pas comment la « Revue Scolaire » est née. Si l'on avait voulu agir loyalement, M. l'Inspecteur aurait pu faire une enquête chez mes amis à Colmar. Il aurait appris que notre Revue est née à la suite d'une réunion au café Vauban; elle est née honnête tions obligés de nous défendre, car si nous n'avions pas lutté, nous aurions vu des choses pires encore. J'ai ici, sous la main, les directives avec lesquelles l'Administration scolaire est venue, en 1919, en Alsace. Je pourrais citer de nombreux points. Je me contente de quelques-uns : suppression de l'école confessionnelle, le personnel des écoles maternelles doit être réduit, le personnel laïque doit l'être de moitié, les enseignantes religieuses complètement, **une partie pourra cependant être maintenue après examen de leurs sentiments patriotiques.** La moitié des institutrices laïques des écoles primaires devait être éliminée, et les religieuses n'auraient pu rester qu'après un examen de leurs sentiments patriotiques. Des instituteurs, on ne voulait garder que trente pour cent. Trois mille fonctionnaires, dont une grande partie des pères de famille, devaient être privés, de cette façon, du pain quotidien. La moitié d'entre eux, au moins, aurait passé le Rhin et c'est ainsi qu'on aurait créé ces agents en Allemagne, dont on parle tant aujourd'hui, si nous n'étions pas intervenu. Vous voyez, Messieurs les jurés, que mon œuvre n'était pas aussi néfaste que le prétend M. l'Inspecteur d'Académie, au contraire !

M. Bourgoin : Oui, mais dans des réunions d'instituteurs, en parlant des fonctionnaires venant de l'intérieur, on a crié : « Heraus mit Ihnen ! »

M. Rossé s'indigne et crie : Prouvez-moi cela M. l'Inspecteur.

M. Bourgoin se tait.

M. Rossé insiste.

M. Bourgoin : Le mot « Heraus mit Ihnen » a été dit en présence d'instituteurs.

M. Rossé: Vous avez dit, ce mot a été prononcé dans une réunion d'instituteurs. Je vous demande où?

M. Bourgoin: Je vois, M. Rossé veut me faire dévier. Cela a été dit plus d'une fois dans des réunions politiques.

M. Rossé: Maintenant vous voulez me rendre responsable de tout ce qui a été dit dans des réunions politiques? J'insiste, dans quelles réunions d'instituteurs a-t-on demandé que des fonctionnaires partent?

Bourgoin: La «Revue Scolaire» en est toute pleine.

M. Rossé: Tant mieux alors, vous avez toute la collection devant vous, citez-moi ces textes.

M. Bourgoin ne réagit pas et le président vient au secours de l'inspecteur d'académie.

Il fait lire une lettre de M. Rossé à l'abbé Zemb. Dans cette lettre M. Rossé réclame, qu'un article d'un Monsieur L. contre F. n'a pas encore paru dans la «Zukunft». Pourtant dit-il ce F. est un des plus mauvais Français que nous avons dans le pays, tandis que M. L. est un de nos meilleurs amis.

M. Rossé: M. le président il n'est pas question de «chasser des fonctionnaires».

Président: Mais quand même vous traitez un fonctionnaire de mauvais français, tandis que l'autre c'est un de vos meilleurs amis.

M. Rossé: M. le président comme vous insistez, je vous dirai que, M. Lauler a été condamné par un conseil de guerre allemand à deux ans et demi de prison pour être interné à la suite. Quant à la façon de laquelle M. Friand a traité M. Lauler, je préfère ne pas y insister ici.

Le président lève la séance et la renvoie à vendredi matin à 9 h. 15.

Quinzième journée — 18 mai

Séance du matin.

On revient toujours à la Cour d'Assises, comme on va à son travail. On y retrouve toujours les mêmes personnes. Cependant les figures sont déridées quelque peu, on est plus content, le procès touche à sa fin.

Le président ouvre la séance à 9 heures vingt et fait entrer le témoin M. Bourgoin: M. Rossé a encore quelques précisions à donner.

M. Rossé: M. l'inspecteur d'académie a prétendu mercredi soir, que j'avais eu durant mon séjour à Lauterbourg un passeport national allemand, ou une feuille analogue.

M. Bourgoin: J'ai dit un papier de confiance.

M. Rossé: Bon, permettez M. l'inspecteur que j'oppose encore à cette affirmation le démenti le plus formel.

M. Rossé demande le dossier et le président lit un rapport du sous-préfet de Wissembourg datant du 20 mai 1920. Nous apprenons, que M. Rossé aurait des tendances bolchévistes, qu'il serait en possession d'un passeport; il semble qu'il fasse des voyages en Allemagne.

M. Rossé: Je me permets de remarquer que le rapport du sous-préfet est beaucoup plus prudent, que les affirmations de M. l'inspecteur d'académie. On parle de «serait», de «aurait», de «il semble». En plus, ce rapport n'est pas signé. Quelques pages plus loin, je trouve à mon sujet un long rapport qui ne m'a jamais été présenté, qui n'est pas signé et qui constitue un tissus de mensonges, tandis que d'autres documents ne se trouvent pas dans mon dossier. M. Rossé insiste sur ces documents qui manquent.

M. Bourgoin: Je n'ai pas connaissance d'autres documents.

M. Rossé: M. l'inspecteur doit bien les connaître, il s'agit de pièces justificatives de mon activité journalistique.

Puis le député de Colmar de parler de lettres, qu'il aurait, selon M. Bourgoin, reçues durant son séjour à Lauterbourg «poste restante» à Berg dans la Sarre.

M. Bourgoin: Je n'ai rien dit de positif.

M. Rossé: Jamais, durant mon séjour à Lauterbourg je n'ai fait venir des lettres «poste restante» à Berg. Du reste, c'était en ce temps une chose matériellement impossible, car il fallait toute une journée pour arriver à Berg. Si j'avais voulu faire venir des lettres, je les aurais fait venir à Neu-Lauterbourg, qui était à proximité de la frontière. mais je n'avais pas besoin d'agir de cette façon-là. J'avoue, que je suis allé de temps à autre, avec des collègues, boire un bock à Neu-Lauterbourg. Si c'est le complot cela, j'avoue l'avoir commis. Quant à la grève de 1926, Mr. l'Inspecteur d'Académie, prétend que le mouvement n'était pas justifié, alors que le traitement des fonctionnaires avait été à peu près réglé et le statut local admis. Comment M. l'Inspecteur explique-t-il alors, que M. Lucien Boulanger, qui est son ami et conseiller, et qui est président de la Fédération nationale des fonctionnaires, a pu lancer le 14 novembre 1926 déjà une circulaire dans laquelle il déclare que la situation des fonctionnaires est lamentable. Dans la même circulaire, on parle d'une grève possible et on commence déjà à rassembler les moyens financiers. En décembre 1925, M. Boulanger, assisté de M. Wicky, maire de Mulhouse, a fait une réunion à Mulhouse. Elle s'est terminée par le chant de l'Internationle. Puis un cortège, formé par des membres de la Fédération Nationale, s'est rendu à la Sous-Préfecture pour y déposer une motion. Des choses analogues se sont passées dans le Bas-Rhin où le Préfet a même assisté à une partie de la réunion. M. Rossé lit ensuite un appel de la «Tribune du Fonctionnaire» du 17 janvier 1926. Il s'agit d'une réunion des fonctionnaires à Paris. L'accusé rappelle en quelques mots qu'il y a eu des bagarres et des arrestations. Ce n'est qu'après toutes ces manifestations, que le cadre local a décidé de faire des réunions. Mais, comment M. Bourgoin expliquez-vous cela à Paris, à Strasbourg c'est de l'autonomisme. Vous avez dit que les traitements étaient suffisants. Pourquoi, M. l'Inspecteur, la Chambre a-t-elle voté alors le 3 août 1926 une nouvelle loi, dont vous aussi vous profitiez, car votre traitement fut doublé?

M. Bourgoin: M. Rossé a dit des choses justes, mais pas l'essentiel. Il y a grève et grève. Le témoin cite des passages d'articles de l'«Humanité» de la «Freie Presse» et de la «Zukunft». D'après ces comptes-rendus, M. Rossé dans une réunion aurait protesté contre la bureaucratie outrée, dont souffre l'administration et aurait déclaré, que le seul moyen d'assainissement pour l'Alsace-Lorraine serait l'autonomie administrative.

M. Rossé: Je ne comprends pas des procédés semblables de la part de M. l'inspecteur d'académie. Il vient de citer des journaux, avec lesquels je n'ai rien à faire tandis qu'il aurait facilement pu se servir de la « Revue scolaire » qui est l'organe officiel de notre groupement. Du reste, les paroles, que j'ai prononcées ont été dites dans une réunion contradictoire et moi-même, j'ai répondu à une attaque d'un adversaire. Mais il fallait aussi dire que mes explications ont été approuvées par MM. les députés Brom, Frey et Walter. Par contre, M. l'inspecteur d'académie ne me citera ni une parole ni un texte, par lequel j'aurais invité les fonctionnaires d'entrer en grève. Il me nomme ensuite le directeur responsable de la « Revue Scolaire ». Nous sommes ici en droit et je pourrais décliner toute responsabilité même morale vu que le gérant est le seul responsable. En plus, il faudrait s'en prendre à nos groupements, qui eux ont toujours approuvé notre politique, mais je ne veux échapper à rien, je prends toute la responsabilité. Quant aux bibliographies, M. Bourgoin a prétendu que nous avions eu jusqu'en été 1926 une commission, qui aurait trié les livres pour la bibliographie. C'est encore faux. Il est vrai que des commissions pareilles ont existé dans différentes villes, mais leur rôle était de faire le choix de bons livres français, qui devaient être mis dans nos bibliothèques pour la jeunesse. Malheureusement cette commission n'a fonctionné qu'un temps assez restreint, car les grandes maisons d'édition de Paris ne nous ont pas prêté le secours nécessaire.

M. Bourgoin prétend ensuite, qu'avant 1926, nous n'avions jamais parlé de livres allemands dans notre revue. C'est encore faux. Qu'il parcoure une fois notre collection de 1920 et 1922.

Le président veut abréger.

M. Rossé: Je tiens, M. le président à rectifier ces erreurs pour qu'on ne vienne pas après m'en faire un grief.

Président: Vous aurez la parole après le réquisitoire.

Le Procureur: Je vous consacrerai en tout huit minutes.

M. Rossé rappelle la déclaration de M. Bourgoin savoir que le program. de la « Revue Scolaire » était déjà contenu dans son deuxième numéro. L'accusé tient à souligner, que le témoin est en contradiction avec M. le commissaire spécial Bauer, qui prétendait que ce mouvement n'aurait commencé qu'en 1926. Quant à conclure que les revendications des «minorités nationales» conduiraient au séparatisme et se termineraient par un appel à la S. D. N. l'accusé rappelle au témoin, que chose pareille est absolument impossible, car d'après les traités le droit international ne le permet pas.

Le témoin rappelle une rectification des « Dernières Nouvelles » dans laquelle M. Mappus directeur de l'« Alsatia » déclare, que M. Rossé est le directeur politique de la « Revue Scolaire ».

M. Rossé: Je prends toute la responsabilité!

M. Bourgoin pour terminer cite encore quelques critiques des bibliogra-

...hies de la «Revue Scolaire» concernant des livres allemands, M. Rossé le suit mais ferme bientôt sa collection en disant: C'est idiot.

M. Bourgoin continue la lecture et nous apprenons que le mouvement des minorités nationales n'a rien à faire avec le séparatisme, comme le prétendent quelques imbéciles qui n'y comprennent rien.

Défense: Mais c'est très bien.

M. Rossé: Je n'insiste pas là-dessus, nous pourrions discuter toute une matinée sur des conceptions politiques.

Le président revient à l'«Erwinia».

M. Rossé: J'ai fourni à l'instruction tout le bilan concernant les recettes et j'ai demandé qu'on vérifie. Je suis convaincu qu'on l'a fait et aucun démenti n'a été donné dans mes dépositions. Pourquoi y revient-on maintenant encore.

Président: Bon, mais pourquoi écrivez-vous dans un article de la «Revue Scolaire»: « J'ai appris, qu'on va créer une nouvelle société », alors que vous etiez un des fondateurs.

Rossé: C'est juste, mais l'idée n'émanait pas de moi, on est venu me trouver.

M. Bourgoin: Quant à l'« Erwinia » et à la «Volksstimme» je ne comprends pas que Rossé ait pu espérer vu la tendance de ce journal, de défendre les intérêts des fonctionnaires.

M. Rossé: Je n'insiste plus. Cette déclaration prouve, que le témoin ne comprend rien aux choses d'Alsace. Mais je reviens encore sur une lecture d'un de mes articles de la « Revue Scolaire » et d'après lequel M. l'inspecteur voudrait me faire passer pour hypocrite.

Il s'agit d'un article concernant les devoirs vis-à-vis de l'Etat. On y lit explicitement, qu'il est désirable que le citoyen participe aussi de cœur à l'œuvre de l'Etat, mais ce sentiment ne s'impose pas. Je dis aujourd'hui encore la même chose: tout citoyen loyal et honnête a un devoir, c'est de servir effectivement son pays, mais il est libre de penser, ce qu'il veut.

En plus il y avait pour moi, au-dessus de la loi pénale la loi divine, qui dit: Donnez à César, ce qui est à César. Tout citoyen qui suit cette loi, fait son devoir.

M. Bourgoin: Mercredi soir l'accusé a cité un document concernant les directives de l'administration scolaire en 1919. Je voudrais savoir quel est ce document.

M. Rossé: Il s'agit d'un document confidentiel du Ministre de la guerre.

M. Bourgoin: Je m'attendais à cette réponse. Je tiens à remarquer que ce plan fut élaboré pendant la guerre déjà par une commission à laquelle participaient entre autres MM. Blumenthal et Wetterlé. Cependant aucune de ces directives n'a été exécutée.

Me Klein: Oui, grâce à l'intervention de M. Rossé.

M. Rossé: Quant à l'exécution, nous discuterons cela une autre fois, je vous donnerai les preuves.

Les témoins à décharge

On fait entrer le premier témoin à décharge.

M. le Sénateur Muller

Après les formalités usuelles, le vénérable prêtre, vivement ému, les larmes aux yeux, s'adresse d'une voix grave, aux jurés: «Messieurs», dit-il, «ce n'est pas sans une vive émotion, que je prends la parole à cette barre, pour déposer durant un procès qui remue profondément l'âme de l'Alsace toute entière. Tout ce que je vais dire, ce seront des paroles de paix et d'apaisement, mais ce seront en premier lieu, messieurs, des paroles de vérité. La salle est devenue silencieuse, tout le monde écoute attentivement les explications du vénérable témoin. On a parlé de complot, jusqu'à présent je n'ai vu aucun élément. Cependant, il me semble qu'on cherche à trouver le complot dans l'essence même de l'autonomisme. Je tiens à vous déclarer, que moi-même, quoiqu'une certaine presse m'ait appelé le «père spirituel» de l'autonomisme, j'étais étranger à ce mouvement. Et quand j'appris à Paris l'apparition de la «Zukunft», moi. qui de tout temps défendait et défendrai toujours nos libertés alsaciennes, j'étais surpris, parce que je me disais sur ce terrain nous serons isolés. J'ai lu les articles de la «Zukunft», articles qui étaient souvent amères, même exagérés, mais dont le fond n'était, hélas, que trop justifié.

Le régionalisme en Alsace

Comment le mouvement autonomiste a-t-il pu naître? Ce fut la réaction violente de la conscience alsacienne, non point contre la France, sa Mère Patrie, mais contre un assimilationisme à outrance. contre cette incompréhension du problème alsacien, contre ce manque de programme, contre les lenteurs d'une administration trop centraliste. Hélas, dès 1919 on n'a pas voulu comprendre à Paris, qu'il y a un problème alsacien. On vivait dans l'ivresse de la joie, et la réalité était méconnue.

Le sénateur Muller lit ensuite la lettre du Conseil National au chef du gouvernement français dont le Dr. Ricklin avait déjà parlé à plusieurs reprises. Et le témoin de continuer: Malheureusement la réponse vint non au Conseil National, mais au commissaire d'Alsace et ce fut une fin de non-recevoir. C'est dès novembre 1918 que le malaise alsacien commença à germer. A plusieurs reprises je me suis adressé aux autorités militaires qui se trouvaient au pays pour les avertir. D'un seul coup on voulait supprimer ces cinquante ans qui nous avaient séparés de notre mère-patrie. On voulait détruire d'un seul trait toutes ces choses créées non seulement par l'Allemagne, mais par l'Alsace elle-même. Malheureusement la tâche n'a pas été comprise par le gouvernement. L'Alsace qui avait bien souffert pendant cinquante ans, revenait cependant à son pays, riche

en expériences administratives. Et notre petit pays tout entier, ainsi que ses fonctionnaires que je connais, et avec lesquels je travaille déjà depuis des années, étaient prêts à collaborer de toutes leurs forces avec l'administration française; tous mirent leurs forces et leur intelligence au service de la patrie. Hélas, je le répète, bien des problèmes n'ont pas été compris, notamment le problème administratif et culturel.

Au point de vue économique on a montré plus de compréhension. On a renoncé à écouter le Conseil Consultatif et un fonctionnaire clairvoyant qui était à Strasbourg est allé voir M. Clémenceau pour lui dire: «Cela ne marche plus en Alsace, il faut faire marche-arrière». C'est alors que M. Clémenceau, le grand patriote, nous a envoyé Alexandre Millerand avec pleins pouvoirs à Strasbourg. Une nouvelle vie commençait. Bien des difficultés étaient réglées sur place même, la réglementation d'autres fut annoncée. Le commissariat général devait être l'organe de l'adaptation et de la coadaptation de l'Alsace à la France. Malheureusement on n'eut pas toujours la même compréhension à Paris pour ces choses. Et je tiens à remarquer ici que presque toujours quand il est question de l'Alsace-Lorraine à la Chambre, celle-ci est presque vide. L'intérêt des questions locales n'existe guère.

A l'intérieur plusieurs tendances se firent sentir. On remarqua notamment un mouvement centralisateur à outrance et un mouvement régionaliste. En 1919 déjà, il y eut des Français avertis qui conseillèrent au gouvernement de profiter de l'expérience d'Alsace-Lorraine, pour décentraliser notre pays. Bientôt Maurras et Boncour publiaient des études spéciales sur la «République et la Décentralisation». Clémenceau lui-même était l'auteur d'un projet nettement régionaliste. Malheureusement le gouvernement tomba avant qu'il n'eût pu faire voter cette réforme, si nécessaire. Permettez, qu'à cette occasion. je rappelle, qu'en 1903 déjà, le

« Temps » reprochant à M. Clémenceau de ne pas être régionaliste, le jeune politicien d'alors, fit une déclaration dans laquelle il se dit l'ennemi féroce de la constitution de l'an VIII de la Rép. pour lui l'idéal gouvernemental c'est le fédéralisme! Le mouvement régionaliste, n'est donc pas un mouvement étranger, c'est un mouvement purement

nous, représentants du peuple alsacien nous avons souffert bien souvent, quand nous devions constater certains procédés pour saboter une œuvre créée d'une main française.

Le président suspend la séance.

A la reprise, le sénateur **Muller** en vient à la suppression du Commissariat général et du Conseil consultatif.

Photo Christophe

M. LE SÉNATEUR MULLER, PROFESSEUR

français, dont l'idée a été lancée par de hommes très patriotes et aujourd'hui encore estimés par tout le monde. En 1918 déjà, de nombreux généraux, des professeurs et des représentants de toutes les classes, venus chez nous en Alsace, m'ont fait des remarques analogues. Deux socialistes même MM. Thomas et Sembat, étaient de cet avis. Ce dernier, parlant de l'Alsace, a déclaré: Ne détruisez rien, car vous auriez toutes les peines à ramasser les morceaux.

Hélas, bientôt une contre-offensive du centralisme à outrance, se fit remarquer contre le Commissariat Général. Et

En même temps, on fait l'essai d'une assimilation intégrale des lois législatives et administratives d'Alsace aux lois françaises. Peu après, nous subissons la menace des lois laïques, qui soulève une vague de fonds. Ceux qui ont assisté à cette protestation véhémente comprennent le nouveau mouvement autonomiste. Tandis que Poincaré lui-même, et l'armée française avant l'entrée en Alsace, nous avaient promis solennellement le respect de nos traditions, on semblait oublier, quelques années plus tard, l'existence même du Concordat.

Mais, à côté du problème gouvernemental et administratif, il y a

le problème culturel, moral et industriel

Sur ce point, des fautes impardonnables ont été commises.

Au point de vue linguistique, j'ai constaté qu'il ne m'est pas possible de prononcer une parole qui ne soit dénaturée deux heures plus tard.

Je rappellerai à ce propos l'opinion du général de Maud'huy affirmant qu'il fallait respecter la langue maternelle des Alsaciens. Daudet lui-même reprochait au Gouvernement la méthode de brutalisation. Il faut rendre le français agréable aux Alsaciens.

Je suis moi-même convaincu que l'Alsace doit être le pont entre l'Allemagne et la France. Painlevé lui-même, dans une visite à Strasbourg, employa cette formule: J'étais vengé de la mauvaise interprétation qu'on avait donnée à mes paroles. Or, c'est le plus beau rôle de l'Alsace que de travailler à la construction de ce pont. (Applaudissements.) Les accusés que je vois ici ont travaillé dans ce sens. Ce sont des pacifistes à outrance et non pas des fauteurs de guerre, comme on le leur a reproché à tort. L'avenir sera plus serein et l'entente entre les pays bien plus aisée, si l'Alsace réussit à faire ce pont.

L'Alsacien connaît l'allemand, il veut connaître le français, il sera heureux de le parler, mais ceci ne veut pas dire qu'on doive lui reprocher de défendre la culture allemande. En 1913 j'ai fait à Strasbourg une profession de foi sur mes convictions culturelles. J'étais fier, alors, d'être né Français et d'avoir reçu en partage cette connaissance de la culture française. Mais je ne cachais pas l'importance que j'attachais à la culture allemande. Cette même profession de foi, je peux la répéter aujourd'hui, car il faut que l'Alsace soit un pays bilingue. Poincaré lui-même a dit aux notabilités alsaciennes réunies dernièrement à Strasbourg : « Vous trouverez en moi un homme convaincu, je suis de votre avis, que l'Alsace soit pays bilingue. »

Ce qui nous a blessé le plus, c'est l'ironie continuelle contre la « Muttersprache ». (Approbation générale.) Sachez, Messieurs, que c'est une chose sacrée à laquelle on ne doit pas toucher .Je souhaite que bientôt la presse française comprenne la gravité de ce problème.

On a reproché à M. Rossé d'avoir affirmé que le français abrutit les enfants. M. Rossé a voulu désigner non pas la langue ,mais la méthode, cette méthode d'origine allemande, que les Allemands eux-mêmes ont réprouvée, et grâce à laquelle on n'apprendra jamais le français comme il faut.

Etant tous d'accord sur la nécessité pour nos enfants d'apprendre le français, je me demande, si on peut nous faire un crime de vouloir puiser aux sources de la culture allemande. C'est le droit de l'Alsacien. Ne reprochez pas de telles choses aux accusés. Mais, permettez-leur de puiser largement aux deux cultures, et, ils seront les défenseurs les plus ardents de la langue française.

Mais, il y a aussi un régionalisme culturel. Tandis, que tant de Français ont une conviction religieuse profondément ancrée dans leur âme, le gouvernement ne connaît pas la religion. L'Eglise. qui a créé les splendeurs de la France a été mise à la porte. On veut dépouiller l'âme de nos enfants du trésor de richesses qu'apporte la religion. Voici, le motif de cette anxiété toujours grandissante au point que parfois la chaudière menace d'éclater. Poincaré lui-même a promis le respect de nos traditions religieuses. Mais le chef qui lui succédera, nous donne-t-il les mêmes garanties?

L'autonomie au point de vue religieux nous la souhaitons jusqu'au jour où la France retrouve ce que nous n'avons pas perdu.

Tel est le concept de l'autonomie et de l'autonomisme. Qu'on donne à chaque province la possibilité de vivre sa vie intellectuelle et spirituelle, que chacune des provinces apporte son tribut à cette magnifique floraison de la France.

Pourquoi enlever à chaque sol, ce qui lui est propre? Ce serait verser dans une grande futaille centrale à Paris, l'excellent vin de Bordeaux. le Bourgogne, le Champagne, le vin de la Loire et le vin d'Alsace. On tirerait ensuite ce vin pour l'offrir à tous les Français. La beauté et le parfum de tous les vins sont détruits pour en faire un mélange sans goût.

Me Thomas: Ce serait du vin national (Rires).

Nous voulons aussi le régionalisme économique. Il y a tant d'adversaires de ce régionalisme, qui cependant en profitent tous les jours. La France a des intérêts et des devoirs sociaux à défendre en Alsace, l'autonomie économique, lui permet de les défendre avec succès.

Mais venons-en à la

définition même de l'autonomie

après avoir parlé des différentes sortes d'autonomie. L'autonomie est le droit d'une collectivité de gérer ses affaires elle-mêmes. Ce n'est pas un délit, c'est au contraire, une chose naturelle. On a tant fait d'autonomie en France, autonomie des écoles, autonomie des universités.

Me Berthon intervient.

Président: Vous avez gardé jusqu'ici un silence religieux, veuillez continuer à le garder (Rires).

M. Muller. On demande l'autonomie dans les services publics, on demande l'autonomie des communes, les préfets eux-mêmes demandent plus d'autonomie. Il est ridicule, vraiment, que pour le moindre changement, il faille s'adresser à Paris. Le servant de messe d'un aumônier de prison ne peut être changé sans décret ministériel. Je pourrais vous citer tant de cas.

L'autonomisme est le contraire du séparatisme.

De par sa définition même, il ne peut exister que dans un grand pays et c'est une preuve de mauvais vouloir ou d'ignorance, que de confondre autonomisme et séparatisme. MM. Peirotes et Borromée sont eux mêmes des autonomistes. L'un travaille pour l'autonomie des communes. l'autre pour celle des départements. Dans la France entière, un cri général se lève pour demander le changement d'un système désuet la division des départements, faite pour un temps, où nous avions des diligences. Ce système n'a plus de raison d'être.

J'insiste sur le grand quiproquo qui consiste à mettre dans le même pot l'autonomisme et le séparatisme. L'autonomie est toujours relative. Nous demandons à la tête de la région autonome un préfet ou un président, comme on voudra l'appeler. Nous demandons un conseiller régional et un budget régional. Ce sont là trois choses, qui sont indispensables.

Président: C'est ce qu'on appelle en France la décentralisation.

Sénateur Muller. Le mot décentralisation englobe tout. Mais, c'est peut être le mot le plus faible. Et le sénateur Muller développe ses théories sur l'autonomie fédérale. La différence entre l'autonomie ordinaire et l'autonomie fédérale consiste en ce que le pouvoir est partagé dans le cas de l'autonomie fédérale, dans le cas de l'autonomie simple, le pouvoir n'est pas partagé et même dans l'autonomie fédérale, il n'y a pas séparatisme. Le système fédéral suppose l'union, par exemple en Suisse, en Allemagne, aux États-Unis. Les Girondins eux-mêmes étaient des régionalistes. Ils ont pour la plupart passé à la guillotine. Mais leur régionalisme n'avait rien de criminel. On me demande pourquoi, je n'ai pas signé le manifeste. Je l'ai approuvé dans ses grandes lignes, mais je n'ai pu l'approuver dans certains termes. La méthode de la violence n'est pas la mienne. Mais c'est une question de méthode. Je constate, que les journaux français d'extrême droite et d'extrême gauche emploient des termes et un style violent, que jamais la « Zukunft » n'a réalisé. Il n'y a rien dans tout ceci, qui puisse mener aux Assises.

Le savant régionaliste termine son exposé dans l'espoir que ses paroles produisent l'apaisement. J'ai parlé surtout des remèdes et je n'ai pas insisté sur la plaie même. Je souhaite, que le procès ne soit pas un point de départ pour de nouvelles luttes entre Alsaciens et Français, mais je souhaite ardemment que l'horizon se rassérène, que l'atmosphère se purifie.

Président: Je n'ai jamais trouvé de ce programme splendide un mot dans le dossier.

Défense en même temps que M. Muller: Mais pratiquement, c'est exactement la même chose. Je viens de faire un résumé d'une action dans laquelle chacun travaillait séparément, et sous un autre point de vue. J'ai réuni l'ensemble dans mon exposé : le travail autonomiste sur les différends terrains.

Me Jaeglé: Que pense M. le sénateur de M. Ricklin?

M. Muller: Nous n'étions pas toujours d'accord, mais je constate et je soutiens que M. Ricklin est un parfait honnête homme. Il a servi loyalement un régime qui n'est pas celui d'aujourd'hui, on ne peut lui en faire un grief. Il servira aussi loyalement la France.

Et à ce propos, je cite une parole de Barrès. On reprochait aux Alsaciens leur conduite au Reich. Et il me répondit, sur mes plaintes, par une parole de Déroulède : « C'est nous qui avons sacrifié l'Alsace pour nous sauver nous-mêmes. Laissons-les juges de la meilleure méthode pour se sauver eux-mêmes et ne fouillons pas dans le passé de ces hommes. Il y a tant de légendes, mais il y a une légende qui est la vérité : c'est l'amour profond de l'Alsace pour la France. »

Me Jaeglé : Que pensez - vous de la conduite du Gouvernement vis-à-vis de Ricklin ?

M. Muller : C'est une faute formidable ce traitement qu'on a fait subir à M. Ricklin.

Me Jaeglé : Et il ne l'a pas mérité. Il a déclaré qu'il serait sujet loyal du Gouvernement français.

Me Jaeglé : M. Ricklin n'était-il pas du parti de l'opposition ?

M. Muller : Il était en tous cas en disgrâce auprès de l'Empereur et, sans être de l'opposition, il était indépendant.

Me Jaeglé : Connaissiez-vous Heil ?

Sénateur Muller : C'est un homme idéaliste. Il m'a présenté un programme de régionalisme dans lequel il n'y avait pas une ombre de séparatisme.

Me Fourrier : Pensiez-vous que cet homme soit à la solde du pan germanisme ?

Sénateur Muller : Laissez-moi rappeler un fait : En 1913, j'étais appelé comme témoin à décharge au procès Wetterlé, qu'on avait accusé d'avoir reçu de l'argent français. Je me suis contenté de hausser les épaules à la demande s'il pouvait avoir reçu de l'argent français : le procès était jugé. (Sensation.) Je dis la même chose aujourd'hui.

Me Klein : M. Rossé est-il séparatiste ?

Sénateur Muller : Pas plus que moi. Et il raconte la fameuse bévue de M. Susini et de M. Poincaré qui prétendirent que M. Rossé avait un frère à Fribourg.

Le sénateur Muller leur prouva, par un certificat du maire de Montreux-Vieux, où naquit M. Rossé, qu'il n'avait qu'un frère, boulanger à Colmar, qui vient de mourir.

Le Président : Ceci n'a aucune importance.

M. Rossé : Que si ! Plusieurs mesures ont été prises contre la Fédération des fonctionnaires à la suite du faux bruit lancé par M. Susini.

Comme plusieurs accusés veulent

poser des questions, et qu'il est midi, passé, la séance est levée.

L'atmosphère commence à se purifier, le sénateur Muller ayant placé le procès dans son vrai jour. On fait ici le procès non pas d'un complot, mais de l'autonomisme. Et l'autonomisme, tel que le conçoit le sénateur Muller, n'a rien de répréhensible.

Séance de l'après-midi.

La séance de l'après-midi sera entièrement consacrée à des dissertations régionalistes. Il sera intéressant de relever l'opinion qu'ont les régionalistes prononcés, dirigeants de l'U. P. R., sur l'autonomisme. On constate que la seule différence entre le régionalisme prôné par les chefs de l'U. P. R., et l'autonomisme, consiste en ce que les autonomistes réclament, en plus de l'autonomie administrative, l'autonomie législative.

M⁰ Thomas pose une question à M. le chanoine Muller : Aviez-vous eu un entretien, à un moment donné, avec M. Paul Vallot au sujet du complot ?

M. Muller : M. Vallot me dit que Mme Fashauer avait fait des aveux complets sur la provenance de l'argent.

Nous constatons que M. Vallot n'en savait pas plus long que son chef, M. Poincaré, puisque jamais Mme Fashauer n'a fait d'autres aveux que ceux qu'elle a faits ici.

M⁰ Thomas : D'où pouvait-il avoir ce renseignement ?

M. Muller : Du Parquet de Colmar, je pense.

M. Fachot : Je n'ai pas l'habitude de renseigner le pouvoir administratif sur des questions judiciaires.

M⁰ Berthon : Nous sommes heureux de l'entendre dire.

Le Président : M. Zemb n'est-il pas venu vous proposer d'être le chef du mouvement autonomiste ?

M. Muller : On est venu me le proposer à plusieurs reprises. Je ne me rappelle pas si c'était M. l'abbé Zemb ou un autre.

M. Rossé : N'est-il pas vrai que nous sommes allés plusieurs fois trouver M. le sénateur pour obtenir par son intermédiaire la solution d'une foule de difficultés

M. le sénateur Muller : Nous avons, en effet assisté à des lenteurs incroyables dans le pouvoir administratif.

M⁰ Feuillet : Croyez-vous que ces hommes aient pu travailler au profit d'une puissance étrangère ?

M. Muller : Je n'ai jamais songé une seconde à une telle explication. Ces hommes sont des idéalistes.

M⁰ Jaeglé rend hommage, au nom de ses collègues, à la déposition si loyale et qui dénote une si grande franchise de M le sénateur Muller.

Le témoin suivant est

M. Brogly,
DEPUTE DE MULHOUSE-CAMPAGNE.

M⁰ Klein : Vous avez assisté à la réunion du Heimatbund. Qu'en savez-vous

M. Brogly : J'ai assisté, le lundi de Pentecôte 1926, à la séance préparatoire et à la séance constitutive où fut discuté le projet du manifeste. Ni dans l'une, ni dans l'autre, il ne fut question du mot de « cadre ». J'oppose le démenti le plus formel sur ce point aux déclarations du commissaire Becker.

M⁰ Klein : Quelles sont vos idées sur le Heimatbund ?

M. Brogly : Jamais je ne ferai partie de ce mouvement, dis-je à cette réunion, s'il a des tendances séparatistes. Sur quoi M. Ricklin, qui présidait la réunion, me répondit : « Je ne comprends pas que M. Brogly fasse des remarques de ce genre. Rien ne lui donne lieu de supposer que nous voulons faire du séparatisme. »

M. Brogly rappelle ensuite les termes qui furent changés durant la discussion du projet. Toutes les expressions pouvant faire croire qu'on veut une autonomie complète, allant jusqu'au séparatisme, furent soigneusement éliminées. Un juriste, qui était dans l'assemblée, fit remarquer qu'en demandant l'autonomie des chemins de fer d'Alsace-Lorraine pour l'Etat alsacien-lorrain, le mot **Etat** pourrait être compris dans un sens séparatiste. Il fut remplacé par le mot peuple.

Dans la question de la langue, **M. Brogly** leur demanda s'ils voulaient faire de l'allemand la langue prépondérante. On répondit : Non. On écrivit donc simplement que l'allemand serait le **point de départ** de l'enseignement, et le **véhicule** pour enseigner le français; qu'à la fin des études primaires elle devait être l'objet d'un examen. La même proposition avait été acceptée en 1920, dans une réunion du groupe des parlementaires à Paris, d'après une rédaction faite par le général de Maud'huy, les députés Seltz et Oberkirch, et M. l'abbé Hackspiel et moi.

Le Président : N'avez-vous pas apposé votre signature à ce manifeste ?

M. Brogly : J'ai donné mon consentement à ce manifeste, mais je l'ai retiré plus tard. Durant ma campagne électorale, je n'ai pas craint de le dire.

L'autonomie n'est d'ailleurs pas une invention de ces Messieurs. Nous l'avions déjà réclamée au Landtag, car nous revendiquions les mêmes droits que les autres Etats confédérés de l'Allemagne. Nous possédions déjà alors les pouvoirs législatifs et administratifs.

Le Président : En quoi consiste donc l'autonomie ?

M. Brogly : Elle consiste à laisser traiter par le Parlement local les intérêts locaux. Les questions d'ordre général et national sont laissées au Gouvernement de Paris.

Mᵉ Klein : Que savez-vous de ce complot ,

M. Brogly : J'en ai entendu parler après les perquisitions dont j'étais moi-même victime. Je suis d'ailleurs convaincu qu'un complot était impossible, parce que ces Messieurs sont tous de camps divers. L'U P R. N. même est, dans un certain sens, autonomiste, **et je ne crains pas de dire que je suis moi-même autonomiste dans ce sens.** En effet, l'U. P. R., dont je suis Président dans le Haut - Rhin, réclame l'autonomie administrative. Malheureusement la presse donne un sens séparatiste à ces mots.

Photo Christophe

M. LE DÉPUTÉ BROGLY

Me Jaeglé : Que savez-vous de M Ricklin, le conjurateur ?

M. Brogly : Je rappellerai à ce sujet mon procès en 1915. Je fus arrêté en allant au Landtag de Strasbourg. Le Dr Ricklin protesta aussitôt et promit de me venir en aide jusqu'au bout. Il connaissait mes sentiments, je ne les cachais pas. Je ne faisais guère de compliments à l'armée allemande. Durant le procès même, le président du Conseil militaire, le nommé Schott, que nous avions surnommé « Robespierre », prit à partie le Dr Ricklin, lui reprochant d'avoir prononcé des paroles qu'un chef d'une fraction du peuple allemand n'aurait jamais dû prononcer.

Je rappellerai aussi la lettre de M. Ricklin à l'Empereur, et la suite qu'elle eut. Dans cette lettre, il protestait contre les cruautés commises par l'armée impériale. Grâce à son intervention, MM. Acker et Weiss, directeur d'école retraité à Cernay, furent libérés des prisons où ils étaient retenus pour espionnage et trahison.

Je dois rendre hommage ici, en même temps, au père de l'un des accusés, à M. Hauss. Il a tout fait pour me sauver, et il m'a écrit pour m'encourager en prison. D'autres députés m'ont offert leur témoignage, mais celui du président du Landtag, M. Ricklin, avait plus de poids moral

Me Jaeglé : Ne fallait-il pas du courage pour intervenir en ce temps-là ?

M. Brogly : J'étais tellement compromis aux yeux de l'autorité allemande, qu'il fallait un courage énorme de la part d'un parlementaire alsacien pour intervenir en ma faveur.

Me Jeaglé : Quelle est votre opinion sur le Dr Ricklin ?

M. Brogly : C'est un homme loyal et franc; nous ne lui avons jamais reproché autre chose, si ce n'est d'être trop autoritaire.

Me Jaeglé : Que pensez-vous du traitement qu'on lui fit subir après l'armistice ?

M. Brogly : J'ai regretté qu'il fût envoyé à Kehl, et j'étais vraiment peiné de ne pouvoir mieux le défendre, connaissant à cette époque encore assez mal le français. Quant à sa conduite après l'armisti-

ce, comme président du Landtag, sa situation était extrêmement difficile. Il ne pouvait se retirer comme les autres membres du Landtag. Tous le poussaient. D'ailleurs, ses discours courageux au Reichstag, en 1918 prouvent sa parfaite loyauté. Alors déjà il disait au Gouvernement que les questions d'Alsace et de Lorraine ne regardaient plus les Allemands, et il demanda immédiatement l'application des 14 points du président Wilson.

Me Klein : Quels sont les rapports entre le complot et la « Sapart » ?

M. Brogly : Il n'y a aucun rapport. Moi-même, je n'aurais jamais pris la présidence de cette société si je n'avais été convaincu qu'elle était pure de tout reproche.

Me Klein : Connaissez-vous Riehl ? Savez-vous pourquoi il a été congédié ?

M. Brogly : Il a été congédié pour avoir publié, sans l'assentiment des autorités compétentes, des articles dans les annonces, articles dirigés contre les rédacteurs du même journal le « Volksblatt ». Voici pourquoi il fut révoqué provisoirement dès le lendemain. D'autre part, j'étais d'avis étant membre du Conseil d'Administration de l'« Alsatia », que M. Riehl fût mis à la porte le plus tôt possible : des trahisons continuelles se produisaient : tout ce qui se disait, se faisait dans nos rédactions, était rapporté au « Republikaner ». Je soupçonnais Riehl du rôle de rapporteur.

Comme on lui demande d'expliquer la question de détournement du jeune Riehl. il affirme que jamais le papier vendu par Riehl ne lui fut facturé. Le père lui-même prétendait l'ignorer. Ce n'est que plus tard, lorsque le gérant actuel de l' « Alsatia » constata un manque de 6 à 7.000 francs, qu'on réussit à se faire rembourser par Riehl père.

Me Fourrier : Connaissez-vous M. Sturmel. Est-il capable de faire des complots ?

M. Brogly : Ni son passé, ni celui de sa famille ne me permettent une telle supposition.

Me Fourrier : Croyez-vous que M. Sturmel ait reçu une caisse d'armes ?

M. Brogly : Même si M. Sturmel avait voulu agir contre la loi, il n'aurait jamais été assez imprudent pour accepter une caisse d'armes .

Me Feuillet : Le Heimatbund n'a-t-il pas décidé de poser des candidatures pour les élections ?

M. Brogly : Ne constituant pas un parti politique, il ne le pouvait pas.

Me Feuillet : Dès que les adhérents du Heimatbund se constituèrent en parti politique, les perquisitions n'ont-elles pas commencé ?

M. Brogly : J'ai, en effet, eu l'impression, avec tous mes amis, qu'il s'agissait là d'une manœuvre électorale.

Me Feuillet : Que pensez-vous de l'agitation de M. Rossé ?

M. Brogly : M. Rossé a défendu les intérêts des fonctionnaires, c'était vraiment une honte comme ils avaient été négligés.

Me Feuillet : Croyez-vous que le malaise existerait, si les promesses faites à l'Alsace avaient été tenues ?

M. Brogly : J'attribue le malaise aux fautes et négligences commises par le Gouvernement. En moins de 7 ans, nous avons eu onze commissaires, six en deux ans. Comment un chef peut-il étudier la situation d'un pays en quelques mois ? M. Laval lui-même, directeur des affaires d'Alsace et de Lorraine, a avoué qu'il n'y comprenait rien du tout Une lettre que M. Bourgeois m'a adressée me le confirme. Je pensais alors que si on ne comprenait rien à Paris, il ne nous restait d'autres moyens que de nous organiser et de créer un nouveau mouvement.

Me Thomas : Y a-t-il une différence réelle entre le programme de l'U. P .R. et l'autonomisme ?

M. Brogly : Il y a une différence réelle puisque les autonomistes demandent le pouvoir législatif. Le projet de loi déposé par l'U. P. R. sur l'autonomie administrative n'est pas aussi prononcé que le projet Hennessy, qui demande un préfet régional élu par le peuple.

M. Brogly rappelle ensuite avec quel enthousiasme le sénateur Muller et lui-même ont été reçus au Congrès régionaliste.

Toute la France espère que les Alsaciens donneront l'assaut à la constitution centralisatrice.

Me Berthon : J'ai deux questions à poser. Une question d'ordre particulier et une question d'ordre général.

M. le Député, que pensez-vous du fait que M. Rossé, seul inculpé dans la « Sapart » a été arrêté, et que, lorsqu'il sera acquitté par le jury pour le complot, il restera incarcéré pour l'affaire de la « Sapart » ?

M. Brogly : C'est une situation incroyable. C'est moi d'ailleurs qui ai donné l'idée de créer cette Société qu'on appelle la « Sapart ». Je suis donc le premier coupable !

Me Berthon : N'êtes-vous pas d'avis que de 1919 à 1924, le Gouvernement a manifesté une ignorance absolue des questions d'Alsace ? Que pensez-vous des mauvais renseignements de la presse ?

Le Président : Vous n'avez pas le droit de mettre en cause le Parlement français.

Me Berthon : Etant parlementaire, j'ai le droit de le mettre en cause, et je dis qu'il est très mal renseigné.

M. Brogly : J'ai été ,en effet, très peiné de constater l'ignorance parlementaire sur la situation en Alsace, et l'information déplorable de la presse française.

M. Fashauer a quelques questions à poser à M. Brogly.

M. Brogly connaît-il le programme du parti communiste, qui demande le plébiscite allant jusqu'au séparatisme ?

M. Brogly : Je sais qu'il demande le plébiscite.

M. Fashauer : Il demande même le séparatisme. C'est écrit en toutes lettres dans l' « Humanité » imprimée à Metz.

Nos journaux ont-ils demandé le séparatisme ? demande M. Fashauer.

M. Brogly : Jamais la Volksstimme, autant du moins que je l'ai lue, n'a demandé le séparatisme.

M. Fashauer : Comment les candidats communistes ont-il pu, durant leur campagne électorale, demander le plébiscite, tandis que nous, qui ne l'avons jamais demandé, nous sommes depuis cinq mois en

prison ? La justice n'est-elle pas une é-
nigme ?

Mᵉ Berthon : C'est exact, les communistes sont allés plus loin.

M. Brogly demande ensuite à expliquer
le malaise, par une lettre de M. le sénateur Bourgeois. Celui-ci, avant son élection comme sénateur, a signé un projet
de loi concernant l'autonomisme. Il a d'ailleurs signé le programme de l'U .P. R. qui
est autonomisant, donc le général Bourgeois est un autonomiste.

M. Rossé : M. Bourgeois n'est-il pas venu vous proposer sa candidature et celle
de M. Gegauff sur la même liste que vous ?

M. Brogly : Parfaitement. Il m'a même
affirmé que M. Jourdain était d'accord
pour nous faire figurer tous quatre sur la
même liste.

M. Brogly lit ensuite un passage d'une
lettre de M. Lalance, député au Landtag,
de 1912, où il parle de l'Europe nouvelle.
M. Auguste Lalance a proposé dès cette
époque une entente entre l'Allemagne et
la France; le trait d'union devait être formé par l'Alsace. Strasbourg devait remplacer Berne, La Haye et former le ci-
ment armé de ce pont. Vous voyez, Messieurs, dit-il en terminant, ces Messieurs
n'ont rien inventé de neuf.

Après cette déposition, M. Brogly est
invité à s'asseoir.

Une rumeur se fait entendre dans la salle. On semble s'agiter, discuter au sujet de
cette déposition frappante. « De plus en
plus fort contre l'accusation », dit-on.

Mais déjà **le Président** demande que l'on
fasse entrer le témoin suivant.

La défense demande l'introduction de

M. l'abbé Haegy

Un fort mouvement de curiosité se produit lorsque l'abbé Haegy
entre dans la salle. Tout le monde est
avide de considérer les traits du prétendu chef du mouvement autonomiste, car c'est bien comme tel, que le
représentent la grande majorité des
journaux. Et suivant son habitude il
entre avec calme, d'un pas franc, avec
un air quelque peu combattif.

Me Jaeglé de lui poser après le questionnaire d'usage les questions suivantes: Que pensez-vous de l'autonomisme et du complot?

Abbé Haegy: Pour répondre à ces
questions, j'avoue que je suis dans une
situation assez singulière, puisqu'on
m'appelle le chef du complot. Or, je
n'ai rien vu, ni entendu d'un complot
avant l'action judiciaire. Je connaissais
seulement quatre des accusés, ceux du
Haut-Rhin. Je ne connais aucun de ces
Messieurs de Strasbourg.

Me Jaeglé: Ne voyez-vous pas dans
ces arrestations une manœuvre électorale?

Abbé Haegy: C'est l'impression générale. Jamais je n'ai rencontré un Alsacien, et j'ai parlé à beaucoup d'entre eux, qui crut à un complot. Des journalistes d'opinions diverses à qui j'ai
parlé m'ont fait la même observation.

Me Jaeglé: Et l'argent allemand?

Abbé Haegy: J'attendais toujours a-
vec intérêt la découverte de cet argent. J'eus l'impression qu'elle devait
servir à former la base du complot.. Je
n'ai jamais eu aucune connaissance
d'argent allemand dans le mouvement
du Heimatbund. Mais je sais qu'il y a
des gens qui ont cru à cet argent et je
sais que beaucoup de gens croient que
toute cette affaire du complot n'a été
déclanchée que pour découvrir cet argent allemand et avoir en main certains éléments politiques pour s'en servir contre quelqu'un.

Président: Connaissez-vous Roos?

Abbé Haegy: Je ne le connais pas,
je ne lui ai jamais écrit.

Président: Que savez-vous du programme autonomiste?

Abbé Haegy: Je ne sais rien de l'autonomisme, ni de ses chefs, ni de son
programme, ni de ses réunions, que ce
que j'ai affirmé par la presse. Je regarde le mouvement autonomiste comme
la continuation de l'ancienne politique
alsacienne dans le Reich. Nous avons
grandi dans les traditions de l'autonomisme. Nous sommes pour cela des régionalistes convaincus, parce que nous
savons, que le régionalisme est le

meilleur moyen de rendre un pays prospère au point de vue économique, culturel et religieux. Notre parti est pour l'autonomie administrative, mais nous avons laissé à d'autres le droit d'aller plus loin. Nous sommes restés dans le cadre du régionalisme français avec notre parti, pour ne pas placer trop loin le but à obtenir.

Président: Ne sympathisiez-vous pas dans votre journal avec des revendications plus étendues?

Abbé Haegy: D'aucuns parmi nos amis étaient d'avis que le régionalisme administratif était insuffisant. De fait si au parlement central on votait des lois désagréables nous étions forcés de les exécuter chez nous.

Le Heimatbund a eu la malchance de n'avoir pas connu le projet Henessy de 1919 sans cela il l'aurait présenté comme leur programme. Il va même plus loin que leur revendication. Le comte de Pange l'a dit ici.

Me Fourrier: Que savez-vous du bilinguisme et de l'Alsace comme pont.

Abbé Haegy: Il y a des gens qui prétendent que le bilinguisme est impossible. Nous savons qu'il est possible et que nos pères et mères, élevés à l'école du village, écrivaient l'allemand et le français. Beaucoup de ceux qui sont présents pourraient le dire.

Nous avions toujours défendu la théorie de l'Alsace comme trait d'union entre les deux grands peuples. On nous a attaqués. Pentecôte 1925, M. Painlevé, chef du gouvernement, est venu à Strasbourg faire un discours, dans lequel il a proclamé cette mission de l'Alsace, de servir de pont entre les deux peuples et les deux cultures. Depuis certaines gens ont changé de ton.

Me Fourrier: Les causes du malaise?

Abbé Haegy: Depuis que M. Poincaré a lui-même dit, que les administrations avait commis vis-à-vis de l'Alsace des maladresses incroyables, j'estime inutile de répondre encore à cette question. Durant la campagne électorale, des tracts de tous les partis ont fait mention de ces maladresses. On a d'ailleurs toujours tiré dans le dos du

Conseil Consultatif. Strasbourg a été violenté par Paris.

Au sujet de l'autonomie complète et du séparatisme, l'abbé Haegy rappelle la parole de Hennessy: «Les affaires de la nation à la nation, celles de la région à la région, celles des communes aux communes. »

Président: Mais il y a déjà une espèce de décentralisation? Vous êtes au Conseil Général?

Abbé Haegy: De quoi nous occupons nous: de la voierie, de l'assistance publique. C'est bien peu de choses en comparaison des compétences de notre ancien petit parlement.

Me Berthon: Que pense l'abbé Haegy de l'incompréhension de certains milieux?

Abbé Haegy: Je crois que les gens de France comprennent moins bien que nous le problème alsacien. Nous sommes d'ailleurs plus aptes à les comprendre qu'ils ne le sont à nous comprendre car nous savons leur langue. Nous avons une notion de deux formes gouvernementales, dont l'une nous semble meilleure que l'autre, mais les Français auront de la peine à comprendre nos institutions plus compliquées. Cependant il est des gens comme Hennessy et l'«Action Française» qui demandent un régionalisme aussi étendu que les autonomistes.

Mais brusquement la séance est suspendue.

* * *

Me Berthon: M. l'abbé Haegy n'a-t-il pas assisté avec le Dr. Ricklin et Jaurès à la conférence interparlementaire pour la paix à Bâle, en juin 1914?

L'abbé Haegy: J'ai assisté par deux fois avec le Dr. Ricklin à des réunions entre des parlementaires français et allemands à Berne et à Bâle en 1913 et en 1914. Le but de ces réunions était un rapprochement des deux peuples par une entente entre les représentants parlementaires et dans l'esprit d'un pacifisme convaincu. Une nouvelle réunion devait avoir lieu à Munich et à Lyon réunion à laquelle des deux côtés devaient assister près de 150 députés. La guerre intervint.

Me Berthon: Le témoin estime qu'on peut soutenir en Alsace le principe de l'assimilation.

L'abbé Haegy: Il me semble que non si on veut faire de la politique pratique. Il est impossible de ne pas tenir compte de cette génération qui a vécu et grandi dans un régionalisme si l'on veut faire de la politique réaliste. Une haute personnalité dans les services du gouvernement m'a déclaré à Strasbourg lors du congrès de la semaine sociale en 1920 ou 1921 que notre génération qui a connu notre ancienne constitution ne pourra jamais s'habituer au régime centraliste tel que nous l'avons. Pour notre jeunesse c'est un bonheur qu'elle ne sait pas ce que nous avions, sans cela... Le témoin interrompt la citation, disant, je préfère ne pas prononcer les paroles: elles seraient trop dures.

Me Jaeglé: La formule que le Dr. Ricklin avait proposée au Conseil National aurait-elle donné une meilleure solution?

Témoin: C'est ma profonde conviction. La France a tout intérêt à avoir une Alsace contente et je suis convaincu qu'on aurait fait un grand pas si on avait écouté quelque peu la proposition du Dr. Ricklin. Il ne faut pas s'imaginer que si aujourd'hui les tendances régionalistes n'ont pas de succès qu'elles s'effondreront tout simplement. La lutte pour l'autonomie a déjà duré une fois quarante huit ans et cette lutte pourrait encore une fois recommencer ce qui serait déplorable.

Me Jaeglé: M. le Dr. Ricklin était-il jadis le candidat du gouvernement?

Abbé Haegy: Au contraire. Le Dr. Ricklin est entré dans la politique, comme successeur du chanoine Winterer qui l'avait désigné lui-même. Le Dr. Ricklin continua ainsi la lignée des protestataires, cependant celle-ci avait pris en ce moment déjà d'autres formes. Jusqu'en 1911 et 1912 M. Ricklin avait toujours dans les campagnes électorales des candidats gouvernementaux contre lui.

Me Jaeglé: Qui fut ce candidat? M. Centlivre n'est-ce pas? Jadis déjà il fut, le candidat du gouvernement, comme il l'est aujourd'hui encore.

Témoin.: Parfaitement.

Me Jaeglé: C'est la balançoire alsacienne. M. Ricklin n'a-t-il pas défendu feu M. Tempé contre von Puttkammer?

Le témoin rappelle ensuite en quelques mots les scènes qui se sont passées durant la guerre aux réunions du Conseil Général. Le Dr. Ricklin avait obtenu l'acquittement de M. Tempé, Cependant on refusa toujours à M. Tempé de rentrer dans le pays. Les deux hommes intervinrent à nouveau et leur intervention leur attira la haine des journaux gouvernementaux allemands. Les soldats alsaciens les prièrent souvent de ne pas insister tellement sur ces faits, car eux-mêmes en souffraient ensuite au fond. Du reste le Dr. Ricklin a dû faire pendant la guerre bien des démarches, et il paraît qu'on veut lui en faire un grief aujourd'hui, dans l'intérêt du pays et de nos pauvres soldats.

Président: Sans le moindre sentiment anti-français.

L'abbé Haegy: Jamais! Au contraire nous étions très mal vus; moi-même j'étais accusé de haute trahison. J'étais accusé d'avoir pris comme membre de la commission du budget du Reichstag des notes pour les vendre au gouvernement français. Grâce à l'intervention du député Pfeiffer, mort comme ambassadeur à Vienne, le gouvernement n'a pas fait les démarches prévues contre moi.

Me Jaeglé: Mais la perquisition prévue en ce temps est venue plus tard sous le gouvernement français?

L'abbé Haegy: Oui, de 9 heures du matin à 6 heures du soir.

Président: Mais vous aviez détruit une partie de vos lettres?

L'abbé Haegy: En 1926 déjà j'avais une idée vague de ce qui devait arriver. J'avais enlevé des affaires de famille qu'on m'avait confiées et du reste c'était pour moi un devoir moral d'éviter que des lettres adressées à ma personne tombent dans les mains de la police. Du complot on n'aurait rien trouvé là-dedans.

Président: Vu que trois des accusés sont de vos anciens collaborateurs il serait intéressant de connaître les directives du « Kurier ». Et le président lit alors du dossier de M. l'abbé Haegy deux lettres de Sa Grandeur Monseigneur Ruch, l'une de 1920 avec une critique sur la tenue de l'« Elsaesser Kurier » au point de vue national et l'autre concernant le congrès international de charité qui n'a pas eu lieu en 1927 à Strasbourg.

Le témoin déclare que l'article concernant le congrès à Strasbourg n'était pas écrit par lui. Il avait été publié par l'« Elsaesser » et deux jours après seulement il a paru dans le «Kurier». Entre ces deux jours l'abbé Haegy appelé à Strasbourg même apprit que Monseigneur l'Evêque avait adressé une lettre de protestation à la rédaction de l'«Elsaesser» concernant une phrase où il était question de Sa Grandeur. Dans l'article du «Kurier» la phrase incriminée ne fut pas imprimée et si le témoin avait prévu son interrogatoire à ce sujet, il aurait apporté à M. le président une seconde lettre de Monseigneur Ruch où il le remercie de la rectification et dans laquelle le distingué Prélat déclare que l'abbé Haegy ne cherche que le bonheur de l'Alsace.

Ensuite le président fait lire le procès-verbal d'une réunion dans laquelle l'abbé Fashauer aurait dit: Que serait la « Zukunft » si elle était combattue par le «Kurier». Cela veut dire que le « Kurier» a soutenu la «Zukunft».

L'abbé Haegy: Une haute personnalité m'a dit un jour que le «Kurier» aurait causé le mouvement de la «Zukunft» En réalité la «Zukunft» a été créée parce que le «Kurier» n'allait pas assez loin. Cependant le «Kurier» a défendu le programme de l'U. P. R. à partir de 1919 et ce programme demande l'autonomie administrative. Si d'autres sont allés plus loin que nous, ce n'est pas de notre faute. Une chose dit le témoin, est cependant évidente: Le «Kurier» n'a pas d'influence ni dans le Bas-Rhin, ni en Lorraine et pourtant l'autonomisme y est déjà bien répandu. Enfin, le président fait lire des dossiers une nouvelle lettre de M. l'abbé Zemb au Dr. Ricklin. D'après cette lettre l'abbé Haegy aurait dit à M. Zemb qu'il préfère que le mouvement de la «Zukunft» ne se présente pas comme un mouvement clérical; et qu'il serait décidé de faire le front unique pour défendre les questions d'Alsace-Lorraine même avec les socialistes et les communistes.

L'abbé Haegy: J'ai déclaré à plusieurs reprises que la « Zukunft » aurait eu plus de succès si elle ne se présentait pas comme un mouvement clérical, pour qu'on ne dise pas ce sont toujours les cléricaux qui représentent les tendances régionalistes de la population d'Alsace. Quant au front unique, il y a des questions comme la question du bilinguisme des écoles, des fonctionnaires, la situation économique et financière ainsi que sociale qui doivent être défendues par tous les partis et dans l'intérêt du peuple on pouvait bien faire le front unique dans ce sens Dans une autre lettre du Dr. Ricklin à l'abbé Zemb, le Dr. Haegy est désigné comme un régionaliste convaincu et qui aurait douloureusement ressenti le retour de l'Alsace à la France.

Dr. Ricklin: J'ai déjà dit au sujet de cette lettre que j'ai parlé d'un retour sans conditions, c'est-à-dire sans avoir en mains la garantie que nos institutions religieuses et nos institutions administratives soient respectées. Jamais l'abbé Haegy ne m'a fait une autre déclaration.

L'abbé Haegy: Et moi-même je n'ai jamais entendu autre chose du Dr.

Photo Christophe.

LES AVOCATS JAEGLÉ ET KLEIN

Photo Christophe.

SOLVEEN parle à Me JAEGLÉ. A gauche de Me JAEGLÉ Me BERTHON

Ricklin. Nous étions les deux derniers parlementaires alsaciens qui avons parlé au Reichstag. C'est en ce moment là que le Dr. Ricklin aurait pu faire les déclarations de regret.

Mais il ne l'a pas fait, au contraire,

jours après, moi-même j'ai dû donner des commentaires sur le discours de M. Ricklin. J'ai dû dire au Gouvernement et aux députés allemands que, pour les Alsaciens-Lorrains, le retour à la France était chose définitive. Il

Photo Christophe

M. LE CONSEILLER GÉNÉRAL DR. HAEGY

il a bien souligné que le cadeau que le Gouvernement allemand veut nous faire vient bien tard, et que les Alsaciens-Lorrains veulent retourner à la France. C'est là qu'il aurait pu dire que le retour de l'Alsace à la France nous semble douloureux : on nous en aurait su gré. Mais il a parlé autrement, et je me souviens aujourd'hui encore comme le secrétaire d'Etat Lewald, qui était à côté du Dr Ricklin, s'est détourné de lui. Deux

n'y eut pas de paroles de regret de notre part.

M. Ricklin : N'ai-je pas dit à M. Lewald que son opinion suivant laquelle 75 % des Alsaciens voteraient pour l'Allemagne était fausse ?

M. l'abbé Haegy : Je sais qu'à ce moment on avait dit au Gouvernement qu'en cas de plébiscite 75 % des Alsaciens voteraient pour l'Allemagne. Et c'est vous qui avez déclaré le contraire au Gouvernement.

11

Mᵉ Berthon : Nous avons bien perdu du temps dans toutes ces lectures de lettres. Mais je suis quand même content. Elles ont donné l'occasion de souligner une fois de plus l'attitude courageuse de M. Ricklin dans ces temps difficiles.

Mᵉ Jaeglé : Quelle est l'opinion du peuple alsacien sur l'élection de MM. Ricklin et Rossé ?

Le Président proteste et dit que la question ne sera pas posée.

Mᵉ Jaeglé : Eh bien ! M. l'abbé, quelle est l'opinion générale du peuple sur le procès ?

M. l'abbé Haegy : On a désigné les dernières élections comme le résultat de cette affaire du complot. Le peuple est indigné et ne croit pas à un complot .Il est convaincu que les accusés sont innocents. C'est pour protester contre ces arrestations qu'ils ont élu ces deux Messieurs.

Mᵉ Berthon : Pour dire le mot de la fin, c'est à M. le Procureur géné ral qu'ils doivent leur élection. (Hilarité.)

Mᵉ Klein veut connaître le rôle de Riehl et le détournement dans l'imprimerie de l' « Alsatia » à Mulhouse.

Le témoin : Le père Riehl a été congédié par le Conseil de surveillance de l' « Alsatia », lorsqu'il fut établi que son fils était un espion de la police qui surveillait notre rédaction, nos députés et tous ceux qui fréquentaient notre établissement. Il passait souvent des rapports à des journaux adverses sur des choses très sérieuses. Quand l' « Echo de Mulhouse » protesta contre les agissements de ce jeune homme, le père Riehl qui était responsable pour la partie administrative, fit mettre dans les annonces un article dans lequel il insultait notre directeur. C'est pour cela que Riehl a été renvoyé. Quelques mois plus tard, le nouveau gérant constatait qu'il manquait du papier au dépôt. Une enquête fut

ouverte et l'on constata que le fils Riehl avait, en effet, vendu du papier à une firme Braun, à Dornach. Ce papier avait été payé à M. Henri Riehl. Dans une réunion du Conseil d'administration du 5. 8. 1927, Riehl père déclara ne rien savoir de ces affaires. Le lendemain, il nous écrivit une lettre disant qu'il se rappelait maintenant avoir donné à son fils la permission de vendre du papier. L'argent ne se trouvait cependant pas dans nos caisses.

Mᵉ Klein : Est-il juste que le fils Riehl a, une fois, voulu donner, dans une réunion, un revolver à un ouvrier ?

Le Président : Mais cela n'a rien à faire avec le complot !

Mᵉ Klein insiste.

Le témoin : Un ouvrier de notre imprimerie nous a rapporté que durant une réunion du Heimatbund, à laquelle Riehl l'avait emmené, l'agent provocateur avait voulu lui donner un revolver sous prétexte qu'on serait attaqué par les Engagés Volontaires et les Anciens Combattants. Le brave ouvrier, qui n'avait encore jamais eu une arme en main, n'en voulut cependant rien savoir.

Mᵉ Klein : M. Rossé est-il séparatiste ?

M. l'abbé Haegy : Jamais je n'ai entendu de lui une parole pareille. Du reste, M. Rossé est trop intelligent pour s'adonner à des rêves analogues. Un homme quelque peu sensé ne pense pas ainsi aujourd'hui en Alsace. De grands événements historiques ont décidé du pays. Par la force, nous avons été arrachés il y a cinquante ans à la France, le bouleversement du monde entier nous a ramenés de nouveau à la France.

Mᵉ Klein : Que savez-vous de la bagarre de Colmar ?

Le témoin: Là-dessus, il y aurait beaucoup à dire. On a déjà dit dans cette salle que j'avais eu, à ce sujet, une entrevue avec l'ancien préfet du Haut-Rhin avant son départ. C'est juste. J'avais rendu le préfet responsable de cette bagarre. Il est venu me dire, avant son départ, qu'il n'en pouvait rien. Je pourrais désigner la personne responsable, mais je ne veux pas être indiscret. Le préfet lui-même m'a dit que l'agression du Dr Ricklin et la bagarre devant les Catherinettes étaient des choses abominables. Nous savions, d'autre part, qu'un Conseil de guerre avait eu lieu à la préfecture entre les Engagés volontaires, les Anciens combattants et les Royalistes. C'est à ces derniers qu'on reproche la responsabilité de cette bagarre.

Le Président : Ce n'est donc pas M. le Préfet Gasser le responsable.

M. l'abbé Haegy : Je ne peux en dire davantage.

Me Palmieri : Le bruit a couru, M. l'abbé, que vous aviez été sollicité de venir à Paris pour traiter au sujet de ce procès .Est-ce juste ?

M. l'abbé Haegy : Là encore, je suis obligé d'être discret. Je puis cependant dire que quelques semaines avant les élections un député du Bas-Rhin est venu me prier de l'accompagner à Paris pour avoir une entrevue avec une personnalité très haut placée, au sujet du procès. Cette personne croyait qu'un arrangement pourrait encore se faire. Quelques jours plus tard, je fus appelé à Strasbourg par un autre député, qui me fit les mêmes propositions .Il me disait que c'était une affaire de conscience pour moi. Le second Monsieur me demandait même de prendre l'engagement que M. Rossé, dans le cas où il sortirait de prison, ne poserait pas sa candidature. (Sensation dans la salle.) Je répondis que je ne pourrais pas prendre un engagement pareil, car je me disais que M. Rossé pourrait justement poser sa candidature une fois libéré et qu'il ne pouvait pas le faire avec succès étant en prison .Pour le reste, je refusais le voyage à Paris, parce que je ne savais pas quelle proposition je pourrais faire là-bas. Du reste nos députés connaissaient la situation aussi bien que nous.

M. Fachot: C'est une erreur absolue. Le gouvernement n'a pas le droit de libérer des détenus. C'est mon seul droit.

Me Berthon: Et si je vous donnais des preuves du contraire?

Me Peter: Est-il juste que M. Poincaré et M. Vallot ont été mal renseignés sur l'affaire du complot et qu'on prétendit qu'il y avait 3 à 4 millions d'argent étranger dans le mouvement?

Le président ne veut absolument pas poser cette question. La défense insiste et dit que c'est une question capitale.

Le témoin: Il est évident que nous avons demandé à nos parlementaires ce que dit M. Poincaré du complot. Le Président du Conseil avait déclaré ne rien savoir car les dossiers de la justice lui étaient fermés (M. Fachot cela confirme ce que je viens de dire). Seulement, continue le témoin, les dossiers de la police n'étaient pas secrets pour M. Poincaré et le complot avait été trouvé dans les dossiers de la police avant de passer à la justice.

Le président ne veut pas qu'on continue à déposer sur cette affaire.

Le témoin continue: Quelques semaines avant les élections nous avions à Mulhouse une entrevue avec des députés. Nous leur demandions une fois de plus ce qu'on dit à Paris sur

les éléments du complot

Et nos parlementaires de nous répondre : M. Vallot leur a communiqué confidentiellement ces quatre points: 1) Découverte d'une correspondance Rossé-Ernst. (M. Rossé: Cela n'existe pas). 2) Tous les accusés seraient en relations intimes avec l'Institut Scientifique de Francfort. 3) Madame Fashauer aurait avoué avoir cherché en Suisse trois à quatre millions de francs. 4) Tous les accusés auraient réuni un grand nombre de livrets militaires pour connaître les centres de mobilisation de l'armée française.

M. Fachot: C'est à vous que M. Valiot a dit cela?

Abbé Haegy: Je vous ai dit nos députés. Du reste M. le député Brogly a assisté à cette réunion, il pourra confirmer ma déclaration.

La défense insiste, mais le président ne veut pas faire appeler le témoin à la barre. Celui-ci confirme cependant de sa place la déposition de M. l'abbé Haegy.

Me Berthon: Mais tirons l'incident au clair et laissons venir le témoin à la barre. Il faut qu'on sache qui a trompé M. Poincaré de cette façon.

Me Peter: Je voudrais bien savoir qui a pu renseigner M. Poincaré pour qu'il puisse dire que le peuple alsacien frémirait en apprenant les crimes des accusés et que M. le Préfet du Haut Rhin a pu traiter les autonomistes de « bande encanaillée ».

Le président proteste énergiquement et dit que la question ne sera pas posée

Me Feuillet. Le témoin croit-il que si on avait tenu les promesses à l'Alsace on aurait eu un malaise et que la justice aurait eu l'occasion de monter d'un rien du tout un complot?

Abbé Haegy: Certainement non! Du reste si j'avais prévu qu'on me pose cette question j'aurais apporté le discours de Monseigneur Ruch à Angers, qui serait la juste réponse.

Président: Mais quelles promesses n'ont pas été tenues?

Et le témoin de citer: maintien de l'école confessionnelle qui n'existe qu'en théorie mais pas en pratique; promesses à nos fonctionnaires, nos institutions administratives, postes, chemins de fer, contributions, finances, etc. etc.

Fashauer: Le témoin a-t-il constaté une fois que la « Volksstimme » a excité le peuple à la guerre civile?

Abbé Haegy: Jamais je n'ai lu chose semblable.

M. Fashauer: La « Volksstimme » a-t-elle demandé le plébiscite?

Abbé Haegy.: Pas que je sache.

Fashauer: A-t-elle demandé la séparation?

Abbé Haegy: Non plus!

M. Fashauer: Et c'est celà l'acte d'accusation.

M. Rossé: M. l'abbé Haegy peut-il nous dire les directives qu'il a reçues de Brauns et de Stresemann?

Abbé Haegy: Je ne connais ni Brauns ni Ernst. J'ai vu Stresemann comme mon collègue au Reichstag, je n'ai jamais eu aucune conversation avec eux. J'ai connu par contre des hommes comme les chanceliers Wirth, Fehrenbach, Marx. Je n'ai depuis l'armistice plus eu aucun rapport avec eux, par prudence.

M. Fachot: Quel est votre rôle dans ce procès?

Abbé Haegy: Mon rôle, je suis témoin. Que serais-je encore?

M. Fachot: Comment se fait-il que vous répandez des comptes-rendus absolument tendancieux?

Abbé Haegy: Ce n'est certainement pas moi qui les fait, vous voyez bien que je ne suis jamais ici.

Me Berthon: Et quels rapports ne seraient peut-être pas tendancieux?

M. Fachot: Comment se fait-il que c'est vous qui, lors de l'abréviation des débats, avez dressé la liste des témoins à garder?

M. l'abbé Haegy: Moi, je n'ai pas dit une seule parole sur la constitution de cette liste. Ce que j'ai dit: C'est qu'il était regrettable que les témoins principaux de l'accusation ne soient pas entendus. On dirait alors toujours qu'on savait des choses énormes qui n'ont pas été produites.

Les avocats protestent contre l'injure que le Procureur fait à la défense.

Me Fourrier raconte que la liste des témoins a été dressée dans une conférence des avocats à l'Hôtel Terminus et discutée ensuite avec les accusés, et que M. l'abbé Haegy n'y avait pas été mêlé pour un seul mot.

M. Fachot : Vous avez dit sous la foi du serment que vous avez brûlé toute votre correspondance ? Maintenez-vous cette déclaration ?

M. l'abbé Haegy : J'ai déclaré que quelque temps avant les perquisitions, me doutant de quelque chose, j'avais détruit une partie de mes papiers et que j'en avais éloigné une autre partie.

M. Fachot : A Mariastein... ?

M .l'abbé Haegy : Non, à Colmar. Il y a bien vingt ans que je n'ai pas été à Mariastein, je n'y connais personne. C'est à Colmar. (La salle part d'un fou-rire !)

Mᵉ Palmieri : Un haut fonctionnaire du Bas-Rhin n'a-t-il pas dit son opinion sur ce procès ?

Le Président : La question ne sera pas posée.

Mᵉ Palmieri : Enfin, une personne n'a-t-elle pas dit que le procès a été engagé à la légère ?

M. l'abbé Haegy veut répondre.

Le Président intervient : La question ne sera pas posée.

Les avocats protestent.

Mᵉ Peter crie : Mettons les points sur les « i » : C'était M. le Préfet du Bas-Rhin ! (Sensation.)

M. l'abbé Haegy veut s'expliquer.

Le Président interrompt.

⁂

Mᵉ Berthon proteste encore contre le fait qu'on interdit toujours aux avocats de parler ensemble aux accusés à la prison.

La séance est levée et renvoyée à samedi matin.

Seizième journée — 19 mai

Séance du matin.

A l'ouverture de la séance de samedi matin, le président lit l'arrêt concernant les dépositions de Me Peter. La Cour donne acte à la défense des paroles du Procureur Général affirmant que Kohler et Baumann sont des «espions dangereux». Quant à la demande à ce que le dossier d'espionnage Kohler-Baumann soit versé dans le dossier du complot, la Cour se déclare incompétente. Ensuite le président donne lecture de nombreuses lettres, dont l'une du général Bourgeois, disant que la fameuse motion de l'U.P.R. n'avait pas été élaborée par lui et que lui-même avait déposé une résolution d'ajournement, qui cependant fut énergiquement combattue par toute l'assemblée. Dans une autre lettre, le général Taufflieb déclare avoir lancé la devise: «l'Alsace aux Alsaciens». Mais il n'y avait aucune idée d'autonomisme, car cette devise a deux versions: pour lui il s'agissait uniquement de donner aux fonctionnaires alsaciens dans les différents réseaux les premières places, que les Allemands leur avaient enlevées jusqu'à présent.

Mᵉ Klein lit une déclaration du Dr. Wildy de Suisse, le bailleur de fonds de l'«Erwinia». Ce monsieur déclare sous la foi du serment, que les affirmations du commissaire Bauer sont fausses, et que l'argent, qu'il a prêté à l'«Erwinia» est de l'argent suisse.

L'abbé Haegy revient à la barre et lit encore une lettre de Sa Grandeur Monseigneur Ruch à son adresse. C'est une réponse à la rectification concernant l'article du congrès de charité, dont le président a cru devoir faire état hier. D'après cette lettre nous voyons, que l'évêque est en parfaite entente avec M. l'abbé Haegy.

Ensuite l'abbé Haegy tient encore à faire sous la foi du serment une déclaration concernant une déposition du commissaire spécial Bauer. Celui-ci avait prétendu qu'en 1919 déjà une réunion avait eu lieu au cercle Saint-Martin à laquelle auraient assisté entre autres M. Hauss, M. Sigwalt, l'abbé Fashauer, M. Keppi. L'abbé Haegy aurait présidé.

Le témoin: Jamais je n'ai présidé une pareille réunion. Je n'ai plus vu Hauss depuis l'armistice, je n'ai plus vu l'abbé Sigwald depuis une quinzaine d'années. Quant à M. Keppi je ne me souviens pas de l'avoir vu une fois à Colmar. Le témoin de continuer: Moi-même j'étais déjà une fois mêlé à un premier complot, découvert celui-là par M. Edouard Helsey. Il était question de rapports entre moi et Rome. Jamais, je n'ai eu des rapports avec la Cour de Rome. Je n'ai reçu, ni des conseils, ni des blâmes, ni de louanges. Je dis cela pour qu'une bonne fois, une certaine presse mette fin à cette légende qui recommence à faire son apparition.

On fait appeler le témoin suivant. C'est

M. Béron

secrétaire général du parti communiste d'Alsace-Lorraine et député de la Moselle.

Me Fourrier: Notre camarade Béron, qui vient d'être élu député de la circonscription de Thionville et qui longtemps a milité en Moselle, peut-il nous dire, s'il existe dans cette région un mouvement autonomiste, qui est plus fort encore, que celui en Alsace et que ce mouvement existe surtout dans la classe ouvrière.

M. Béron: Ce mouvement est très fort et il a notamment un caractère de classe.

Me Fourrier: Vous mêmes, qui connaissez ce mouvement, peut-il être accusé de complot?

Témoin: Non. C'est une pure manœuvre de la police. Celle-ci a aussi essayé de tirer notre parti dans cette affaire. Nous avons reçu de nombreuses lettres de convocations, mais nous les avons toutes détruites. On a trouvé une seule lettre chez nous, lors d'une perquisition, qui émanait de Ley. Il nous avait demandé de lui imprimer un journal autonomiste. Nous craignions que cette lettre vienne d'un agent provocateur.

Me Fourrier: Le mouvement autonomiste, ne se base-t-il pas en grande partie sur des questions d'économie, question qu'une certaine presse parisienne n'a jamais soulevée, perdant ainsi toute objectivité.

Témoin: C'est très exact, la classe ouvrière est très mécontente en Alsace-Lorraine. Un ouvrier de chez nous paye trois fois plus d'impôts, qu'un ouvrier à Paris.

Me Fourrier: Que pensez-vous du complot?

M. Béron: Il est inexistant. Nous mêmes dans notre parti nous essayons tous les jours de développer nos organisations et de les renforcer. Si c'est là un complot, nous sommes tous ensemble des comploteurs. Le témoin cite un exemple montrant comment le mécontentement avait pu passer dans certains rangs de commerçants. Dans le temps, dit-il, les chemins de fer d'Alsace-Lorraine achetaient pour 500.000 frs. de papier en Alsace Aujourd'hui la direction fait ses achats à Paris et à Nancy.

Me Fourrier: Vous connaissez la grève de 1920. M. Rossé en était-il l'instigateur?

M. Béron: Jamais.

Président: Où étiez-vous à ce moment?

Témoin: A Metz.

Président: Mais Metz est un peu loin de Lauterbourg.

Député Béron: Oui, mais la grève a eu ses origines à Hagondange à cause d'un renvoi de plusieurs fonctionnaires. Rossé cependant, comme les syndicats chrétiens, n'ont joué aucun rôle dans cette grève. Elle a été lancée par la C. G. T.

Me Fourrier: Que pensez-vous du bilinguisme?

M. Béron: C'est un facteur très important pour notre région. Moi-même je suis né dans une région parlant le français et j'ai appris en classe peu à peu la langue allemande. De nos jours cependant on emploie une méthode toute opposée. Dès que les enfants entrent en classe, on leur enseigne le français. Impossibilité pour les parents de surveiller les devoirs de leurs enfants. Je parle des ouvriers, dont l'énorme majorité ne connaît pas le français. Et nous avons des jeunes paysans ouvriers qui, après trois ans de leur libération scolaire, ne savent ni lire ni écrire convenablement le français ni l'allemand. Une réforme est absolument nécessaire.

Mᵉ Fourrier: Le député Béron n'a-t-il pas assisté dernièrement à un meeting à Paris auquel assistaient huit mille ouvriers de la région parisienne? Quel était son impression? Les ouvriers français s'intéressent-ils à l'Alsace?

M. Béron : Mon impression était très bonne, et dès que je montais à la tribune les huit mille ouvriers me firent une ovation en saluant en moi le représentant de l'Alsace. Ils s'intéressent tous beaucoup à la question alsacienne, notamment à ce procès, et sont convaincus que tous les accusés seront acquittés, car de complot il n'y en a pas.

Mᵉ Berthon : Croyez-vous que notre camarade Hueber soit, comme l'avait déclaré le commissaire Bauer, à la solde de Rapp ?

M. Béron : M. Bauer est un homme très intelligent; quand il a perquisitionné chez nous, il a saisi près de cinquante kilos de vieux livres prêts à mettre au fourneau, tandis qu'il nous a laissé tout le registre des jeunesses communistes qui se trouvait sur la table. Mais jamais Hueber n'a été à la solde de Rapp ou de Ley.

Mᵉ Fourrier : Que pensez-vous de la création de la « Schutztruppe » ?

M. Béron : Par suite des attaques de Colmar et des nombreuses menaces des fascistes ,cette création était absolument nécessaire. Nous-mêmes nous avons nos troupes de protection pour nous protéger contre les attaques des fascistes, et si demain ils nous attaquent avec des matraques, nous répondrons par des matraques, si on nous attaque avec des revolvers, nous répondrons à coups de revolvers. (Sensation.)

Mᵉ Peter: N'est-il pas exact que le parti communiste demande le plébiscite pour l'Alsace ?

Témoin : C'est juste, nous demandons la libre disposition des mino-

rités nationales et le plébiscite pour l'Alsace-Lorraine.

Mᵉ Peter : Etes - vous poursuivis pour complot ?

M. Béron : Non.

A ce moment, **Mᵉ Klein** se lève et dit que M. von Gemmingen, qui est le beau-frère de M. Roechling, et qui a été mis en cause au sujet du fameux million allemand, se trouve dans la salle des témoins et veut venir déposer, sous la foi du serment, que jamais il n'a donné de l'argent au mouvement autonomiste et que les deux hommes n'avaient aucune relation avec un groupement politique en Alsace.

La défense est prête à renoncer à un autre témoin pour pouvoir entendre von Gemmingen.

Le président n'en veut rien savoir.

M. Fachot de même.

La défense insiste, elle est même prête à renoncer à deux témoins pourvu qu'on entende von Gemmingen.

Finalement le président le permet à condition, que la défense ne fasse pas d'obstruction, si M. Fachot veut encore appeler un autre témoin à la barre.

L'huissier veut déjà faire entrer le témoin sarrois.

Mais le Procureur général s'y oppose de toute son énergie et le président ne le permet pas.

On fait entrer

M. Schneider

de Strasbourg.

Mᵒ Jaeglé: Connaissez-vous M. Heil? Quelle est son opinion politique?

Témoin: Depuis vingt ans déjà je connais M. Heil, c'est un homme sobre, il était membre de la «Fortschrittspartei» et un régionaliste convaincu.

Mᵉ Jaeglé: Est-il séparatiste?

Schneider: Non.

Mᵉ Jaeglé: Connaissez-vous son attitude comme collaborateur de « Das Neue Elsass »?

Témoin: Oui, il était toujours très modéré.

M. Spindler Charles

peintre artiste vient nous dire, qu'il a beaucoup de respect pour son jeune collègue M. Solveen, qui est un honnête homme et un grand artiste.

M° Jaeglé: Peut-on s'occuper d'art d'outre-Rhin?

M. Spindler: Je n'y vois rien d'extraordinaire. Avant la guerre déjà on vendait pour six millions de tableaux en Allemagne.

M° Jaeglé: Connaissez-vous des peintures autonomistes?

Témoin: Non.

M° Jaeglé: Avez-vous vu une exposition autonomiste?

Témoin: Non.

M° Jaeglé: M. l'inspecteur de police Becker les connaît (Hilarités). Croyez-vous, que l'effort culturel de M. Solveen pour poser un pont entre la France et l'Allemagne par l'art, est-il réalisable?

Témoin: Parfaitement, seulement aussitôt qu'on entre en relations avec l'Allemagne on est suspect !

M° Jaeglé: M. Solveen est-il un politicien dangereux?

Témoin: Pas du tout.

M° Jaeglé: L'association des artistes l'«Arc» est-elle dangereuse?

M. Spindler: Au début, quand elle a été créée, tout le monde faisait son éloge. Ce n'est que plus tard, qu'on y a trouvé des tendances politiques.

Le prochain témoin est un jeune artiste-peintre,

M. Schmitt

de Mulhouse.

M° Fourrier : Etiez-vous en relations avec Riehl ? N'a-t-il pas voulu vous mettre en rapport avec des nationalistes allemands ?

Le témoin : Parfaitement. J'étais en relations avec M. Riehl, et à de nombreuses reprises il a voulu nous mettre en relations avec des nationalistes allemands. Je suis même convaincu que le témoin Riehl a prêté un faux serment. (Sensation.) Il a dit qu'il ne nous a jamais offert de l'argent étranger; or, dans une réunion, il a déclaré un soir au Dr Langjahr, à M. Schweitzer et à moi, qu'il avait assisté à un Congrès de minorités nationales à Bâle. J'ai vu peu après le rapport de Riehl remis à M. Boltz; et ce rapport était tout à fait erroné. Ce soir-là, M. Riehl nous avait dit que ces Messieurs de Bâle traitent les autonomistes alsaciens d'enfants, parce qu'ils veulent lancer un mouvement aussi important sans argent. Or, ces Messieurs auraient été prêts à nous soutenir financièrement.

M° Fourrier : Précisez. Est-ce qu'il vous a offert de l'argent allemand ?

Le témoin : Oui.

M° Fourrier : M. Riehl ne vous-a-t-il pas donné des timbres réclamant l'indépendance pour l'Alsace ?

Le témoin : Il me les a donnés par centaines. J'en ai ici, et je voudrais bien les montrer à MM. les jurés. Je n'ai jamais pu apprendre d'où il les avait.

Le Président demande alors comment il se fait qu'il ait pu adresser à un certain Erhard une lettre alors qu'il a été cité comme témoin.

On ne comprend pas très bien ce que signifie cette question.

Le témoin répond qu'il connaissait très bien M. Schweitzer, qu'il habitait avec lui pendant quinze mois la même maison, que c'est un fort honnête homme et que M. Schweitzer n'a jamais reçu la visite d'un officier allemand.

Le témoin rappelle ensuite, que Riehl a dit, qu'on faisait de la musique pendant les réunions et que M. Schweitzer chantait. Jamais, dit M. Schmitt, je n'ai entendu chanter M. Schweitzer.

On appelle à la barre

M. Schneider

employé de banque à Strasbourg.

Après les constations usuelles, Me Fourrier rappelle que le témoin, âgé de 23 ans, avait été arrêté pour complot pendant deux mois à la prison départementale de Mulhouse et que le juge d'instruction avait signé un non-lieu contre lui. Il demande le témoin s'il connaît la «Schutztruppe»?

Témoin: Parfaitement. J'étais un des organisateurs principaux.

Mᵉ Fourrier: Quelle était sa force?

M. Schneider: Quarante hommes s'étaient annoncés, mais en réalité nous n'étions jamais plus de vingt cinq. A la fin même, nous n'étions plus que dix. Sur demande de la défense, le témoin s'explique sur la fameuse forteresse autonomiste, qui avait été formée le 1er novembre l'année dernière à l'«Erwinia». On se rappelle, qu'en ce moment avait eu lieu à Strasbourg un congrès des Engagés Volontaires et que des journaux avaient déclaré, qu'on irait détruire les machines de l'«Erwinia».

Le témoin dit: Nous avions fait dans la cour une haie de fil de fer barbelé et comme toute arme, nous avions une lance, car nous étions convaincus qu'un peu d'eau suffirait pour calmer ces messieurs.

M Fourrier: Quelles étaient les armes de la «Schutztruppe»?

Témoin: Comme toute arme nous avions une simple canne, il était même interdit aux membres de venir avec des armes aux réunions.

Mᵉ Fourrier: N'avez-vous pas donné des ordres spéciaux concernant l'autorité?

Témoin: Parfaitement. Il était strictement interdit de s'attaquer à des gendarmes, à la police, bref, aux représentants du Gouvernement. Du reste, je ne comprends pas qu'on veuille faire à certains des accusés un grief de la «Schutztruppe». C'était moi le fondateur, c'était moi le seul responsable, c'est moi, qu'il fallait garder et c'est moi, qui devrait me trouver au banc des accusés, si on y voyait quelque chose de dangereux.

Mᵉ Fourrier: Nous remercions le témoin pour sa déclaration franche et courageuse.

Le prochain témoin est

M. Weiss

de Mulhouse.

Mᵉ Jaeglé: Que savez-vous de l'activité politique du Dr. Ricklin vis-à-vis des Alsaciens exilés durant la guerre?

Témoin: Ayant été mêlé dans différents procès devant le Conseil de Guerre, j'eus à plusieurs occasions recours à l'assistance du Dr. Ricklin. L'origine de ces procès remonte à l'entrée des troupes françaises à Cernay en août 1914, Lors du retour de l'armée allemande, M. Pierre Burtschell, maire, et Acker, juge, furent arrêtés et emprisonnés à Mulhouse, Neuf-Brisach et Strasbourg.

Le témoin et le fils de M. Burtschell s'adressèrent à de nombreuses notabilités d'Alsace pour qu'ils interviennent pour les détenus. Mais tous, sans exception, jugèrent la situation trop épineuse et craignaient d'être arrêtés eux-mêmes, car le dénonciateur Dr Wehrung était réputé comme tout-puissant auprès de l'autorité allemande. Le Dr Ricklin eut seul le courage d'intervenir et obtint le transfert des deux accusés à Mulhouse.

M. Acker fut condamné en Avril 1915 à trois ans de travaux forcés et mon père, qui déposa comme témoin à décharge, fut arrêté le lendemain. Il passa en Juillet 1915 devant le Conseil de guerre. Le principal témoin à charge ayant avoué avoir prêté un faux serment, grâce aussi à l'intervention énergique et à la déposition courageuse du Dr Ricklin, mon père fut acquitté. Malgré cela, mon père fut retenu en prison, tandis que moi je fus envoyé en exil à Fribourg et à Weilburg, en Prusse.

Le Dr Ricklin intervint à de nouvelles reprises, il s'occupa de la mise en liberté définitive de mon père; il obtint la libération de M. Burtschell et même celle de M. Acker.

M. Ricklin est également intervenu à plusieurs reprises pour des exilés alsaciens; nous étions près de cinquante condamnés aux travaux forcés et 500 exilés. Le Dr Ricklin était toujours prêt à intervenir pour nous, et il a agi

toujours avec un dévouement spontané et désintéressé à l'égard de mes a-
mis et de ma famille.

Mᵉ Jaeglé : Que pensez-vous de ces
services ?

Le témoin : Nous n'oublierons jamais les services incomparables rendus par le Dr Ricklin; nous tous, nous
lui serons toujours reconnaissants.

Mᵉ Jaeglé : Vous connaissiez les o-
pinions du Dr Ricklin   Le croyez-
vous capable   d'avoir voulu séparer
l'Alsace de la France ?

Le témoin : Jamais.

Mᵉ Jaeglé : Le croyez-vous capable d'un complot ?

Témoin: Un homme droit et sincère comme le Dr Ricklin ne ferait jamais cela.

A la suite, Me Klein lit une déclaration que M. von Gemmingen vient d'é-
crire dans la salle des témoins. Il proteste
avec la dernière énergie, contre les insinuations du commissaire Bauer et dit
sous la foi du serment, que jamais,
ni lui, ni son beau-frère Rœchling,
n'ont versé de l'argent aux autonomistes alsaciens. Toutes ces déclarations
sont fantaisistes. Ils n'avaient aucune
relation avec eux et il sera toujours
prêt à répéter cette affirmation à la
barre même.

Le président suspend la séance.

A la reprise de la séance

M. Gérardot

directeur de la banque Girardot et Cie.
paraît à la barre. On lui demande des
explications sur le compte d'Agnès Eggemann. Celle-ci a ouvert en mai 1926
un compte de 35.000 frs., qui était
tenu normalement. Une seule fois, elle
vint y inscrire une somme de 5.000 frs.
suisses, lesquels devant être convertis
immédiatement en francs français furent portés au solde débiteur.

Mᵉ Klein: L'abbé Fashauer avait-il
un compte dans votre banque?

M. Gérardot: On a parlé de plusieurs millions. J'aurais bien voulu les
posséder dans ma banque. Mais M.
Fashauer n'avait malheureusement pas
un sou dans ma banque. M. Pujo de

l'«Action Française», qui avait tant
écrit sur l'argent allemand avait lancé
cette prétention.   Mais, je lui ai fait
avouer que je n'avais jamais eu de
compte.

Et M. Gérardot tout en expliquant
s'en prend à M. Helsey (qui est assis
derrière lui parmi les journalistes). M.
Helsey, dit-il, a affirmé bien des choses, qu'il ne pourra jamais prouver.
Ainsi l'abbé Zemb contrairement à ce
qu'Helsey à écrit, n'avait pas un sou
dans ma banque. La «Zukunft» m'a
offert d'ouvrier un compte, je le lui
ai refusé.

Président: Votre beau-frère doit être
bien riche, puisqu'il a chez vous en
banque un solde de 650.000 frs. Vous
êtes d'ailleurs brouillé avec lui?

M. Gérardot: Ce sont des titres de
diverses entreprises, et il n'y a là rien
d'extraordinaire.   Si vous voulez je
vous ouvre demain un crédit de deux
millions, si vous m'apportez des titres.   (Hilarité.)

Mᵉ Thomas: Par qui, votre banque
a-t-elle été fondée?

M. Gérardot : On a affirmé qu'elle
avait été créée par les Allemands et
alimentée par les millions de Roechling. C'est une affaire inventée de toutes pièces. D'ailleurs, je n'y aurais rien
vu de mal; les banques de Paris travaillent aussi avec Roechling. Or,
dans une république égalitaire, je revendique les mêmes droits que les autres. On a affirmé en outre que ma
banque servait les desseins politiques de
Roechling. J'ai moi-même contrôlé les
comptes de mes employés dans les
différents grands livres, et je vous affirme qu'il n'y avait rien d'anormal.
Toutes les opérations bancaires étaient
en règle, comme chez tous les autres
banquiers. Lorsque « L'Echo de Paris » et son correspondant à Strasbourg, un nommé Théodore Lemblé,
qui est allé pendant la guerre en Suisse, mais qui a oublié de s'engager dans
l'armée française, a écrit diverses in-
sanités au sujet de ma banque, je lui
ai demandé sur quoi il se basait. Il m'a

répondu : « Si vous voulez faire du journalisme en demandant les preuves de tout ce que vous affirmez, vous n'irez pas loin. » (Hilarité).

Vous voyez comme ces Messieurs font du journalisme dans les grands quotidiens de Paris !

Le témoin suivant,

M. Hæusner

rédacteur principal des postes à Strasbourg-Neudorf, est interrogé par **M^e** **Fourrier** sur l'activité de M. Rossé.

M. Hauesner : J'attribue le malaise aux maladresses commises vis-à-vis des fonctionnaires. Je citerai d'abord les sanctions prises par la commission de triage. Les grèves ont été le résultat du mécontentement général. M. Rossé n'est pas l'auteur de ces grèves. Il n'a d'ailleurs parlé qu'au nom des collectivités, qui avaient discuté ces sujets en assemblée plénière. A la grève de 1926, j'ai participé avec M. Rossé à une réunion. M. Rossé y a déclaré que la Fédération n'entrerait pas en grève sans l'assentiment du Comité-directeur. Ses tendances étaient d'ailleurs modérées. Les fonctionnaires sont tous solidaires de M. Rossé pour tout ce qui regarde les fonctionnaires.

Et déjà un autre témoin succède a M. Hauesner.

M. Adam Jean

pasteur à Dorlisheim, docteur en théologie et inspecteur ecclésiastique, homme d'un âge vénérable. On lui demande son opinion sur le colportage évangélique de M. Wurtz, et sur le but qu'il poursuit.

M. Adam : L'œuvre de M. Wurtz n'avait certes rien d'antinational. Avant d'agir, M. Wurtz m'a consulté; je lui ai donné des conseils et je l'ai encouragé. Je connais son dépôt de livres; il n'y en a pas un seul parmi eux qui soit francophobe ou germanophile. Durant la perquisition, les agents policiers les ont examinés à peine cinq minutes et ont fait un rapport qui ne pouvait être fondé.

Me Jaeglé: Vous connaissez le calendrier de M. Wurtz. Est-il antinational?

Témoin: Bien au contraire, mais toute la conduite de M. Wurtz est estimable. Il jouit de l'estime générale de la population et au dossier se trouve une liste de signatures de 250 chefs de famille, la totalité de la population, prouvant que M. Wurtz jouissait de la confiance et de la sympathie de tous. A côté de ma signature il y a celle du curé et du maire.

Le témoin est invité à se retirer.

M. Murschel

employé de chemin de fer vient témoigner sur les bagarres de Colmar, et ses organisateurs.

Murschel: Le but de la réunion était de protester contre les sanctions prises contre les signataires du manifeste. Trois ou quatre cent royalistes fascistes, etc. nous barrèrent l'entrée de la salle des Catherinettes. La bagarre étant survenue, la police vint nous couper la retraite pour nous livrer à la merci de nos agresseurs, qui étaient armés L'un de nous fut blessé grièvement, quatre furent arrêtés.

On lui demande ce qu'il pense de l'activité de M. Rossé dans la fédération des fonctionnaires.

Murschel: M. Rossé compte parmi les éléments les plus modérés de notre mouvement. Et lorsque à plusieurs reprises, nous voulions déclarer la grève, c'est lui qui faisait pour ainsi dire, office de freins.

Et le candidat communiste rend un magnifique hommage à son adversaire M. Rossé quant à sa parfaite loyauté et sa modération.

Mademoiselle Hahn

dactylo de la «Wahrheit» est interrogée par Me Peter. Elle répond à ses diverses questions: 1) Que M. Bulach a fait de la politique avant Baumann et Kohler. 2) Que Kohler était simple employé de Bulach avec traitement fixe. 3) Que Bulach avait bénéficié 50.000

frs. sur la vente de la «Wahrheit». 4) Qu'elle avait d'habitude jeté les lettres de Ley dans le panier à débarras. 5) Que Baumann enfin, modérait les articles de Bulach et que Kohler, comme simple comptable de la «Wahrheit» n'a pas écrit un seul article dans la «Wahrheit».

M. Hertzog

professeur à l'E.P.S. vient témoigner en faveur de M. Rossé.

Le président lui demande, s'il n'est pas allié de Rossé.

Le témoin nie, peut-être allié moral, parce que j'étais son professeur.

On lui demande le rôle de Rossé dans le mouvement des instituteurs.

M. Hertzog: M. Rossé a certainement eu beaucoup de mérite pour avoir, sans cesse travaillé à l'apaisement du malaise en calmant les esprits surexcités. S'il a parlé, c'était au nom des instituteurs et pas en son propre nom. Dix mille instituteurs lui avaient confié la défense de leurs intérêts. Il était président de la fédération des groupements du Haut-Rhin, Bas-Rhin et de la Moselle. Tout ce qu'il revendiqua avait d'abord été discuté par les intéressés réunis en assemblée.

Président: Et ses critiques étaient donc fondées?

Témoin: Elles étaient réellement fondées. Le ton, il est vrai, s'élevait selon la situation, où nous nous trouvions, et il était plus violent le jour où la situation était plus mauvaise, mais il n'a pas craint de rendre hommage aux bonnes réformes faites par le Gouvernement.

Président: Vous n'avez joué aucun rôle dans l'«Alsatia»?

Témoin: Non.

Président: Et dans l'«Erwinia»?

Témoin: Non, mais je suis heureux de mettre au point une légende. En mars ou avril 1926, j'ai signé l'acte de fondation de l'«Erwinia» au nom de M. Rossé. Je l'ai signé en ami. J'ai toujours été en excellents termes avec lui, nous étions même un peu intimes et je m'honore d'être encore de ses amis.

Mais, je n'ai pas versé un seul centime de mon argent dans l'«Erwinia».

Président: Vous trouvez alors naturel, de signer la création d'une imprimerie sans vous enquérir de quoi que ce soit ?

Témoin: Si vous connaissiez mes relations avec M. Rossé, comme je viens de vous le dire, vous ne vous étonneriez de rien.

Président: Et la grève de 1920?

Témoin: Si M. Rossé avait été à Colmar, la grève n'aurait jamais éclaté. (Sensation.)

Et **le témoin** demande à lire une lettre de M. Friedrich, qui était autrefois dans leurs rangs ,mais qui a, depuis, passé au camp opposé où il a gagné de l'avancement. Dans cette lettre, on lit ces mots :

« La situation telle qu'elle se présente à cette heure-ci réclame à haute voix une attitude nette et ferme. Nous ne pouvons pas rester à l'écart de ce mouvement sans risquer de nous compromettre d'une façon irréparable. Depuis plus d'un an nous avons continué à présenter nos doléances sur nos légitimes revendications. Le résultat : rien que des paroles, des bonnes pillules pour nous endormir. Je suis loin de viser la situation particulière de Mulhouse, où tout marche bien, grâce à la collaboration loyale de notre chef, M. Caron. »

Et **M. Rossé** de crier de sa place : Et ce M. Friedrich, c'est l'ami de M. Bourgoin !

Et durant le tumulte provoqué par cette lecture quelque peu hardie et agressive de M. Hertzog et de la riposte de M. Rossé,

M. Walter
député de Haguenau

apparaît à la barre.

Mᵉ Fourrier : Que savez-vous de l'autonomie en général ?

M. Walter : Si on parle d'autonomie administrative, j'en revendique la paternité, parce que c'est moi qui ai déposé un projet de loi à la Chambre. Il comporte le Chef d'administration responsable devant le Parlement, comme sous l'ancien régime, un Conseil régional élu par le peuple et un budget spécial.

L'ancien Conseil consultatif que nous avions institué par décret, devait durer, selon les termes mêmes du décret, jusqu'à l'institution d'un Conseil régional.

Je constate d'ailleurs que le Conseil consultatif avait non seulement pouvoir administratif, mais législatif, et ceci contre la loi. De fait, il a émis le décret sur son propre rattachement à Paris.

Quant à ma proposition d'autonomie administrative, M. Mermillod, rapporteur du projet, m'a affirmé qu'il n'avait rien qui puisse être réprouvé au point de vue national.

Et ceci est important. **Si nous n'avons pas revendiqué l'autonomie législative dans le parti de l'U. P. R., si nous n'avons pas déposé le projet de loi à la Chambre, c'est que nous estimions l'autonomie législative irréalisable à l'heure actuelle dans le cadre de la Constitution française. Mais ce n'était nullement parce que nous y voyions quelque chose de séparatiste. Ce n'était qu'une question d'opportunité.**

On reproche à M. Hauss d'avoir développé beaucoup d'activité en faveur de l'autonomie administrative. Messieurs, ces paroles de l'acte d'accusation se rapportent autant à moi qu'à M. Hauss. Je revendique même le droit à la paternité de l'autonomie administrative, et si c'est un crime, je devrais être à l'heure actuelle sur le banc des accusés. (Applaudissements.) D'ailleurs, ce projet d'autonomie administrative a été signé par tous nos parlementaires, le comte de Leusse et le général Bourgeois y compris.

Me Fourrier : Que pensez-vous du complot ?

M. Walter : MM. les jurés, toute cette histoire n'est pas sérieuse. **Au point de vue judiciaire, c'est une erreur, et au point de vue national, ce sera un désastre.** J'espère que ces débats se termineront dans une atmosphère d'apaisement.

Me Klein: N'est-il pas vrai, que le préfet du Bas-Rhin a dit que 85% de l'acte d'accusation n'était que du bluff.

Témoin: Le fait ne m'a pas été rapporté à moi. C'est M. l'abbé Haegy, qui me l'a rapporté et affirme, que ces paroles lui ont été répétées par quelqu'un, qui serait prêt à les dire sous la foi du serment.

Le député demande ensuite à rapporter quelques entretiens avec le président du conseil sur le bilinguisme. M. Poincaré l'a promis en pleine séance de la Chambre: Nous mêmes nous revendiquons, que **tous les fonctionnaires sachent les deux langues.** Nous avons appris le français et nous serions heureux de constater, que les Français fassent un peu d'effort pour comprendre l'allemand. Je suis le premier, qui ait lancé dans la Chambre la fameuse phrase: «Pour la feuille de contributions on se sert des deux langues, qu'on s'en serve alors, pour tous les services administratifs.

Il ne s'agit ici, que d'une méthode pour apprendre la langue. Qu'on fasse au moins, comme ont fait les Allemands dans la vallée de la Bruche: on laisse l'enfant commencer par sa langue maternelle, ou la langue qu'il connaît le mieux, pour ne pas froisser certains de ces messieurs, et on lui apprend ensuite la langue, qu'il connaît le moins.

Ce procédé est naturel et donnerait d'autres résultats, que la méthode actuelle.

Me Fourrier: Le témoin croit-il, que les accusés ont travaillé dans un sentiment anti-français?

Député Walter: Jamais, je n'ai pu le croire. Je ne les aurais d'ailleurs pas défendu devant M. Susini et M. Poincaré. On m'a parfois reproché d'avoir aidé à créer la «Zukunft». C'est vrai et c'est faux. C'est faux, parce que je n'ai pas adopté cette idée, concernant la revendication du pouvoir législatif. Mais c'est vrai en ce sens, que je me suis toujours opposé à ce qu'on supprime un mouvement d'idées par la force. C'est ma conviction de toujours. Ce qui fut fatal, c'était l'enthousiasme montré à l'arrivée des Français. On a mal traduit cet enthousiasme et on a cru pouvoir nous assimiler dès le lendemain, au point de vue administratif, au point de vue culturel et religieux, au point de vue centralisateur en un mot.

Que s'est-il produit? Une réaction. Ce sont ces messieurs, qui créèrent la réaction. **Je vous rappelle, qu'il n'y a pas de complot et les accusés, qui sont ici sont des hommes qui ont perdu la confiance en la possibilité pour l'Alsace de garder ces particularités en face de ce mouvement nivelateur et centralisateur.**

Mᵉ **Thomas** lui demande quelques explications sur la «Volksstimme».

Walter rappelle, que sans l'avoir lu beaucoup, il n'a jamais rien vu au sujet d'un plébiscite, ou d'une demande de séparatisme.

La défense: Que pensez-vous de M. Rossé?

M. Walter: C'est un homme très intelligent, et très loyal, même au point de vue national. Je vois en lui le défenseur des intérêts de la population d'Alsace. J'ai répété à des fonctionnaires haut placés, que c'était une erreur de l'arrêter, c'est un de mes amis et je n'ai aucune raison de le renier. (Applaudissements.)

Schall: La «Zukunft» a-t-elle excité à la guerre civile?

Témoin: Jamais de la vie.

Les accusés tiennent par l'intermédiaire de Mᵉ Feuillet à remercier M. le député Walter pour sa déposition, si franche, si hardie même. **Ils voient en lui un véritable représentant du peuple, ses paroles sont des paroles républicaines.**

Le témoin suivant est

M. Serrier

46 ans, dentiste à Sarreguemines. Il demande à parler en haut-allemand, ne connaissant pas le dialecte.

Mᵉ **Fourrier:** Dites-nous quel traitement vous aviez subi comme interné?

Le témoin: Au commencement de la guerre, je fus interné pour espionnage avec toute ma famille. Or, j'étais innocent comme l'enfant qui vient de naître. Je fus interné à Brésigny, Vivier et Villiers sur Rhône. Je suis obligé d'avouer, bien que cela me fasse de la peine, que ces camps constituent une véritable honte pour ceux, qui les ont organisés et pour ceux qui nous y ont envoyés, honte que jamais on ne pourra effacer.

Ce camp était réservé aux Lorrains et aux Alsaciens. On nous avait séparés des Allemands et de tous les étrangers et on avait appelé le camp, le camp des alliés. Jamais on ne pourra répondre de tout le mal, qu'on a fait aux Alsaciens dans ce camp.

J'avais passé le Conseil de guerre le 25 Janvier 1915, à Tours, pour espionnage dans un train qui avait passé à Sarreguemines. Or, le train spécial dont on parlait n'avait jamais passé à Sarreguemines. Pendant ce temps, mon frère était engagé dans l'armée française. J'eus honte, devant les autres membres de ma famille, d'être interné dans un camp qui avait une si déplorable réputation, d'autant plus honte que mon père s'était vaillamment battu dans l'armée française en 1870. Et tandis que j'étais dans ce lieu infâme, où je faillis être fusillé, mon frère était prisonnier de l'armée allemande, où il fut également accusé d'espionnage. C'est là, Messieurs, la destinée tragique de notre pays. (Une véritable émotion empoigne la salle, et tout Alsacien qui a vécu et senti cet élément tragique de notre destinée fut réellement touché au cœur par cette déposition. C'est une véritable plaie qui se rouvre, mais que les personnes qui n'ont pas vécu en Alsace ne peuvent percevoir.)

Le dernier témoin,

M. Blondé

adjoint au maire de Carspach, rend hommage à l'activité de M. Ricklin durant les premiers combats à Carspach et à Altkirch. Il rappelle que M. Ricklin a soigné les blessés français dont personne ne s'occupait. Il y était aidé par les sœurs de Dijon. Peu à peu, il avait gagné l'affection des soldats, pour lesquels il était devenu un père. Le témoin parle encore, mais il est midi et demi. Tout le monde se hâte de partir et **le Président** lève la séance dans le bruit des chaises et des bancs.

Dix-septième journée — 21 mai

Séance du matin.

Une foule énorme se presse ce matin autour des Assises. Les gendarmes ont fort à faire de tous côtés pour retenir tous les curieux qui veulent assister à la séance. En effet, on sait que M. le Procureur Général va prononcer son réquisitoire et tout le monde veut enfin savoir où se trouve le complot. Bien des gens ont de la peine à pouvoir y entrer tandis que d'autres passent facilement en montrant une carte de visite ou une simple petite feuille blanche portant un nom.

Quand, à 9 h. 20 la Cour entre dans la salle, toutes les places sont occupées. Nombreux sont ceux qui n'ont pu être admis.

Le Procureur Général entre lentement, d'un pas ferme, comme un général qui va engager une bataille décisive.

Le président lit d'abord une lettre du Préfet du Bas-Rhin déclarant solennellement qu'il n'a jamais prononcé la fameuse parole qu'on lui prête disant que l'accusation serait du bluff. Une seconde lettre du recteur d'Académie Pfister oppose aux déclarations de M. Rossé concernant les réformes administratives prévues en 1919 un démenti formel.

Le Procureur Général lit ensuite une lettre d'un juré récusé par la défense, un nommé Feberey Henri, employé à Munster. Ce monsieur prend recours aux déclarations du sénateur Muller, concernant sa déposition sur le bilinguisme. Après être parti en guerre contre le patois, l'auteur de la lettre demande que nos enfants apprennent le français avec enthousiasme et s'ils apprennent la langue allemande tant mieux. Les Allemands dit-il, voulaient toujours nous retenir par la fameuse théorie de la « Muttersprache », tandis que nous sommes rattachés à la France par le cœur

Me Berthon demande que cette lettre soit versée aux débats. Il estime ce procédé anormal et continue : Nous constatons que la défense a bien fait de récuser ce juré car il aurait été incapable de juger sans haine et sans crainte.

On proteste dans la salle.

Me Berthon: M. le président, je vous demande, que nous soyons protégés contre de pareilles manifestations et je répète encore une fois, que la défense a bien fait de récuser ce juré.

Me Jaeglé proteste à son tour contre une certaine assistance choisie dans la salle.

Déposition de l'expert Gélas

Le président fait appeler à la barre l'expert Gélas, qui a contrôlé le compte Pinck à la banque Gérardot à Strasbourg.

L'expert a constaté que M. Pinck avait, depuis 1920 déjà, un compte à la banque Gérardot. Ce compte cesse d'exister en Juin 1927. D'après les constatations, Pinck a fait de nombreux emprunts à la banque Gérardot. Son compte avait des mouvements formidables. Il montait jusqu'à 700.000 frs.

en 1925, pour retomber en Décembre 1926 à 300.000 francs. Les avances de la banque Gérardot à M. Pinck ont surpris l'expert. Sur une question à ce sujet, on lui aurait répondu qu'on avait comme garantie de nombreux titres des usines de Petit-Blittersdorf et de Goetzenbrück. En effet, l'expert n'a pas pu voir ces titres; en Avril 1927 seulement on peut constater que ces titres ont été versés dans une banque sarroise. D'après une autre constatation, M. Pinck aurait aussi touché de l'argent de la banque Neu, à Kehl. Tous ces versements, ces virements et mouvements de comptes, paraissent suspect à l'expert. Le Dr Roos avait versé une fois 50.000 francs à la banque Gérardot.

Après ce témoignage, le président demande à l'accusation et à la défense s'ils renoncent aux témoins encore cités.

Me Berthon: Nous en avions cité un, vous n'avez pas voulu l'entendre.

Président: Il ne s'agit pas dè cela. Renoncez-vous?

Les deux partis renoncent.

Le réquisitoire du Procureur Général

Pâle d'émotion et visiblement ému, **M. Fachot** se lève. De sa voix claire et tranchante, il s'adresse au jury. Un silence impressionnant règne dans la salle. Tout le monde veut entendre ce que dit le Procureur général :

« Messieurs, il y a un an, nous étions réunis dans cette même salle pour juger un procès intenté par M. l'abbé Haegy à un journaliste parisien. L'abbé Haegy se prétendait diffamé. Durant les débats, on remarqua de plus en plus que l'accusation n'était pas justifiée, le jury avait hâte d'en finir, et c'est alors que se produisit le coup de théâtre. Tous, accusé comme accusation, magistrats comme jurés, ainsi que la population, étaient surpris de cette issue inattendue. Le Procureur général seul ne l'était pas. On a établi autour de ce coup de théâtre une légende qu'il est temps de rectifier. C'était une erreur grave de prétendre que le Procureur général avait agi sur les ordres de Paris. Voici comment les choses se sont passées. Ayant vu entrer dans cette salle l'abbé Haegy revêtu de l'habit du « prêtre français », j'ai eu pour lui une certaine sympathie et me disais que cela devait être le symbôle d'une nouvelle orientation de sa pensée. Quelques jours après se produisit l'incident Pinck, qui avait réussi à s'installer au banc des journalistes comme prétendu rapporteur du « Kurier ». Là encore j'ai vu que l'abbé Haegy était visiblement gêné, qu'il était de bonne foi et qu'il avait été trompé par un de ses subordonnés Ce fut une occasion unique de ramener cet homme, qui est une force, sur le bon chemin de la France. Je voulus éviter sa défaite, voilà pourquoi j'ai provoqué ce coup de théâtre .Cependant, il continua son travail souterrain; il semait un poison qui engourdit tout et, au courant de son procès, nous voyons toujours plâner au-dessus de tout son ombre sans jamais trouver sa personne!

Puis le magistrat nous parle du procès. Après avoir rappelé les articles 86, 87 et 88, dans lesquels le complot est défini: (tentative de changer un Gouvernement, excitation des citoyens à s'armer contre le Gouvernement), le Procureur rappelle les peines que les accusés peuvent encourir. Celles-ci vont, avec les circonstances atténuantes, d'un an de prison jusqu'à la déportation Puis le Procureur de préciser qu'il ne faut pas confondre attentat (acte tangible), avec complot (conseil, résolution d'agir.) Une société se forme, elle ramasse de l'argent, elle veut séparer une partie d'un pays de la métropole, c'est le complot !

Dix-sept questions seront posées au jury. La première est la question de principe :

Il y aura ensuite quinze questions concernant chacun des accusés, puis une dix-septième : Le complot était-il précédé d'actes préparatoires ?

Le magistrat commence par l'exposé historique du mouvement autonomiste alsacien. D'après lui ce mouvement ne date pas d'hier mais remonte à 1917. C'est dès ce moment tandis qu'on redoutait la débâcle de l'armée allemande qu'on essaya d'empêcher le retour de l'Alsace à la France.

L'armistice vient dans un mouvement d'enthousiasme, l'Alsace retourne à la France, et peu à peu l'autonomisme renaît de nouveau en Alsace. Le premier geste c'est un tract imprimé à Munich et lancé par le trio Ley, Muth, Rapp, avant les grèves et dans ce tract on lit l'appel: Alsaciens levez-vous en masse! Ley a été condamné par contumace, il s'est présenté plus tard et s'est vu attribuer la peine de sept ans de réclusion. Le premier mouvement était enrayé. Un autre était en préparation et celui-ci partait de Berlin. Il fut lancé en 1925 par le fameux Robert Ernst dont nous avons tant entendu parler durant ce procès. Mais en 1922 déjà le «Hilfsbund» avait organisé une semaine alsacienne à Fribourg, on avait parlé de la question de la «Muttersprache» et du droit d'un peuple de décider lui-même du sort de son pays.

Et chose étrange, dit le Procureur Général, quelques semaines après, l'abbé Haegy demanda au Conseil Consultatif la prédominance du français sur l'allemand. Nous apprenons bientôt après que Pinck était en relations avec Rœchling, que Rœchling reçoit chaque année des sommes importantes pour la propagande des minorités nationales; ainsi il aurait touché en 1926 20 millions. Pinck entre en relation avec Ernst; Pinck lance bientôt la «Zukunft» qui mène une campagne nettement séparatiste. Pour le prouver le Procureur Général lit deux extraits d'articles de la «Zukunft». Dans le premier on exprime des doutes sur la validité juridique du traité de Versailles, le second qui est une lettre ouverte au général

Pershing prétend la même chose et dit que la non-ratification du traité de Versailles par les Etats-Unis est un coup formidable pour la politique française. On parle dans cet article d'un tribunal d'arbitrage et de la S. D. N. qui pourraient décider de la question des traités.

L'œuvre avance peu à peu, le plan du complot qui est de grande envergure est tracé. La «Zukunft» et la «Brükke» ne suffisent plus à toutes les exigences. On pense à la création d'un quotidien. Rossé et Ricklin de concert avec Fashauer y versent les premiers fonds. On avance deux hommes de paille le boucher Vonblon et le professeur Hertzog, sans fortune et sans influence Nous apprenons ensuite que l'«Erwinia» avait au début plus d'un million de déficit. Vint le prêt Wildy. On cherchait donc de l'argent en Suisse. Cet argent est d'origine suspecte et contre la loi pénale même parce qu'il contribuait à la fondation de la «Volksstimme» qui était de tendance nettement séparatiste. On forme un organisme discipliné, la «Schutztruppe». La défense viendra nous dire qu'elle était peu importante en 1927, mais nous avons vu le plan théorique de cette «Schutztruppe». En plus elle existait déjà avant la bagarre de Colmar. On veut dire que l'«Action Française» et les communistes ont des organisations pareilles. Je puis assurer que ce n'est pas le cas pour l'Alsace-Lorraine. (Pourtant le communiste Béron l'a bien affirmé.)

Quant aux autres départements et à Paris, cela ne nous regarde pas! Dans ces journaux tout ce qui est français est dénigré, le Parlement, l'administration, les fonctionnaires. On mène une campagne systématique de haine contre la France toute entière. On oublie les grands sacrifices que la France a faits durant la guerre pour arracher l'Alsace des mains de son oppresseur. On oublie ensuite que la France se trouve à la tête de toutes les nations pour arriver à une entente entre les peuples. En liaison avec les organisations d'outre-Rhin, on veut faire de l'Alsace une minorité nationale. Quelles prétentions, alors qu'on sait que l'Alsace est une partie intégrante de l'unité française. On s'appuie sur les quatorze points de Wilson. On oublie l'article 8 de ce manifeste qui réclame la réparation de l'injustice commise à l'égard de la France par la Prusse en 1871. Mais tout ce qu'on veut c'est maintenir en Alsace-Lorraine l'idée de l'ancien Reichsland pour ramener peu à peu les deux provinces sous la domination allemande.

C'est de cette façon que naquit le malaise alsacien.

Malgré toutes ces attaques, la justice gardait le silence. L'audace de ces gens augmentait; la « Landespartei », qui était nettement séparatiste, fusionnait avec le parti autonomiste. C'est alors que la France, qui veillait toujours, se releva dans un sursaut d'énergie. Nous assistons à l'interdiction des journaux de langue allemande, aux perquisitions, aux arrestations enfin, et en moins de quatre mois, le magistrat instructeur a pu liquider cet immense dossier que vous voyez ici devant vous, Messieurs les jurés, et, dans la première session des Assises qui suit les arrestations, on est appelé à juger ce complot.

A ce moment, le Procureur général se sert de son manuscrit. Il passera en revue tout l'acte d'accusation, que nos lecteurs connaissent déjà; il rappellera toutes les lettres que nous avons entendues durant les débats; il lira lui-même nombre de citations puisées dans la correspondance des accusés.

(On a l'impression que tout le réquisitoire était préparé avant le procès. On ne tient nullement compte des dépositions des témoins.)

Par une des lettres, nous apprenons que Robert Ernst habite Berlin. on nous dit même le numéro et l'étage de son appartement, que R. Ernst a procuré à une société artistique de Strasbourg des subventions. Toute la correspondance entre Pinck,

Hanhart, Schmidlin y passe. Chez M. Wurtz, on a trouvé une brochure de Ernst. C'est donc Wurtz qui était l'agent de liaison entre le Dr Ernst et le Heimatbund. Le Procureur général lit toutes ces déclarations.

Me Berthon : Mais qui a signé cela ?

M. Fachot : C'est signé « moi », et toutes les citations se trouvent dans le dossier. Je puis vous donner les références.

Me Berthon : Ah ! bon, cela va ! Je croyais que c'était encore un rapport de police.

Puis **le Procureur général** arrive au chef du complot, au Dr. Ricklin, à cet homme qui, d'après M. Wetterlé, n'a pas de principes, mais seulement des appétits démesurés. Le magistrat déclare ensuite qu'il n'a pas l'intention d'insister longuement sur la vie politique d'avant-guerre du député d'Altkirch. Mais, comme l'accusé lui-même y a tellement insisté, il est bien obligé d'y revenir pour mettre toute cette vie dans la vraie lumière.

Et c'est encore un cours d'histoire d'Alsace qu'on nous fait.

Puis c'est une série de citations de discours prononcés par le Dr Ricklin en 1910 et pendant la guerre. D'après ces discours, nous apprenons que l'Alsace est devenue allemande, que la population alsacienne reste sincèrement allemande et qu'elle ne veut nullement, au prix d'une guerre, voir changer sa situation politique. On a essayé de faire concorder les déclarations du Dr Ricklin avec les protestations des Preiss, Wetterlé, etc... Ce serait une injure que de vouloir faire une comparaison pareille. Wetterlé a toujours déclaré qu'il est devenu par le traité de Francfort sujet allemand, il le regrette, mais il fait son devoir de citoyen allemand, on ne peut pas lui en demander davantage.

Ricklin, par contre, a déclaré, en Avril 1915, son fidèle attachement à l'Allemagne. Il a terminé son discours par un « Hoch » sur le peuple allemand

et sur le Kaiser Et le Procureur général de s'écrier : « Voilà ce Ricklin d'a-
vant-guerre, qui est encore le même
en 1925, car il écrit à son ami Lidy :
« L'Alsace s'est jetée au cou de la
France, comme une prostituée. » (Mouvement dans la salle.) Maintenant encore, Ricklin, sous le manteau du particularisme alsacien, ne poursuit qu'un
but : la séparation de l'Alsace et de
la France. Il a voulu vous dire que,
sous l'Empire allemand déjà, il a défendu l'idée autonomiste et que jamais
les Allemands n'y ont vu un crime,
tandis que la France le poursuit aujourd'hui pour ses idées. Mais n'oubliez
pas que l'Allemagne est un pays fé-
dératif, tandis que la France est une
et indivisible. »

Ricklin, après la guerre, est toujours
resté le même, il n'a pas changé de
physionomie, mais de méthode. Vieux
politicien rusé, il emploie une méthode
louvoyante, si habile qu'elle a même
pu tromper un homme, comme le comte Jean de Pange. En plus, il avait des
alliés bien dociles, la presse de l'abbé
Haegy. En 1922 Ricklin revient à la politique, il entre en relations avec Wurtz
il est en correspondance avec Ley; il
la supprime bien vite quand elle lui
semble devenir dangereuse. Il est un
des bailleurs de fonds de l'«Erwinia»
il se réjouit de la fondation de la
«Schutztruppe» et donne son adhésion
au parti autonomiste.

Et c'est encore la lecture d'une série
de lettres abbé Zemb - Ricklin et retour, et Ricklin - Schall. Puis le Procureur Général de parler des fameuses
lettres à l'agent provocateur Riehl. Ce
cadre de la France, ce n'était pour lui
qu'une façade ridicule, nécessitée par
les circonstances. Dans une autre lettre à Riehl, le député d'Altkirch avoue
même, que si tous les partis «suivent
les «Haimatrechtler» pas à pas, ceux-
ci pourront bien s'entourer d'un léger
voile séparatiste ou neutraliste.
Avant la guerre, le Dr. Ricklin criait:
A bas les lois d'exception, aujourd'hui
il ne le dit plus. Et le Procureur Gé-

néral lit encore une fois le projet du
programme du parti autonomiste élaboré par Schall. Sur ce le président
suspend la séance.

A la reprise, le Procureur général
parle de

Schall

rédacteur en chef de la « Zukunft ».

Il commença son activité journalistique dans la « Zukunft » par un article révolutionnaire intitulé: « Six ans
après». Pénalement, il est responsable pour tous les articles séparatistes
parus dans la « Zukunft », et ces articles étaient nombreux .

Il demande pour les Alsaciens le
droit de décider eux-mêmes de leur
Gouvernement. Est-ce encore du régionalisme ? Non, c'est du séparatisme prononcé; le français est traité
comme une langue étrangère. Il demande même que des jugements qui
ont été prononcés depuis 1918 passent
en Cassation. Il demande le plébiscite
pour les Alsaciens.

Schall participa également à la fondation du bloc d'opposition et à l'élaboration de son programme, qui est
nettement séparatiste. Schall fut le
fondateur de la « Schutztruppe » et
fonda, avec des régionalistes de l'intérieur, la « Fédération des minorités
nationales ».

Hauss

fut depuis 1925 membre du mouvement séparatiste. Il fonda avec Schall,
Wurtz, Schlegel et Reisacher, l'Association des « Amis de la Zukunft » et
plus tard le « Bund » des Alsaciens-
Lorrains fidèles ». Hauss était président de cette Association; il signa le
manifeste du Heimatbund et défendait
toujours l'autonomie de l'Alsace ,dans
le cadre de la France. Mais cette formule du cadre, il ne l'avait acceptée
que pour des raisons d'opportunité.
Hauss participa à la fondation de la
«Landespartei», qui a des tendances
séparatistes, parce qu'elle demande u-
ne Alsace libre et indépendante.

Hauss était le chef de la « Schutz-truppe » et était en communication a-vec l'étranger. C'est chez lui qu'on a trouvé la fameuse enveloppe avec l'entête « Esca » destinée à une certaine Jeanne Muller, en Bade, qui est un service d'espionnage.

Le Procureur explique ensuite le rô-le que joua M. Wurtz dans le mouve-ment autonomiste. Il rappelle que cet homme a toujours joui des faveurs de la ligue des Alsaciens-Lorrains du Reich, que c'est grâce à eux qu'il a passé la frontière et qu'il a trouvé un emploi en Allemagne. On ne connaît pas exactement son rôle dans ce pays. Mais dès son retour on constate qu'il travaille avec acharnement à la diffu-sion de la culture germanique en Al-sace. Bientôt il édite un almanach il-lustré. Cet almanach a été composé avec la collaboration d'autres Alle-mands dont le Procureur Général cite les noms. Le texte même de cet al-manach est un véritable texte d'oppo-sition. Le Colportage Evangélique est destiné à apaiser la soif des Alsaciens de la culture allemande.

Mais bientôt, en 1925, M. Wurtz entre en relations avec la «Zukunft» et avec le Dr. Ricklin. Il prend une part active à tout le mouvement. Il édite une re-vue «Unsere Heimat», imprimée dans l'«Erwinia». Il contamine tout le pays par ses éphémérides. Plus loin le Pro-cureur Général constate en se basant sur la correspondance de M. Wurtz dont il cite quelques passages, que cet homme est un chef très prudent qui conseille à tous ses correspondants la circonspection et la prudence. «Notre cause, écrit-il, ne se laisse pas gagner avec des sabres de bois.» Pourquoi tant de circonspection si toute l'ac-tion dont il s'occupe n'avait rien de ré-préhensible. Ses accointances avec les propagandistes allemands notamment avec le Dr. Ernst dont il est l'ami prou-vent clairement quel est le but final du mouvement pour lequel il se dé-pense.

A l'ouverture de la séance de l'a-près-midi M. Fachot nous décrit

l'activité de M. Solveen

Son activité, dit-il, se rapproche de cel-le de M. Wurtz. Il lui rend hommage pour ses talents d'artiste. Il rappelle sa collaboration à l'«Homme de Fer», son amitié avec Hauss et Schall et son activité autonomiste, tandis qu'il col-labore avec des écrivains allemands. Il lui reproche d'avoir détourné l'«Arc», société d'artistes français de son vrai but. Il lui reproche d'être un pan-eu-ropéen, organisant des manifestations artistiques et littéraires en Allemagne, tandis qu'il édite en France des alma-nachs populaires fort bien rédigés, où l'on trouve rarement quelque chose en faveur de la France. Il se prodigue, dit-il, pour l'autonomisme aux applaudis-sements du Dr. Ernst.

Pour confondre

M. Rossé

il se défend de ne pas fouiller dans le passé des fonctionnaires. Ce n'est pas son habitude, mais dans le cas présent il se voit obligé d'y revenir. Jadis, dit-il, il fut zélé et déférent envers l'au-torité. Pourquoi ne prodigue-t-il pas à la France ce dévouement qu'il a montré vis-à-vis de l'Allemagne? Il rappelle en-suite dans quelles conditions fut écrit le fameux devoir, qui devait servir de sujet d'examen pour l'admission de M. Rossé comme instituteur. Il lit des pas-sages de ce devoir où Monsieur Rossé parle avec admiration de l'Allemagne. «Nous espérons que l'Allemagne tien-dra toujours le premier rang dans le monde.» Il lui reproche d'avoir organi-sé la grève, d'avoir dénigré systéma-tiquement tout ce qui est français et d'avoir mis à profit sa perfide campa-gne pour des buts antifrançais. Son rô-le s'explique, dit-il, par son esprit ger-manique et antipathique à l'idée fran-çaise.

Son rôle dans le complot découle de ses relations avec l'abbé Hanhart, avec l'abbé Fashauer, avec le Dr. Ricklin, avec Pinck. Il joua un rôle prépondérant tout en se tenant dans l'ombre. Il fait avorter plusieurs manifestations par sa grande impatience d'aboutir. Généralement il se cache derrière des hommes de paille pour agir sournoisement.

Mais voici l'accusation portée contre

M. Fashauer,

qui se fait remarquer dès son apparition sur le théâtre politique, par ses tendances anti-françaises. Dans une réunion à Colmar, il demanda même la création d'un nouveau parti. Il fut empêché par Wetterlé de mettre à exécution son projet.

Le Procureur développe ensuite la question de l'origine des fonds de l'«Erwinia» et affirme que M. Wildy, germanophile notoire et sans argent, sans considération aucune est, lui aussi un homme de paille, et un prête-nom. Il reproche à Gérardot ses relations avec la banque Rœchling. Il ne s'explique pas l'absence de M. Wildy du procès. Sa déclaration sur la provenance de l'argent devant un tribunal suisse ne le satisfait pas, Rœchling a un frère à Bâle et les autonomistes se rendent quelquefois à Bâle. Et voilà tout le complot, ajoute M. Fachot. Il se cache lui aussi derrière des hommes de paille, un Vonblon et un gérant de la «Volksstimme» M. Ritter. En touchant les relations avec les autonomistes étrangers, il dit que c'est naïveté de parler d'autonomistes bretons ou autres.

« Ces garçonnets plantant le drapeau de la liberté sur un tas de sable, reçoivent une fessée et l'écolier faisant profession d'autonomisme est coiffé du bonnet d'âne.» Mais M. Fashauer par la violence des excitations de la «Volksstimme», pousse le peuple à la guerre civile. La responsabilité de cet homme dans le complot est nettement engagée.

Mademoiselle Eggemann,

expulsée d'Alsace, mais toujours au service après sa réintégration comme Française, de Monsieur Fashauer, a des comptes en Suisse et chez Gérardot. C'est un docile agent d'exécution des plans de M. Fashauer. Elle fait de nombreux voyages en Suisse au cours desquels elle rapporte l'argent du prêt Wildy. Elle fait la connaissance de Claret, qui fournit l'outillage complet de l'«Erwinia». Le vieux matériel des machines venant d'Allemagne est estimé aux dires du Procureur Général à 740.000 frs. Toutes ces opérations malgré les explications très adroites de l'accusée restent suspectes.

Aux accusés suivants

Heil, Reisacher et Schlegel

le Procureur Général ne consacre que trois minutes. Ses paroles n'apportent rien de nouveau dans les débats. Il reproche à Schlegel d'avoir fondé la «Schutztruppe», d'avoir poursuivi des buts nettement séparatistes par la création de la «Landespartei». Ses explications devant M. Mitton furent confuses et pleines de réticences. Il connaît fort bien la phrase: «L'Alsace-Lorraine aux Alsaciens-Lorrains». (La phrase fut lancée par le général Taufflieb. (L'édit.)

Il passe rapidement à

Sturmel

l'homme de confiance de Ricklin, puis

à Schweitzer

ardent autonomiste, et à

Baumann,

qui demanda dans la «Wahrheit» le plébiscite et qui adressa une lettre à la S. D. N. Il se relie au complot par la fusion du parti de l'opposition avec la « Landespartei ».

Kohler,

qui a rencontré Ley est le dernier qui passe sur la sellette. Et il termine en donnant un mot sur Roos, agent des plus intelligents en relations avec diverses sociétés de propagande allemande, avec le chef des minorités M. Duhamel et il lit une lettre adressée à Mlle Lucie Burger. Il y relève la phrase: «L'argent manque.» Toute la lettre parle de personnes inconnues, des Messieurs Th. X. Y. Cette Lucie B., a été identifiée par le service d'espionnage militaire avec une demoiselle B. de Hirschgarten près de Fribourg. Ces quelques renseignements jettent une lumière singulière sur l'affaire du complot.

La séance est suspendue pendant quelques instants.

A la reprise, le Procureur Général demande à prononcer encore quelques paroles, sur le but final des autonomistes. Le point de départ du mouvement, dit-il, est Robert Ernst. Le but du mouvement, c'est la séparation de l'Alsace de la France. Or, ce crime consistant à changer la forme du gouvernement dans une partie du pays en excitant la population à la guerre civile, constitue un complot. Mais l'un ou l'autre de ces éléments suffit

Par quel moyen voulait-il opérer? Par l'argent étranger.

Et celui-ci pénètre par l'«Erwinia» dans le mouvement autonomiste. C'est un simple jeu de banque. Malheureusement le but final de l'autonomisme est le retour de l'Alsace à l'Allemagne, car cette question de cadre n'est qu'une affaire de mots. Et qu'arrivera-t-il alors? l'Alsace se replierait sur elle-même. La langue allemande serait réintroduite la région aurait une armée spéciale, les Alsaciens occuperaient toutes les fonctions. Mais comment ce petit pays pourrait-il vivre en face de quatre nations, hérissées de frontières douanières.

Dans tout cela, on ne vise qu'à germaniser l'Alsace, pour que bientôt l'Allemagne puisse cueillir le fruit mûr par un plébiscite ou une consultation, dite nationale, proposée sous une forme ambiguë. Ce serait l'effondrement bientôt du bien-être de l'Alsace. Dans toutes les branches de son activité, ce serait la ruine. Ce que l'Alsace est devenue, elle l'est devenue par la France. Ses chemins de fer auraient bientôt un déficit, le jour où ils seraient délaissés par les autres compagnies françaises. Car déjà ces dernières années,

ils ont reçu des compagnies françaises 3.450 wagons, ils ont dû vivre de l'emprunt et l'Etat français a dépensé près d'un milliard pour les chemins de fer d'Alsace-Lorraine. Cette prospérité n'est que momentanée. La même chose peut se dire des mines de potasse, qui livrées aux Alsaciens serviraient à peine à couvrir les dépenses de la ville de Mulhouse. Mais, il en est de même de toutes les autres branches de l'activité, la magnifique expansion du port de Strasbourg et de l'Université est due à la France, la balance commerciale de l'Alsace est prospère, mais elle ne le sera plus le jour de la séparation. Il faudrait des jours pour dire tout le bien qui a été fait à l'Alsace et pour décrire tout le mal qui résulterait d'une séparation, si au lieu de critiquer sans cesse les Alsaciens collaboraient loyalement avec la France. il n'y aurait point de malaise. Le jour où l'Alsace serait séparée de la France, où trouverait-on des hommes qui seraient les conducteurs du pays? Il faut rendre honneur aux louables efforts faits par la France, qui a largement admis les Alsaciens à ses hauts postes. L'Alsace n'est pas une Suisse, qui jouit d'une situation exceptionnelle. Le Luxembourg a été obligé de rentrer dans le «Zollverein» allemand, pour ne pas étouffer; depuis la guerre, il fait économiquement partie de la Belgique. Il ne s'agit ici d'ailleurs que de l'Alsace, l'orientation industrielle et économique de la Lorraine est tout autre. L'Alsace ne peut donc appartenir qu'à l'Allemagne ou à la France. Bien vite elle serait engloutie par l'Allemagne, si elle était autonome. Alors que resterait-il? Il ne resterait que son sol. Les habitants seraient dispersés aux quatre coins du monde. De ce pays, il ne resterait qu'une fumée et les Alsaciens français seraient-ils contents de ce sort? Croient-ils que la France n'accourrait pas aussitôt pour sauver l'Alsace? Après la guerre civile, ce serait la guerre entre nations et cela nous ne le voulons pas. Il y a une justice et cette justice agit aujourd'hui, elle agira demain, car la justice demeure, rien ne l'arrêtera dans la marche où elle se dirige.

Vous avez demandé des juges populaires, nous vous les avons donnés, plutôt que de vous déférer devant la Haute Cour (le Sénat où nous pouvions vous traduire). Nous allons entendre le verdict des juges français. Messieurs les jurés, pour vous le jour de gloire est arrivé, à vous de défendre la France contre la trahison.

Ces paroles, qui furent prononcées avec un accent véritablement pathétique, soulèvent des applaudissements frénétiques et prolongés. En vain, le président agite la sonnette, les applaudissements continuent et la Cour dans l'impossibilité de faire régner le silence, quitte la salle. Le public est ébahi et l'on commente très diversement cette manifestation qui rappelle à certains égards le procès Haegy-Helsey.

Me Jaeglé

A la reprise, Me Jaeglé reçoit le premier la parole. Il proteste d'abord contre les applaudissements d'un public trié sur le volet. On sait trop bien, dit-il, que la claque officielle a été très bien organisée aujourd'hui pour manifester dans un sens qui influencerait ainsi le jury. Nous nous élevons énergiquement contre cette façon d'agir et nous nous verrons obligés, si l'on recommence à quitter la barre.

Le réquisitoire de M. Fachot comprend deux parties. La première partie consiste en un cours de lecture, peu intéressant, la deuxième en un panégyrique de l'Alsace française. Les belles paroles, que le Procureur Général a prononcées dans cette seconde partie, nous les faisons nôtres, car nous avons répété à maintes reprises, que l'Alsace ne peut être comprise que dans le cadre de la France. Mais le but de l'accusation n'est pas réalisé, car elle devait justifier l'accusation, et je le regrette pour elle, car elle n'a vraiment rien apporté comme justification. J'ai vainement attendu pendant trois semaines les preuves du complot. Aujourd'hui, après le réquisitoire, je ne les

possède encore pas. Le Procureur Général nous a donné un exposé historique très discutable. C'était une belle lecture, mais je n'ai entendu que des assertions. Or, c'était au Procureur de nous prouver la culpabilité des accusés. J'espérais que le mystère serait enfin éclairci. Je n'ai trouvé que de la fumée, des veloutes bleues, cachant un fond vraiment faible. Je n'ai pas trouvé les éléments d'un complot. Et alors, pour le besoin de la cause, on lance des phrases patriotiques. On vous demande, messieurs les jurés, le service de condamner les accusés. Mais malgré les applaudissements vous êtes des hommes libres, vous devez juger selon votre conscience, il ne vous est pas permis de juger si le Gouvernement est entré dans une impasse et si vous êtes là pour le tirer d'embarras. Vous êtes là pour juger des accusés en vous tenant étrangers à toute autre influence.

Je crois que le discours du Procureur Général a été composé avant l'audience. Car je n'y trouve aucun vestige de ce qui a été fait et dit durant les débats. Ce serait un discours digne de figurer dans la «Revue des Deux Mondes», par ses affirmations vagues. Je n'y trouve pas le nom de Riehl. C'est d'un bon goût.

Et comme quelques messieurs protestent, Me Jaeglé les appelle une bande inconvenante. Le réquisitoire, dit-il, est une pièce de laboratoire. On ne tient pas compte de ce qui a été dit par les hommes les plus nobles du pays. On a rappelé le procès neutraliste de 1920, mais on a oublié de dire que les huit accusés présents ont été acquittés par les jurés du Bas-Rhin.

Le procès quel qu'il soit aura des suites graves et malheureuses, spécialement à l'étranger. Je constate que durant le procès même, nous avons assisté à une suite de malentendus. La promesse de M. Poincaré sur la question de langues a été mal tenue. Ni le juge instructeur, ni ceux, qui ont étudié le dossier, ne connaissent l'allemand.

Il rappelle la mauvaise traduction du mot «Lebensfrucht» dans lequel quelques journalistes parisiens ont voulu voir un livre pornographique, alors que c'est une simple biologie. M. Becker lui-même, l'expert en art, demandait des poursuites contre Durer, l'émule de Schœngauer, l'artiste-peintre de Colmar. On voit par là quelles erreurs formidables sont commises tous les jours par la justice, par la police et par les gens qui ont traduit les dossiers. Les contribuables porteront les frais du procès. Mais quels seront les effets du procès sur l'Europe? Si les accusés sont acquittés, on reprochera à la France les maladresses qui ont été commises et s'ils sont condamnés on se réjouira de trouver en France une nouvelle Irlande irrédentiste. Dans tous les cas, l'étranger se réjouira.

Le côté le plus tragique, c'est de voir le 24 décembre 1927 la veille de Noël, où la paix est promise à la terre, soixante-dix perquisitions opérées; ce fut le point de départ de l'arrestation d'une vingtaine de citoyens alsaciens, menés en prison. Depuis cinq mois ces hommes sont en prison sans jouir du régime politique, dont profitent de plus grands criminels même à la «Santé» à Paris. Le travail policier n'a pas été très brillant, et ce n'est pas un honneur que d'avoir toujours recours à lui.

Et comme quelques personnes protestent encore, Me Jaeglé affirme que les individus qui ricanent ne devraient pas se nommer Français. Il constate ensuite qu'il est malheureux qu'il n'existe pas de loi qui prévoit un dédommagement pour les accusés détenus depuis cinq mois, dans le cas où ils sont relâchés.

Et Me Jaeglé touche à la loi même du Code Pénal articles 87 et 89. Cette loi a été instituée par Napoléon III pour protéger la famille impériale. Elle est donc dirigée contre les Républicains. L'attentat n'est pas nécessaire mais on a oublié d'insister sur des paroles essentielles du texte de la loi. A savoir: **il y a complot dès que la résolution d'agir est concertée et arrêtée entre deux ou plusieurs personnes.** Il faut donc d'après l'explication même de ces termes une résolution ferme. L'acte préparatoire et la tentative d'exécution constituent des cas aggravants. Mais, je constate, dit-il, que ne pouvant s'arrêter sur ces mots, on a simplement voulu condamner comme sur un ordre. c'est l'impression qui me reste. Il ne vous reste qu'à fixer la culpabilité des hommes, et s'ils sont innocents, vous porterez la responsabilité morale du verdict que vous allez donner.

Vous n'avez pas le droit de leur infliger un jour de prison si vous n'êtes pas absolument convaincus du crime qu'on leur reproche. Mais ont-ils pris la résolution ferme de changer la forme du Gouvernement? On vous dit que les «Schutztruppen» ont été dissoutes en Décembre 1927. Or, ce cas ne tombe plus sous la loi et d'après les explications d'auteurs, tels que Garçon, les articles de journaux, lettres, correspondances etc. rendus publics ne tombent pas sous la loi du complot, mais sous la loi de la presse.

Les assertions des policiers furent réfutées par les témoins sous la foi du serment. Rappelez-vous la conférence de M. Becker, expert en art autonomiste, qui, se cachant dans un petit lieu, que vous savez, prétendit avoir entendu une discussion sur le mot « cadre ». M. Progly, l'un des hommes les plus honorables de notre pays, qui assistait à ce débat, lui oppose le démenti le plus formel. Un Méniguier dénonce honteusement sa famille et sa belle-sœur, lui qui fausse les chèques, et nous voyons enfin la fine fleur, un nommé Riehl, vraiment, Messieurs les chemins policiers sont souvent très obscurs. Ce qu'il a dit et ce qu'il a écrit, toute sa personne même a été jugée à ces audiences.

Mais, que dire encore de la surveillance dont furent l'objet les avocats de la part de la police ? Des lettres adressées à Mme Rossé et perdues dans une boîte aux lettres de Quimper! (Il s'agit d'une lettre, adressée par M. Rossé de la prison de Mulhouse à son épouse à Colmar. Or cette lettre fut trouvée un beau matin dans la boîte aux lettres de Me Feuillet à Quimper.

Et la prétendue lettre de M. Ricklin, composée de trois lettres différentes ! Je ne veux pas critiquer ces méthodes, mais il est bon que vous connaissiez les procédés méprisables qui vous démontrent toute l'inanité de l'accusation. S'il faut employer de tels moyens, on voit que l'accusation n'est pas fondée. Permettez - moi de dire que le « cristal » dont parlait le Procureur général, est bien trouble quand on y voit la figure d'un Riehl. Nous n'avons pas l'habitude d'avoir en Alsace des agents provocateurs. MM. les jurés apprécieront les méthodes qui sont employées. Quant à nous, Alsaciens, nous avons l'habitude de parler clairement, nous n'aimons pas les voies tortueuses. La franchise des gens du Haut-Rhin, dont je suis moi-même, je la connais.

On sait que le complot n'existe pas, mais on en veut à l'opinion autonomiste de ces gens, et voilà le complot ! Mais que dire de la définition de Becker, affirmant que le séparatisme est la même chose que l'autonomisme ? Ce sont là des appréciations dignes de gens qui n'y connaissent rien. Cette idée est - elle venue de Francfort ? On a l'habitude de dire en France que, lorsqu'on n'est pas de l'avis du Gouvernement on est boche, c'est bien le cas ici. Mais aucun article du code pénal ne défend cette opinion. On a l'air d'ignorer qu'il existe en France une liberté d'opinion.

M. Laugel lui-même, cet excellent patriote, demandait avant 1914 une Alsace-Lorraine indépendante de la France et de l'Allemagne et surveillée par ces deux pays. Clémenceau lui-même est régionaliste jusqu'au fédéralisme Et pourtant, personne ne l'a accusé de complot. Il affirme que la décentralisation est une source de for-

ce, que chaque région libre de pourvoir à ses propres intérêts se développera beaucoup plus rapidement. Le Président, à plusieurs reprises, a demandé ce qui resterait à la France dans le cas d'une Alsace autonome : la direction générale, comme dit M. Clémenceau. Le régionalisme a pour but d'alléger Paris et l'Alsace en départageant les tâches. Si les autonomistes avaient connu le projet Jean Hennessy, aux tendances bien plus tranchées, ils l'auraient présenté avec joie à Paris, mais les « ronds-de-cuir » n'auraient pas été très contents, et pourtant la décentralisation n'aurait pas fait de mal. Nous avons nous-mêmes vu que le Commissariat général sous Millerand fonctionnait très bien, mais la loi de la paresse n'a pas permis de faire les réformes nécessaires ni même d'étudier l'excellent projet de Jean Hennessy.

Le sénateur Lazare Weiller dit que l'Alsacien porte une empreinte régionaliste dont il est impossible de ne pas tenir compte et qu'on ne peut dédaigner. On ne peut faire un crime à l'Alsace d'avoir été séparée pendant 48 ans de la France et d'avoir apprécié les avantages d'un meilleur régime.

On vient donc nous parler de tableaux germanophiles, au lieu de nous donner la preuve de la résolution. On ne dit pas que les coupables se sont concertés dans des endroits obscurs. Mais on entoure le prétendu complot d'arabesques, on ne nous parle pas de la chose principale. Il ne s'agit ici que d'une inculpation d'un genre politique, c'est d'un crime politique dont il s'agit: or tous les procès inspirés par la politique sont tendancieux. On a voulu dans le cas présent tuer l'idée de l'autonomisme, mais en passant par la persécution, les hommes qui défendent de telles idées passent à la victoire, car les idées sont immortelles. On a voulu stigmatiser des hommes qui défendaient l'idée autonomiste, mais on s'y est mal pris. Comme dans tous les procès politiques, on affirme d'abord qu'il y a crime et on cherche les preuves ensuite. Pour le complot qui nous occupe, il n'existe qu'une accusation vague: nulle volonté positive; les vœux et les projets ne suffisent pas. Où nos accusés se sont-ils concertés? Quand ont-ils eu un but déterminé? L'incrimination est très vague, la défense est très difficile. La garantie des accusés, dit le commentateur M. Garcon, se trouve seule dans la conscience des jurés. Il faut que ceux-ci se refusent à faire le jeu du Gouvernement. Mais ce dernier a su s'y prendre et il a donné à l'affaire un titre ronflant pour faire peur. On veut rendre les accusés antipathiques aux jurés et ne pouvant prouver l'accusation on veut hypnotiser les jurés par des paroles patriotiques.

Messieurs, les accusés sont du même sang que nous et sont Alsaciens. Vous ne vous laisserez pas induire en erreur. Vous remarquerez qu'on a laissé tomber la partie du Code Pénal où il s'agit d'exciter le peuple à s'armer. Le système employé contre les accusés est vraiment peu logique. On ne leur a jamais clairement affirmé de quoi ils étaient accusés. M. Mitton leur a dit «Vous verrez», et nous n'avons rien vu. Le Procureur Général lui-même aurait dû, au début des débats exposer aux accusés le sujet de l'accusation. Durant trois semaines, le mot de complot n'a pas été prononcé dans un sens précis. Mais on a voulu impressionner l'opinion publique. Un membre de l'Institut, un Monsieur Bardoux, a parlé de mitrailleuses. Vous voyez qu'il y a des gens bien naïfs même à l'Institut. J'offre mes félicitations à ce monsieur. On a parlé d'un ministère autonomiste, pour tenter d'empoisonner l'opinion publique. Quatre agents policiers sont allés avec précaution chercher l'automobile blindée : chez Reisacher on a trouvé une vieille automobile faisant fonction d'automobile blindée. Quelques torchons de journaux ont voulu nous éclabousser nous mêmes et nous salir. C'est un manque de courage, qualité évidemment française, qui caractérise ces personnes que nous revendiquons. Les autorités se sont mêlées du mouvement autonomiste. Les pouvoirs législatif et administratif ont illégalement travaillé ensemble. On a condamné des gens sans les entendre, les traitant de «bande encanaillée», en promettant de dévoiler au peuple alsacien des horreurs devant lesquelles il serait stupéfait. Et nous sommes stupéfaits de voir des hommes cinq mois en prison sans motif valable. Messieurs les jurés, on veut que vous condamniez sans savoir pourquoi. Vous êtes des Alsaciens vous n'êtes pas des «poules mouillées», vous saurez agir selon votre conscience.

Le Président interrompt Mᵉ Jaeglé et demande à lever la séance pour continuer mardi matin.

Durant toute cette journée, la salle d'audience était comble: la plupart des auditeurs étaient debout, serrés les uns contre les autres. Autour du bâtiment des Assises, les automobiles étaient rangées par dizaines et une animation bien plus grande que d'habitude régnait dans les rues avoisinantes.

Dix-huitième journée — 22 mai

Séance du matin.

C'est le jour des plaidoyers. Le public, n'est de loin pas si nombreux que hier. On ne voit pas autour des Assises les belles limousines qu'on a pu admirer durant toute la journée de lundi.

Bref c'est de nouveau le même public qui assiste aux débats depuis le début.

Pour la première fois durant ce procès, la séance est ouverte à 9 h. 15 sonnant.

Le président lit l'arrêt concernant les conclusions déposées par Me Klein au sujet du refus du témoin von Gemmingen.

Il lit ensuite une lettre de M. Théodore Lemblé de Strasbourg, déniant la déposition de M. Gérardot concernant sa personne. (Toujours est-il que M. Lemblé était en Suisse pendant la guerre). Le président lit encore une lettre d'une centaine de femmes patriotes d'Alsace, déclarant leur attachement à la France.

Me Berthon. Depuis le début de ces débats nous avons nous aussi reçu des centaines d'adresses de félicitations qui nous viennent de tous les coins du pays, mais nous nous abstenons d'en donner lecture au jury pour ne pas allonger ces débats.

Me Jaeglé
continue son plaidoyer

Me Jaeglé a la parole. L'avocat strasbourgeois, s'associe aux déclarations de son collègue Me Berthon et dit qu'en premier lieu, il faut écouter la voix du peuple. Or, s'écrie l'avocat c'est les milliers de voix données à MM. Ricklin et Rossé, qui comptent.

Je vous ai prouvé hier qu'il n'y a point de complot.

Le Procureur Général dans toute sa lecture, n'était pas capable de nous citer les premiers éléments d'un complot. Du reste, on ne l'a pas cherché. On veut frapper une idée et c'est pour cela qu'on confond habilement autonomie avec séparatisme. On laisse planer sur l'affaire toute entière une certaine ombre. On ne veut pas que clarté se fasse. Or, Messieurs les jurés, autonomie n'est pas séparatisme. Et même, si ces gens là étaient par leurs idées des séparatistes, vous ne pourriez pas les punir, car on n'a pu leur prouver aucun fait, aucune tentative de séparer l'Alsace de la France.

Quant à l'autonomie il y en a d'autres encore qui l'ont réclamée, notamment pour l'Alsace. Ainsi Albert Thomas a déjà prononcé en 1919 un discours à ce sujet à la Chambre. Bien des grands hommes d'Etat dont je vous ai déjà parlé hier ont déclaré hautement dans des discours et dans des articles qu'une autonomie des différentes régions de la France contribuerait au bien-être et au salut du pays tout entier. Malheureusement on n'a pas assez de compréhension à la Chambre pour les revendications alsaciennes qui ne sont que trop justifiées. On ne vit pas à Paris le drame et la douleur de notre peuple.

Mais que dit l'accusation du complot? On a reproché au Dr. Ricklin d'avoir écrit la fameuse lettre de «façade» à l'agent provocateur Riehl. Mais, qu'est-ce que cette lettre fait dans le complot? Rien! Chacun est libre d'écrire ce qu'il pense. Daudet et l'«Action Française» ne disent-ils pas tous les jours que toute la constitution de la République n'est qu'une façade, qu'on doit détruire bientôt. L'«Action Française» bafoue tous les jours MM. Briand et Poincaré.

Le président intervient. Il ne veut pas qu'on parle de ces choses et qu'on aille trop loin...

Me Jaeglé: Permettez M. le président, je suis assez âgé pour savoir ce que j'ai à faire. L'avocat continue son plaidoyer:

Et cette fameuse lettre incriminée au Dr. Ricklin, c'est une réponse à une de ces lettres de l'agent provocateur Riehl, dans laquelle il est question de la «Marianne syphilitique ». Mais d'un complot on n'y voit pas de traces.

En plus en ce moment le « Heimatbund » n'était pas encore fondé. Que reste-t-il alors encore?

La lettre à Heil? L'accusé s'est occupé d'une façon assez indiscrète des questions d'autrui. Il avait entendu qu'on envisageait la création d'un nouveau journal. Il s'adresse à M. Seeger le directeur de la « Telegraphen-Union» à Berlin, pour l'en avertir. Espérant qu'en rendant service à la «Volksstimme », il pourrait un jour y entrer comme rédacteur. Dans la traduction de cette lettre, on commet encore une erreur et on veut donner au mot « Aufziehen », un sens politique, alors que c'est un terme purement technique. Nous avons là une expertise d'un journaliste éminent de Bâle, qui approuve notre théorie. Bref, la correspondance Heil-Seeger fut une correspondance privée, personnelle. Les fondateurs de la « Volksstimme » n'en avaient pas connaissance.

Que reste-t-il du complot?—

La « Schutztruppe »? Mes confrères vous en parleront. Mais il est vraiment grotesque d'être obligé d'en parler encore.

N'oubliez pas Messieurs les jurés, que des personnages éminents d'Alsace sont venus nous dire de quoi il s'agit. Grâce à la poignante déposition de M. le sénateur Muller, nous avons pu sortir de cette atmosphère policière, pour monter à un niveau plus élevé.

M. le député Brogly est venu nous affirmer que jamais le mouvement autonomiste n'avait des intentions séparatistes.

Et M. l'abbé Haegy, cet homme qu'on n'aime pas, n'est-il pas venu nous confirmer les dépositions des autres témoins? Ceux qui ne sont pas du pays ne peuvent comprendre que difficilement l'âme du peuple alsacien! Et alors, quand il y a un homme comme l'abbé Haegy, qui la défend courageusement, on le poursuit. On cherche à le frapper, car c'est lui qu'on a voulu atteindre dans ce procès. Et pour-

tant il compte des amis bien nombreux, il a le peuple d'Alsace avec lui, parce qu'il est du pays et parce qu'il y a ses racines.

M. le député Walter est lui-même venu nous déclarer que si demander l'autonomie est un crime, lui aussi il devrait se trouver aux bancs des accusés!

Bref, tous ces personnages sortant du peuple d'Alsace et étant tous les jours en relations avec lui ne sont-ils pas venus nous confirmer que complot, il ne peut y avoir?

Et le peuple lui-même, qu'en pense-t-il? Vous le savez aussi bien que nous, le peuple alsacien tout entier en est indigné. La défense de même, Messieurs les jurés, et si parfois nous sommes intervenus durant les débats d'une façon bruyante peut-être, ce fut uniquement parce que notre conscience d'homme se révoltait contre des insinuations aussi basses et sans fondement.

Et toutes ces félicitations nous dira-t-on? Et je répondrai: Mais cela existait de tout temps en notre malheureux pays. En 1915 et 1916 les Conseils Généraux du Bas-Rhin et du Haut-Rhin ont envoyé des adresses à Berlin, protestant de l'attachement de l'Alsace à l'Allemagne. En 1916 le Conseil Général de la Moselle a fait une déclaration analogue, exprimant le vœu que la paix soit bientôt confirmée par une victoire allemande, et que la Moselle puisse devenir définitivement une partie intégrante de l'Allemagne. Et si on voulait lire les signatures sous ces télégrammes de félicitations, on y trouverait des noms, qui aujourd'hui figurent sur des adresses de félications au Gouvernement français!

L'Alsace malheureusement a trop souvent joué le rôle de girouette! Ce n'est pas elle qui a changé, mais c'est le vent.

Pendant la guerre, nous voyons le député Brogly condamné à dix ans de travaux forcés. Hier on perquisitionne chez lui.

Le Dr. Ricklin était mal vu chez les Allemands, parce qu'il défendait toujours de toute son énergie les intérêts du pays d'Alsace. En 1918, il est exilé d'Alsace et aujourd'hui on le traîne devant les Assises.

L'abbé Haegy était hier mal vu par les Allemands qui l'ont envoyé au front en Russie et aujourd'hui on veut le frapper à nouveau.

M. Rossé est condamné à la prison pendant la guerre, pour avoir défendu des collègues, aujourd'hui il se trouve au banc des accusés, pour avoir été le porte-parole de 40 mille fonctionnaires.

C'est là, Messieurs les jurés, la grande tragédie de notre pauvre Alsace ! L'Allemagne nous méprise, et aujourd'hui on perquisitionne chez nous, on met des personnes tout à fait honorables et innocentes en prison!

Le peuple d'Alsace a jugé ces procédés par son bulletin de vote et si MM. Ricklin, Rossé, Dahlet, et d'autres ont remporté une victoire triomphale, c'est la suite logique de tous ces événements.

Et l'avocat de s'écrier: Prenez garde Messieurs les jurés, vous êtes de ce peuple, prenez garde, qu'il ne se creuse pas entre ce peuple et vous un fossé infranchissable, car si votre verdict condamnerait ces gens innocents, ces idéalistes, un abîme énorme vous séparerait à jamais du peuple d'Alsace!

Pourquoi ces quinze sont-ils poursuivis ? Parce que le peuple alsacien est un peuple républicain démocratique. On n'aime pas chez nous certains procédés de l'Administration, on déteste les procédés policiers, on a eu trop de perquisitions. Et le peuple? Il tient à ses vieilles traditions, il tient à sa religion, il aime son dialecte dont quelques-uns parlent si souvent avec mépris. Nous n'avons pas, comme ce juré récusé l'a fait comprendre hier, besoin d'avoir honte de notre dialecte, soyons-en fiers au contraire, c'est un trésor que nous tenons de nos ancêtres.

Nous sommes libres et nous sommes fiers, et il serait bon que d'autres le soient. J'ai dit libres, oui, quand en Novembre 1918 l'Alsace tout entière s'est jetée avec enthousiasme au cou de la France, le peuple d'Alsace n'a connu qu'un mot : Liberté. Mais comme la réalité fut différente de cette pensée noble et élevée ! Au lieu de la liberté, ce furent les Commissions de triage, les fameuses cartes, l'expulsion des Français de la terre d'Alsace, la réception honteuse des pauvres soldats alsaciens passant le pont de Kehl et qui avaient fait leur devoir dans l'armée allemande; ce fut bientôt la misère des fonctionnaires, la misère de nombreux otages; ce furent des attaques contre notre langue, contre notre religion; ce fut la suppression des journaux de langue allemande, qui fut traitée comme langue étrangère.

Voici, Messieurs les jurés, en quelques traits, les vraies causes du malaise !

Et l'abbé Lemire, ce grand sociologue et patriote, avait bien prévu cela et en avait même averti le Gouvernement du haut de la tribune de la Chambre. « Envoyons à l'Alsace, a-t-il dit, des fonctionnaires qui n'ont pas l'air de notaires; envoyons des gens qui connaissent la langue du peuple d'Alsace, qui connaissent son âme et qui sont décidés à respecter ses traditions. »

MM. les jurés, c'est dans votre conscience que vous jugerez. J'ai encore à vous présenter la défense personnelle de quelques-uns des accusés.

M. Ricklin

Le premier, c'est mon cher ami Ricklin. Oui, Messieurs, que l'histoire de cet homme est triste et malheureuse ! Un homme qui n'a voulu que le bien de sa terre d'Alsace, on finit par le traîner en prison. Je suis convaincu que jamais, dans toute l'Alsace, il ne se trouvera un juré pour condamner cet homme; ce serait renier son propre sang. Il y a dans notre pays deux catégories de gens : Ceux qui étaient français de cœur et ceux qui, de par leur situation, devaient avant la guerre faire des déclarations d'attachement à l'Allemagne. Le Dr Ricklin faisait partie des derniers, mais il n'était pas le seul, il y en avait bien d'autres, nous le savons. Il a prononcé des discours, ce fut toujours pour protéger notre Alsace d'une épreuve plus terrible. Mais le Dr Ricklin était aussi un homme de tact. Il n'a pas, comme beaucoup d'autres, changé de patriotisme comme de chemise. Il est devenu citoyen français, il l'est devenu loyalement et il le sera toujours et malgré tout. Est-ce un crime?

Avant la guerre déjà, il ne se gênait pas de dire ouvertement son opinion au Gouvernement allemand. Il a refusé le « Rote Adlerorden » qu'on lui avait offert. Il avait toujours contre lui, pour les élections, un candidat gouvernemental. Et ce candidat gouvernemental, c'était le même qu'aujourd'hui, M. Centlivre. Vous connaissez tous ces faits, Messieurs, inutile de vous les rappeler.

On a voulu faire un grief à M. Ricklin d'avoir demandé pendant la guerre le rattachement de l'Alsace à la Bavière. Permettez-moi de vous dire que ce fut un projet déposé en 1907 déjà par les grands patriotes Preiss et Wetterlé qui avaient demandé qu'on fasse de l'Alsace un Kaiserland. Et a lors seulement qu'on voulut dépecer l'Alsace-Lorraine, le Dr Ricklin a demandé un prince catholique pour l'Alsace.

Ce fut en 1911 encore que l'autonomie fut accordée à l'Alsace sur proposition du Dr Ricklin. Pendant la guerre, ce fut le Dr Ricklin qui soignait plus de soixante blessés français à ses propres frais. Il fait rentrer à ses propres risques soixante-dix françaises par la Suisse. Quand les Alsaciens sont poursuivis, il intervient énergiquement pour eux. Il fait sortir le ju-

ge Acker, de Cernay, de la maison des forcenés. J'aurais bien voulu que cet homme ait aussi quelques paroles de remerciement pour M. Ricklin. Il risquait sa propre personne en intervenant pour MM. Burtschell, Weiss et Brogly. Il fallait du courage à ce moment pour intervenir en faveur de pauvres citoyens opprimés. C'est le Dr Ricklin encore qui est le seul à envoyer une lettre de protestation au Kaiser après les méfaits honteux des troupes allemandes à Bourtzwiller et à Saint-Maurice. Toutes ces interventions lui valurent la disgrâce du Gouvernement, mais rien ne l'empêcha de travailler au bien de sa terre d'Alsace.

C'est triste, Messieurs les jurés, l'histoire d'un pays. Les grands hommes sont toujours poursuivis tandis que les bêtes rampantes montent. C'est le Dr. Ricklin encore et l'abbé Haegy, qui eurent seuls le courage de déclarer en octobre au «Reichstag» allemand et sous les huées des autres députés que la cause de l'Allemagne en Alsace était finie.

L'avocat rappelle ensuite le procès du Dr. Ricklin contre le Syndicat des Médecins. Et Me Jaeglé de s'écrier : Mais pas assez de tout cela pas assez d'avoir ruiné cet homme financièrement il le fallait encore faire moralement. Et c'est pour cela qu'on l'a traîné ici et qu'aujourd'hui on veut le faire déporter. Pourquoi? Le séparatisme du Dr. Ricklin où est-il? J'ai là de nombreux articles publiés par mon client dans des revues françaises. Partout il dit que l'Alsace est et restera française. Veut-on lui reprocher d'être membre du Heimatbund? Ils étaient nombreux ces membres et je n'en vois que quinze ici. Veut-on effacer par ce procès la honte du dimanche sanglant de Colmar, où des gens armés abattirent un pauvre vieillard? Quel courage, quel héroïsme! Peut-on lui faire un grief d'être autonomiste? Non, ce n'est pas un crime. Clémenceau aussi et beaucoup d'autres défendent ce programme. Autonomiste il l'est, et il le restera jusqu'au tombeau, mais séparatiste il ne le fut jamais. A vous, jurés du Haut-Rhin de dédommager moralement cet homme pour tout le mal qu'on lui a fait. A vous, jurés du Haut-Rhin, de rendre ce vieillard à la liberté, de le rendre à ses braves Sundgoviens, qui, il y a un mois, ont réclamé énergiquement par leur bulletin de vote sa libération. Le peuple d'Alsace a prouvé qu'il ne croit pas à ce complot monté pour les besoins de la cause.

J'ai encore à vous parler de

M. Solveen

L'inculpation contre lui est grotesque. M. le Procureur Général lui fait un crime de connaître l'allemand, parce que lui-même il ne le connaît pas. On lui reproche d'être le fondateur de «L'Homme de Fer». Or, le vrai fondateur, ce n'est pas lui, mais un avocat de Strasbourg et personne ne lui a encore dit qu'il fait des choses illicites. Le Procureur Général lui fait des reproches d'avoir acheté des livres artistiques en langue allemande, à l'Institut de Francfort, parce que lui-même, malgré les promesses de M. Poincaré, ignore la langue allemande. L'avocat lit ensuite les déclarations de M. Haffen, qui était cité comme témoin. Il a toujours bien connu Solveen pour ses sentiments français et il fréquentait toujours des familles bien françaises.

On veut lui faire un grief d'avoir exposé en Allemagne. Les artistes parisiens peuvent le faire. Herriot peut parler en Allemagne, M. Wirth est reçu par M. Doumergue, mais quand un peintre alsacien veut, pour gagner quelques sous, faire une exposition en Allemagne, c'est un crime. Je n'entre pas dans les détails concernant la T. S. F. Je n'insiste même plus pour défendre mon client. C'est une honte, pour une accusation, de se baser sur des faits pareils, qui ne tiennent même pas devant une intelligence médiocre. Il me répugne de combattre une pareille accusation, qui n'en est pas une.

Que reproche-t-on à

M. Heil

D'avoir été membre du Comité de la « Zukunft »   Est-ce un crime ? Regardez, Messieurs les jurés, l'acte d'accusation dans son néant. Où est le complot ? Quelle mauvaise plaisanterie ! On lui reproche d'avoir écrit une lettre sur la bagarre de Colmar. Il était publiciste, c'était son droit. Et de plus, cette lettre n'a jamais été expédiée. Quant à la lettre de Berlin, je vous ai déjà donné les explications nécessaires. On lui reproche d'avoir fait une conférence sur le libéralisme : « Sancta simplicitas ! » Retournez, Messieurs les jurés, au XIIIe siècle, et vous pourrez condamner ces gens ! Mais nous sommes au XXe siècle. Allons, en avant, jury du Haut-Rhin, votre verdict d'acquittement sera pour notre pays d'Alsace le commencement d'une nouvelle ère, d'une ère de liberté dans le cadre de la France ! »

Et Me Jaeglé, d'une voix grave : Jurés du Haut-Rhin, ces temps derniers j'ai eu une vision.

J'ai vu, dans le lointain, une côte aride et sèche, du sable brûlant sous un soleil de tropique. Et, sur cette côte, je voyais quelques pauvres êtres malheureux, qui se traînaient, la figure blême, la mort aux yeux, et, dans un dernier sursaut, ils se relevaient en cherchant de leur œil mourant, dans le lointain, leur terre d'Alsace pour s'écrier : « Jurés d'Alsace, qu'avez-vous fait ? Vous avez condamné votre propre sang ! » Et j'ai vu dans notre pays ici, des pauvres mères qui pleuraient leurs fils, de malheureuses épouses qui n'avaient plus de mari, de pauvres petits enfants qui demandaient leur père. Et tous ensemble de s'écrier: «Juré du Haut-Rhin, qu'as-tu fait; c'est ta faute; voilà ce que tu as fait de notre sang ! » Non, jurés du Haut-Rhin, votre verdict ne séparera pas le peuple d'Alsace ! Vous ne renierez pas nos ancêtres. Le jury ne s'érigera pas en Saturne pour dévorer ses propres enfants ! »

Ce dernier appel de l'éminent avocat strasbourgeois fait une impression profonde non seulement sur les jurés, mais sur la salle entière. La séance est suspendue quelques instants.

Le plaidoyer de Me Fourrier

Dans son acte d'accusation, qui constitue un beau monument littéraire, M. le Procureur général a parlé des points qui suffisent, d'après lui, à constituer un complot qui, en réalité, n'existe pas.

Tout son acte d'accusation est basé sur la prétention que le mouvement autonomiste est d'origine allemande et n'a pour but que le rattachement de l'Alsace à l'Allemagne. Cette façon de voir ne tient pas debout. M. Fachot a cherché l'origine du mouvement autonomiste en l'année 1917 chez des hommes comme Ley, Rapp et Muth. Pour bien comprendre le mouvement autonomiste, il faut connaître son origine et le placer dans son vrai cadre.

Nous prouverons quelles sont les causes économiques du mouvement autonomiste. Nous prouverons que le pacifisme dont sont animés les quinze accusés se base sur la situation et les besoins économiques de l'Alsace. Et l'orateur développe en un exposé splendide la situation économique de l'Alsace ses ennuis, les torts qui lui ont été faits, les débouchés supprimés, la situation stratégique de l'Alsace et son rôle entre deux grandes nations.

Des plaintes continuelles s'élèvent parmi les Alsaciens. Tels les bouilleurs de cru, ils sont exaspérés et ils sont prêts à recevoir le contrôleur avec des fourches.

Il est vrai que l'économie alsacienne a trouvé des débouchés naturels vers l'Allemagne, et ses besoins économiques ne peuvent être sauvegardés que dans le cas où la France et l'Allemagne travaillent de concert pour laisser à l'Alsace ses débouchés naturels. A l'appui de cette thèse, Me Fourrier lit un passage de la «Revue d'Economie politique» dans un article signé Wernert Wittich: «Nous avons vu et des études spéciales le mettront en évidence, que l'économie de l'Alsace et de la Lorraine était orientée vers l'Allemagne. Que les deux grandes industries de la région et un grand nombre des produits les plus divers ont trouvé jusqu'en 1918 leur débouché naturel de l'autre côté du Rhin. Pour maintenir la forme actuelle de cette activité, le seul moyen consiste dans la conclusion d'un traité de commerce, entre la France et l'Allemagne, permettant en tant que cela sera compatible avec les intérêts généraux des deux nations une importation suivie de produits alsaciens - lorrains en Allemagne. En vertu de la constitution particulière de l'économie régionale, ce traité impliquera non seulement un échange de marchandises mais bien une collaboration des deux nations sur le terrain économique... Si le débouché allemand était ouvert à l'Alsace, le marché intérieur serait débarrassé au moins pour une partie de l'offre alsacienne et lorraine. La prospérité économique et régionale serait assurée. Le bouleversement, qui est en général inséparable d'un changement politique, serait évité, la participation de la France à l'activité économique de la vallée du Rhin serait garantie.

Passons maintenant à

l'évolution historique
du mouvement autonomiste

du pays. Le but de cette autonomie est hautement humain. Nous devons d'abord démentir une allégation erronée de beaucoup de Français. L'Alsace française de tout temps est une erreur incroyable. L'Alsace n'est devenue française que par le traité de Westphalie en 1648. Elle a été sous la suzeraineté féodale de l'Allemagne, et jouissait de droits très étendus. Mais comment les soldats français furent-ils reçus à leur entrée en Alsace? Très froidement pour ne pas dire davantage. Quarante ans après le traité de

Photo Christophe.

Les Avocats se concertent

Photo Christophe.

L'Inspecteur Bourgoin dépose

Westphalie Louvois se voit obligé de faire le siège de Strasbourg, qui avait refusé d'entrer au sein de la France. Bien longtemps l'Alsace-Lorraine reste complètement en dehors du cycle économique français. Durant la révolution Eulogius Schneider veut assimiler à tout prix l'Alsace par la guillotine. Il fait régner la terreur dans l'Alsace jusqu'au jour où lui-même, d'origine allemande, passe à la guillotine. Tels sont les assimilateurs et les patriotes à outrance.

Sous Napoléon 1er, sous Louis Philippe, les Alsaciens défendent de la façon la plus absolue leurs libertés. En 1846 nous voyons Karl Braun écrire sur la «Muttersprache» en des termes qui conviennent bien à l'époque qui nous occupe. Il dit: «Notre langue allemande est peu à peu suppléée par le français, particulièrement dans les classes instruites. Si depuis deux cents ans nous n'avons cessé d'aimer ardemment la France, nous ne pouvons cependant nier notre origine allemande et notre langue ne peut être que l'allemand, car un peuple cultivé ne peut renier sa langue et se soumettre pendant une centaine d'années à ce long martyre qu'est le changement de langue. L'ignorance serait tellement grande au point de vue linguistique et les Alsaciens parleraient un mélange qui serait la risée des Français et des Allemands. Encore une dizaine d'années de ce régime scolaire et les comiques étrangers viendront chercher matière dans notre horrible mélange de langues. »

L'auteur de cet article oppose un démenti cinglant aux allégations de M. Bourgoin. Mais nous voyons, plus loin, que tous les journaux du pays comme « L'Elsässer-Kurier », fondé en 1847, sont de langue allemande. Martin Girardin écrit en 1855 qu'il a la plus haute admiration pour ce peuple qui a su garder pendant plus de deux cents ans sa langue maternelle dans un pays qui ne parle pas sa langue.

Mais passons au

développement de l'idée autonomiste

après 1871. Bismarck voulut faire de l'Alsace un glacis militaire. L'Alsace est gouvernée militairement. Le 17 févr. 1871, Keller, député protestataire, apporte à l'Assemblée de Bordeaux les protestations solennelles des Alsaciens-Lorrains. Il fut soutenu par quelques républicains. Mais bientôt Thiers, muni d'un blanc-seing, capitule.

PAR 456 VOIX CONTRE 107, LA FRANCE SACRIFIE L'ALSACE POUR SE SAUVER ELLE-MEME. Le général Bismarck von Bohlen, en rentrant dans l'Alsace, promet aux Alsaciens le respect de la religion, de leurs mœurs, de leurs usages, de leurs traditions. Ce sont toujours les mêmes promesses. Mais déjà en 1871 l'Alsace est déclarée Reichsland. L'administration allemande constitue une véritable dictature. Le service obligatoire est imposé à l'Alsacien. Les seules protestations que nous entendons alors, partent des socialistes Bebel et Liebknecht. En mars 1871 ont lieu les premières manifestations autonomistes à Colmar et à Strasbourg. Une délégation est envoyée à Berlin, présidée par Peyerimhoff, maire de Colmar. Et Bismarck écoute avec bienveillance les Alsaciens, qui réclament le respect de leurs privilèges. Bientôt, il fait remplacer le Gouvernement militaire par un administrateur civil. Le « Landesausschuss » est créé mais sans pouvoir législatif. Survient une crise. Quinze députés protestataires sont élus en 1874. Leur chef, Deutsch, prend la parole au Reichstag pour rappeler aux Allemands que le peuple alsacien n'est pas une marchandise et qu'il a le droit de se prononcer librement sur sa réintégration dans l'Allemagne. Peu à peu, les députés catholiques se désolidarisent de leurs compatriotes siégeant au Reichstag, ils font une déclaration de fidélité et collaborent à l'œuvre commune pour le bien de l'Alsace. Ce sont : Gerber, Winterer, Simonis.

Nous arrivons à 1879. La crise étant peu à peu apaisée, l'Alsace reçoit un Statthalter. Le Landesausschuss est nanti du pouvoir législatif. De 1884 à 1890, l'Alsace subit le contre-coup du boulangisme. La vague nationaliste française met le désordre en Alsace. D'où le mot : L'ordre en Alsace est le désordre en France.

Mais renversons les termes : Le désordre en Alsace, c'est l'ordre en France. Ceci prouve largement que toutes les vagues de nationalisme, en excitant les Alsaciens, attirent sur eux les foudres de l'Empire.

Il fallait que la France présentât toujours l'Alsace comme pays martyr, et lorsque les Alsaciens voulaient éclairer l'opinion française, ils étaient traités de germanophiles.

Me Fourrier lit une lettre de Henry Albert au Dr Bucher. Dans cette lettre, il se plaint du peu de compréhension des Français pour le problème alsacien. Il leur reproche de tout interpréter de façon fausse : l'exaltation de l'idée française est cause de tout le mal en Alsace. Celui qui a écrit ces lignes et qui est directeur de la « Revue d'Alsace », imprimée à Paris, est lui-même accusé de germanophilie !

Mais quel est le contre-coup en Alsace ? C'est l'interdiction des journaux alsaciens. Comme maintenant, c'est l'arrestation du député Antoine, accusé de haute trahison et relâché après quatorze mois de détention, car il était innocent. Cette vague nationaliste faillit même avoir une conséquence tragique. Bismarck, voyant le désordre complet qui régnait en Alsace, pensa un moment à provoquer le peuple à la révolte pour pouvoir rétablir l'état de siège.

Mais déjà l'idée de l'autonomie était entrée dans les grands partis politiques. C'est un triple courant que nous constatons, politique, économique, cul-

turel, comme à l'heure actuelle. Nous voyons même que le baron de Berckheim donne au Dr Bucher par l'intermédiaire de la «Revue alsacienne» des renseignements sur des patriotes alsaciens. La Revue donnait de fait quelques renseignements sur les Alsaciens français. Et pourtant le Gouvernement allemand ne trouva pas matière à complot. Des faits aussi importants furent passés sous silence. Mais, nous assistons à la fondation du théâtre alsacien de Strasbourg et Me Fourrier ne peut résister au plaisir de citer un passage de la pièce « D'r Herr Maire » de Stosskopf. On y trouve une fine fleur de l'ironie alsacienne. Le maire affirme qu'il fait partie de toutes les sociétés allemandes, qu'il assiste à tous les banquets officiels, qu'il fait de la propagande pour le candidat oficiel, mais il vote pour le protestataire. C'est la caricature achevée, dit Me Fourrier, du maire de Brumath, M. Richert.

En 1911, à un congrès de Karlsruhe, les pan-germanistes protestent contre l'octroi des libertés locales qu'on a l'intention de faire à l'Alsace. L'autonomie, dit-il, n'est qu'une propagande francophile. Changez les mots, dit-il, et nous avons propagande germanophile, pan-germaniste, remplacez chauvins français par chauvins allemands et c'est exactement, à part le style, la prose de Helsey. (Mouvements.)

A partir de ce moment, le «Leitmotiv» des Alsaciens-Lorrains est l'autonomie. L'Alsace-Lorraine aux Alsaciens-Lorrains, telle est la parole même du «Journal d'Alsace et de Lorraine», du journal chauvin, écrivant à propos des incidents de Saverne en date du 29 janvier 1914 sous le titre : « Le loyalisme alsacien et les leçons de Saverne » des mots dont on ferait un crime à M. Ricklin. Voici ce qu'il dit: «Qu'on n'oublie pas non plus que l'Alsace continue à demander son rang d'Etat autonome-allemand dans l'empire d'Allemagne, qu'elle le demande avec encore plus d'énergie pour qu'un nouveau Saverne ne lui soit pas infligé. Et il faut une déclaration de loyalisme. Nous n'avons pas de sang de serfs et d'esclaves dans nos veines. Même le sang allemand qui y coule est celui de la liberté. Nos empereurs d'autrefois, les empereurs du Saint Empire germanique ont eu la sagesse d'octroyer à la ville nos libertés, d'en faire les dix villes libres impériales d'Alsace. Nous sommes les descendants de leurs libres bourgeois et nous ne demandons, comme eux qu'à faire en hommes libres et non pas sous votre sabre ou votre botte, notre devoir envers l'Empire. Notre empereur d'aujourd'hui sera sans doute mieux que vous le pensez à la hauteur de sa mission envers son peuple, pour le plus grand bien de sa dynastie. »

Et plus loin : **Nous donnerons loya lement à l'Allemagne parlementaire, comme nous l'avons donné à la France en échange de notre indépendance recouvrée, le meilleur de notre sang, de notre pensée et de notre cœur.**

Voilà ce qu'écrit le «Journal d'Alsace et de Lorraine». (Mouvement dans la salle.)

L'audience est suspendue.

Séance de l'après-midi.

Me Fourrier continue son plaidoyer du matin. Il en est à l'année 1911. Le parti social-démocrate publie à cette date un programme dans lequel il revendique un Etat libre (la libre Alsace-Lorraine) ; il réclame l'autonomie complète, des élections par le peuple, un referendum, un gouvernement républicain Ce programme est le même que celui de la « Landespartei » que revendiquent les autonomistes assis sur ce banc.

A cette époque le « Journal de Genève» écrit au sujet des tentatives alsaciennes pour obtenir une autonomie que

l'individualité alsacienne est la plus accentuée du monde.

Les Alsaciens réclamaient en effet à cette époque la renonciation de la France et de l'Allemagne sur leurs droits en Alsace. Des négociations ont lieu en 1907 à Paris en ce sens. La France était prête à donner à l'Allemagne une compensation coloniale dans le cas où elle octroyait l'autonomie à l'Alsace. Jaurès travaille principalement dans ce but, il assiste à divers congrès et fait de chaleureux appels aux socialistes d'Allemagne et de France. A Francfort il met tout en œuvre pour obtenir que les socialistes allemands fassent pression sur le gouvernement. En juin 1914, il est au congrès de Berne dont il est l'âme, MM. Weill, Haegy et Ricklin assistent à ce congrès.

Le Dr. Ricklin y prononce des paroles superbes. « L'œuvre de la conférence, dit-il n'est pas de donner suite à des raisons sentimentales, mais elle a pour but le désarmement. J'ai toujours combattu, dit Ricklin, l'idée d'une guerre entre la France et l'Allemagne à cause de l'Alsace. »

Le parti démocrate socialiste écrit un peu plus tard dans un manifeste que les Alsaciens-Lorrains salueront avec joie l'initiative d'une Alsace-Lorraine républicaine.

Mais la guerre éclate. On a toujours dit que le seul but de la France était la reprise de l'Alsace-Lorraine et officiellement par la bouche de M. Poincaré, la France a déclaré que malgré toute l'anxiété qui l'oppressait elle avait juré de ne pas déposer les armes avant d'avoir délivré l'Alsace. Mais à côté de ce but officiel il y en avait d'autres. Sortons des documents assez troubles.

Le 14 février 1917 une note secrète fut envoyée au tsar par laquelle on apprend que les buts de la guerre étaient d'une part la libération de l'Alsace et de la Lorraine, d'autre part la main mise de la France sur toute la rive gauche du Rhin et les mines de la Sarre. M. Poincaré obtient l'assentiment du tsar. On voit que les conditions de paix détaillées plus loin demandent pour la France l'Alsace, plus la Lorraine, avec les anciennes limites du duché de Lorraine, le droit de la France de mettre la main sur toutes les mines de fer et de charbon de Lorraine et de la Sarre et enfin la neutralité de la rive gauche, soumise à une occupation militaire française jusqu'au jour où l'Allemagne exécuterait toutes les clauses des conventions. Cela me rappelle une parole d'Anatole France: **Sous prétexte de se battre pour des idées, on se bat pour des usines.**

Le président se voit obligé d'interrompre l'avocat communiste. Il lui rappelle que ce n'est pas pour des usines qu'un million cinq cent mille croix de bois sillonnent les frontières françaises. (Une partie de la salle applaudit).

Me Fourrier: Nous voyons donc que tous ces hommes n'ont travaillé que pour la paix, et pour la reconnaissance morale de leur personnalité alsacienne. Les mots d'autonomie et de paix vont ensemble. Ils travaillent sans cesse pour elle et les déclarations du Dr. Ricklin à la suite de son exposé le prouvent.

En 1915 **M. Grumbach,** le socialiste dont on ne suspectera pas le patriotisme publie des brochures écrites en Suisse. «Nulle part l'autonomie, dit-il, n'est plus nécessaire qu'en Alsace. Le libre plébiscite tue le doute et crée la certitude. Attendez-vous à de grandes déceptions si on ne vous laisse pas exprimer librement vos opinions.»

Le discours de Ricklin au Reichstag prouve qu'il ne cachait pas aux Allemands l'importance de l'enjeu. Lui seul et le Dr. Haegy ont le courage de demander qu'on arrête la boucherie, qu'on fasse planer une atmosphère de paix sur cette terre tant éprouvée. C'est ensuite l'entrée des troupes françaises en Alsace. La vague d'enthousiasme qui déferle en ce moment sur le pays crée en France l'illusion qu'on pouvait rayer d'un trait de plume cinquante années d'histoire alsacienne sous un régime étranger. M. Grumbach écrit lui-même après l'armistice que la direction du pays a été laissée à des chefs militaires et aux mains des comités de bals et de fêtes.

Je ne m'étendrai pas sur les causes du malaise, mais plutôt sur la façon dont il s'est concrétisé dans la

« Zukunft ». Beaucoup de choses fausses ont été dites à ce sujet. Messieurs les jurés seraient édifiés des sacrifices personnels faits par des milliers d'hommes pour soutenir la « Zukunft ». Mais quel était l'esprit de ce journal? Il n'avait rien de séparatiste. Par des citations Me Fourrier prouve que ce qui est écrit dans la « Zukunft » dénotait le dégoût de ceux qui écrivaient. Mais à maintes reprises ils affirment que la France devait rester leur protecteur, qu'ils voulaient vivre en paix avec elle, que l'Allemagne devait savoir que l'Alsace n'est pas en communauté d'idées avec elle malgré les cinquante ans d'un passé commun. Un décret du Commissariat Général signé du président de la République prévoyait un conseil régional pour liquider les questions alsaciennes, mais nous n'avons pas trouvé l'ombre d'une réalisation dans ce sens. Et c'est contre ces procédés que la « Zukunft » proteste. Il s'agit pour elle de défendre une entité économique et culturelle, sinon c'était la mort du pays.

Cette collaboration avec la France dans l'entente et l'union qui est le but final du travail des autonomistes trouve son aboutissement dans la fondation d'un parti politique, dont le programme n'est même pas fédéraliste. On reproche à ce parti sa fusion avec le bloc d'opposition. Mais, le but des autonomistes modérés organisés par la « Zukunft » et le « Heimatbund » était de rallier les partisans de Bulach dont le programme avait des tendances plutôt séparatistes. Mais le programme même de la « Landespartei » n'a jamais été publié. C'est Pinck qui, ici encore, joue le rôle de la mouche du coche, en élaborant un programme qui n'a jamais été adopté. Le but de ces hommes était donc essentiellement pacifique, c'était le bonheur et la sécurité de l'Alsace dans un nouveau cadre. Or, c'est une idée qui n'a rien à faire avec le complot, qui suppose **un but moral et des moyens d'exécution.**

Le but moral, l'autonomie, n'est pas condamnable. Nous savons ce que valent les moyens d'exécution de la «Schutztruppe». Hauss qui en est censé être le chef me dit le matin de son arrestation : Si vous voulez comprendre l'autonomisme, regardez-moi, j'ai un cœur français et une tête germanique. Voilà l'image des Alsaciens. On leur fait un crime d'avoir des idées germaniques et des qualités d'une race qui n'est pas la nôtre. **Si donc on veut chasser leurs idées qu'on leur coupe la tête, qu'on amène la guillotine.** (Rumeurs dans la salle.)

On reproche à Hauss d'avoir déployé beaucoup d'énergie en faveur de la décentralisation. Nous savons depuis la déposition de M. Walter ce qu'il faut penser de ce chef d'accusation. Luimême demande à siéger au banc des accusés pour un crime dont il prend toute la responsabilité. On a trouvé une enveloppe suspecte à Jeanne Muller, une prétendue espionne. L'acte d'accusation parle de plusieurs enveloppes, on n'en a trouvé qu'une. Pourquoi de nouveau ce petit procédé de falsification? Ces petits moyens prouvent l'inanité du procès.

Et Me Fourrier revient sur le but de la «Schutztruppe» groupement de quelques hommes chargés de défendre les réunions publiques du parti. Il est vrai qu'elle fut créée avant la bagarre de Colmar; mais on se rappelle que d'autres bagarres avaient eu lieu à Saverne et que le Dr. Bruar fut victime d'une agression à Orbey. Il y avait un plan de mobilisation, dira-t-on. Evidemment M. Schall avait pris des mesures de protection pour les deux imprimeries l'«Erwinia» et celle de M. Hauss. Ces précautions ne furent pas inutiles. Notre confrère de l'«Oeuvre» sait avec quelle rapidité et quel talent les fascistes et les camelots savent détruire une imprimerie. M. Schall avait raison d'organiser ces troupes suivant le précepte: « Si vis pacem para bellum ». Au congrès des Engagés Volontaires de Strasbourg ces groupes organisés fonctionnent et devant une vingtaine de gaillards décidés les Engagés Volontaires se cantonnent dans leurs congrès, et abandonnent leurs projets destructeurs.

Chez Schlegel on trouve trois bouts de caoutchouc. On oublie d'enlever sa seule arme qui est une canne. Et voilà tout le complot. M. Heil a élaboré un plan détaillé des organisations, mais y a-t-il rien d'anormal? Il est naturel qu'il veuille discipliner ses troupes comme le font tous les partis politiques pour que les hommes isolés n'agissent pas contrairement aux désirs de leurs chefs. Schall d'ailleurs dans la constitution des « Schutztruppen » n'a fait que reproduire le modèle des groupements de l'«Action Française». Le Procureur Général avait dit dans un ton pathétique au cours du réquisitoire: Mais pensez ce qu'allait devenir cette organisation embryonnaire! Je vais vous le dire. Le 14 décembre 1927 elle est dissoute pour faire place à une école d'orateurs. L'accusé Schlegel n'est que membre de la «Schutztruppe» dont Schneider qui a été relâché est le chef. Schweitzer qu'on prétend être chef de section n'a pas un seul homme à Mulhouse. On parle de missions secrètes confiées à Schweitzer. Or, on n'a rien prouvé. Sturmel est accusé d'être très estimé par M. Ricklin. Cela rappelle un peu la comédie de Molière où certain passage comique se termine par ces mots: Et voici pourquoi votre fille est muette (après que le médecin imaginaire lui eut récité quelques formules en latin). Est-ce là matière à complot? Comment a-t-on pu arrêter pendant des mois des hommes accusés de pareilles futilités. Il serait temps que les jurés du Haut-Rhin donnent la réponse au Gouvernement et à la justice pour ce manque de respect de la liberté individuelle.

J'ai prouvé aux jurés que le complot n'existe pas juridiquement. Il n'existe pas non plus moralement car le droit de penser est un droit indestructible sinon il faudrait enfermer des milliers de citoyens français. Me Fourrier cite ensuite un poème admirable de Karl Hartmann écrit en 1833: « Laissez se saluer le Français et l'Allemand » etc...

Cette volonté de paix est-elle un crime? Non, messieurs! Mais ces gens là étaient des pacifistes à outrance. L'improvisation poétique en même temps que prophétique de Victor Hugo, lors de l'assemblée de Bordeaux en 1871 lorsque fut signée par la Chambre française la renonciation de la France à l'Alsace, trouve son accomplissement dans les tendances idéalistes de ces hommes. Voici ces mots:

« Je vois même la France se redresser un jour, formidable; d'un bond ressaisir la Lorraine, ressaisir l'Alsace. Est-ce tout? Non! Saisir — écoutez moi — saisir Trèves, Mayence, Cologne, Coblence, toute la rive gauche du Rhin... Et on entendra la France crier: C'est à mon tour, Allemagne, me voilà! Suis-je ton ennemie? Non, je suis ta sœur — je t'ai tout pris, je te rends tout — à une condition, c'est que nous ne serons plus qu'un seul peuple, qu'une seule famille, qu'une seule République. Je vais démolir mes forteresses — tu vas démolir les tiennes; ma vengeance c'est la fraternité!... » De chaleureux applaudissements soulignent ces paroles de Me Fourrier. Et il termine par cette apostrophe aux jurés: Vous les acquitterez pour qu'ils sortent d'ici lavés et purifiés, la tête haute. Que cette plaie se ferme enfin et que la paix des hommes règne, c'est là votre mission à vous les douze juges souverains de l'Alsace.

La parole est à Me Klein

Je conseillerai à Messieurs les jurés, dit-il, de lire à la fin des débats le petit roman d'Anatole France, «l'Ile des Pingouins». Il y est question du procès politique de M. Pirot. Vous y trouverez un homme accusé d'avoir volé des notes dans le ministère. Des poursuites sont engagées par le ministre qui a lui même volé les notes en question. Il ne manque donc que des preuves. Aussitôt les partis politiques s'en emparent et on cherche les preuves. Elles arrivent en quantité, par ballots; 700 mètres carrés de preuves écrites! C'est un chef-d'œuvre, disent les juges, car ce procès est fait de rien. Le complot qui nous occupe est un chef-d'œuvre du même genre. Les deux ou trois mètres cubes de paperasse que nous avons, prouvent son inanité, car un seul billet clair et indéniable aurait prouvé davantage que tous ces dossiers. Depuis des semaines que nous cherchons le complot, nous n'en avons pas trouvé trace. Le président lui-même n'a jamais prononcé sérieusement le mot de complot. En 1920 un même procès a été jugé à Strasbourg dans la période électorale. Tous les inculpés ont été acquittés aux applaudissements de la ville de Strasbourg. On avait procédé par des méthodes analogues en ayant recours à des agents provocateurs.

Une cause pareille n'est pas bonne

Malgré la campagne perfide qui a été menée, malgré l'accusation lancée contre les candidats, ceux-ci ont été élus: le peuple a jugé le grief peu sérieux. C'était une faute psychologique; ceux qui ont instruit le procès ont prouvé qu'ils ne savaient absolument rien de l'histoire d'Alsace. Or, ils ont appris depuis que les affaires d'Alsace étaient très compliquées. L'histoire seule de l'Alsace nous explique en effet tout le mouvement. Ce n'est que l'opposition à l'assimilation outrancière qui est la cause du mouvement autonomiste. Autrefois Strasbourg, ville libre gouvernée par un Sénat, s'opposait déjà aux empiétements de Louis XIV. Dans le cas qui nous occupe c'est l'intolérance religieuse et linguistique dans un pays foncièrement catholique et le double culture qui fut le point de départ du mouvement. Ces deux cultures se rencontrent et ne se combattent pas. Napoléon III avait octroyé à l'Alsace l'enseignement de la langue allemande qui fut déclarée deuxième langue nationale. Parmi les gouverneurs d'Alsace, seul Lezay Marnésia fut réellement aimé de la population car il savait les deux langues. En 1685, un arrêt du

Conseil d'Etat déclarait la langue française langue officielle dans les tribunaux. Dans une note datée de 1775, nous trouvons en marge de ce décret ces mots: Non exécuté généralement; de même pour le port de l'habit français.

Cependant la France a gagné les cœurs du petit groupe ethnographique que sont les Alsaciens. L'Alsace donne à la France plus de généraux que toute autre province. Mais ceci n'a jamais empêché les Alsaciens de revendiquer une certaine autonomie. Sous le régime allemand Charles Grad, Schneegans, Winterer, réclamaient un Etat autonome comme la Bavière et personne ne les accusait de complot. Preiss à Paris en 1913, et Wetterlé dans le «Nouvelliste d'Alsace» défendaient eux aussi les tendances séparatistes ayant pour but une autonomie complète dans le cadre de l'Allemagne. Malheureusement ces tendances qui sont les mêmes aujourd'hui sont mal interprétées par une grande partie de la presse. Et pourtant il n'y a rien d'impossible dans le programme. Ne voyons nous pas l'Irlande Etat autonome sous la direction de l'Angleterre, les cantons suisses Etats autonomes sous la direction d'un «Bundesrat», etc...? Partout ce sont de petits Etats se mouvant dans le cadre d'un plus grand pays.

Dès le début du procès ce fut cette confusion qui amena l'obscurité. Tout le monde sait que l'U. P. R. réclame elle aussi l'autonomie dans une mesure plus ou moins étendue. Le but final de tous les partis autonomistes alsaciens avant et après la guerre fut la sauvegarde des particularités alsaciennes. **Intenter à ces partis des procès politiques constitue une erreur car tout procès politique est par lui-même une preuve du manque d'éducation politique.** Le programme politique des gens du Heimatbund ne peut être incriminé. Le récent jugement de la Cour de Colmar dans l'affaire Daesslé le prouve suffisamment car la signature du manifeste ne disqualifie personne. Mais ici on poursuit l'idée sous le masque du complot. On fait le procès d'une opinion contraire à l'Etat. Pour qu'il y ait complot il faudrait une résolution d'agir, il faudrait l'intention de changer le Gouvernement par des moyens illégaux, révolutionnaires, par la violence. Or, jamais on n'a parlé sérieusement de violences. Ces vingt cinq hommes de la «Schutztruppe» devant révolutionner l'Alsace, sont tombés dans le ridicule. Ce sont de mauvaises plaisanteries racontées par les journaux qui ont empoisonné l'opinion. Si l'armée allemande avait appuyé ces «Schutztruppen» j'aurais compris qu'on parlât de complot. Von Gemmingen a voulu témoigner ici au sujet des millions de Rœchling. On ne l'a pas laissé parler. L'expert lui-même n'a été admis qu'à la dernière minute, lorsque tous les témoins eurent été entendus. Nous prouverons plus tard que l'argent du prêt Wildy venait bien de M. Wildy. Les relations avec l'Institut de Francfort n'ont rien de criminel puisqu'on peut s'inscrire à Strasbourg chez Berger - Levrault.

A M. Ernst on a fait une réputation qu'il n'a pas méritée; personne ici ne le connaît: c'est vraiment lui faire trop d'honneur car ce fils de pasteur ne connaît que Riehl. Tout le reste du complot n'est qu'imagination policière et méfiance absolue du Gouvernement.

Puis l'avocat cite une lettre de Monseigneur Kannengieser ce grand patriote qui a fait toutes ses études en France, ce grand historien alsacien dont plusieurs œuvres ont été couronnées par l'Académie française. Dans cette lettre nous apprenons qu'avant la guerre déjà, Monseigneur Kannengieser était partisan de l'autonomie avec les Delsor et Wetterlé. « Je fus autonomiste de toute mon âme.» Durant la guerre l'éminent prélat fut poursuivi par les autorités allemandes. Sa villa près de Kembs fut complètement détruite sous prétexte de gêner le fameux Isteiner - Klotz. Lui-même, il fut conduit en Allemagne et passa 52 mois en prison.

Après la guerre, il revint en Alsace et assista à la réception enthousiaste du général Gouraud à Strasbourg. Mais bientôt le Gouvernement français, c'est à dire les administrateurs envoyés en Alsace, commirent de-ci de-là des fautes impardonnables. L'auteur de la lettre comprend parfaitement qu'il y ait aujourd'hui encore des autonomistes, il en est lui aussi. Pour lui le séparatisme est un mensonge. Aucun Alsacien ne veut retourner à l'Allemagne, mais, dit l'abbé Kannengieser, à peu près tout le monde, les dernières élections l'ont prouvé, est autonomiste.

Ancien ami de Wetterlé, ayant joui dans sa jeunesse d'une culture profondément française, ce vieillard, qui durant toute la guerre a souffert pour la France, est navré de voir ce qui se passe aujourd'hui en Alsace.

Ensuite Me Klein parle de

M. Rossé

qui serait d'après l'acte d'accusation, un des principaux conspirateurs. Cet homme, que la population de Colmar et des environs a envoyé avec une majorité écrasante à la Chambre. Jamais la population d'Alsace n'a cru à sa culpabilité et c'est pour cela que les électeurs de Colmar lui ont donné leur confiance.

Pour mieux expliquer la situation actuelle, l'avocat rappelle aux jurés l'affaire de la « Sapart ». C'est M. le juge d'instruction Mitton qui a lancé contre le député Rossé un mandat d'arrêt pour atteinte au crédit de l'Etat. Et pourquoi cet arrêt? A cause de la simple circulaire envoyée à une trentaine d'hommes de confiance contenant la phrase, « l'argent déposé dans les banques et les caisses d'Epargne est toujours exposé à un certain risque». C'est cela la fameuse phrase incriminée!!! alors que bien d'autres en ont dit pis.

Ainsi, il y a un an et demi, le député Peirotes a tenu une conférence à l'Aubette à Strasbourg à la suite de laquelle la population strasbourgeoise s'est précipitée sur les caisses d'Epargne pour retirer son argent.

Cette affaire dure depuis le mois de décembre, elle n'est pas encore terminée quoiqu'il n'y ait que trois inculpés, dont l'un, n'a même pas encore été entendu. Mais pour bien comprendre la machination de toute cette affaire, il faut se rappeler la déclaration du Procureur de Mulhouse, qui a dit: «Je suis venu de Corse pour en finir avec ce poison autonomiste»! Dans la «Sapart» encore on veut donc combattre une idée politique quoique les statuts de cette association déclarent explicitement qu'elle ne s'occupera ni de politique, ni des questions religieuses. Il y a huit jours seulement l'avocat a demandé la liberté provisoire de son client. On la lui refusa. Il ne sait pourquoi.

A cause du complot peut-être? Vraiment la défense est embarrassée pour défendre ses clients à ce sujet. En quoi consiste ce complot?

Le commissaire spécial Bauer avait prétendu que Rossé avait été en relations directes avec Rapp en 1919. Or, sur des questions précises, M. Bauer a dû avouer qu'il s'agit d'une erreur. Et pourtant, il avait parlé sous la foi du serment. Messieurs les jurés, on a dit qu'il s'agit d'une erreur, parce que c'est un mensonge. Moi-même, j'ai assisté au procès Ley, Muth, Rapp et jamais durant ce procès on n'a prononcé le nom de M. Rossé!

L'acte d'accusation nous parle ensuite des voyages de M. Rossé en Allemagne. Est-ce là un complot? Nous savons que M. Rossé habitant Lauterbourg a passé plus d'une fois la frontière avec des collègues pour aller boire un bock dans un village prochain? Est-ce un crime?

On lui reproche ses voyages en Suisse. Il avait une sœur malade à Bâle. N'avait-il pas le droit d'aller la voir?

Mais messieurs, n'est-ce pas triste de constater comme la police moucharde chaque pas qu'on fait dans notre pays?

On a parlé d'un voyage de M. Rossé en Autriche. Il y a assisté à un congrès catholique et, si je n'avais pu me procurer une lettre de l'évêque de Feldkirch, où ce congrès a eu lieu, on prétendrait aujourd'hui qu'il a comploté là-bas! Bref, tous ces rapports de police ont été faits comme celui concernant le frère de M. Rossé. Vous vous rappelez que M. le chanoine Muller en a parlé à cette barre. C'est avec une légèreté inouïe et incroyable que travaille notre police.

On reproche à mon client d'avoir fomenté les grèves de 1919. Les faits ont prouvé que ce fut justement le contraire!

On lui reproche sa collaboration au «Kurier». Est-ce là le complot?

On veut lui faire un crime de la «Revue Scolaire». Est-ce là le complot? M. l'inspecteur d'Académie nous a fait lire des articles et Messieurs les jurés se rappellent que la défense a félicité le témoin de sa belle déposition, qui était digne d'un témoin à décharge. On veut reprocher à notre client un article, qui est une traduction de Jean Guiraud de la «Croix».

On lui reproche sa collaboration à la «Brücke». Or, j'ai ici une déclaration de l'abbé Zemb, disant que lui seul était le directeur responsable de la «Brücke» et que M. Rossé n'y a pas écrit un seul mot. Que reste-t-il encore?

M. le Procureur Général a parlé d'une chose sur laquelle il aurait mieux fait de se taire. C'est la fameuse dissertation de M. Rossé en 1918, dissertation qu'il a faite au front et dont le thème lui était imposé, et qu'il n'a pas pu choisir, comme l'avait proclamé le Procureur. Et qui, en ce moment aurait écrit autrement que l'a fait M. Rossé? Nous tous, qui avons passé par des écoles allemandes nous avons écrit de cette façon, parce que nous savions ce que nos professeurs exigeaient de nous. Et encore, ce détail qu'est-ce qu'il prouve pour le complot? On aurait mieux fait de suivre l'exemple d'un grand patriote, qui chérissait l'Alsace tout particulièrement. En effet, quand Maurice Barrès est venu à Metz en 1911, pour assister à l'inauguration du monument aux morts des soldats français tombés sur les champs d'honneur de 1870 en la terre lorraine, il s'est écrié: «En effet, grand Dieu, qui pourrait vous juger pour ces actes? C'est par notre faute que vous vous trouvez dans la situation dans laquelle vous êtes!» On aurait mieux fait de respecter les profondes paroles de ce grand Français!

Messieurs, je vous demande, que reste-t-il encore du complot? Rien, rien, absolument rien! Si M. Rossé était un mauvais Français, qu'on nous le prouve d'abord. Il a rendu des services immenses à la population. Il a travaillé pour 40.000 fonctionnaires alsaciens-lorrains qui aujourd'hui encore le soutiennent. Il fallait s'opposer souvent à des maladresses des administrations, et c'est grâce à Rossé que bien des choses ont été évitées.

Et si M. Bourgoin et le recteur sont venus déclarer que les fameux ordres de 1919 n'ont pas été exécutés je suis à même de leur opposer le démenti le plus formel. On reparlera de ces faits à une autre place. En tous les cas l'inspecteur d'académie Dantzer, qui est venu après la guerre à Colmar, a bien essayé d'exécuter ces plans. Qu'aurait-il fait, s'il n'avait pas rencontré la résistance d'un Rossé

Vous connaissez tous, messieurs les jurés, la résolution énergique prise par nos députés concernant le régime scolaire. Vous connaissez tous la protestation violente lancée par le directoire de la confession de l'Eglise d'Augsbourg contre le sabotage de l'enseignement religieux. Oui, il fallait du courage pour parler en ces moments et Rossé était un de ceux qui ont prévu ce qui devait arriver. C'est pourquoi il a lutté ainsi.

Le député de Colmar était enfin encore membre du Heimatbund. Etait-ce un crime? Certainement non. Du reste il a quitté plus tard ce parti politique et ne fut jamais membre du parti autonomiste. S'il a contribué à la création de l'«Erwinia» c'est parce qu'il était convaincu qu'il fallait un journal pour la défense de l'individualité alsacienne-lorraine.

L'avocat revient ensuite une fois de plus sur les comptes de Rossé et prouve documents en mains qu'il a bien pu faire les économies qu'on sait.

Rossé n'a jamais prêché 'a haine il estimait trop à sa valeur le prix de la paix. De bon cœur il a travaillé pour ses collègues, qui lui en sont reconnaissants, comme la population toute entière. Ils l'ont prouvé par le bulletin de vote et je les en félicite de cette place!

Je dois encore vous parler de

M. Wurtz.

Cet homme qu'on a déjà maltraité en 1919 car il fut la malheureuse victime d'une commission de triage aurait mérité autre chose aujourd'hui!

Mais que peut-on lui reprocher aujourd'hui? Rien qui pourrait avoir trait à un complot. Son colportage évangélique? Messieurs, reprocher une chose pareille est une injure à l'Eglise protestante! Le colportage avait pour but de répandre dans nos paroisses la **bonne lecture** allemande. Vous avez entendu du vénérable pasteur Adam ce qu'il pense de ce colportage. Est-ce là le complot?

Est-ce un complot d'être associé à la «Deutsche Buchgemeinschaft», qui envoie tous les deux mois de bons livres imprimés en langue allemande? Si oui, on serait obligé d'emprisonner les milliers d'Alsaciens. Et pour ces deux faits un homme est emprisonné pendant cinq mois. Permettez-moi Messieurs les jurés de dire, qu'on n'y comprend plus rien.

Oui, c'est cela la grande tragédie de l'Alsace. C'est cela la tragédie d'un pays frontière. Les quinze accusés que vous avez devant vous en sont des exemples vivants!

Tantôt notre pays est tiraillé par ci, tantôt par là. Et ces gens, que vous avez à juger, sont des hommes qui ont travaillé pour la paix, ce ne sont pas des criminels. Non, ce sont de malheureuses victimes d'une idée idéaliste. Français que vous êtes, jurés alsaciens, vous voulez le bonheur de l'Alsace pour le salut de la France. Vous ne voudrez pas qu'un fossé se creuse entre la France et la terre d'Alsace. C'est pour cela que vous rendrez le verdict que le peuple alsacien tout entier attend de vous, l'acquittement pur et simple. C'est là le droit, c'est là la justice!

Ces gens n'ont pas fait de mal. Ils n'ont jamais comploté. Le peuple alsacien vous a indiqué votre ligne de conduite; comment pourriez-vous déclarer criminels des gens que des milliers d'Alsaciens envoient à la Chambre française. En rendant votre verdict d'acquittement, vous servirez la France et l'Alsace ensemble. Vous direz à la France qu'on peut avoir confiance dans l'Alsace et vous vous associerez au peuple d'Alsace, qui lui ne doute pas de l'innocence de ces pauvres malheureux. C'est ainsi, messieurs les jurés, que vous poserez pour l'histoire de notre petit pays un monument unique en acquittant ces pauvres martyrs dont le seul crime est d'avoir trop aimé leur petite patrie.

Le président lève la séance et la renvoie à demain matin à 9 heures 15. Il y a encore cinq avocats qui doivent parler. D'après toutes les prévisions, Mes Palmieri, Feuillet, Thomas et Peter parleront durant la journée de mercredi, tandis que Me Berthon prendra la parole jeudi matin. Le verdict sera donc rendu dans l'après-midi de jeudi.

Dix-neuvième journée — 23 mai

Séance du matin.

L'avant-dernier jour, espérons-le du moins, de ce fameux procès, s'ouvre dans un air de calme et de paix générale.

Le président donne d'abord lecture d'un télégramme de protestations d'Otto Rœchling de Bâle. Ce dernier, qui est un frère de Herm. Rœchling dans la Sarre, a été mis en cause par le Procureur Général. Or, M. Rœchling proteste d'avoir jamais eu affaire avec le mouvement autonomiste.

Le Procureur Général demande la parole et dit: Pour répondre à ce télégramme et pour liquider cet incident, je me permets de vous donner lecture d'une lettre qui vient de m'arriver du Garde des Sceaux. La défense ayant demandé l'entrée libre en Alsace pour Hermann Rœchling afin qu'il puisse venir témoigner au procès de Colmar, je vous rappelle qu'il se trouve sous la condamnation d'un Conseil de guerre, condamnation par contumace, pour vol. Il ne peut donc venir en France, sans risquer de se faire arrêter.

Me Berthon et **Me Jaeglé** interviennent pour dire qu'il s'agit de deux choses différentes. La lettre du Garde des Sceaux parle de Hermann Rœchling le prétendu souteneur financier du mouvement autonomiste, tandis que Otto Rœchling habite Bâle. Or, le Procureur Général l'avait bien nommé dans son réquisitoire.

Le président lit ensuite une lettre d'un nommé Maurice Betz, protestant contre la signature, qui a été posée «contre son gré» dans un livre publié par l'«Arc».

Me Jaeglé: C'est pourtant curieux, que cet homme, qui a traduit l'introduction de ce livre, se rétracte maintenant.

Une autre lettre vient de l'agent provocateur Fromageat. On y apprend que le personnage en question n'aurait pas écrit d'articles dans la «Wahrheit».

Me Peter: Je tiens à déclarer que c'est bien Fromageat qui a écrit certains articles. La preuve est dans le dossier de l'espionnage, qu'on ne veut pas verser dans ce débat.

Me Jaeglé: Je tiens au nom de la défense toute entière à présenter nos condoléances les plus sincères et les plus émues à notre cher collègue et ami Me Klein, qui hier encore a si magistralement plaidé à cette barre. Malheureusement, notre confrère vient d'être frappé d'un deuil cruel. Son père est mort ce matin et il ne pourra en conséquence pas assister aux débats.

Président: La Cour prie la défense de transmettre à Me Klein au nom de tous les magistrats ici présents, les condoléances les plus émues.

M. Ricklin: Je prie Me Jaeglé de faire la même chose au nom des accusés.

La parole est à Me Palmieri

Ne soyez pas étonnés Messieurs les jurés, de trouver à cette barre un avocat du barreau corse, pas plus que vous ne vous étonnez d'y trouver des représentants des barreaux parisien et breton. Cette présence indique tout simplement qu'il y a encore, Dieu merci, en France, des hommes de bonne volonté, des hommes libres et indépendants, qui sont là pour veiller et pour crier Halte-là! quand une injustice est en train de se commettre. En plus, Messieurs, la présence d'un Corse à cette barre est-elle nécessaire. Vous avez vu à l'œuvre dans vos départements certains compatriotes. Mais je tiens à vous dire qu'il y a encore des Corses bien loyaux, et rares sont ceux qui ont réussi à s'enfiler **dans une certaine « bande encanaillée ».**

Quand on m'a invité à assumer la défense des autonomistes alsaciens, j'ai hésité un certain moment. On a dit tant de choses, on a écrit tant de mal de ces autonomistes alsaciens. Mais, après avoir vu les dossiers de ces gens, j'ai constaté qu'il ne s'agit que d'hommes Français, qui demandent à vivre plus libres en Alsace sous la protection de la France, et c'est avec joie et conviction que je suis venu à Colmar.

Le Procureur Général s'est servi durant son réquisitoire de paroles bien dures pour nos clients. Il les a traités rudement, il leur a reproché d'être de mauvais Français, d'être au service de l'Allemagne. Il a prétendu rendre un service à la France. Mais nous qui servons-nous?

Le procès autonomiste est une **erreur profonde**. On fait ici le procès d'une idée, celle de l'autonomie, c'est à dire du régionalisme, de la décentralisation. Eh bien, permettez-moi, de faire en quelques mots le procès de la centralisation. L'autonomisme nous rend certaines libertés régionales et s'élève contre les excès de la centralisation. Il demande la division naturelle du pays et s'oppose au système de nivellement général de la centralisation. L'avocat rappelle alors que les départements furent introduits par Napoléon Ier parce qu'il fallait en ce moment une organisation serrée pour sauver la France de la débâcle. Mais, si la France veut vivre aujourd'hui, elle a bien besoin d'une autre organisation!

L'avocat cite ensuite quelques paroles d'hommes illustres, sur la centralisation.

Cavour dit que c'est une catastrophe géographique, **Lamennais** la nomme la congestion au centre et l'anémie dans les extrémités.

L'ancien Garde des Sceaux Bonnevay déposait en 1920 une proposition de loi à la Chambre dans laquelle il réclame «l'autonomie administrative». Hennessy, qui ces jours derniers déclarait dans une interview à un journal parisien ne pas être autonomiste, l'est pourtant dans son projet de loi, car il y réclame 23 régions «autonomes». Ce même homme nous dit que les Français ne doivent pas se griser de paroles, mais que c'est le moment d'agir, qu'on a la meilleure occasion d'essayer un système régionaliste là

où il existe déjà, c'est à dire en Alsace. Clémenceau lui-même demandait en 1904 déjà la décentralisation et en 1917 critiquant la centralisation à outrance, il exprimait l'espoir qu'un jour la France formerait une grande fédération d'Etats.

L'« Action Française » elle-même combat l'autonomisme en Alsace et pourtant elle est, elle aussi, autonomiste. Elle l'est par son histoire, car ce sont les rois qui ont fait la France en créant des « régions » et leur doctrine est nettement fédéraliste. Dans un article Charles Maurras déclare même être autonomiste. L'autonomisme veut toujours vivre sous la protection d'un grand Etat. Il est donc complètement faux de l'accuser de séparatisme.

Prenez l'exemple de la République suisse avec ses cantons. Prenez les Etats-Unis avec leurs Etats fédératifs, prenez enfin l'Allemagne. Tous ces pays sont composés d'Etats autonomes et forment pourtant un tout complet.

Et l'avocat de parler des

causes politiques

du mouvement autonomiste en Alsace. Il rappelle en quelques paroles l'autonomie de 1911. Après l'armistice on promet aux Alsaciens le respect de leurs institutions et de leurs traditions tout en voulant leur faire goûter les bons fruits de la centralisation. On leur donne le commissariat général, les Alsaciens sont contents. Mais bientôt la centralisation fait son œuvre, le commissariat général est balayé, le Cartel de 1924 veut effectuer une assimilation à outrance. La réaction se fait, l'autonomisme apparaît. **Cette réaction est plutôt administrative que politique. C'est un simple incident d'intérieur, qui n'a rien à voir avec la politique internationale. Et si en ce moment le monde entier s'occupe de ce procès, si dans certains milieux on traite les autonomistes alsaciens d'agents allemands, ce n'est pas leur faute, mais c'est la faute d'une certaine presse et d'une certaine catégorie de gens, qui ont voulu leur faire cette renommée.**

On a dit que ces gens ramènent la guerre. M. le Procureur Général voit dans leurs agissements la main de l'Allemagne. Permettez-moi de vous dire, M. le Procureur, qu'à Paris on ne parle pas ainsi, mais en Alsace on semble oublier le traité de Locarno. Nous sommes en paix avec l'Allemagne! Les nationalistes allemands, qui peut-être croyaient encore pouvoir reprendre l'Alsace, ont reçu dimanche dernier une bonne leçon du peuple allemand.

Mais revenons à l'Alsace. Le Gouvernement commet des fautes, des maladresses, des injustices. Des réformes sont urgentes: on envoie des gendarmes. L'administration réclame des talents, on envoie des policiers. Des lois sont nécessaires, on met des innocents en prison. On invente un complot, comme cela s'est vu plus d'une fois durant l'histoire.

Mais dans tout son réquisitoire, le Procureur général était dans l'impossibilité de prouver ce complot. On parle de troupes d'assaut, alors qu'il s'agit de troupes de défense. Permettez-moi de vous dire que ce n'est rien de spécial. On a parlé ici d'un questionnaire. Moi-même, j'ai l'honneur d'appartenir à un parti nationaliste, les Jeunesses Patriotes, et j'ai signé un questionnaire qui est encore plus violent que celui des autonomistes. Mais il paraît qu'il y a deux lois : l'une pour l'Alsace, l'autre pour la France. Je vous ai fait passer, Messieurs les jurés, le questionnaire de l'Action Française: on y demande même si l'adhérent a un avion.

Toutes les partis politiques, les communistes, les socialistes, le faisceau, l'Action Française, les Jeunesses patriotes ont des organisations analogues; même les boy-scouts du cardinal-archevêque de Paris ont une organisation très serrée. On reproche aux membres de la «Schutztruppe» d'avoir prêté serment. Mais ignore-t-on le serment de l'«Action Française» ? Dans ce serment on déclare la guerre à la République française; on y dit que « la République en France est le règne de l'étranger »; les jeunes adhérents se déclarent décidés à se « **servir de tous les moyens**» pour faire triompher le programme de l'«A. F.»

Où est alors le complot? Plus d'une fois les accusés ont posé cette question au juge d'instruction. Nous mêmes durant ces audiences avons essayé à tout moment de ramener les débats sur le complot. Et le président avait l'air de nous dire: Oh! le complot, pensez-y toujours, mais n'en parlez jamais! Le Procureur Général nous l'avait promis pour son réquisitoire. Il nous avait parlé d'une montre. Permettez-moi de vous dire, M. le Procureur, que vous avez bien construit une montre, mais le ressort manque.

Votre montre ne marche pas

En Corse aussi on a déjà vu des complots. On prétendait que l'argent venait d'Italie. Mais Mussolini n'ayant pas signé le pacte de Locarno, on eut hâte de dire qu'il venait de l'Allemagne par l'Alsace. C'est donc Stresemann qui, dans une idée de pan-germanisme inexplicable veut mettre la main sur la Corse. En Alsace on fait la même chose. On commet un attentat à la liberté, à la liberté de la presse et à la liberté individuelle. Vous parlerai-je des commissions de triage en 1919? Ces commissions me rappellent toujours un de mes anciens professeurs d'histoire qui traitait Napoléon de criminel, parce qu'il avait créé la dictature de la presse et les commissions mixtes. C'est l'Empire qui a fait ces lois et il valait bien la peine, Messieurs les jurés de se donner tant de peine pour parodier avec tant d'exagération.

Toutes les intrigues de l'Empire nous les avons vues durant ce procès: agents provocateurs, perquisitions, arrestations en masse, pièces soutirées à l'instruction, et qui réapparaissent durant les débats. Et le 12 février, le Président du Conseil se voit obligé d'annoncer à Strasbourg que l'Alsace entière frémira en apprenant le crime de ces pauvres malheureux. Messieurs, si ces faits devaient continuer, je ne pourrais m'empêcher de m'écrier avec un grand avocat français: Si de pareils procédés devaient devenir la règle, nos robes, soit rouges soit noires, ne mériteraient plus d'être portées, il ne faudrait plus que des livrées. Messieurs les jurés, le jury d'Alsace s'est réuni les 22 et 29 avril. Vous en savez le résultat, le peuple a demandé l'acquittement de ces gens. Vous le suivrez. On veut vous faire croire que l'Allemagne a la main dans l'affaire des autonomistes alsaciens. En Corse, c'est l'Italie. Pour la Bretagne, on n'a pas encore trouvé; l'Angleterre c'est trop dangereux, les Etats-Unis c'est trop loin, mais cela ne n'étonnerait pas si un beau jour un journal de Paris ne découvrait pas que c'est l'«Atlantide» qui a réapparu. On a dit en parlant de l'Alsace que l'Allemagne a payé, ou, comme on dit vulgairement, que «le boche a payé». M. le Procureur Général prétendra que chose pareille est une injure aux Alsaciens. Le boche n'a pas plus payé l'Alsace, qu'il n'a payé la France.

Avons-nous le droit d'exiger des Alsaciens qu'ils soient des chauvins? Certainement non. Ils sont des citoyens bons et loyaux, c'est l'essentiel. **Ne confondez pas la France avec le Gouvernement, la Nation avec l'Etat.** Tenez, nous sommes ici à cette barre des représentants des nations celtes, germaniques et latines et pourtant nous sommes tous Français. La France n'est pas responsable pour les erreurs de l'administration.

La France est différente du régime

Les régimes naissent, vivent, meurent mais la France reste. Et certainement on ne peut pas faire un grief aux Alsaciens de ne pas trop aimer la République, elle a cinquante-huit ans, c'est une vieille dame qui n'a plus de passion.

Président: Maître, c'est une vieille dame très respectable.

Me Palmieri: Parfaitement, on respecte les vieilles dames, mais on ne leur fait pas la cour. (Hilarité).

Nous aussi en Corse, nous avons des motifs comme les Alsaciens de nous plaindre de l'administration et nous le faisons. L'avocat cite quelques exemples. Entre autres, il nous parle d'une route qui devait relier deux villages. Cette route devait avoir deux kilomètres de long, l'affaire est allée à Paris, on a discuté pendant dix ans, aujourd'hui la route est terminée mais elle a quinze kilomètres au lieu de deux. Et le jeune mais très sympathique avocat de s'écrier: Et durant la guerre la Corse qui ne compte que 280.000 habitants a fait son devoir. Nous pleurons 12.000 morts et comptons 30.000 blessés et pourtant nous sommes autonomistes.

Le chef de ce mouvement, l'avocat Pierre Rocca a écrit en 1913 un livre qui est nettement autonomiste. En 1914 il part comme caporal, en 1916 il est lieutenant avec la Légion d'Honneur, Croix de Guerre et trois citations. Et quand il s'est trouvé il y a quelques mois, devant le juge d'instruction qui cherchait chez nous aussi un complot on lui a demandé: «N'aviez-vous jamais des relations avec l'Allemagne?»

Et Me Rocca de répondre: Si, de 1914 à 1918. Après quelques instants, le juge d'instruction revient à la charge: N'avez-vous rien reçu de l'Allemagne? Et le chef autonomiste de répondre en souriant: Si, trois balles que j'ai encore dans ma jambe. Comme les Corses, les Alsaciens sont des hommes francs qui l'ont prouvé plus d'une fois et ils le prouveront toujours car l'Alsacien est pacifiste, mais quand la guerre survient, il fait son devoir.

Rappelez-vous ce mot de Napoléon Ier: **Laissez parler les Alsaciens leur patois, ils chargent toujours en français.** M. le Procureur Général a qualifié les mouvements autonomistes corse et breton d'un peu de vent et de jeu d'écoliers qui jouent dans le sable. Je n'ai pas l'honneur d'être un homme de ce parti, mais permettez-moi cependant M. le Procureur Général de vous dire que dans les mouvements autonomistes d'Alsace, de Corse, de Bretagne, de France et de Navarre réunis, il n'y a pas tant de vent que dans la baudruche d'accusation du Procureur Général.

Jurés du Haut-Rhin, on vous a dit que ce serait un jour de gloire .e condamner des Alsaciens. Un de mes confrères vous a affirmé que ce serait un jour de deuil, et moi je vous dis que ce serait un jour de honte, de désolation et de tristesse. Personne ici n'a pu vous fournir les moindres éléments d'un complot. L'acquittement s'impose. **LE SEUL CRIME DE CES HOMMES, C'EST DE NE PAS PENSER COMME LE GOUVERNEMENT !**

On combat des opinions, des idées. Vraiment, il ne valait pas la peine de faire la Révolution pour en arriver à ce point-là. On s'est trompé Messieurs, et maintenant on vous demande un service. Mais, dédaigneux d'une manœuvre aussi basse et aussi vile, vous ferez justice en prononçant un acquittement pur et simple. Votre verdict sera ainsi pour l'Alsace une ère d'apaisement général. Montrez qu'il y a encore des juges à Colmar qui ne se prêtent à aucune manœuvre, des juges qui sont des serviteurs fidèles de l'Alsace et de la France.

***

Le plaidoyer de Me Feuille

« Il y a quelques jours, j'ai dit au Procureur général que je le plaignais, que je ne voudrais pas être à sa place, et cependant, il y eut un moment où j'ai envié sa place, car, après avoir entendu ses témoins, après avoir rassemblé toute la matière de l'accusation, le Procureur général, dans un geste de justice et de loyauté, aurait dû dire en toute franchise : Messieurs les jurés, on m'a trompé, je me suis trompé; les débats n'ont pas fourni les documents que j'attendais; ces gens sont innocents, je retire mon accusation ! — Mais, Messieurs les jurés, si je ne me trouvais pas du côté de cette barre, j'aurais envié avant tout votre place; j'aurais voulu être parmi vous, car vous m'avez vivement impressionné. Vous m'avez rappelé ces beaux jurys de mon pays breton, ces jurys devant lesquels j'ai déjà eu l'honneur de plaider tant de fois. Vous m'avez rappelé surtout ce jury breton quand le Procureur général, d'une façon pathétique, vous insinuait de chanter la Marseillaise. Vous êtes restés calmes et froids comme vous le deviez; dans mon esprit inquiet, au lieu d'une Marseillaise tronquée qui devait sortir de vos bancs, j'ai entendu une Marseillaise qui venait du banc des accusés, chantée par ces vaillants lutteurs de l'Alsace qui sont partis non pour la conquête d'un pays étranger, non sous les directives d'une nation étrangère, mais pour la défense de leurs droits les plus sacrés. Oui, M. le Procureur général, malgré tout le respect que j'ai pour vous, ces quinze hommes avaient le droit de s'écrier : Contre nous de la tyrannie, l'étendard sanglant s'est levé !

L'exposé du sympathique avocat de Quimper, qui parle d'une voix très chaude et émue fait une impression profonde sur la salle toute entière.

« Messieurs les jurés, j'ai une lourde mission à accomplir et je vous dirai en toute franchise, car c'est mon habitude, ce que je pense : Depuis des jours, les bruits les plus étranges circulent sur le jury du Haut-Rhin. On dit qu'il y en a tant pour, tant contre, on discute, on parle. Eh bien ! la défense, elle, n'a pas peur, elle a confiance dans le jury alsacien qui jugera sans haine et sans crainte, qui jugera en premier lieu sur le chef de l'accusation. Et cette accusation, où en sont les preuves ? Ni les témoins, ni le Procureur ne nous les ont fournies. On est resté dans le vague; on a parlé, en faisant allusion au mouvement autonomiste breton, d'un château de sable.

Eh bien ! M. le Procureur, permettez-moi de vous dire que c'est en petit qu'on commence et que finalement on peut arriver à construire une nouvelle maison de «France» où tout le monde a le droit d'habiter. Quant au fameux bonnet d'âne dont vous avez parlé, je le laisse à ceux qui ne comprennent rien aux choses d'Alsace. Et la fessée que vous voulez donner aux « écoliers », je l'accepterai bien, tout en laissant à l'histoire le jugement sur celui qui est le responsable de ce procès.

Messieurs les jurés, je dois vous parler de Riehl. Il est pénible de parler d'un homme pareil. Vous l'avez vu devant vous, tout le monde l'a méprisé. Il est parti d'ici par une porte dérobée, tête basse et accompagné de deux gendarmes. Mais quand on a vu cet homme, on se demande si vraiment un Alsacien a pu descendre de son propre gré jusque là. Pour moi, il y a une autre explication. Ce jeune homme qui avait besoin d'argent, nous avons vu qu'il a fait un détournement, a entendu parler du mouvement autonomiste et de l'argent allemand. Il s'est dit qu'il y avait quelque chose à chercher là-dedans. Il a réussi à se faufiler dans le mouvement pour en devenir bientôt un des meneurs, espérant toujours arriver à mettre la main sur la caisse.

Et alors, quand il a vu que cet argent allemand ne venait pas, il a retourné son arme; il est allé à la police et il a dénoncé. Vous avez entendu le commissaire de police Boltz qui vous a parlé des documents dont Riehl se servait pour lui donner des renseignements. Jamais il n'a saisi ces documents, pourtant cela aurait été une des règles élémentaires ! Car, serait-ce la première fois qu'un agent provocateur mange à deux rateliers ? On perquisitionne partout, en Alsace, en Corse, en Bretagne, dans l'Yonne, mais on ne perquisitionne pas chez Riehl, chez cet homme où nous avons trouvé tant de boue, et c'est sur cette boue que se base l'accusation.

Il n'y a pas une conscience qui puisse approuver le rôle de Riehl. Cela seul déjà juge le complot.

Enfin, je vais vous dire pourquoi je suis ici. J'avais, en Septembre dernier, l'honneur et le plaisir de faire la connaissance de Paul Schall. J'ai assisté avec lui au premier Congrès des minorités nationales. Je sais que c'est un idéaliste, qui n'est pas au service de l'Allemagne. C'est, en dépit de tout, pour l'idéal que j'ai accepté. On m'a menacé, on m'a calomnié, on m'a traité de « boche », mais après avoir assisté aux interrogatoires de Schall et Hauss à Mulhouse, j'étais convaincu que je défendais une cause juste. J'avoue, en lisant tous ces articles sur l'argent allemand, que je doutais de temps à autre. Avant de partir pour l'Alsace, des amis sont venus me trouver pour me dire : « Tu ne peux défendre ces gens; tu t'es engagé à 19 ans dans l'armée française, tu as un frère qui est mort pour la France, et eux, ce sont des agents allemands ! »

Et, Messieurs les jurés, si le Procureur général nous avait fourni la moindre preuve qu'il y a de l'argent allemand, je n'aurais pas hésité, comme Me Palmieri vient de le dire, à me retirer de cette barre.

Mais je sais que ces gens sont innocents. J'entre, ancien combattant et citoyen français dans la lutte sans aucune espèce de scrupule.

Et l'avocat en se tournant vers le public, tenant une lettre en main: Et celle qui m'a envoyé cette lettre ce matin, (je ne sais pas si elle est présente dans la salle), savait que j'allais plaider aujourd'hui: je la félicite de son œuvre.

L'avocat lit une lettre très injurieuse signée: « une Alsacienne française, qui vous crache tout son mépris.»

Et Me Feuillet de s'écrier d'une voix émue: Eh bien, elle peut être fière, car le coup a porté! Je me trouve ici du côté de cette barre, dans la tranchée de la défense et je défendrai de toutes mes forces, de toute mon énergie une cause, qui est celle de la justice, de la justice française.

La séance est suspendue.

A la reprise, l'avocat continue:

Le Procureur Général avait déclaré qu'il connaissait la Bretagne. Je prétends mieux la connaître que lui, car toute ma vie lui appartient, parce que je suis né dans ce peuple et j'y ai grandi. J'espère que ne se répète pas en Alsace ce qui s'est passé en Bretagne il y a une dizaine d'années. J'ai vu comment les maladresses du Gouvernement peuvent mettre un peuple en ré-

contre leurs propres frères et sœurs. Je me rappelle qu'un Aristide Briand dit au congrès socialiste de 1898: «Si les troupes françaises étaient encore dirigées contre leurs frères, leurs fusils pourraient se diriger dans une fausse direction. »

L'Alsace tient à ses institutions culturelles et à ses traditions religieuses,

elle veut profiter de la triste expérience qu'a faite la France. Et Me Feuillet ci-

Me FEUILLET

volution. J'ai assisté à une réunion de Quimper où des hommes de tout état et de tous rangs ont protesté contre les mesures prises par le Gouvernement, avec une telle violence que les troupes intervinrent. Et ces hommes ont protesté parce qu'on a voulu défendre à leurs prêtres de prêcher et d'enseigner dans la langue bretonne. J'ai vu comment on a fait le siège des écoles et des églises, comment on a chassé les sœurs et comment les soldats se sont dressés les armes à la main contre des hommes et des femmes,

te de nombreux articles de **Gustave Hervé,** articles que nous avons reproduits dans nos journaux. Les Wetterlé et les Delsor avaient cru obtenir quelque chose par la voie parlementaire. L'abbé Haegy est d'avis qu'il faut crier et faire du scandale. La seconde méthode peut être bonne ou fausse mais elle n'est pas criminelle.

En Bretagne nous avons appris ce qu'est la centralisation. Il cite des brochures avec des paroles de M. Briand, actuellement ministre de l'extérieur, au sujet du vice-président du tribunal de

Lille. Ses paroles sont autrement violentes.

Les Bretons avaient mis leur espoir dans l'Alsace. Mais ils ont été déçus en voyant qu'elles n'ont pas été tenues. La décentralisation avait été promise à l'Alsace et elle ne lui a pas été donnée. La Bretagne avait espéré rompre le cercle de fer de la centralisation. Mais elle n'y a pas réussi.

Nous avions invité les autonomistes d'Alsace à Rosporden où l'Union de la Jeunesse Bretonne a fondé le parti autonomiste breton. C'est là que j'ai appris à connaître M. Schall, dont j'ai aussitôt apprécié la clarté d'idées et la franchise. Par contre, contrairement à ce que dit le Procureur Général aucun représentant d'Eupen et de Malmédy ne se trouvait dans notre comité de minorités nationales.

Nos buts sont justes et nous voulons combattre par des moyens légaux. On avait peur jusqu'ici des mots: Disons donc à l'avenir au lieu de minorités nationales, minorités ethniques et linguistiques. Or, on ne peut refuser cette qualité aux Flamands, Bretons, Basques et Alsaciens. On ne peut leur refuser le respect de leurs particularités de race; quand il s'agit de défendre la patrie on sait se servir des Bretons. On sait que les minorités en cas de danger sont au premier rang.

Que ces gens-là défendent les droits de leur race, de leur langue, il n'y a là rien qui tombe sous la loi.

Le Procureur a lu un statut des minorités nationales développé par M. Duhamel. Mais celui-ci a été repoussé parce qu'il était plutôt destiné aux colonies. C'est M. Schall qui est accusé du même projet. Ceci ne peut se comprendre et l'acte d'accusation porté contre lui tombe de lui-même.

Si le fait de publier un journal est par lui-même un complot il faut faire disparaître tous les journaux. Il ne nous reste plus alors que de descendre dans la rue et de revendiquer la liberté d'opinion et de parole. On ne peut reprocher à M. Schall ses articles qui tombent sous la loi de la presse. D'autre part on ne peut faire des extraits d'articles sans changer le sens de l'ensemble. Il faut lire tout le journal pour en comprendre l'idée directrice. Or, la pensée fondamentale de la «Zukunft» était que le problème alsacien constitue un problème français et qu'il doit trouver sa solution dans le cadre de la France. La «Wahrheit» menait le même combat et on ne le lui reproche pas

Me Feuillet défend la «Zukunft» d'avoir mené une politique d'excitation, et de s'être laissé entraîner dans le bloc d'opposition. Bien au contraire, pour modérer le mouvement extrémiste, on fonde la « Landespartei », qui réunit les deux tendances. Ce qui m'a frappé dès le commencement et ce que j'ai fait ressortir par des questions précises, c'est que les poursuites ont commencé dès le jour où les socialistes ont vu que les choses allaient mal tourner aux prochaines élections. Ils constatent que l'Alsace est derrière les autonomistes, et tout naturellement, ils les présentent comme des gens vendus à l'Allemagne. Je comprends que Paris soit mal renseigné, que M. Poincaré se soit laissé tromper. Il n'avait d'informateurs que les ennemis des autonomistes.

Mais il y a encore des personnes et des journaux, qui voient et comprennent l'injustice, qui est faite aux autonomistes. Je ne citerai que le «Progrès Civique», un journal peu suspect de cléricalisme.

L'opinion du «Progrès Civique»

« Mais comment triompher du « malaise alsacien »?

On entend préconiser divers moyens suivant les tempéraments : assimilation immédiate, suppression de l'école confessionnelle, dénonciation du Concordat. C'est un système. Peut-être a-t-on attendu trop tard pour l'adopter; trop d'engagements pris publiquement sont d'ailleurs un obstacle.

M. Poincaré, l'autre jour, renouvela les promesses faites. Il affirma vouloir maintenir en vigueur les lois spéciales de l'ancien Reichsland. Ce fut une déclaration nettement fédéraliste. J'ai trop de goût pour le fédéralisme — base peut-être nécessaire de la paix internationale — pour le lui reprocher !

Mais si l'on reste sur le terrain de la politique pratique, je crois que le mieux est de laisser aller· les choses. D'abord parce que les autonomistes sont une minorité en Alsace, ensuite parce que l'injustice des campagnes menées contre la France est vraiment trop apparente. Or, le triomphe du mensonge est toujours bref. Que le Gouvernement soit juste, libéral pour l'Alsace... et qu'il·attende venir la nouvelle génération.

Cependant, si on peut hésiter sur ce qu'il convient de faire, il y a sûrement une chose qu'il ne faut pas faire : tenter de convertir les autonomistes par la force et la prison !

Je ne sais quel est l'idiot qui le premier eut l'idée de monter l'affaire de Colmar : qu'il regarde son œuvre ! Les autonomistes élus : c'est sa faute. Une réclame énorme faite aux idées de Ricklin et de ses amis : il en est comptable. Le ridicule qui rejaillit sur la France aux yeux du monde et de l'Allemagne : ne le sent-il pas ? Car nous sommes ridicules ! Imaginez que le procès qui se déroule maintenant se soit déroulé sous la domination allemande, avec ses mêmes incidents, ses accusations·boursouflées : quelles gorges chaudes notre presse n'en eût-elle pas faites ! Quels Pélions d'ironie ! Quels Ossas de sarcasmes !

Et ce n'est pas seulement le sentiment d'une politique absurde qui nous heurte, c'est notre sens de la justice qui est choqué. Après tout, l'autonomisme c'est une opinion. Elle doit être libre comme les autres opinions et il n'y a, comme l'a très bien dit M. Charles Gide, qu'à en prendre galamment notre parti.

Mais ces autonomistes sont des agitateurs vendus à l'Allemagne ! Ils ne sont pas intéressants !

D'abord, si on mettait en prison tous les gens qui ne sont pas intéressants, cela mènerait loin !

Mais ensuite vous ne ferez jamais croire en pays alsacien qu'un homme comme Ricklin travaille pour de l'argent ! Il est personnellement désintéressé.

Quant à l'intervention de l'Allemagne, elle n'est pas, au point du procès où nous sommes arrivés, évidente. Qu'il y ait des groupes nationalistes allemands, style « Casque d'Acier », qui soient favorables aux autonomistes, c'est fort possible ! Mais la masse allemande semble bien avoir renoncé à l'Alsace-Lorraine — ayant peut-être, au spectacle des revendications alsaciennes, l'obscur et ironique souvenir que, pendant quarante-trois ans, le Reichsland a empoisonné la vie politique de l'Empire. Et pour l'argent allemand la troupe de curés de l'abbé Haegy n'en a vraiment pas besoin : elle est fort capable de le trouver sur place.

Et c'est pourquoi, de toute ma conviction, je souhaite l'acquittement des accusés de Colmar. Non certes, par sympathie pour ces hommes qui furent les instruments du fanatisme le plus bas, mais parce que, dans cette affaire, la liberté d'opinion est en cause. En les livrant aux juges, on a trahi les principes républicains. Il est fâcheux qu'on donne en Alsace, à la République, cette figure-là !

Car alors on peut craindre que les Alsaciens n'en arrivent à penser que ce n'était vraiment pas la peine, assurément, de changer de gouvernement»

Henri **Bellamy.**

Je ne comprends vraiment pas comment on a pu arrêter si longtemps Reisacher, qui a demandé sa mise en liberté. Le juge d'instruction la lui refusa, sous prétexte que sa détention contribuerait à la manifestation de la vérité. On n'a rien trouvé. C'est vraiment peu encourageant de voir des faits pareils dans une France, pays de liberté, après cinquante ans d'un régime républicain.

Je ne veux pas ici rappeler les misères et les souffrances supportées par les internés alsaciens-lorrains. J'aurais honte de retracer des faits aussi peu honorables pour la France.

Il y a 137 ans les députés girondins étaient accusés pour un motif semblable. Des femmes assistaient aux débats et le soir, elles étaient aux exécutions. Vous n'aurez pas, jurés du Haut-Rhin, la lâcheté des conventionnels, qui dressèrent l'acte d'accusation contre leurs compatriotes sous la menace du canon. Vous ne vous laisserez pas influencer ni par la menace, ni par des promesses. Un des jurés ici présents m'a affirmé qu'une enquête avait été faite par la gendarmerie sur le passé et l'opinion des jurés. Je pourrais vous citer son nom, mais passons. (Et comme M. Teinturet, commandant de gendarmerie proteste, Me Feuillet affirme qu'à défaut de la gendarmerie, c'était la police).

Votre patriotisme, Messieurs les jurés, exige que vous acquittiez ces hommes. Rappelez-vous qu'il y a parmi les accusés deux représentants du peuple. Leur présence au Parlement français le jour où ils seront acquittés est nécessaire à la défense des intérêts de l'Alsace. Vous ne prendrez pas la responsabilité des Conventionnels et d'un Camille Desmoulins qui, voyant ses confrères menés dans un chariot vers l'échafaud, s'écria : « C'est ma faute ! »

Et vous rappellerai-je l'inscription du Haut-Kœnigsbourg, où le Kaiser proteste : « Je n'ai pas voulu cela. »

C'est ainsi que, l'irréparable étant accompli, on cherche à étouffer ses remords.

L'acquittement que vous allez prononcer vous évitera de subir ces angoisses et c'est sans crainte que vous rendrez vos comptes au peuple d'Alsace et aussi à Celui qui fut victime de l'injustice des hommes mais qui a placé au-dessus de la justice la pitié qui épargne et la bonté qui absout.

Jurés d'Alsace, un dernier mot : écoutez la voix de ceux qui ne sont plus, la voix de ceux qui ont vécu, qui ont souffert, qui sont morts pour l'Alsace; obéissez à la voix de votre sang. Avec moi vous direz qu'en votre âme et conscience vous estimez que ces hommes ne sont pas coupables. Dans le secret de votre chambre des délibérations, vous saurez prendre vos responsabilités et c'est la tête haute que, libres, ils sortiront d'ici, et à ceux qui seraient tentés d'élever la voix, je dis et je crie : Silence ! Le Jury s'est prononcé ! Laissez passer la justice du Peuple! »

Séance de l'après-midi.

Me Peter

succède, à l'ouverture de la séance de l'après-midi, à Me Feuillet.

« J'ai assumé la défense de deux des accusés qu'on pourrait nommer deux outsider de l'accusation. Mais c'est pour moi en même temps un sujet de joie et un honneur de les défendre tous ensemble. Il y a ici des avocats de tout pays. Vous avez réussi sans le vouloir M. le Procureur Général, à faire l'unité de front de la magistrature française pour défendre des accusés qui n'ont pas l'air d'avoir les poches remplies de l'or étranger. Si l'Allemagne paye ainsi ses agents avouons qu'elle les paie très mal. On ne peut faire à ces gens d'autre grief si ce n'est d'avoir des idées contraires à celles du Gouvernement. Et voici pourquoi nous n'avons pas hésité à les défendre. C'est la gloire du barreau de défendre les veuves et les orphelins, tous ceux qui sont persécutés injustement.

Au cours des débats je vous ai fait remarquer les illégalités flagrantes que j'ai relevées dans la procédure au sujet de Baumann et de Kohler qui ont vainement demandé à comparaître en correctionnelle. Leur cas aurait été réglé bien vite. Vainement nous avons hâté leur jugement. On nous promet de les juger mais on s'est toujours borné aux simples promesses. Après la clôture de l'instruction et l'ordonnance de « soit transmis » ils retombent dans l'oubli alors qu'une règle générale de la procédure demandait qu'ils fussent jugés dans les trois jours. Cela prouve au plus avec quelle facilité on arrête les gens: jamais je ne me suis senti aussi impuissant. Nous avons accepté cette défense pour détruire l'atmosphère empoisonnée, car, comme le dit l'honorable sénateur Muller, pour employer pour une fois un mot dur, elle était devenue irrespirable. C'était

un véritable air policier

que nous respirions. Depuis quelque temps, les Alsaciens risquent tout. Un agent de police vous dénigre et vous êtes classé pour toujours. Il est temps qu'on détruise cette ambiance.

Je voudrais prononcer ici des paroles d'apaisement. Des personnes qui se croyaient être la France en personne, et qui ne sont souvent que ses indignes représentants, ont ourdi cette affaire de complot. Ainsi ces hommes que j'ai l'honneur de défendre ont été arrêtés par une simple initiative de police et ce n'est qu'après qu'on chercha les preuves. Vous connaissez tous Zorn de Bulach et sa famille qui a rendu d'éminents services à l'Alsace dans le passé. Son grand'père fut chambellan de Napoléon III, son père fut premier ministre de l'Alsace-Lorraine. Claus est malheureusement un garçon qui n'est pas fait pour la politique et il aurait certes mieux fait de rester à ses chevaux. Il entraîne à sa suite Kohler et Baumann. Il avait déjà fait bien des soucis à son père. Sa famille est victime de la commission de triage en 1918. Un capitaine de dragons est envoyé de Strasbourg à Ostheim pour expulser sa famille. Mais au moment d'exécuter l'ordre il téléphone à ses supérieurs

qu'il ne peut se charger d'une besogne aussi infâme. Le vaillant capitaine subit un mois de prison en punition de son refus et un autre capitaine se charge de la vilaine besogne.

Dès ce moment Claus se rend en Suisse et par l'intermédiaire de l'ambassadeur français il demande à entrer dans un régiment de cavalerie. Sa demande est repoussée, lui-même est rayé de la liste des « gentlemen riters». Bientôt il cite Géo London devant la justice, parce que ce dernier l'avait accusé d'être neutraliste.

Me Peter cite ensuite les nombreux tracts publiés par Zorn de Bulach avant qu'il ne connût Baumann et Kohler. C'était avant la création de la «Wahrheit». Le ton et la façon prouvent quel était le style de Zorn de Bulach: il appelle l'Alsace une colonie pénittentiaire. Depuis il a reconnu qu'il n'était pas fait pour la politique. Mais c'est alors qu'on inculpe ses collaborateurs qui ne sont que des pions de second ordre: Ce n'est pas ainsi que nous comprenons la justice en Alsace. Et Me Peter lit l'acte d'accusation, un monument d'inexactitudes basé sur des comméragges policiers. Il relève les erreurs de ce tract. Il rappelle dans quelles circonstances Baumann signe des tracts de Bulach. La «Stosstruppe» elle-même est créée par Bulach. Mais ici encore Baumann doit faire paraître son nom au premier plan. De fait ces «Stosstruppen » étaient inexistantes. Malgré tout cela on a relâché Zorn de Bulach. Il était naturel qu'on eût autant d'indulgence pour Baumann et Kohler que pour leur chef.

On reproche à Baumann d'avoir signé une demande de plébiscite, chose qui n'a rien de répréhensible. Hennessy, Pershing et Salomon Grumbach ont demandé la même chose. Il s'indigne ensuite contre l'audace du personnage qui a osé insinuer dans l'acte d'accusation que Baumann et Kohler étaient des espions. Il aurait d'abord fallu le prouver. Et lui-même sait qu'il n'en est rien, vous jugerez donc comme vous le voudrez la décision que j'ai prise de demander aujourd'hui même qu'on continue l'information. Mon jugement à moi est fait. L'article: «Dix pour un» attribué à Baumann est écrit par Fromageat qui a eu le tort de rappeler aujourd'hui malencontreusement son honnêteté car il est certain qu'il a écrit de nombreux articles de la «Wahrheit» et qu'il fut agent provocateur. Pour prouver qu'il était en correspondance avec Ley on cite une lettre de Ley à Fromageat, dans laquelle Ley conseille à Fromageat de se défier de ce bavard de Baumann. Nous demandons donc que ces hommes soient jugés le plus tôt possible parce que nous sommes sûrs qu'ils seront libérés.

L'expert-comptable Robert Pfister de Strasbourg vous aurait prouvé que Kohler n'était que simple employé comptable, que ses comptes étaient en règle et qu'il n'avait pas le temps de s'occuper d'autre chose. Ici encore il faudrait prouver que Kohler est un espion. La charge de la preuve ne me regarde pas, mais je me charge de la contrepreuve. Nous voyons ici encore

un roman policier

dans toute l'acception du mot. On reproche à Kohler cette histoire de film pris dans des conditions comiques et développé à Fribourg, où il se trouve encore maintenant chez un avocat. Il devait servir à la campagne électorale de Zorn de Bulach.

C'est encore un pur mensonge si l'on affirme que Kohler a écrit des articles. Il n'a pas écrit une seule ligne. Il signe quelquefois pendant l'incarcération de Bulach. Il signe un jour un tract invitant les Strasbourgeois à assister au procès de Bulach: les Alsaciens savent que toute audience où paraît Bulach est très comique.

On ne peut faire un grief à Kohler d'avoir signé ce tract. On a inculpé ces hommes dans l'affaire du complot 15 jours avant la fin de l'instruction simplement pour pouvoir les garder en prison. Eux aussi étaient victimes d'agents provocateurs et à ce propos je rappelle l'invitation que fit Riehl aux

rédacteurs de la « Wahrheit » de se rendre à Bâle où ils auraient rencontré des policiers français déguisés en agents allemands.

Messieurs, quels sont ces procédés ? Il y a divers tempéraments parmi les hommes: Bulach a un tempérament sanguin, facilement excitable et qui se décharge comme la foudre. C'est donc un acte criminel de pousser ces gens à bout, c'est une infamie de les provoquer au mal en abusant des faiblesses de leur tempérament.

L'emphase du Procureur Général en prononçant son: «Debout, votre jour de gloire est arrivé», était mal placée. Il aurait voulu faire condamner les accusés aux sons d'une marche militaire, accompagnée en sourdine du vieil air: Vous n'aurez pas l'Alsace et la Lorraine joué par un orgue de barbarie. Mais, messieurs, il s'agit ici d'un fait plus grave: nous n'assistons pas à une cérémonie du 14 juillet. Il s'agit d'une affaire qui demande le recueillement et le jugement. Vous vous souviendrez des dépositions d'hommes éminents comme le chanoine Muller sur l'origine du malaise alsacien. Le seul crime de ces hommes était d'avoir une opinion différente de celle du Procureur Général. Mais ses idées, ils en sont convaincus et jamais aucun Procureur Général ne façonnera l'esprit de ces gens, jamais il ne fera sortir ces idées de leur tête. Devant l'absence de tout crime, vous les acquitterez purement et simplement.

A Me Peter, quelque peu violent et agressif, ce qui dénote une ardente conviction, succède

Me Thomas

le type achevé du Lorrain froid et pondéré mais dont les paroles sont d'autant plus incisives.

« Dans le concert de voix qui se sont élevées jusqu'ici en faveur de l'Alsace, il manquait celle de la province sœur, la Lorraine, qui est en communauté d'aspirations et d'idées avec l'Alsace. C'était une véritable joie pour moi de défendre ces accusés. Ils sont de parfaits honnêtes gens dont le seul crime est d'aimer trop ardemment l'Alsace-Lorraine leur petite patrie. Si dès le début du procès je suis resté très calme, d'aucuns diraient froid, et objectif, ce qui correspond d'ailleurs à notre tempérament, j'agissais ainsi par une discipline voulue et très rigoureuse.

Lorsque j'entendis les paroles de M. Poincaré à Strasbourg et qu'on ne savait encore rien de précis, mais Poincaré était déjà instruit par la justice, puisqu'il précisait par qui les accusés seront jugés, j'eus moi-même des doutes et je me suis mis dans le même état d'esprit où vous devez être, vous, jurés du Haut-Rhin, qui avez acquis une conviction sans vous laisser influencer ni par le dehors ni par la presse. Mon attitude fut très réservée, mais je me rendis moi-même en Alsace pour voir si nous étions trompés et s'il y avait la main de l'étranger dans toute cette affaire.

On aurait pu m'accuser de timidité. Mais est-ce qu'un Lorrain qui défend des gens accusés de complot, mais contre lesquels aucune preuve n'a été apportée, aurait des raisons d'être timide? Non, il s'agissait d'une question de tactique. On prétendait même que j'allais sortir des documents sensationnels au moment psychologique. Je n'ai rien de sensationnel à dire, tout comme le Procureur Général. Nous tous membres du barreau venus des différents coins de la France et jouissant d'une autonomie complète, avons cependant une excellente unité, et qui n'est autre que la conviction de l'innocence de ces gens. C'est la diversité dans l'unité.

Examinons d'abord les questions qui pourront vous être posées. La première est la plus intéressante, un petit «non» vous dispensera de répondre aux autres questions. Après trois semaines de débats vous vous êtes convaincus qu'il n'y a **aucun crime contre la sécurité du Gouvernement français en Alsace.**

Loyalement et en homme d'honneur je vous affirme que je n'ai trouvé pour ma part aucun complot. Comme aucune preuve n'a été apportée à aucun moment, j'ai poussé à la fin des débats un véritable soupir de soulagement et je vous demande à vous tous, lequel d'entre vous souhaiterait que dix ans après l'armistice, nous trouvions un complot en Alsace. Dans quel intérêt? Dans l'intérêt de la France, certainement pas; de l'Alsace? Encore moins, et la paix? Pas plus. C'est avec plaisir que je constate qu'il n'y a rien de fondé dans cette affaire.

J'ai été tout à l'heure très peiné par les paroles du Procureur Général: «Debout, **votre jour de gloire est arrivé.»** — Non, restez encore assis et réfléchissez. **Jour de gloire? — Non, jour de voir clair et de détruire la légende lancée par une certaine presse.** Je constate d'ailleurs que le complot n'a pas été défini par le Procureur Général dans son réquisitoire qui comporte trois parties, outre l'introduction concernant le procès Haegy - Helsey: L'histoire du mouvement, la part que chacun a pris au complot et ce que serait l'Alsace autonome. Il manquait la définition juridique. La lecture des articles du Code Pénal ne suffit pas. Il demande à être expliqué. Or, on accuse ces hommes d'un crime vague et qui existe rarement. Il faudrait une résolution concertée et arrêtée. Cette détermination a manqué. Cette démonstration est impossible à faire.

On parle de la participation de chacun au complot. Si je vous demandais à brûle-pourpoint ce qu'a fait par exemple M. Schweitzer vous seriez embarrassés. Qu'il ait rêvé d'écrire une revue complétant la littérature allemande sur le théâtre ou sur la cathédrale de Strasbourg, quel mal y a-t-il? **Les Alsaciens ont le tort de croire que le monde entier gravite autour d'eux et dans le cas qui nous occupe on a encore fortifié cette illusion.** On aurait pu discuter l'idée de l'autonomie dans des débats publics et contradictoires; on aurait pu chercher les bienfaits de l'autonomie. Voici pourquoi la défense a toujours chanté la même rengaine: Où est le complot?

L'accusation s'étant portée sur un terrain mobile, celui de l'autonomie, nous nous sommes vus obligés de provoquer certaines dépositions. Mais passons à certains détails de l'accusation. La «Schutztruppe» n'a été de fait qu'un groupe de jeunes gens qui reçurent un jour M. Ricklin à sa descente à la gare de Strasbourg. Une autre fois ils défendent l'imprimerie de l'«Erwinia» contre les Engagés Volontaires. Mais ne parlez pas de plan de mobilisation, sinon nous appellerons le maréchal Foch comme expert. Les relations avec l'Allemagne? Voilà un grief très grave, **mais si réellement l'influence allemande s'était fait sentir dans l'autonomisme, les bons rapports qui existent entre la France et l'Allemagne auraient été depuis longtemps interrompus.** L'autonomisme ne se rattache ni à Ernst ni à personne en Allemagne, mais à un mouvement antérieur à 1914. **Les fils font ce qu'ont fait leurs pères.** Malheureusement on a donné au mouvement la réputation d'une chose importée. Mais ce n'était qu'une incompréhension de la presse française et pour le dire, de la moyenne des citoyens français qui n'ont aucune compréhension pour un Etat fédéraliste et qui croient que la France doit toujours rester un Etat centralisé.

Le procès dégagera une leçon

La France apprendra à connaître le particularisme alsacien. L'idée d'autonomie d'une Alsace-Lorraine comme seul moyen de salut était chère aux Alsaciens-Lorrains en 1914 et elle l'est encore aujourd'hui. Voici pourquoi le « Journal d'Alsace et de Lorraine » a pu écrire le 11 juin 1914: « L'entente franco-allemande se fera le jour où l'Alsace-Lorraine autonome prendra la main de la France pour la mettre dans celle de l'Allemagne. »

(Applaudissements prolongés.) Telle est l'idée des autonomistes qui sont sur ce banc.

Et l'audience est suspendue.

**

Le Procureur Général se disait horloger; il a voulu vous montrer diverses pièces. Permettez-moi de jouer le rôle de cuisinier et de vous offrir différents morceaux.

Les organes de défense, comme je viens de dire, n'ont jamais eu un but agressif. Passons à la question d'argent. **Ici le ton des journaux français a changé considérablement, depuis l'heure où l'on avait tant parlé des millions allemands, des subsides de Rœchling,** etc... On ne parle plus que du prêt Wildy qui masquerait autre chose que de l'argent suisse.

Me Thomas donne lecture d'une lettre du sénateur Helmer, datée du 24 janvier 1928, à l'adresse du Garde des Sceaux. Par cette lettre nous apprenons que le Procureur Général aurait reçu, il y a un an déjà, l'ordre du président du Conseil d'ouvrir une instruction concernant l'argent allemand qui se trouverait dans le mouvement autonomiste. D'après le sénateur Helmer, le Procureur Général Fachot aurait répondu au Président du Conseil que le fait de recevoir de l'argent étranger n'est ni un crime ni un délit.

M. Fachot oppose à cette affirmation le démenti le plus formel. Il dit que jamais le président du Conseil n'est intervenu durant ce procès.

Et l'avocat de continuer: Je n'ai à donner au jury que connaissance de ces lettres qui émanent d'une haute autorité. Il est vrai qu'il n'y a aucun paragraphe dans le Code Pénal qui interdit de recevoir de l'argent de l'étranger, ce n'est donc ni un crime, ni un délit. Du reste dans une lettre du 23 novembre 1927, M. Poincaré écrivait à M. Seltz, président de l'U.P.R. N.A. que le mouvement autonomiste n'est pas punissable. Il n'y a pas de loi qui interdise cela. C'est un défaut dans notre Code Pénal mais enfin c'est un fait que personne ne peut contester.

Mais le complot alors? Messieurs les jurés, si on avait pu prouver durant ces débats qu'il y a de l'argent allemand dans le mouvement autonomiste vous n'auriez pas eu besoin de le condamner. Ce seul fait aurait été la ruine complète de ce mouvement, car le peuple alsacien tout entier se serait détourné de lui.

Quant au prêt Wildy

je me permets de vous rappeler une fois de plus que c'est une simple affaire d'argent « un placement » comme on le voit bien souvent. Mon client, M. Fashauer vous a donné tout le bilan de son journal. Je voudrais que tous les journaux sans exception, de France et Navarre, puissent présenter avec la même franchise leur bilan. Je me demande si tous auraient les mains aussi propres que les gens de la «Volksstimme».

M. le Procureur Général vous a tracé un portrait peu flatteur de notre collègue M. EugèneWildy. Permettez-moi Messieurs les jurés, de vous dire, que ce n'est non seulement notre collègue mais c'est aussi le vôtre, car j'ai examiné la liste des jurés de 1918 à 1923 et l'avocat Eugène Wildy y figure. Vous n'ignorez pas que les jurés fédéraux de la Suisse sont élus par le peuple. C'est donc un personnage tout à fait respectable. On vous a dit que M. Wildy est un homme sans fortune, et un simple prête-nom. Permettez moi de vous dire qu'il possède une très belle fortune personnelle, car il figure selon les statuts que j'ai ici en mains dans deux conseils d'administration d'entreprises financières de Zurich et de Bâle.

Enfin M. Wildy duquel le Procureur Général a parlé en des termes peu flatteurs est l'avocat de la légation française en Suisse. Ce personnage qui n'est pas comme vous voyez, le premier venu, a déclaré devant un avocat suisse sous la foi du serment que l'argent qu'il a prêté à l'«Erwinia» est de l'argent suisse émanant de lui et de sa famille. Je viens de recevoir de notre confrère suisse une lettre dans laquelle il proteste contre les visites des nombreux agents provocateurs qui viennent le voir ces temps derniers, prétendant être envoyés par la défense. Du reste, M. Wildy a porté plainte contre l'un d'entre eux et une instruction est déjà ouverte contre lui. Voilà comment il faut répondre à des gens de la catégorie Riehl.

Permettez-moi, enfin, Messieurs les jurés de vous rappeler que M. Wildy n'avait aucune influence politique sur le journal. L'«Erwinia» a fait chez lui un simple emprunt d'après l'exemple des chemins de fer d'Alsace-Lorraine et comme la France l'a fait à la banque Morgan. Durant la campagne de presse qui s'était engagée au cours de ces nombreuses perquisitions n'avons-nous pas appris que les socialistes eux-mêmes avaient fait appel à l'Allemagne pour les élections de 1924 afin de pouvoir combattre efficacement Poincaré, la Guerre, comme ils avaient l'habitude de dire.

Une fois pour toutes, Messieurs les jurés. cette légende de l'affaire Wildy est détruite. Si M. Fashauer avait été un agent de l'Allemagne, il se serait bien enrichi. Or, c'est le contraire qui est vrai. Il a des dettes considérables et son entreprise est ruinée. Pour qui a-t-il travaillé? Pour le roi de Prusse. certainement non, mais il s'est ruiné par amour pour sa petite patrie. Le prêt Wildy est donc quelque chose de normal. Que reste-t-il encore? Rien, et je vous dirai comme Me Feuillet, deux fois rien, trois fois rien.

J'ai encore à vous présenter

la défense personnelle de M. Fashauer

Mais après que cette histoire du prêt Wildy s'est effondrée, car c'est un capital d'origine légitime, je ne tiens pas à entrer dans les petits détails. On a voulu prétendre que des articles de la «Volksstimme» avaient excité au complot. Vous savez aussi bien que nous,

Messieurs les jurés, que les articles des journaux tombent sous la loi de la presse et non sous la loi du complot. On a parlé d'articles à tendance séparatiste. J'ai interrogé tous les témoins, tous ont répondu négativement. Il n'y a pas plus de complot qu'il n'y a de tendances séparatistes. La politique générale de la «Volksstimme» était: 1) La revendication de l'autonomie basée sur le principe des minorités nationales. Or ce principe suppose par lui-même déjà le cadre d'un grand Etat. Vous avez entendu le député Walter nous dire que cette autonomie est absolument compatible avec l'unité française et qu'il n'y a rien de punissable; 2) Jamais la «Volksstimme» n'a demandé le plébiscite et encore ce ne serait pas un crime; 3) La «Volksstimme» s'est toujours opposée à la violence pour une double raison: l'une théologique d'après le principe : Donnez à César ce qui est à César, l'autre politique émanant du respect des traités signés. Sachez, Messieurs les jurés, que jusqu'à présent on disait toujours: Bon Alsacien, bon Français. Avons-nous demandé une situation de faveur en insistant sur le bilinguisme et sur l'enseignement de la langue allemande dans les contrées où cette langue domine? Certainement non. Vous ne pouvez nullement vous former une opinion sur un journal en lisant tout simplement quelques extraits. Mais nous qui avons connu la «Volksstimme» nous pouvons vous dire que dans aucun numéro elle ne demande le plébiscite et ne parle de séparatisme.

Mais alors où est le complot?

Je dois enfin, Messieurs les jurés, vous parler d'

Agnès Eggemann

C'est une histoire triste, une histoire infiniment touchante, la vie de cette pauvre femme. C'est son beau-frère Méniguier, digne camarade de l'agent provocateur Riehl, qui l'a amenée sur ces bancs. Ce jeune homme, qui a goûté tant de bienfaits de la part de sa belle-sœur, qui lui a soutiré toute sa petite fortune, s'est vengé d'une façon basse et vile, parce que la jeune femme avait constaté que son beau-frère n'était qu'un viveur. C'est alors que Méniguier a trahi bassement sa famille. Il n'a pas hésité de falsifier le carnet d'Agnès Eggemann. C'était un carnet qui contenait encore une épargne de 100 francs. Méniguier dans une nuit s'est attribué le carnet et y a ajouté quelques zéros et créé de cette façon la légende du fameux million d'Agnès Eggemann. Voilà le complot de cette pauvre femme!

Peut-on lui faire un grief d'avoir prêté son nom honorable pour ouvrir un compte en Suisse et un autre à Strasbourg? Certainement non, ce serai trop ridicule.

Veut-on lui reprocher d'être de nationalité allemande? Adieu, alors la dernière légende! La famille Eggemann est venue en 1880 en Alsace. Elle s'est complètement assimilée à l'Alsace et à la population alsacienne. Mlle Eggemann est, par son mariage de nationalité française. Durant la guerre, comme jeune fille, elle a soigné des blessés français et allemands. Elle les soignait si bien, qu'elle fut envoyée à Sarreguemines, tandis qu'une jeune fille de Berlin vint la remplacer à Colmar. Va-t-on la condamner pour cela?

Jurés du Haut-Rhin, parlons cœur à cœur. Regardez franchement dans les yeux de ces accusés. Y trouvez-vous des criminels? Ils ont peut-être commis des imprudences de langage ou de plume, mais ce n'est pas un crime.

Ce sont de grands idéalistes, qui ont travaillé pour leur chère petite patrie, l'Alsace, et, en travaillant pour l'Alsace, ils étaient aussi convaincus de travailler pour la France. Vous les acquitterez tous, sans exception, nous ne voulons même pas une peine légère, car ou bien il y a crime, où il n'y en a pas. S'il y a crime, frappez, nous ne voulons pas de circonstances atténuantes! Mais, je sais Messieurs les jurés, que dans votre âme et conscience, vous ne pourrez faire cela. Votre verdict sera un verdict d'apaisement pour notre pays. Et les noms des douze jurés qui auront compris la gravité de l'heure, figureront dans l'histoire de notre petit pays. Vous aurez servi l'Alsace, vous aurez servi la France! Par votre acquittement général une ère nouvelle commencera dans notre pays! Nous avons eu les élections de Haguenau, on ne les a, hélas, pas comprises. Le jugement du peuple des 22 et 29 avril demande votre homologation. Vous pouvez être assurés que le Gouvernement aura compris. Ce sera l'ultime appel de l'Alsace à la France! Que ceux qui ont des oreilles entendent ! Ce sera un avertissement solennel qu'il faut changer en Alsace de méthode et vous pouvez être assurés: le Gouvernement comprendra votre appel. La confiance, Messieurs les jurés, s'impose. Nous avons vu dans la vie financière ce qu'elle vaut.

Vous-mêmes, par votre verdict, vous collaborerez à la paix et à l'apaisement des opinions en Alsace. Il faut en finir avec ces malentendus. Il ne faut plus qu'on parle en Alsace, et, permettez que je me compte en ce moment avec les accusés, car moi aussi j'ai signé le manifeste du Heimatbund, d'une bande encanaillée, car ces gens ont parlé en toute franchise et ils n'ont voulu que le salut de l'Alsace et de la France.

Jurés du Haut-Rhin, par votre acquittement, je vous le répète, l'apaisement entrera dans notre pays. Nous ouvrirons toutes grandes les fenêtres de notre terre d'Alsace, une nouvelle ère commencera pour nous et vous verrez que tous les bons Alsaciens seront aussi de bons Français! —

Des applaudissements spontanés partent du fond de la salle, où se trouve le peuple. Cependant cette manifestation est immédiatement réprimée par le président et les gendarmes. La séance est levée et renvoyée à jeudi matin à 9 h. 15.

Me Berthon prendra la parole et le verdict sera rendu au plus tard dans la soirée de jeudi

Vingtième journée — 24 mai

Séance du matin.

Enfin, c'est le dernier jour!

Jamais durant ces trois semaines, nous n'avons vu un public aussi nombreux autour des assises. La tribune est occupée jusqu'à la dernière place. Dans le fond de la salle se pressent une centaine de personnes et nombreux sont celles qui ne trouvent pas accès. Il y a de bonnes femmes, qui s'étaient déjà installées à 7 heures du matin devant la porte d'entrée! Et ceux ou celles qui n'ont point trouvé de place sont invités à rentrer tranquillement à leurs foyers.

Sur les bancs de la partie avant de la salle réservée aux témoins se presse un nombreux public. Nous voyons quelques témoins qui ont défilé à la barre ainsi que des sénateurs et des députés. La séance est ouverte à 9 h. 20.

La parole est à

Me Berthon

D'une voix grave et solennelle, il s'adresse aux jurés: Messieurs, quand mes collègues et amis, quand ces quinze accusés m'ont prié d'assumer la défense, je me suis posé, comme nous tous une grave question, une question de conscience. Je voulais savoir, si vraiment les accusés n'étaient pas au service d'un impérialisme allemand, et qui tend à détacher l'Alsace de la France. Je suis venu à Mulhouse, j'ai vu ces hommes malheureux. J'ai parlé au juge d'instruction, j'ai vu les dossiers, j'ai étudié la fameuse affaire de la « Sapart », je me suis rendu à Strasbourg pour me renseigner sur l'affaire d'espionnage et je puis vous dire, Messieurs les jurés, que j'ai eu la ferme et intime conviction que jamais ces hommes n'étaient au service de l'Allemagne. Autrement, vous ne me verriez pas à cette barre. C'est dans un sentiment de devoir de conscience, que j'ai accepté cette tâche pour la liberté de la pensée, qui seule est en jeu ici.

Et si, Messieurs de la Cour, durant ces débats, la défense a prononcé souvent des paroles vives, ce fut toujours dans une seul but: assurer la liberté de la défense que nous voulons toujours absolue.

Nous sommes venus à Colmar pour soutenir une affaire juste.! Vous savez que mes idées personnelles me séparent de la plupart de ces gens. Notre parti a combattu énergiquement le séparatisme rhénan, parce qu'il était convaincu qu'il puisait à des sources troubles. Mais aujourd'hui, nous nous trouvons sur un terrain de droit, ces gens sont innocents et c'est pour cela que nous les défendons. Nous défendons ici des hommes qui ont souffert pendant cinq mois dans la prison pour leurs droits et pour leur liberté.

Et quel paradoxe extraordinaire ne rencontrons-nous pas dans ce procès. C'est le divorce entre l'administration et le peuple d'Alsace. Je suis venu déjà plusieurs fois en Alsace, j'ai plaidé à Strasbourg et à Colmar, j'ai trouvé les magistrats comme un Kuntz avec lequel on évoquait des souvenirs de jeunesse. J'ai trouvé un grand magistrat M. Siben, qui aujourd'hui encore préside une Chambre à Colmar. Je n'avais pas l'occasion de creuser à fond le problème alsacien mais en 1920 j'ai pu faire avec mon ami et collègue Louis Marin aujourd'hui ministre, une constatation bien pénible. Il s'agissait de l'affaire de la Maison Rouge à Strasbourg où après une enquête de 3 heures un vice-président du tribunal dut démissionner pour avoir détourné comme séquestre 50.000 frs. Messieurs, le problème est grave. Ces débats et notamment les élections dernières, nous ont prouvé que 70% des électeurs d'Alsace sont anti-gouvernementaux. Deux de ces accusés sont aujourd'hui les élus du peuple. N'ai-je pas raison de dire que c'est le divorce le plus complet entre l'administration et le peuple!

Jurés du Haut-Rhin, je vous parle en homme, je m'adresse à votre raison, je m'adresse à votre cœur, avez-vous déjà songé aux conséquences d'une condamnation de ces pauvres innocents? Ce serait le trouble dans le pays tout entier, les esprits sont trop exaltés déjà, ce serait la guerre civile, peut-être. Non, vous ne voudrez pas être respon-

Quelles n'étaient pas les souffrances de cette population durant la dernière guerre. Une nation les traitait de Français, l'autre, d'Allemands. Et pourtant l'influence française est restée dans vos esprits quoique votre langue soit restée la même. Et si Michelet le grand Fran-

Mᵉ BERTHON

sables d'un fait pareil, vous rendrez justice dans l'intérêt de l'Alsace et de la France.

Dois-je vous parler du malaise, alors que mes confrères l'ont déjà expliqué avec une netteté, une précision, une multiplicité d'arguments? Je me contenterai de quelques exemples.

Terre d'Alsace, pays de langue allemande, mais pays de sentiments profondément français. Ah, que je comprends la mentalité de ce pays, que je le plains. Depuis des siècles déjà, cette terre et ses habitants ont été tracassés par des guerres. De Jules César jusqu'à nos temps, l'Alsace a connu toutes les horreurs de la guerre. Combien de fois ces champs fertiles, ces coquets villages, ces villes industrieuses ont-elles été saccagées et détruites!

çais dit: «L'Alsace est un pays allemand», je crois, qu'il s'est trompé,

car ce n'est pas la langue qui constitue la nationalité.

La solidarité de l'Alsace, n'a jamais fait défaut à la France.

Je me permettrai de vous rappeler qu'avant la guerre un comité d'entente franco-allemand avec Jaurès, Anatole France et Caillaux à la tête, s'était formé pour créer une entente entre l'Allemagne et la France et demander une Alsace-Lorraine libre et indépendante comme base de la paix. Ce rêve n'a pas pu se réaliser, la guerre est survenue. Mais, que faisiez-vous de 1871 à 1914? Vous avez accepté l'irréparable. En 1874 déjà Monseigneur Raess a pu déclarer au Reichstag que la situation d'Alsace était réglée par le traité de

Francfort. En 1904 le «Landesausschuss» vote à l'unanimité une adresse demandant que l'Alsace-Lorraine devienne définitivement une principauté allemande et en 1902 déjà le député protestataire Wetterlé à pu dire: Qu'on sache bien en France, que le clergé d'Alsace a formé un rempart infranchissable contre la germanisation allemande. L'Alsace est entrée pour un temps indéterminé dans l'état allemand. Mais pour rien au monde nous voulons par une guerre un changement politique de l'Alsace. »

La guerre survint. Qu'avons-nous fait ? Nous avons fait les uns et les autres notre devoir. Vous, Dr Ricklin, vous Rossé, et vous-même M. le conseiller Coén, vous avez servi. dans l'armée allemande, tandis que moi, je me battais dans l'armée française. Nous avons fait notre devoir, ne nous reprochons rien. Et, Messieurs, si la guerre n'a pas voulu de notre vie pour la réconciliation des peuples, nous devons garder ce sentiment de fraternité qui sera la réconciliation définitive entre la France et l'Allemagne. (Applaudissements.)

N'oubliez pas que de nombreux Alsaciens sont morts pendant la guerre, les uns dans les camps de concentration français, les autres dans les camps allemands. Et toi, peuple alsacien, qui était souvent injurié par les uns et bafoué par les autres ! Ce furent des malentendus tragiques, dont aujourd'hui encore souffre le peuple. Et la guerre est terminée, c'est l'heure de la paix. Permettez, Messieurs de la Cour, que je m'adresse à vous. Je ne comprends pas la façon dont on parle ici dans cette enceinte. Il y a une psychose de guerre; il faut qu'elle disparaisse une fois pour toutes. Nous ne sommes pas dans un pays occupé, nous sommes en Alsace retrouvée. Je crains beaucoup que la compréhension ne soit pas suffisante. Bien des fonctionnaires ne savent pas s'adapter à l'esprit de la population.

En 1918 déjà, Lichtenberger put écrire : « Ne comptons pas sur l'enthousiasme des Alsaciens. Ils compareront, ils feront le bilan. »

Eh bien ! le peuple d'Alsace a fait ce bilan; il a constaté que notre administration n'est pas brillante; aujourd'hui, on leur en fait un grief, mais, Messieurs, l'administration de l'intérieur ne vaut pas mieux non plus, et sa réforme est une question urgente et l'objet des soucis de tous les Gouvernements qui se succèdent et qui tombent comme des châteaux de cartes. M. Poincaré lui-même a dû dire que la pyramide doit être mise sur sa base.

A ce moment, l'avocat proteste contre la suspension de son collègue qui, « timidement », avait parlé de « gaffes » de M. Poincaré.

Le Président : Il y a un adverbe de trop, « timidement ».

Me Berthon : Bon, disons « avec énergie », mais alors même, ce ne fut pas une raison de suspendre un avocat. Mais, je ne flétris pas l'administration en bloc, je dis simplement qu'il y a eu trop de scandales. Vous vous souvenez tous qu'un bâtonnier de Colmar, aujourd'hui sénateur, s'est adressé à plusieurs reprises au Garde des Sceaux pour se plaindre d'un magistrat.

M. Fachot intervient.

Me Berthon : Je ne juge pas l'affaire, je ne dis que ce qui s'est passé.

M. Fachot, (tout pâle) : Et le calomniateur a été confondu.

Me Berthon : Je tiens à vous dire ces choses, Messieurs les jurés, pour vous rappeler qu'il y a eu des choses pénibles en Alsace.

Moi-même je vous ai cité tout à l'heure l'affaire déplorable de la Maison Rouge de Strasbourg. J'ai là devant moi le rapport de la commission des marchés qui s'est occupée des services de séquestre en Alsace. C'est une enquête de trois ans et les constatations que nous avons faites sont pénibles. Je me contente de vous citer un cas: **Une usine lorraine dont la valeur d'avant-guerre était de 1.400.000 Marks or, soit aujourd'hui huit millards de francs français (papier) était mise sous séquestre. Eh bien, savez-vous, messieurs, après les décomptes faits, ce qui est entré dans la caisse de l'Etat français de ces huit milliards : 180 millions.** Et le rapport conclut que ces choses furent possibles grâce à la négligence, à l'incompétence, à la prodigalité des représentants de l'Etat qui fournirent ainsi un terrain fructueux au pillage. Le Procureur Général de Metz responsable a déjà reçu son changement. Et quand on a interrogé M. Fachot sur cette personne il a dit: Il n'était pas malhonnête, mais il a spéculé.

Voilà une des raisons du malaise, le pillage des fonds de l'Etat. Et n'oubliez pas que ces affaires qui sont nombreuses ont eu une répercussion sur le ressort fiscal. Un ouvrier alsacien paye 200 à 300 frs. d'impôts tandis qu'à Paris il ne paye que 60 frs. Un chef de gare 2e classe en Alsace paye 2.400 frs. tandis qu'à l'intérieur il paye 300 à 400 francs. Un petit commerçant de Colmar paye 811 francs, son collègue de Nancy 265 ! Pourquoi tout cela? En effet, je ne comprends pas. Si, je comprends! En 1918 au lieu de détruire tout ce qui était, on n'avait qu'à laisser les institutions qui existaient en Alsace. Jadis, on disait à l'intérieur: Regardez les ouvriers d'Alsace, regardez leurs institutions sociales, regardez tout, voilà comment il faut travailler. C'est cette organisation qu'on aurait dû maintenir. Au lieu de cela on supprime le Commissariat Général et en 1924 Herriot annonce l'assimilation complète; dix ans après où en sommes-nous? Le Président du Conseil Général Dr. Wallart a dû avouer dans la dernière session qui se tenait durant ce procès que des fautes bien nombreuses furent commises.

Puis l'avocat de parler des droits d'association qui ne sont qu'un leurre, de la liberté de réunion interdite, des journaux supprimés, de la langue alle-mande et de la nécessité du bilinguisme.

Toutes ces choses dont le malaise est né l'ont aggravé dans la suite. En plus, de nombreux fonctionnaires n'ont pas compris l'âme de l'Alsace, et M. Poincaré lui-même n'a-t-il pas dû avouer que depuis les dix-huit mois qu'il s'occupe des affaires d'Alsace-Lorraine il y a à chaque instant dans les départements recouvrés des malentendus douloureux qui tiennent à ce que les administrations ne comprennent rien du tout. On a commis, dit le président du Conseil, les maladresses les plus incroyables dans ce pays qui durant cinquante ans était sous la domination étrangère et qu'on ne peut assimiler d'un jour à l'autre.

Peut-on en vouloir à ces accusés d'avoir protesté, alors que M. Poincaré lui-même, d'un visage inquiet, se penche sur l'Alsace, où il ne trouve, hélas ! du côté de ses fonctionnaires, aucune compréhension ? Quoi d'étonnant encore que, dans ces conditions, on attaque le régime centraliste ? Messieurs, vous n'avez pas, ici, à juger une question politique, mais le crime. C'est ailleurs que la question politique sera jugée.

Jury du Haut-Rhin, l'acquittement s'impose ! Mais, après votre verdict, je voudrais que vous exprimiez un vœu, ce n'est rien d'illégal. Je voudrais que vous envoyiez une motion au Président du Conseil, lui disant que **c'est une nécessité absolue que le problème alsacien soit réglé dans le délai le plus bref.**

Maurice Barrès a eu raison quand il a exprimé ses craintes pour l'Alsace. Il a dit qu'il ne faudra pas y envoyer trois gendarmes de Carcassonne. L'image fut vraie. Moi aussi, je suis d'origine latine, comme vous Palmieri, je suis de ce beau Midi, que nous aimons tant. Mais enfin, dans l'administration là-bas, il y a un laisser-aller qui est un des charmes de plus de notre pays. (Hilarité.) Eh bien ! ces gens de Carcassonne sont arrivés en Alsace; ils n'ont pas compris le peuple.

J'aurais voulu que le Procureur général analyse le problème tel qu'il existe. Il aurait dû parler de la gravité de ses poursuites. Il aurait dû dire qu'il veut, dans l'intérêt de l'Alsace et de la France, que la preuve se fasse que ces gens n'ont pas trahi leur patrie. Mais s'il les a trouvés coupables, il aurait dû nous donner des preuves palpables de cette culpabilité. Il ne les a pas fournies. Et moi, Messieurs les jurés, je puis vous déclarer sur l'honneur que, de ces quinze accusés, aucun ne demande le retour à l'Allemagne. Tout ce qu'ils veulent, c'est l'autonomie, c'est le régionalisme, c'est la décentralisation. L'Alsace, en 1918, aurait pu servir de modèle pour d'autres provinces. Et croyez-vous que la France régionale ne serait pas plus grande, ne serait pas plus belle ? Certainement si !

Vous savez, du reste, que le député Walter a déposé à la Chambre un projet demandant une institution régionale pour la France tout entière, mais, qu'en attendant, on la réalise en Alsace !

La séance est suspendue.

J'ai parlé jusqu'ici des causes profondes du malaise, prises au hasard; j'ai parlé de la folie d'une assimilation complète. Il me reste à parler de

la nécessité absolue pour la cause de la paix, de la solution du problème alsacien

dans l'esprit du peuple alsacien. Je suis, depuis de longues années, membre de la Commission des Affaires étrangères. Je vous affirme que le problème méditerranéen et celui des Balkans nous inspirent de graves soucis. Un mot, un geste, peut allumer l'incendie. Je crains que des magistrats ne prononcent des paroles imprudentes pour la paix et qu'ils ne tiennent pas compte du symptôme des élections en Allemagne. De l'avis des plus grands journaux, qui font des enquêtes en Allemagne, celle-ci a renoncé complètement à tous ses droits sur l'Alsace-Lorraine .

Mais faites attention, M. le Procureur général, en envenimant la question par vos paroles imprudentes, de la faire passer sur le plan international ! Prenez garde qu'en affirmant que des dizaines de milliers d'électeurs sont à la solde de l'Allemagne, vous ne créiez le danger qui n'était qu'apparent jusqu'ici !

L'Alsace, je la vois, comme un facteur de paix et vous me permettrez à la suite de cette idée de vous citer des paroles d'un grand homme, du grand pacifiste Victor Hugo, disant en 1838, que la **désunion de la France et de l'Allemagne, c'est la dislocation de l'Europe,** qu'une sape profonde est creusée entre deux grands pays, qui menace de les pousser à la haine. Et que serait cet immense embrasement des deux plus grandes nations civilisées de l'Europe, renfermant tant de têtes intelligentes. Cependant on oublie trop que la France et l'Allemagne sont des peuples nobles et sincères, des peuples dont l'esprit chevaleresque du Moyen-Age fait la gloire de l'Europe.

Et voici la solution: abolissons tout motif de haine entre ces deux peuples!

Et Me Berthon de continuer: C'est l'idéal des hommes que je vois sur ce banc et je ne crains pas de le dire, **si ces hommes sont appelés à être les auteurs de la réconciliation entre la France et l'Allemagne, je les salue. Ils seront grands dans l'histoire!** (Applaudissements.)

Mais, j'en reviens au complot, qui devrait être l'élément principal de l'accusation. Il se compose de rapports de police. Pas un mot sur les débats, les dépositions de MM. Muller et Brogly ne sont pas mentionnées, les témoins à décharge ont contre-balancé les affirmations des gens comme Riehl, et des agents de police. Mais le Procureur Général n'a tenu compte d'aucune dé-

Le Procureur général Fachot. M. Boudier, Substitut.

Photo Christophe.

Les Avocats Palmieri et Peter.

Photo Christophe.

position. Il voulait même vous donner un moment des notes personnelles. C'était une prétention illégale et je le félicite de n'avoir pas exécuté son geste. Elles étaient d'ailleurs aussi peu fondées que l'accusation et n'auraient pas tenu compte des débats. Il s'agit ici de suivre pas à pas le fil tenu de la vérité. Or, M. le Procureur Général s'est écarté de ce fil, ne tenant compte de rien.

Mais examinons l'inculpation, telle qu'elle résulte du réquisitoire. On nous parle de propagande artistique. Nous avons pu constater, Messieurs, que ceux qui ont collaboré à l'acte d'accusation, connaissent bien mal l'histoire de l'Alsace. Le Procureur Général a affirmé que René Schickelé était un poète badois, alors que c'est un Alsacien pur sang, Albert Schweitzer était un Berlinois d'après M. Fachot; c'est également un Alsacien. Récemment on supprimait « Das Neue Elsass ». Pour quelle raison ?

Parce que ces gens avaient été fidèles à la culture reçue de leurs ancêtres ! Il n'y a pas d'autre moyen de tuer ces odieuses et ridicules accusations, que le ridicule. Et notre ami Me Jaeglé, chez lequel j'ai relevé une fine fleur de l'humour alsacien, a vraiment couvert de ridicule certaines dépositions sur ce point. N'est-il pas en effet odieux que, dans la France actuelle où l'avion et le télégraphe diffusent les idées avec tant de rapidité, on vienne faire grief ici à certains postes de T. S. F. d'avoir publié tel morceau de musique plutôt que tel autre ? N'est-ce pas honteux pour la France aux traditions si libérales ? Notre patriotisme n'est pas un patriotisme de force; nous prétendons que la diffusion de la pensée, quelle qu'elle soit, doit être libre.

Notre incroyance même s'incline devant votre croyance, M. Ricklin.

La vérité s'évade malgré tout des prisons où on veut l'enfermer. Il faut lutter par la pensée contre la pensée,

et pour avoir voulu enfermer ces hommes, M. le Procureur général, nous serions tenté de vous remercier : vous en avez fait des élus. Vous avez vous-même expérimenté la vérité de ce principe.

Messieurs, j'ai été révolté de voir la mise en scène faite autour de cet almanach illustré de M. Solveen. Ces Messieurs n'avaient guère par atavisme l'esprit de liberté de leurs ancêtres en voulant empêcher la pensée de se diffuser par l'art ! Je constate que, n'ayant pu relever des faits, le Procureur général s'est arrêté à des questions artistiques. Mais, en regardant de plus près, par exemple cet almanach, nous y voyons des pensées de Lichtenberger, ancien professeur de théologie à Strasbourg .Et je ne puis m'empêcher de citer quelques-unes de ces pensées : « N'empêchons pas la pénétration de deux nationalités qui se croisent en Alsace, etc.., »

En matière de pensée et d'art, M. le Procureur général, sachez qu'il n'y a pas de frontière.

Et, je le répète, comme le bagage de votre réquisitoire était trop léger, vous avez insisté sur deux questions destinées à corser l'affaire :

L'argent et l'espionnage

Me Thomas vous a démontré hier, brillamment, qu'il n'y avait rien de suspect dans tout le prêt Wildy. S'il y avait eu le moindre doute sur la provenance de cet argent, nous n'aurions même pas plaidé les circonstances atténuantes. (Bravo sur les bancs de la défense.) Mais le Procureur général a trop légèrement insulté M. Wildy, avocat de la légation française en Suisse. Les affaires de l' « Erwinia » sont absolument propres et irréprochables. Vous avouerai-je que nous rougissions lorsqu'on demandait à M. Rossé, à Mme Fashauer les comptes détaillés de leurs cuisines, et la façon dont ils économisaient sou par sou leurs respectables fortunes ? Ils ont cependant bien fait d'accepter cet interrogatoire et d'y répondre, pour prouver la pureté de leurs agissements et pour purifier l'atmosphère.

Le Procureur Général brandit ensuite l'élément de la «Schutztruppe». Me Palmieri s'est lui-même mis en cause en parlant de Jeunesses Patriotes sur lesquelles je reviendrai. Ces hommes n'ont fait que suivre une nécessité essentielle de défense personnelle contre les agissements des fascistes soutenus plus ou moins ouvertement par ceux qui ont mission de défendre l'ordre et la loi.

Au lieu de se baser sur les déclarations des gens qui ont fondé le «Heimatbund» on se base sur des lettres d'agents provocateurs à la Riehl. Est-ce logique? Selon le principe d'un Procureur Général très célèbre, il aurait fallu laisser ces hommes dans la boue. Je vois dans la lecture du manifeste, que ces hommes ont cherché l'autonomie sincèrement dans la réforme de la constitution française qu'ils estiment pouvoir être opérée par une légère modification. Ils se sont étonnés qu'on ait pu leur refuser ce dont ils jouissaient en 1918 sous l'autorité allemande et ils se plaignent amèrement de ce qu'on leur fasse un crime de l'idée autonomiste alors que dans d'autres provinces, des citoyens français comme eux, défendent l'autonomie, le régionalisme, quelquefois le fédéralisme. Une foule d'accrocs ont été commis dans le désir d'une réintégration intégrale et rapide de l'Alsace-Lorraine à la France. On n'a pas tenu compte de ces accrocs, on veut les nier.

On fait un grief à Schall d'avoir provoqué le congrès des minorités. Mais minorité il y a: les Alsaciens constituent une minorité par leur langue et leurs coutumes. J'ai même le droit de supposer, quelque injurieux que ce soit pour certaines gens, que l'autonomisme est un bienfait. Messieurs les jurés, vous n'êtes pas juges de leurs idées, ni de leur moralité, mais d'un fait : le complot, s'il y a complot. Je puis même dans ma pensée calculer le bienfait du séparatisme, et chose odieuse, du retour de l'Alsace à l'Allemagne, personne ne peut m'en vouloir, car cela fait partie de la liberté de penser.

Rappelons que M. Laval a déposé un projet de loi défendu par M. Cotru, éminent homme gouvernemental, pour réprimer toute tendance de séparatisme. Mais en attendant rappelons que jamais ce projet de loi ne fut voté, et qu'il n'existe pas de loi qui punisse ces tendances. Or, M. le Procureur et les juges, vous qui êtes les serviteurs de la loi, et nous-mêmes qui en sommes les collaborateurs, nous avons le devoir d'éclairer les jurés sur ces faits. Il faut que les jurés sachent que le séparatisme même n'est pas défendu.

Je constate encore qu'on n'a pas tenu compte de la déposition du pasteur Adam, de cet homme vénérable, expliquant le Colportage Evangélique de M. Wurtz. Au sujet de Mlle Eggemann qu'on a séparée si longtemps de son enfant, dont on a fouillé la vie privée, j'affirme qu'on a agi odieusement et si je voulais être sévère je pourrais accuser.

Mais qui prendra la responsabilité des traitements qu'on a fait subir aux accusés?

Pour corser l'affaire on y a mêlé la question de l'espionnage. Elle n'existe pas, et si elle existait, vous n'en êtes pas juges.

J'exige de vous de ne pas tenir compte d'une accusation que vous n'avez pas à juger. De même pour l'affaire de la « Sapart » dont est accusé M. Rossé. Il faut que vous restiez limités dans vos attributions, car ces affaires n'ont été amenées ici que pour faire impression.

J'ai à dire un mot spécial de la situation particulière de deux des accusés, MM. Rossé et Ricklin, qu'on a voulu empêcher d'exercer leur mandat en même temps qu'on a voulu priver le peuple de ses élus.

Le **Président** interrompt Me Berthon qui affirme que sa plaidoirie durera encore une heure et demie à deux heures. L'audience est levée.

Le verdict sera prononcé tard dans la soirée.

Séance de l'après-midi.

Le plaidoyer de Me Berthon

A la reprise de l'audience Me Berthon proteste contre le filtrage établi aux portes. Bien que la salle ne soit pas pleine on refuse au public l'entrée. Des légions de gendarmerie arrivent en gare. Le bâtiment est surveillé par la police et un cordon de troupes d'infanterie.

Le président prie Me Berthon de ne pas insister et Me Berthon l'assure de la bienveillance du public et continue son réquisitoire.

« Personne ne se dissimule le mal commis, que les représentants de l'Alsace, les Muller, les Brogly, les Béron ont dévoilé franchement. Nous assistons à une accusation à des fins politiques, c'est un complot organisé par l'Etat. »

Me Berthon passe à la défense de MM. Rossé et Ricklin.

Pour M. Rossé nous constatons une chose étrange et singulière! On lui reproche son rôle en 1918; dix ans après on revient avec de vieilles histoires qu'il serait bon de ne pas toujours agiter en Alsace. M. Bourgoin dans ses affirmations basées sur des ouï-dires s'est heurté à la riposte claire et précise de M. Rossé. M. Fachot ne tient pas compte dans son réquisitoire des témoignages apportés en faveur de Rossé au sujet de la « Sapart », et dont M. Brogly assume la responsabilité. C'est un véritable scandale que ce mépris de la liberté individuelle mêlée aux fluctuations de la politique.

Nous n'avons pas voulu lire les nombreux témoignages de félicitation qui nous ont été adressés. Mais je ne puis m'empêcher de lire une lettre de M. Bouillet, instituteur à Mulhouse, métropolitain. Cet homme affirme que si Rossé est coupable, il faut accuser tous ceux qui ont approuvé ses revendications, même les instituteurs métropolitains, qui étaient nombreux autour de lui. On lui reproche d'avoir critiqué la méthode; M. Bouillet affirme que la méthode n'est pas à sa place, ici, en Alsace. Il rappelle que les mouchards du temps des Allemands sont devenus mouchards du régime français, et que ceux qui ont défendu les droits de l'Alsace jusqu'au bout ont été honnis par leurs adversaires politiques.

Me Berthon lit ensuite le magnifique exposé de M. Basch, président de la Ligue des Droits de l'Homme, sur la situation en Alsace, lettre que nous publions plus loin. (Pendant cette lecture nous entendons au dehors des hurlements; dans la salle ce sont des rumeurs de curiosité. Tout le monde est dans l'angoisse de ce qui va se passer dans quelques heures. La minute est grave et tout le monde a l'impression que nous allons au devant de faits qui n'ont pas été prévus.

Et **Me Berthon** de continuer: J'ai à défendre encore mon client Ricklin. Le défendre? Je rougis vraiment de dire ce mot, car je suis solidaire avec lui et je lui apporte ici le tribut de mon affectueuse admiration. Le réquisitoire du Procureur Général dans ce procès de tendance était parfois violent et démesuré pour un réquisitoire écrit. On reproche à M. Ricklin ses appétits démesurés, mais on ne s'est pas penché sur sa vie privée, une vie de souffrances et une vie d'honneur, car cet homme n'a pas craint de souffrir pour ses idées Et Me Berthon lit des lettres et des extraits de journaux de Lunéville, du « Journal de Colmar » dirigé par l'abbé Wetterlé dans lesquels on parle avec éloge de M. Ricklin, révoqué de ses fonctions de maire et élu député. La « Croix de Lorraine » donne sa photographie à l'occasion de sa réélection en 1902; on lui rend hommage. Partout il figure dans la phalange des défenseurs des libertés alsaciennes sous le régime allemand. **Avant, pendant et après la guerre, M. Ricklin n'a fait que défendre l'autonomie de l'Alsace dans** le cadre de la France. Et que veut-on de plus de lui, que voulez-vous qu'il dise, de quoi aurait-il à se disculper: Dans son discours au Reichstag sous les huées des députés allemands, il leur rappelle que l'heure a sonné pour l'Allemagne de parler à l'Alsace. Lui seul montra le courage qu'il fallait à la dernière heure.

Me Berthon interpelle M. Helsey

qui se trouve dans la salle, pour la campagne pleine d'inexactitudes menée contre Ricklin. Il fait appel à son sentiment d'honneur pour discuter loyalement.

Mais déjà le **président** intervient, lui reprochant d'interpeller des témoins auxquels on a renoncé.

Me Berthon continue: L'attitude de M. Helsey appartient à la critique. J'ai à me prononcer sur des faits et des manifestations inexactes.

Président: Versez-les aux débats.

Me Berthon: Je les verse, j'ai deux numéros du « Journal » à ma disposition.

Le président lui défend de parler de M. Helsey qui riposte dans la salle.

Et **Me Berthon**: Je parlerai donc de celui dont vous ne voulez pas que je parle, sans le nommer ou plutôt je parle du « Journal ».

Il cite un article du «Journal» de dimanche dernier, où Ricklin est représenté avec le casque à pointe. Le portrait n'est pas de Ricklin, qui n'a jamais porté de casque à pointe et qui n'a pas de monocle. Il rappelle ce qui a été écrit par un Monsieur Simonin sur la conduite observée par M. Ricklin à Carignan dans les Ardennes: c'est une véritable diffamation. Une foule de lettres, d'une religieuse, du curé, du maire, prouvent les nombreuses interventions de M. Ricklin en faveur de la population. Une cinquantaine de personnes lui adressent des remerciements.

Et **Me Berthon** continue: Prenez garde, j'ai le droit de vous dire, prenez garde, ce n'est pas sans raison que «Le Matin » publiait dans une note officieuse sinon officielle, aussitôt après les élections qu'il était inexact que M. Ricklin fut un mauvais citoyen, car par ses tracts électoraux il avait prouvé qu'il était Français.

Messieurs les jurés, M. Helsey vous a demandé une interview. Il a supplié M. Ricklin de se retirer du mouvement autonomiste, il ne l'a pas voulu, parce qu'il a voulu la liberté pour tous et non pour lui seul. (Applaudissements.)

Le président proteste contre ces manifestations.

Me Berthon: Vos manifestations M. le président sont les plus véhémentes. Je viens donc de prouver, dit Me Berthon, que la presse fabrique faussement l'opinion en France.

Il me reste à vous demander Messieurs les jurés, si vous aurez le courage de condamner cet homme, lui qui est privé de son foyer à cet âge, de l'envoyer en exil, de passer vous-même pour une commission de triage, de vous opposer au jugement du peuple qui l'a élu. Il rappelle le tract de M. Ricklin avec l'affiche du lion en cage. Où sont donc mes Sundgoviens? Et les Sundgoviens de répondre: Nous vous retirerons de là par nos bulletins de vote. Le peuple lui a fait confiance, et lui a offert le plus grand témoignage de confiance en l'envoyant au Parlement français. Si vous vous rendez compte de la gravité du problème, Messieurs les rés, vous ne suivrez pas l'invitation du Procureur Général de condamner ces hommes, car, que s'ensuivrait-il ? Je vois la guerre civile, résultat du mécontentement général, l'on comprendra trop bien que ce procès n'a été engagé que pour cacher les maladresses de l'administration. A la lassitude succède la colère qui mettra fin aux manœuvres du gouvernement qui sont des manœuvres classées.

Les menées autonomistes, même si elles étaient séparatistes, ne tombent pas sous la loi. Et à ce sujet on vous posera une question: Est-il constant que depuis 1920, dans les trois départements du Haut-Rhin, du Bas-Rhin et de la Moselle une résolution d'agir dans le but de changer la forme du gouvernement ait été concertée et arrêtée ?

Que veulent dire ces termes? Je connais mon milieu, je vous parlerai ouvertement. Le président a mis des jours à composer son questionnaire compliqué.

Le président proteste.

Me Berthon: Je plaide les Assises depuis plus longtemps que vous ne les présidez.. Et je remplirai mon rôle jusqu'au bout malgré l'obstruction systématique.

Et Me Berthon explique le but du texte de loi des articles 87 à 89 destiné à protéger Napoléon III et sa descendance. Il s'agit dans ce texte de la perpétration d'un attentat dans le but de renverser le gouvernement impérial ou d'exciter le peuple à s'armer contre ce gouvernement. Et cette loi on veut l'appliquer à des hommes qui défendent les particularités de leurs provinces! Dirigée contre les Républicains, cette loi est employée par des Républicains contre d'autres Républicains.

Il explique le mot complot. On peut comploter de faire un déjeuner, comploter d'assassiner, mais tout ceci ne constitue pas des complots au sens propre du mot. Il faut vouloir détruire ou changer le gouvernement. « Et je me tourne vers vous. M. le président et vers le Procureur Général et je vous demande si réellement il y a de la bonne foi dans cet acte d'accusation ? »

Le président proteste.

Me Berthon fait de même.

Il rappelle ensuite aux jurés la gravité de leur décision et la conscience avec laquelle ils doivent prononcer le verdict. Et il ajoute crânement: **Nous refusons les circonstantes atténuantes, parce que nous voulons tout ou rien. S'ils ont trahi qu'on les punisse, mais s'ils sont innocents, qu'on les acquitte purement et simplement car il va ici de l'honneur et de la liberté de ces hommes. Nous voulons l'application de la loi dans toute sa rigueur. S'il y a tra-hison, qu'on les châtie, mais comme il n'y en a pas, acquittez les purement.**

Rentrés dans vos foyers, vous représentez-vous ces hommes envoyés à l'Ile du Diable tandis que les Alsaciens continuent à revendiquer avec succès leurs libertés régionales. Que vous dira alors votre conscience?

Mais le Procureur Général a voulu que MM. Ricklin et Rossé soient privés de leurs droits civiques. Il n'a pas voulu qu'ils aillent au Parlement, étudier les problèmes alsaciens et dévoiler les plaies. Vous ne ferez pas de Ricklin une victime de cette nouvelle commission de tirage, vous ne l'enverrez pas comme un étranger courir la France, sous l'interdiction de l'entrée en Alsace. Ce serait un crime de faire de cet homme un étranger à sa petite patrie. Or, vous le voulez si vous dites oui à la première question. Et qu'en résultera-t-il? Ce sera le commencement de nouvelles difficultés pour le gouvernement. Nous irons en Cour de cassation et nous remuerons encore la question d'Alsace. Rappelez-vous que dans tous les procès politiques qu'il y a eu jusqu'aujourd'hui les accusés ont été acquittés. L'« Action Française » dit qu'un coup de force est nécessaire pour changer le gouvernement; elle affirme qu'il faut fusiller tantôt M. Steeg, tantôt M. Briand et on ne l'accuse pas de complot. Je lis dans un tract des Jeunesses patriotes qu'elles organisent des essais partiels de mobilisation. Elles ont quinze camions et vingt automobiles pour faire des manœuvres à 5 h. du matin. Elles ont des troupes de choc tout comme le Faisceau. Elles demandent des fusils et des mitrailleuses pour renverser le gouvernement si des hommes dégénérés qui dirigèrent la France durant la guerre, se mêlaient encore de gouverner le pays. Se tournant vers les accusés, il leur dit : « Messieurs, vous qui avez créé les « Schutztruppen », vous leur êtes inférieurs, et vous êtes accusés de complot ! ».

Me Berthon explique encore le texte de la loi et les éléments constitutifs du complot, qui demande une volonté, ferme, précise, arrêtée, un commencement d'exécution. Or, ceci manque.

Et Me Berthon arrive aux termes de ses explications. « J'ai conscience de la gravité du moment. J'affirme sur l'honneur que je n'ai jamais douté de l'innocence de tous mes clients et que tous les propos colportés sur moi à ce sujet sont faux, car je les défend tous solidairement et je ne fais aucune exception. Nous n'avons jamais prononcé un mot sur vous, Messieurs les jurés. Je vous rappelle donc que toute la garantie de ces hommes est dans vos consciences. **Notre tâche est remplie, la vôtre commence. Je vais quitter l'Alsace avec le désespoir et la terreur au cœur, car le procès s'ouvre seulement maintenant. Il est temps d'agir, il est grand temps d'agir. Chaque heure est précieuse et je dirai, moi incroyant, comme ce vénérable prêtre croyant, l'abbé Muller: « Béni soit ce procès qui a ouvert les yeux, car il n'y a plus une minute à perdre.» C'est l'opinion de tous que nous nous mettions au travail. Vous y contribuerez par un verdict d'apaisement, parce que ces hommes ont travaillé pour le bien de leur pays. Votre verdict aura cette signification: Nous ne croyons pas que ces hommes sont coupables du crime de complot. Pour tout le reste nous réservons notre jugement. J'ai terminé Messieurs. je vous crie à vous tous: Travaillons ensemble pour le bonheur de l'Alsace et de la France . (Applaudissements).**

La séance est suspendue.

A la reprise le Procureur Général se lève et d'une figure pâle, il s'adresse aux jurés: Après les paroles enflammées que vous avez entendues ces jours derniers, descendons un peu ensemble Messieurs, sur la terre. J'ai peu de choses à répondre aux plaidoieries de la défense. Je n'ai voulu baser mon argumentation que sur des faits précis en me servant de la correspondance des accusés et des actes accomplis par eux. Je ne me base point sur la déposition des témoins.

Cependant je tiens à relever quelques faits. On a fait ici le procès de la France. (France et régime sont deux choses différentes. L'édition.) On a parlé de défaillance individuelle de la part de fonctionnaires. Mais, nous faisons ici un procès juridique et on n'aurait pas dû oublier que la France saigne aux quatre veines pour rendre l'Alsace heureuse. On a parlé des impôts que vous payez, mais ce n'est pas la faute de la France, ils viennent encore du régime allemand, et dans quel pays ne commet-on pas des erreurs?.

On vous a dit que ces gens pourraient être envoyés à Cayenne. Non, ce n'est nullement notre idée. Je vous ai expliqué durant mon réquisitoire qu'ils pourront être punis d'un an de prison!

Me Berthon: Et les droits civiques?

M. Fachot: L'application de la loi des droits civiques est une peine facultative pouvant aller de cinq à vingt ans, mais elle ne sera pas appliquée. Je vous répète: l'autonomie est une chose incompatible avec la France actuelle une et indivisible.

Je passe à une autre question, D'où vient l'argent? Voilà toute la question. J'aurais bien voulu que M. Wildy soit présent ici à cette barre. Je lui aurais posé une question. qui l'aurait sûrement bien embarrassé. On a dit que c'est un homme riche et je lui aurais demandé comment il se fait qu'il ne paye des impôts que pour un capital de 35.000 francs.

D'où vient l'argent ? Il est d'origine suspecte, il a servi à un but criminel. la politique de la « Volksstimme» Et le Procureur Général parle encore des accusés Roos et Pinck, qui seront jugés par coutumace.

Puis il prétend que l'autonomie mène nécessairement au séparatisme et au retour de l'Alsace à l'Allemagne.

Oui, jurés du Haut-Rhin, je vous jette un cri d'alarme: Votre verdict sera d'une conséquence énorme.

Et si vous revenez tout à l'heure avec un acquittement vous direz que les Ricklin, les Rossé, les Fashauer sont maîtres de l'Alsace. Prenez garde, jurés du Haut-Rhin, vous avez toute la responsabilité, prenez garde, si un jour l'Alsace éteint son flambeau pour retourner un jour, pour toujours à l'Allemagne.

(Le Procureur Général est acclamé, mais sur de nombreux bancs et notamment au fond de la salle on entend de vives protestations. Nous-mêmes, Alsaciens de vieille souche, nous ne pouvons pas nous empêcher de protester avec la dernière énergie contre une pareille insinuation. Nous qui connaissons l'âme de l'Alsace, nous qui avons attendu durant des années le retour de notre chère patrie à la grande patrie la France, nous avons le droit de déclarer une fois de plus que personne en Alsace ne veut retourner à l'Allemagne. Prétendre chose pareille c'est faire injure au peuple d'Alsace.!)

Me Thomas: Messieurs les jurés du Haut-Rhin, ce n'est pas sans émotion que je prends la parole en cette minute solennelle. Vous attendiez peut-être encore de la bouche du Procureur Général des révélations, elles ne sont pas venues, c'est toujours la même chose: l'argent est d'origine suspecte. Je vous dirai d'abord, ce n'est pas le complot!

Quant aux fameuses déclarations de contributions de M. Wildy, je n'en sais rien, et il se pourrait que ce soit un faux. Je vous passerai tout à l'heure des documents : vous pourrez voir que M. Wildy, l'avocat de la légation française en Suisse et qui était pour une période de cinq ans juré de la Suisse est un homme fort honorable et très bien situé. Je n'ai pas fait de lui un éloge pompeux, comme le prétend le Procureur Général, j'ai dit la vérité. Cela me suffit.

Me Feuillet: Tout à l'heure, Messieurs les jurés, nous nous sommes sentis transportés par les belles paroles de patriotisme prononcées par Me Berthon. Pourquoi a-t-il fallu que le Procureur Général nous ramène sur la terre, je dirai dans la boue, car toute l'accusation se base sur un Riehl. Mais, quand Berthon, dont je suis en politique un adversaire acharné, a prononcé ces bel-

les paroles, j'ai entendu des sanglots derrière moi. Je me suis retourné et j'ai vu ce pauvre Baumann qui pleurait, j'ai vu M. Ricklin, qui avait les larmes aux yeux: je lui rends hommage et je salue notre chef; j'ai vu le député Rossé qui versait des larmes. Jurés du Haut-Rhin, n'étaient-ce pas des larmes purifiées, des larmes de franchise.? Si vous croyez que non et si vous reviendrez tout à l'heure avec un verdict affirmatif, je proposerai de remplacer sur ce mur non pas le Christ qui est trop haut, mais le placard, par un portrait de Riehl. (Sensation.)

Me Jaeglé: Messieurs les jurés, tout à l'heure le Procureur Général en parlant d'une peine minime vous a demandé un «marché». Cette proposition nous a révoltés profondément.

Si vous jugez ces hommes coupables, condamnez-les, refusez les circonstances atténuantes, nous n'en voulons pas, nous ne voulons pas de marchandages, s'ils sont criminels, frappez et frappez dur. Jurés d'Alsace, vous avez le choix entre deux choses: Ou bien votre nom sera glorifié par l'histoire d'Alsace, ou bien les enfants d'Alsace vous maudiront à jamais.

Me Berthon: C'est une dernière fois que je m'adresse à vous, Messieurs les jurés, je serai court, car vous avez vu tout à l'heure le désarroi de l'accusation. Elle n'a pas de preuves.

Mais quel paradoxe inouï ! Le Procureur Général parle de la peine minime, alors que de l'autre côté, il crie à la trahison de l'Alsace. M. le Procureur, vous, qui êtes le représentant de la justice française en Alsace, vous auriez dû demander la punition la plus dure, car ou bien il y a crime, ou bien il n'y en a pas!

Mais vous n'avez pas la preuve du complot, et alors vous auriez mieux fait de prendre la meilleure solution. Il était encore temps d'éviter à l'Alsace des inquiétudes, vous ne l'avez pas voulu, c'est vous le seul responsable !

Vous avez parlé de l'argent. Vous savez aussi bien que nous qu'il n'y a aucune loi, même s'il y avait de l'argent étranger, qui permette de condamner ceux qui en reçoivent.

Quel paradoxe encore. On prétend que Fashauer a puisé à une source impure, alors que nous savons tous qu'il a fait des dettes. Vous pouvez être sûrs que s'il avait touché de l'argent étranger il n'aurait pas hésité à s'enrichir le premier. A l'heure où nous sommes, il faut en premier lieu une certitude. Si vous voulez condamner ces hommes, il vous faut la preuve qu'ils avaient pris la résolution d'agir et de renverser le Gouvernement.

C'est un moment tragique et dans ce moment solennel le Procureur général ne s'est pas vu obligé de tenir compte des dépositions de tous ces témoins, on n'a pas entendu ce que dit Béron de ses ouvriers de Thionville, ce que dit le député Brogly, on n'a pas écouté le député Walter, qui lui-même demandait à être jugé, on n'a pas entendu la voix du vénérable chanoine Muller, ce sénateur qui connaît si bien l'âme de l'Alsace.

Mais voici que, au lieu que la purification se fasse, le malentendu s'envenime encore, le fossé se creuse plus profond.

Je vous ouvre mon cœur une fois de plus. Le Procureur général vient de prononcer des paroles lourdes de conséquences. Il vient de prétendre une fois de plus que l'Alsace voudrait retourner à l'Allemagne. Une fois de plus, je vous affirme que ce n'est pas vrai. Alors que nous saluons une aurore, qu'une ère de paix s'étend sur l'Europe et que, par ses dernières élections, l'Allemagne renonce une fois de plus à l'Alsace, vous, Procureur général vous déclarez officiellement au monde entier que deux députés français, et avec eux leurs électeurs, veulent retourner à l'Allemagne ! Prenez garde, vous courez un danger, vous risquez de soulever une cause internationale. Prenez garde !

Jurés d'Alsace ! Une fois de plus je vous dis: « Ces gens-là ont demandé l'autonomie dans le cadre de la France. Ils ont demandé des libertés particulières pour l'Alsace dans le cadre de la France. Vous ne pouvez donc pas les condamner Jurés du Ht-Rhin, debout pour l'Alsace et la France !

LA PAROLE EST AUX ACCUSES.

M. Ricklin, les larmes aux yeux et d'une voix émue, adresse d'abord au nom de tous les accusés des paroles de profonde reconnaissance aux défenseurs. Il dit : « Même si nous devions être condamnés, nous garderons toujours à nos avocats une flamme de reconnaissance, telle que la France reconnaissante l'entretient à Paris pour le Soldat Inconnu. »

Puis s'adressant aux jurés il dit : « Messieurs les jurés, me voici au « crépuscule de ma vie. Ces heures « pénibles me pèsent doublement; « l'heure est proche où je comparaî- « trai devant le Juge suprême. A ce « moment de l'existence, on ne ment « plus. Je vous le jure sur mon hon- « neur, sur mon salut éternel, je ne « mens pas, je suis innocent, absolu- « ment. **Jamais, jamais, je n'ai voulu « le bonheur de mon petit pays hors du « cadre de la France. Jamais il n'a été « question de revenir sur le retour de « l'Alsace à la France. Je le crie, je le « jure. Jugez-moi, jugez - nous et, si « vous devez condamner quelqu'un, « que ce soit moi seul, qui parais être le « mauvais berger de ce troupeau. Les** « autres, laissez-les, ils sont innocents « comme moi, tous. Mais s'il faut une « victime, que ce soit moi, **moi seul « qui proclame notre innocence, notre « loyalisme envers la France;** moi qui « prends toute la responsabilité de ce « mouvement alsacien et français.»

Mais je ne suis pas un criminel, mon seul crime est d'avoir trop aimé ma petite et chère terre d'Alsace, pour laquelle mon cœur a tant souffert. »

Schall : Un mot seulement : Messieurs les jurés, vous avez vu que j'ai pu répondre à toutes les questions du

Président. Du complot, on n'a dit mot. S'il y en avait eu un, l'Alsace entière l'aurait su, car une chose pareille ne se cache pas. Je tiens à vous dire que jamais, dans nos réunions, on n'a parlé de renverser le Gouvernement. Notre but était toujours de réclamer, par tous les moyens légaux, le respect des vieilles traditions alsaciennes. Nous avons toujours repoussé un changement politique, nous voulons rester Français, et si jamais un d'entre nous avait commis un acte de trahison, nous serions les premiers à nous séparer de lui.

Hauss : J'ai été arrêté cinq jours après mes amis. Pendant l'instruction et ici encore, toujours je demandais pourquoi ? Personne ne me l'a dit. Nous ne sommes pas des criminels. Nous avons travaillé pour notre petit pays, dans l'intérêt de la France. Si, dans votre conscience et devant Dieu, vous pouvez me condamner, faites-le.

Sturmel : Je ne puis que dire ce que j'ai dit le premier jour, que je n'ai jamais connu de complot : aimer son pays, combattre pour des idées politiques, ce n'est pas une crime.

Schweitzer : Dans une lettre qui se trouve au dossier, je dis : « Je cherche une France dans la paix, je cherche une Allemagne dans la paix, mon vœu est que ces deux pays s'aiment comme deux grands frères. »

Wurtz : Je ne perdrai pas beaucoup de paroles. Vous avez vu que le complot n'existe pas. Il se base sur quelques poutres pourries et comme couronnement de cet édifice, vous n'admettrez pas la violation de la justice.

Solveen : On m'a reproché du théâtre, de la littérature, de l'art. Depuis cinq mois je suis en prison. Vous, jurés, qui êtes pères de famille, je vous demande justice au point de vue humain.

Heil: J'ai une conscience aussi tranquille et aussi bonne que le premier jour de ces débats. Je vous souhaite, Messieurs les jurés, qu'après avoir rendu votre verdict votre conscience soit aussi tranquille que la nôtre.

Fashauer: La première question vous demande s'il y a eu complot. Vous avez pu constater que jamais, durant ces débats, on ne nous a demandé : « Où et quand avez-vous comploté ? » Mais si devant Dieu et dans votre conscience, vous pouvez nous condamner, faites-le. Nous irons à Cayenne, nous irons aux travaux forcés. Ce ne sera pas la preuve qu'il y a eu un complot en Alsace, mais que la liberté de la pensée, de la parole et de la presse y est interdite.

Schlegel: Mon seul crime est d'avoir été le secrétaire du groupe local du Heimatbund de Strasbourg. Si c'est un complot, condamnez-moi, je ne demande pas de circonstances atténuantes.

Madame Fashauer: Vous avez entendu mon interrogatoire. Il était court, il n'y était pas question de complot. Depuis cinq mois, je suis séparée de ma famille. Messieurs les jurés, nous avons confiance en vous, vous êtes notre seule protection.

Rossé: Quatre points sont retenus contre moi. Mes relations avec l'Allemagne; vous avez vu que j'ai pu les réfuter. Des articles anti-français, le témoin Bourgoin n'a pas pu en produire. On m'a reproché mon argent dans l'«Erwinia». J'ai prouvé sou par sou, comment je me suis procuré cet argent à la sueur de mon front. On me reproche mon action syndicale. N'oubliez pas que j'ai agi au nom de 40.000 fonctionnaires. Mon crime est d'avoir travaillé de toutes mes forces pour les revendications justifiées de mes collègues en me servant de toutes les lois légales. Si contrairement à l'opinion des Droits de l'homme, vous croyez que c'est un crime, condamnez-moi sans pitié. Mais, n'oubliez pas qu'il y a un Juge suprême.

Baumann: Parlant le français lentement, mais distinctement, dit, les larmes aux yeux: Je suis innocent dans ce complot, je ne connais pas la plupart des co-accusés. J'étais simple employé du baron Zorn de Bulach qui a fait un profit de 50.000 francs avec sa « Wahrheit ». J'ai une femme qui est gravement malade, et je vous déclare que je suis innocent et j'espère qu'on finira bientôt aussi avec cette honteuse affaire de l'espionnage. Mais si vous me croyez coupable, je ne vous demande pas pardon, je vous demande justice.

Reisacher proteste encore une fois contre son arrestation. C'est la seconde fois durant sa vie qu'il est incarcéré et aujourd'hui, à la fin des débats, il ne sait pas encore pourquoi il est là. Il est convaincu qu'en conscience aucun des jurés ne peut le condamner.

Kohler dit qu'il n'est ni espion, ni comploteur. Que malgré les cinq mois il tient la tête toujours haute, car il a la conscience tranquille, que le jury le fasse court, vite, comme chez le dentiste, sans douleur, afin que cette affaire soit une bonne fois terminée.

Le président lit ensuite les dix-sept questions qui sont posées au jury:

Est-il constant que depuis 1920 il y a eu sur le territoire national, notamment dans les départements du Haut-Rhin, du Bas-Rhin et de la Moselle, un mouvement tendant à changer le Gouvernement et excitant le peuple à s'armer? Ces faits ont-ils été concertés et arrêtés?

Suivent les questions 2 à 16, concernant chacun des accusés et la 17e question:

Y a-t-il eu résolution d'agir, ou actes commis, ou a-t-on commencé d'agir?

Le verdict du jury

Pendant deux heures, les jurés se concertent dans la salle des délibérations, cependant que la foule manifeste violemment au dehors. Les avocats, les députés qui se présentent aux fenêtres sont tous applaudis. Ces deux heures d'attente sont des heures de cruelle angoisse.

Au bout d'un quart d'heure quatre jurés suppléants entrent dans la salle et tout le monde crie à l'acquittement. Mais c'est une fausse alerte. L'angoisse dure jusque vers 7 h. 15. l'on devine que la bataille est dure, et que le verdict est peu favorable. Le chef du jury, M. Arbeit, lit le verdict du jury qui a répondu **oui** à la première et à la deuxième, à la quatrième, cinquième et sixième question, **Non** à la troisième et à toutes les autres.

En conséquence on fait entrer aussitôt, MM. **Hauss, Schlegel, Baumann, Kohler, Wurtz, Heil, Madame Fashauer, Reisacher, Solveen, Sturmel et Schweitzer qui sont acquittés. Tous seront remis en liberté sauf Baumann et Kohler détenus pour espionnage.**

On fait ensuite entrer MM. Ricklin, Schall, Fashauer et Rossé et on leur lit le verdict du jury. Impassibles mais pâles d'émotion, peut-être aussi de colère, ils apprennent qu'ils sont inculpés de complot.

La parole est au **Procureur Général:** Pour montrer, dit-il, que la justice française est impartiale, sereine et généreuse, je demande une application modérée de la loi.

Le Président demande si la défense veut prendre la parole.

Me Feuillet désire parler.. La défense le supplie de se taire. **Mais malgré tout Me Feuillet lance dans la salle l'accablement de son cœur.** S'adressant à MM. Rossé, Schall, Fashauer et Ricklin, il leur dit: « **Je vous supplie de ne pas juger la France sur le verdict indigne qui a été prononcé.** » Et Me Feuillet s'effondre en pleurant. (Un tonnerre d'applaudissements souligne cette déclaration).

Et, tandis que le plus grand désordre règne dans la salle, la Cour se retire pour délibérer.

Les accusés s'embrassent avec émotion. De tous côtés on vient féliciter ceux qui ont été libérés et encourager ceux qui restent en prison.

Du dehors, on entend le « O Strasburg, O Strassburg ».

Après un quart d'heure de délibération, la Cour revient, elle prononce le verdict définitif, **CONDAMNANT ROSSE, RICKLIN, SCHALL ET FAS-HAUER A UNE ANNEE D'EMPRI-SONNEMENT ET A CINQ ANS D'IN-TERDICTION DES LIEUX QUE VOU-DRA DETERMINER LE GOUVERNE-MENT.**

Le Président remercie les jurés de leur patient labeur. **La défense s'agite montrant son dégoût. De nombreuses personnes pleurent.** Les Alsaciens, pleins de sympathie pour les accusés, expriment de justes craintes, Le verdict n'est pas celui qu'on avait attendu. Serait-ce là l'apaisement ?

Nous nous abstenons pour aujourd'hui de tout commentaire. Mais nous rappellerons que les jurés porteront la responsabilité de leur verdict.

La grande presse parisienne qui a collaboré à ce verdict que le peuple juge injuste sera responsable, elle aussi de l'aggravation que ne manquera pas de provoquer ce verdict.

Le peuple manifeste

En sortant de la salle, des milliers de curieux attendent la sortie des jurés et de certains journalistes, tel que M. Helsey, qui avait déjà été conspué deux fois dans l'après-midi. A sa sortie, le premier venu lui crache au visage et il est poursuivi par les huées du public, qu'il apostrophe de « canaille ». Les gendarmes le protègent.

Les sapeurs-pompiers, avec leurs pompes, sont dans la Grand'Rue depuis six heures, mais ils ont été refoulés par le public. Un peloton de gendarmes à cheval traverse les rues pour disperser le public: Ils sont conspués comme les sapeurs-pompiers.

Enfin le Procureur Général sort de la Cour d'Assises. A son tour, il est conspué et il faut que les gendarmes à cheval le protègent pour sa rentrée, de même MM. Boudier et Mazoyer, l'un substitut du Procureur et l'autre Président de la Cour. Les manifestants jettent des pierres au procureur et profèrent de violentes menaces.

Certes l'impression est que l'ère de la revanche et de la haine va commen-

cer. Au lieu d'être un jour de gloire, c'est un jour de malheur pour l'histoire de l'Alsace.

Une réunion aux Catherinettes

Le soir, vers 8 heures, eut lieu aux Catherinettes une réunion de protestation, convoquée par le Secours International. La salle regorgeait de curieux et nombreux furent ceux qui ne trouvèrent pas de place.

Le député Béron parla le premier pour protester contre la condamnation de quatre Alsaciens. Tous les avocats de la défense qui arrivèrent ensemble, furent vivement acclamés par la foule et furent invités à prendre la parole.

Le député Dahlet, de Saverne, parla à son tour au nom du peuple alsacien contre ce jugement. Il dit: « Si l'on s'imagine que la lutte pour nos vieilles traditions et nos libertés est terminée, maintenant, on se trompe, et je déclare ici que la bataille commence seulement. »

Des acclamations enthousiastes prouvèrent que M. Fachot avait obtenu de la population, diamétralement le contraire de ce qu'il voulait. Nous avons toujours averti les autorités, et nous regrettons qu'on n'ait pas voulu nous comprendre.

Me Peter fit accepter par acclamation une résolution protestant contre le jugement.

Nous préférons, dans l'intérêt de la cause française, ne pas reproduire tout ce qui a été dit dans cette réunion.

M. Simon clôtura la réunion en priant la foule de rentrer bien tranquillement et de ne pas manifester dans les rues pour ne pas donner à la police l'occasion d'intervenir.

Malgré cet avertissement, une foule nombreuse se rendit devant la maison du Procureur Général, avenue de la République, et bien qu'elle était gardée par une cinquantaine de gendarmes sous les ordres d'un commandant et de deux capitaines, le peuple y manifesta jusqu'à minuit,

L'épilogue du procès autonomiste

12 juin 1928

MM. Schmidlin, Roos, Ley et consorts condamnés par contumace à 10, 15 et 20 ans de détention

Dans la séance de mardi matin, ouverte à 10 h. 30, trop tardivement pour la gravité de l'affaire dont il s'agissait, la Cour eut à se prononcer sur MM. Roos, Ernst, Schmidlin, Ley, Pinck, Hirtzel et Zadock, inculpés dans le complot autonomiste, actuellement en fuite. L'affaire sera jugée devant une salle vide. A peine deux ou trois personnes intéressées assistent aux débats qui dureront quatre heures.

A l'ouverture de la séance le président M. Mazoyer donne la parole au Procureur M. Mougenot, remplaçant M. Fachot. Celui-ci demande que les accusés soient jugés suivant la procédure habituelle. On fait par trois fois l'appel des accusés, appel auquel personne ne répond. A l'appel de M. Schmidlin,

M. GRIMM, avocat et professeur à l'Université de Munster (Allemagne) s'avance vers la barre pour présenter des excuses du Dr. Schmidlin, son ami, également professeur à l'Université de Munster. M. Grimm qui est docteur en droit international, se basant sur l'article 468 du Code Français, présente des excuses qui sont légales en tant qu'ami et non pas en avocat. On lui donne la parole à ce titre.

M. Grimm rappelle d'abord que la situation de M. le Dr. Schmidlin est très délicate. Il décrit brièvement la carrière passée et dans quelles circonstances il devint professeur à l'Université de Munster après avoir essayé vainement d'occuper une chaire à l'Université de Strasbourg.

L'abbé Schmidlin qui fut réintégré de plein droit dans sa qualité de Français, a obtenu la nationalité prussienne du fait de sa fonction publique comme professeur à l'Université allemande. Il a prêté serment au Gouvernement et comme tel il ne peut quitter son poste sans autorisation. « Mon ami, dit-il, est vraiment dans un pénible conflit de conscience et de contrainte morale. Il se trouve dans une situation de force majeure reconnue par tous les Codes, car d'un côté il ne peut quitter son poste sans risquer de le perdre, d'autre part, il se voit en face d'une accusation à laquelle il doit répondre.

Mais il existe une autre raison. Monsieur Schmidlin qui avait cherché de tout cœur à se mettre en règle avec la Justice et l'autorité française, apprit trop tard les poursuites qui avaient été ordonnées contre lui, et il n'a pu en temps opportun se pourvoir d'un congé pour se présenter à la Justice française pour le grand procès du complot. Il se trouve d'ailleurs dans une situation spéciale; les membres de sa famille se trouvant tous en Alsace, la condamnation qui sera prononcée contre lui sera d'autant plus pénible qu'il ne pourra plus revoir les siens.

M. Mazoyer interrompt M. Grimm. « Vous dites que votre ami est professeur? Ne peut-il donc quitter l'Université pour venir se défendre personnellement ?

M. Grimm: Mon ami est spécialiste et il ne peut interrompre ses cours sans autorisation spéciale du Gouvernement.

M. Mazoyer: Si M. Schmidlin obtenait un congé se présenterait-il?

M. Grimm: Oui, s'il obtenait un sauf-conduit.

M. Mazoyer: Mais vous comprenez fort bien que nous ne pouvons pas lui donner un sauf-conduit. Dès qu'il entre en territoire français la Loi entre en vigueur et M. Schmidlin sera arrêté. M. Schmidlin, ne peut-il demander un congé à l'heure actuelle? A quelle époque les professeurs d'Université ont-ils congé ?

M. Grimm: Entre août et octobre.

M. Mazoyer: Je donne la parole à l'avocat général.

Avocat général: Il est evident, Messieurs, que l'excuse présentée par M. Grimm est insuffisante. L'inculpé aurait pu se pourvoir d'un congé. S'il avait pris l'affaire au sérieux il l'aurait au moins demandé, mais il sait qu'en rentrant en France il sera écroué. L'excuse comme vous le voyez est illégitime.

Le président: Permettez-moi, M. Grimm, de vous poser quelques questions.

Président: M. Schmidlin a-t-il des biens en Alsace?

M. Grimm: Je ne sais pas, je ne le crois d'ailleurs pas. Mais vous pourrez vous renseigner auprès des frères de M. Schmidlin qui se trouvent ici.

Président: M. Schmidlin a-t-il demandé un congé?

M. Grimm: Non, et pour la simple raison qu'il na pas reçu de notification officielle de la Justice française pour se présenter.

Le président ajoute: Vous savez bien que l'arrêt rendu contre contumace ne compte plus dès l'instant où l'inculpé se présente. Dans le cas donc où votre ami se présenterait, l'affaire serait jugée à nouveau.

M. Grimm demande la parole pour un dernier mot.

« Dans la Ruhr on m'a permis, dit-il, dans de nombreux cas de plaider et ceci à simple titre de conciliation, car il est évident que je n'en avais pas le droit. Je vous prie d'user en la circonstance du même esprit de conciliation et de me permettre de parler maintenant en avocat pour défendre mon ami.

Le président suspend la séance pour délibérer.

La Cour revient après une demi-heure de délibérations et lit un arrêté dans lequel elle rejette la demande de M. Grimm parce que M. Schmidlin n'a pas demandé de congé et parce que d'autre part la raison qu'il invoque a un caractère permanent et non momentané Et l'on passe outre aux débats.

Le greffier lit ensuite les arrêtés de renvoi et l'acte d'accusation dans les parties qui concernent les accusés. (A ce moment un incident se produit.. On entend quelques cris et tout le monde de regarder l'autonomiste qui vient troubler l'ordre. Le président donne ordre aux gendarmes d'amener le perturbateur. On l'amène devant lui et l'on constate avec gaîté qu'il s'agit d'un homme ivre, quelque peu détraqué).

Le président donne à l'avocat général la parole sur la régularité de la procédure. Celui-ci constate qu'elle est régulière et M. Mazoyer passe à la lecture sommaire de

quelques pièces du dossier

des intéressés.

Il s'agit d'abord des lettres de M. Roos à des amis d'Allemagne. Ce qui frappe dans ces lettres, c'est le grand nombre d'initiales indiquant des personnages inconnus au public et compréhensibles pour les seuls initiés. L'impression qui s'en dégage est que M. Roos travaillait dans le mystère; peut-être aurait-il pu nous éclairer facilement. Mais de fait, nous restons dans l'inconnu. Dans une lettre de M. Schmidlin à Pinck nous voyons que les subventions seraient très nécessaires pour continuer la publication de la « Brücke ». Ernst affirme qu'il fera un voyage pour parler avec les chefs des centres de propagande allemands. Il donne des directives sur l'orientation de la « Brücke» et il suggère le recours à telle ou telle personne pouvant servir d'intermédiaire pour obtenir de l'argent des bureaux du gouvernement. Cette lettre a-t-elle été suivie de faits, on ne le sait pas. Il est évident que dans le cas présent, M. Schmidlin a voulu rendre service à Pinck.

Les lettres de **Ley** à M. Ricklin sont vraiment dignes d'un esprit bourré d'idées fixes. M. Ley parle de l'Alsace comme il parlerait de l'Irlande et du Transvaal. C'est un pays opprimé qu'il faut libérer par les armes de l'oppression étrangère. Il demande des renseignements sur les troupes que commande le général de Gail. Il serait avide de savoir si une centaine d'hommes de la « Schutztruppe », bien armés, étaient suffisants pour révolutionner Strasbourg dans un moment de crise. Dans une autre lettre il constate lui-même l'inutilité d'un mouvement révolutionnaire par les armes, parce qu'il craint les canons à longue portée, les avions, etc. Ces lettres dénotent un esprit criminel ou un espion ou encore un malade d'esprit.

Dans les lettres de **Pinck**, nous relevons les fameuses « salutations allemandes », des théories sur l'administration future en Alsace, sur les meilleurs moyens de propagande allemande. M. Pinck a la folie des grandeurs.

Dans une lettre de Redelsperger à Hurtzel nous voyons que celui-ci est un des personnages les plus actifs de la propagande. On trouve chez lui des lettres de membres du «Soldatenbund» qui jurent de se venger de la France.

Les lettres de Zadock sont insignifiantes.

Le président veut donner la parole au Procureur Général qui demande à suspendre l'audience, étant donné qu'il parlera au moins pendant une demi-heure. Il est midi et demi et l'audience est suspendue pour être reprise à 2 heures 15.

M. Mougenot, avocat général, continue la lecture du réquisitoire préparé et lu en majeure partie lors du procès du complot par M. Fachot. C'est une lecture rapide, calme, froide même. Il passe en revue chacun des accusés et examine leur rôle dans le complot autonomiste.

M. Roos est accusé d'être un homme intelligent, d'avoir été officier allemand et d'avoir dirigé en Sarre une école qui lui servait de lieu de propagande pour ses idées francophobes. Il est le commandant en chef de la « Schutztruppe ». Il est sans cesse en quête d'argent pour le mouvement autonomiste. Dans ses lettres ce sont toujours les mêmes paroles qui reviennent: Mais de l'argent où en trouverons nous? Comme il ne prévoit pas la solution du problème dans le cadre de la France, il ne craint pas de recourir à la S. D. N. Il écrit dans une lettre: Nous ne pouvons plus rien attendre de la France. Les responsabilités qu'il a encourues sont telles qu'il faut le placer par ordre d'importance immédiatement après M. Ricklin.

Le président lit ensuite une déclaration publiée par M. Roos après la condamnation des autonomistes actuellement détenus. M. Roos y affirme que c'était un jour noir pour l'histoire d'Alsace, et non un jour de gloire, qu'il travaillera de toutes ses forces pour résister à la force oppressive de la France et aux exactions de la police. Il constate que l'opinion publique en Alsace est tout entière gagnée aux idées autonomistes. Une atmosphère de haine et de suspicion y règne; il faut qu'elle disparaisse. Il proteste contre les mensonges de la police durant le procès et il termine en affirmant qu'il travaillera pour l'Alsace de toute la force de sa volonté et qu'il luttera sans trève pour une Alsace libre contre les violences de l'oppression française.

M. Ernst est le directeur du «Schutzbund» et des «Heimatstimmen» C'est un agitateur des plus dangereux et il est prouvé que des relations existaient entre lui et Pinck. Il a fondé en Allemagne l'association des Etudiants Alsaciens: il a recherché par tous les moyens à rattacher l'Alsace à l'Allemagne, mettant en valeur son influence dans de nombreux centres de propagande en faveur des Alsaciens et de l'Alsace allemande.

M. Schmidlin est un homme influent qui, possédant deux passeports, en profite largement pour se mettre en relations constantes avec les autonomistes alsaciens et avec les centres de propagande allemands. Il est membre de l'Association des Alsaciens-Lorrains du Reich et de l'Institut Scientifique de Francfort. Il est en relations avec Aeschendorf (?) et Schreiber, et il agit sur les directives de M. Pinck pour obtenir près du gouvernement allemand des subventions en argent pour la « Brücke ». Il écrit de nombreux articles et des lettres d'un ton tellement violent, qu'elles se passent de tout commentaire.

Ley prétend partout que l'Alsace est terre allemande: elle doit le rester. Condamné devant les Assises du Bas-Rhin en 1921 il continue sa propagande. Il affirme qu'il est antifrançais et qu'il a souffert dans les geôles françaises pour le droit des peuples de disposer d'eux-mêmes. De nombreux livres, des tracts, les cartes en faveur d'une Alsace autonome, avec ou sans le cadre de la France, ont émané de lui. Il s'enquiert des forces militaires de la France en Alsace et prouve par là qu'il a fait de l'espionnage militaire.

Pinck le financier, associé de M. Gérardot est un agitateur dangereux. Il se mêle de tout, veut diriger tout le mouvement autonomiste et a établi des relations avec de nombreux personnages allemands. Il a des rapports suivis avec les centres de propagande allemande. Ses idées pro-allemandes sont très connues et il suffit de rappeler à ce propos ses « salutations allemandes ». C'est un des agents des plus importants du mouvement autonomiste: il mérite d'être placé au premier rang des auteurs du complot.

Le pasteur **Hirtzel** est un des fondateurs de la « Zukunft » Il fut un des premiers pasteurs qui luttèrent de concert avec le clergé catholique contre l'introduction des lois laïques (près la Justice française c'est aussi un crime!)

Comme trésorier du « Heimatbund » il dispose de l'argent de cette association et il en dispense largement, animant tout le mouvement, soutenant la « Zukunft » et lui donnant des directives; il veille avec un soin jaloux à l'éclosion du mouvement autonomiste auquel il gagne de fervents propagateurs.

Zadock, le marchand qui fait de mauvaises affaires est selon les dires de l'avocat général, l'homme de confiance du Dr. Ricklin. C'est un homme à tout faire, d'une moralité douteuse, mais certainement un ennemi de la France. Ricklin le rencontra souvent à la gare de Mulhouse: il lui donna des directives pour sa propagande à Mulhouse.

L'avocat général achève sa lecture qui a duré trois quarts d'heure en demandant aux juges, suffisamment éclairés sur le crime dont se sont rendus coupables les accusés, d'appliquer simplement les articles 87 à 98 du Code pénal.

La Cour se retire pour délibérer.

Après une demi-heure de consultation elle revient avec un **verdict sévère**

Condamnant l'accusé LEY à vingt ans de détention, ROOS, PINCK, ERNST à quinze ans de la même peine, HIRTZEL, SCHMIDLIN et ZADOCK à dix ans de détention, et elle fait à tous les inculpés **défense de paraître pendant vingt ans dans les lieux que spécifiera le gouvernement.**

Le jugement sera inséré dans « Les Dernières Nouvelles de Strasbourg » et l'« Elsaesser Kurier » et la condamnation affichée au domicile des accusés, aux mairies des chefs-lieux de départements où ils ont résidé, et à la porte du prétoire de la Cour d'Assises.

La séance est levée vers 4 h. et voici terminée quant à la forme cette lamentable histoire du complot.

QUELQUES DOCUMENTS
ET
OPINIONS DE PRESSE

Quelques extraits des lettres de M. Riehl

(Recommandée).

Mulhouse, le 26 mai 1926.

Très honorable M. Wurtz,

. . . .

Je suis ici même dans le comité de la « Zukunft » et je voudrais créer une association d'anciens combattants Alsaciens-Lorrains. Dans cette association, j'admettrai seulement des Alsaciens-Lorrains qui ont servi dans l'armée allemande pendant la guerre. Cette association aurait pour but d'assurer aux anciens soldats de l'armée allemande la préférence et l'égalité dans toutes les administrations et dans toutes les entreprises. Cette organisation devrait forcer tous les Alsaciens-Lorrains de caractère droit et membres de l'U.N.C. de s'associer à nous. Nous voulons nous placer sur le terrain purement alsacien... Une telle association s'occupera aussi de la protection de nos réunions publiques.

Quand est-ce que nous organiserons enfin des réunions publiques, il serait grand temps de se montrer publiquement.

***

Il s'agit maintenant de créer tout un réseau d'organisation dans le pays entier et d'organiser nos gens dans des associations fortes.

Dans une lettre du 26 mai à M. Wurtz nous lisons : M. L. et Schweitzer forment avec moi le noyau du groupe de cette ville (Mulhouse) et nous nous sommes jurés fidélité et discrétion. Ce qui nous est communiqué personne autre ne devra le savoir...

Nous craignons beaucoup d'être un beau jour poussés contre le mur par des hommes comme M. Brogly et que nous qui

avons posé la première pierre n'ayons plus rien à dire....

Nous ne ferons jamais défaut, nous faisons tout pour délivrer notre pays des griffes françaises, mais on ne peut et on ne doit pas nous éliminer.

Il faut absolument réaliser la création d'un « Soldatenbund » alsacien.

***

...Mais les messieurs avec leur ruban rouge ne doivent obtenir aucune influence sur notre mouvement.

Car maintenant on ne soufflera plus dans la trompette patriotique et chauvine. Des messieurs, comme Brogly ne peuvent servir que de façade pour amener des éléments hésitants. Mais ils ne doivent pas avoir d'influence. Seuls les Alsaciens purs ont le droit d'être avec nous. Tous les vils adulateurs de Marianne sont pour nous éliminés.... La tutelle française doit disparaître. La centralisation est une plante romane ou slave, que notre caractère germain abhorre.

Nous voulons être maîtres dans notre propre maison et ne pas être contaminés par la contagion française, qui se nomme : paresse, négligence, anarchie et autres vices. La France est infectée jusqu'à la moelle et il nous est impossible de ne guérir jamais sous le régime français. Dans une lettre du 4 juin à M. Keppi on lit : « Un Alsacien-Lorrain qui pense loyalement ne peut être un Français, sans quoi il est un infâme hypocrite. »

***

Nous avons du sang germain dans nos veines et ne pouvons jamais marcher avec la France... Je travaille pour le moment aux statuts d'une «association de soldats alsaciens-lorrains». Tous les Alsaciens au cœur droit, doivent sortir de l'U. N. C. et de l'association des Engagés Volontaires, car ces groupements sont les pépinières de la haine, du militarisme, chauvinisme et impérialisme. Ces groupements veulent nous infecter et nous devons combattre ceci avec la dernière énergie... Vous avez obtenu par là, ainsi que me le disait M. Ricklin, que signèrent avec M. Ricklin, M. Brogly, porteur du petit ruban rouge et autrefois vil adulateur de la France, M. Bilger et Silbermann. Je puis tranquillement vous dire que tous ces messieurs jouissent d'une bonne réputation à l'exception de M. Brogly dont on dit partout qu'il fait la chasse après un nouveau mandat.

Je vous prie de garder le plus grand secret sur tout ce que je vous ai communiqué, afin que cette maudite gueuse de la police, le «Journal d'Alsace et de Lorraine» n'apprenne rien.

*****

Dans une lettre du 14 juin 1926 à M. Keppi, nous lisons après des termes injurieux contre la France que nous préférons ne pas répéter: Celui qui aujourd'hui encore croit à une guérison de notre pays, dans le cadre de la France, celui-là est aveugle.... Tout le peuple en a assez et se rangerait comme un seul homme derrière cette revendication (le droit de libre disposition). J'ai la ferme intention de publier un appel en faveur d'un plébiscite et de fonder une ligue... Je le ferai sans faute, si le Heimatbund n'est pas créé. Je ne reculerai devant rien pour délivrer notre pays.

Ne nous abandonnez pas, je vous prie, mais aidez-nous dans notre but contre notre ennemi mortel, la France... Nous comptons tous qu'on ne se laissera pas intimider par le coup de pied de Laval. Nous devons au contraire montrer les dents. Je continuerai maintenant à travailler aux statuts du «Soldatenbund», qui deviendra très nécessaire dans le plus proche avenir.

*****

Dans une lettre recommandée à M. Wurtz du 17 juin 1926, M. Henri Riehl se plaint:

Pourquoi ne fait-on jamais appel à notre conseil, à nous, qui avons tout consacré à notre mouvement... Puis, plus loin: Pour moi, il s'agit de taper toujours fort, il faut libérer notre pays. M. Sturmel croit qu'il faut attendre jusqu'à ce que la question des sanctions soit réglée, je suis d'un autre avis et dis qu'il faut agir maintenant; il ne faut pas fermer la bouche. Quant au «Soldatenbund», nous y travaillons fermement.

*****

Dans une lettre recommandée du 14 octobre 1926 à M. Schall, l'auteur part en attaque contre M. Poincaré, qui était en ce temps à Mulhouse. Riehl se permet d'appeler le Président du Conseil le «faussoyeur» de l'Alsace et «vieux criminel de la guerre».

Notre sentiment patriotique ne nous permet pas d'entrer dans les détails.

. . . .

Dans la même lettre on lit: Je vous envoie par le même courrier la somme de 20 frs. pour la «Zukunft» sous la citation suivante: «Alsacien, tient ferme à ton langage, malheur à celui qui se laisse voler ce trésor.» Parlant du théâtre allemand en Alsace, l'auteur dit: «Si cet hiver il n'y a de nouveau aucune protestation contre les représentations uniquement en français alors je suis prêt à publier à mes frais un tract pour le plébiscite et vous verrez, que j'aurais un succès immense.

*****

Dans une lettre du 21 octobre 1926 au pasteur Kattermann à Fribourg, nous lisons entre autres: «Je suis abonné à la revue «Das deutsche Heer» et je suis ancien combattant dans l'armée allemande. J'ai participé à la guerre mondiale dans un régiment d'artillerie allemand.

Vous avez sûrement appris par la presse, que nous avons à mener une dure lutte en Alsace-Lorraine, pour le maintien de notre germanisme (Deutschtum), où on nous traite comme des cafres-zoulous, on use de tous les moyens pour exterminer notre langue maternelle.

Toutes ces lettres sont authentiques et sont signées par: « Votre dévoué compatriote H. Riehl ».

Une conférence de M. Fritz Kiener

professeur de l'Histoire d'Alsace à l'Université de Strasbourg

L'article que nous reproduisons ci-dessous a été publié dans « Le Temps » et contredit singulièrement les thèses jusqu'ici défendues par ce journal. Il commente une conférence faite à Paris par M. Fritz Kiener, professeur d'histoire à l'Université de Strasbourg.

Rarement nous avons eu le plaisir de lire des paroles aussi sensées et aussi justes sur le problème alsacien et sur le procès qui s'est déroulé récemment à Colmar. Elles ont d'autant plus de poids qu'elles émanent d'un Alsacien faisant lui-même partie de la bourgeoisie et qui ne craint pas de mettre le doigt sur la plaie, devant un auditoire composé de hautes personnalités parisiennes.

On y trouve en même temps la réfutation de certaines affirmations du « Temps » qui dit dans le même numéro où est publié cet article, que les élections autonomistes étaient dues en grande partie au grand nombre d'Allemands naturalisés : il parle de 150.000 Allemands naturalisés, ce qui est une absurdité. Mais laissons parler l'auteur même de l'article, M. Robert Gauthier :

Répondant à un appel de l'«Union pour la Vérité », une cinquantaine de personnes, et notamment le maréchal **Lyautey**, M. Léon Brunschwicg, **le comte de Pange**, M. Daniel Halévy, M. Siegfried, se trouvaient réunis récemment rue Visconti, M. Fritz Kiener professeur d'histoire d'Alsace à l'Université de Strasbourg, était spécialement venu à Paris pour y faire une conférence sur « la situation en Alsace après le verdict de Colmar ». Et ce fut une leçon sévère, avec des moments pathétiques, qui, pendant une heure et demie, se déroula devant les auditeurs attentifs retenus par la parole un peu heurtée parfois du conférencier jusqu'au moment où, trahissant la passion qui l'animait, M. Kiener termina en un appel à la France, l'adjurant **d'apaiser**, par les mesures nécessaires, des dissentiments qui ne sauraient se manifester plus longtemps sans péril. M. Fritz Kiener ne fit rien pour celer la gravité du malaise actuel.

Alsacien, et, ce qui est important, protestant, c'est du point de vue un peu particulier peut-être de l'Alsacien que le conférencier expose la question et, en définitive, sa leçon sera une «défense » de ses compatriotes, mais, historien, il n'approuve ni ne blâme, il constate et signale des faits.

Les idées développées par M. Kiener peuvent se ramener à quelques thèmes centraux.

L'Alsace est actuellement double

en face de l'Alsace bourgeoise, francophile, de langue française, en face de l'Alsace traditionnelle, une Alsace nouvelle s'est développée: Alsace populaire, qui comprend la majorité de la population, parle patois, et, à la suite d'une série de **mesures maladroites**, considérées comme **vexatoires**, se montre indisposée contre la France; des réformes s'imposent pour ramener à nous le peuple alsacien. Il ne faut pas voir partout en Alsace la main de l'Allemagne. Les Allemands ont éprouvé trop de désagréments avec l'Alsace pour souhaiter actuellement une nouvelle annexion. Le prêtre alsacien est très près du peuple; il a une influence qui ne saurait être mésestimée. Il n'y a pas eu de collusion entre autonomistes et communistes aux dernières élections; le mouvement qui les a portés les uns vers les autres fut **spontané**. L'Alsace a une personnalité qui ne saurait se fondre immédiatement dans celle de la France: à situation spéciale, il faut un régime spécial et l'Alsace ne saurait être administrée comme une autre province française. Tentée sur un rythme trop rapide, la fusion entre la mère patrie et les provinces recouvrées a été une source de malentendus: il faut revenir en arrière, aller plus lentement, laisser à l'Alsace, un **régime administratif particulier;** un proconsulat; lui permettre de conserver des traditions de langue, de religion ou d'administration qui sont partie intégrante de sa personnalité.

Dès le début de sa conférence, M. Fritz Kiener heurte les idées communément reçues, annonce qu'il va attaquer et enseigner.

Vous ne connaissez pas l'Alsace dit-il en substance, vous n'en connaissez qu'une petite partie, celle qui est faite à votre image; celle qui fait l'opinion de la plupart de vos journaux; l'Alsace de la bourgeoisie:

Mais la bourgeoisie est loin de représenter la masse de la population: elle en représente au plus un cinquième. Quatre cinquièmes vous échappent et mériteraient pourtant que vous vous en occupiez davantage, car ils forment le nombre, ils forment aussi l'avenir.

Je veux vous montrer comment, sans vous en rendre compte, par incompréhension, vous avez réussi à irriter et à blesser le peuple, de sorte que, d'étape en étape, un mouvement populaire s'est formé avec lequel il serait de bonne politique de compter plus que par le passé.

La France, poursuit M. Kiener, est trop prudente et trop généreuse pour vouloir détruire l'âme de l'Alsace, mais il semble parfois que les événements deviennent plus forts que sa volonté. En face de ces événements, un bloc de résistance « minorité », ou « mouvement populaire », s'est formé; examinons comment.

Les journaux de l'intérieur se plaignent souvent de l'esprit des fonctionnaires alsaciens et lorrains. M. Fritz Kiener croit voir ici la résultante de différences entre les deux types de fonctionnaires. Le fonctionnaire du type local diffère de son collègue de l'intérieur par sa formation professionnelle, ses garanties de sécurité, son orgueil de caste: il est plus fortement attaché à sa fonction tandis que le fonctionnaire français est plutôt un employé dépendant de son supérieur. Et le conférencier signale l'étonnement des Alsaciens entendant, après l'armistice, dans l'antichambre d'un grand personnage de la République, ces mots: « Le patron va vous recevoir ».

De ces différences qu'il faut constater, de la rivalité entre les membres du cadre local et ceux du cadre général; de l'introduction tardive et péniblement arrachée du statut local, sont nés les froissements et les mécontentements.

L'orateur aborde ensuite

la question de la langue

Sans même identifier l'unité de la nation avec l'unité de la langue, le simple bon sens commande aux Alsaciens d'apprendre le plus vite possible la langue française.

Actuellement le français est la langue d'enseignement à l'école primaire. Les déclarations sincères des instituteurs montrent qu'un tiers environ des enfants est « sacrifié ». L'école primaire doit-elle former une élite ou, au contraire, répandre une **culture générale?** D'autre part, certains enfants, à qui on enseigne le français, ne peuvent plus correspondre avec leurs parents qui ne connaissent que le patois; enfin, revenus dans leurs familles, les jeunes gens et les jeunes filles perdront l'usage du français, et, comme ils n'auront pas appris l'allemand, toute culture intellectuelle leur sera rendue impossible. N'avons-nous pas, tout proche, un exemple contraire au nôtre: celui de la Suisse où trois langues voisinent en paix ?

La question religieuse

est plus importante encore que la question linguistique. En Alsace, où l'ouvrier est communiste mais va à la messe, la déclaration faite, il y a quatre ans, par M. Herriot quant à l'introduction intégrale des lois françaises et à la séparation de l'Etat et de l'Eglise provoqua une émotion qui stupéfia et peina le ministre lui-même.

Le fait est que la religion en Alsace est enracinée fortement dans l'âme de la population et que les directives données par les curés sont beaucoup plus fidèlement suivies chez nous qu'ailleurs Le curé alsacien s'est, de tout temps, distingué par sa passion pour le peuple et pour l'intérêt qu'il portait aux œuvres sociales. A la formation sociale ajoutez la formation politique: la protestation contre l'annexion, dont les prêtres furent les principaux agents, et, ensuite, le Kulturkampf et l'extension jusqu'en Alsace, d'un parti allemand catholique à base religieuse, le centre.

Ce prêtre, généralement de souche paysanne, est très près du peuple et le dirige. Il a l'odeur du terroir et, quoique ayant été à l'école allemande, ses sympathies vont vers la France. Mais qui s'y frotte s'y pique, nous avons été étonnés de voir de loin la séparation de l'Eglise et de l'Etat se faire, en France, presque sans protestations et sans résistance efficace...

Des différences telles séparent de leur côté l'Eglise protestante d'Alsace, soumise aux règles de Luther, — de l'Eglise protestante de l'intérieur, d'essence calviniste sévère, combative, qu'aucune fusion n'est possible.

Le conférencier va maintenant examiner le procès de Colmar et ses à-côtés, car il voit là une source de malentendus particulièrement sensibles.

L'arrestation, avant le procès, de gens du peuple, d'ouvriers, du «poêlier du 24 de la rue du Fil», relâchés par la suite, fut une mesure maladroite Dans un village un paysan qui, M. Kiener l'affirme, n'a pas voté pour les autonomistes, a prononcé ce mot terrible: **« Rechtlosigkeit » (Nous sommes hors la loi.)**

Il y eut un fait particulièrement grave: c'est que les inculpés ont été, en grande partie, des gens du peuple. S'ils avaient appartenu à la classe bourgeoise, la répercussion eût été moins fâcheuse.

La déposition d'un des témoins de l'accusation a suscité

de profondes réactions dans l'âme du peuple.

Le verdict n'a pas été compris: seuls quatre inculpés — les plus gênants — ont été condamnés à une peine dérisoire. Seuls, au contraire, se justifiaient un acquittement général ou une condamnation collective — et grave pour délit d'opinion. On peut d'ailleurs remarquer que parmi les jurés. ne figurait qu'un seul paysan et aucun ouvrier; les jurés étaient des rentiers, des employés de banque, des employés ou des directeurs de fabrique. Ils ne faisaient pas véritablement partie du peuple. De plus sur les 12. 7 seulement ont prononcé le verdict de condamnation.

Le prélude du procès avait déjà été marqué de scènes regrettables et qui avaient choqué les consciences alsaciennes. Des journaux d'ailleurs peu édifiants à lire ont été supprimés sous prétexte qu'ils étaient rédigés en langue étrangère, l'allemand, «c'est-à-dire la langue qui depuis 1500 ans est parlée en Alsace et en Lorraine». Le peuple l'a ressenti comme une injure, — ce fut là une grande maladresse. Enfin, il y eut les malheureuses soixante-dix perquisitions de la veille de Noël.

Développant un nouveau thème, M. Kiener va maintenant montrer

l'Alsace populaire se dressant devant l'Alsace bourgeoise.

Ainsi que l'a remarqué M. de Pange dans les « Soirées de Saverne », une scission sociale s'est faite en Alsace entre le peuple d'une part et la bourgeoisie, ou une partie de la bourgeoisie de l'autre. Cette dernière n'a plus la direction des masses populaires. La scission va s'accentuant avec la différence de langue, les uns parlant le patois, les autres le français. Le fossé se creusera de plus en plus profond.

On dit que ce qui caractérise les dernières élections en Alsace, **c'est l'alliance du communisme et du cléricalisme. Je juge la formule fausse, parce** que ces accointances n'ont eu lieu que dans quelques circonscriptions; je la juge fausse aussi surtout parce que cette appréciation ne tient pas compte de la spontanéité du mouvement électoral.

On ne peut voir partout la main du curé puisque les protestants de Saverne ont voté pour l'autonomiste et que, dans maints endroits du même arrondissement, malgré tous les efforts du parti catholique et du curé, les voix catholiques ne sont pas allées vers le candidat du parti, mais vers son adversaire, l'autonomiste.

Les **Allemands naturalisés** ne peuvent eux non plus être considérés comme responsables du résultat des dernières élections; ils **sont trop peu nombreux** pour décider d'un résultat et certains d'entre eux ont considéré comme un devoir de voter pour le candidat national.

Le malaise étant dénoncé et les causes connues, quels remèdes apporter? D'autres voudraient qu'on s'entendît avec Rome pour abattre les membres de l'Eglise dont l'action est gênante. Méfiez-vous de ces illusions. Il ne suffit même pas de gagner du temps en replâtrant, en augmentant les fonds secrets ou renforçant les mesures de police — non plus qu'en employant la manière forte, la manière allemande d'avant-guerre.

Une des erreurs de la France a été de voir toujours se dresser derrière l'Alsace l'ombre menaçante de l'Allemagne.

Les milieux chauvins et étroits de l'Alsace qui, en général, font de la mauvaise besogne, tiennent à confirmer l'opinion publique dans cette orientation. Eh bien, je ne crois pas que l'Allemagne songe à reprendre l'Alsace. Elle en a eu trop de déceptions, mais vous ne pouvez l'empêcher de s'intéresser au sort qui est fait à la culture allemande dans nos provinces recouvrées.

Les Alsaciens veulent être Français, mais ne tuez pas leur personnalité. C'est à l'aide de leurs propres notions qu'ils doivent redevenir Français. Respectez les forces de leur langue, de leurs conceptions religieuses, de leurs enthousiasmes et jusqu'à leur musicalité même et vous ferez en Alsace une bonne œuvre de Français.

Il y a en Alsace un régionalisme encore vivant

qui n'est pas une tentative de résurrection de formes surannées, un enthousiasme romantique mais une réalité formée par quelques centaines d'années d'histoire difficile. C'est la forme de la résistance alsacienne. A ce régionalisme, la France doit l'Alsace: il lui faut le respecter, le soutenir et non le détruire.

M. Poincaré a promis que le concordat serait maintenu en Alsace aussi longtemps qu'une majorité s'y trouverait pour le réclamer. C'est faire revenir la question sur le tapis tous les quatre ans et maintenir un état de nervosité perpétuel. Un referendum qui reviendrait périodiquement tous les vingt ans et déciderait du maintien ou du retrait du concordat fournirait, estime M. Kiener, une meilleure solution.

Les instituteurs doivent être laissés libres de donner ou non l'enseignement religieux; que ceux qui acceptent soient largement indemnisés. Réservons aux parents la liberté de décider si leurs enfants doivent suivre l'enseignement religieux.

Pour toutes les autres questions, je m'en remets à un pacificateur qui nous viendrait de l'intérieur Il nous faut en Alsace, un homme et son action personnelle.

C'est sur cet appel pathétique à un « homme » un pacificateur, que se termina la conférence de M. Kiener.

Déposition écrite de Mgr Kannengieser au Procès de Colmar

Je suis Français de naissance étant né en 1855; j'ai fait toutes mes études en France et plus tard j'ai passé une vingtaine d'années à Paris. Pendant dix ans j'ai été dans la famille de M. Henri Germain, le fondateur du Crédit Lyonnais, qui est, comme on sait, une des plus grandes banques européennes.

Dans ce milieu j'ai appris à connaître de près les hommes les plus distingués de la politique et de la littérature entre autres : Casimir Périer, Paul Deschanel, Raymond Poincaré pour ne citer que ces trois présidents de la République.

Une fois rentré définitivement en Alsace je suivis de très près le mouvement politique de notre petit pays étant très lié avec l'abbé Wetterlé et l'abbé Delsor. Tout comme maintenant il a été toujours question ici d'autonomie, de 1875 à 1914. Les Alsaciens appelaient l'autonomie de tous leurs vœux et l'abbé Wetterlé qui jouait un grand rôle, a tant et si bien manœuvré que les Alsaciens obtinrent en 1911 l'autonomie législative et l'autonomie administrative qui avait, du reste, été préparée, plus de 15 ans auparavant, par le Landesausschuss. Ce n'était pas encore la constitution qu'on eût rêvée, car l'abbé Wetterlé allait beaucoup plus loin, mais en somme c'était une très belle autonomie où l'Alsace, par ses représentants, faisait décidément ses propres affaires. Je m'associai à ce mouvement et je fus autonomiste de toute mon âme.

En 1914, je publiai, après une douzaine d'autres volumes — dont quatre furent couronnés par l'Académie française — la vie de l'abbé Simonis, l'un de nos grands champions des libertés alsaciennes. Le Procureur impérial de Mulhouse fut le premier à lire mon volume, mais à ce moment là il n'eut pas la satisfaction de m'étrangler.

Quelques mois plus tard la guerre éclatait, l'autorité militaire m'arrêta dès le 4 août 1914, me transporta de l'autre côté du Rhin. Je fus trainé, durant 52 mois, de prison en prison, d'exil en exil, après une série de procès devant la Haute-Cour. Je rentrai en Alsace le jour de l'armistice et le 18 novembre je fus témoin de l'inoubliable spectacle de l'entrée de Gouraud à Strasbourg.

L'année après je publiai mon volume (« Espion et traître ») qui faisait le récit de ma captivité. Comme dès 1919 le bout de l'oreille anticléricale se montrait déjà plus ou moins ouvertement, j'écrivis vers la fin du volume ces paroles significatives : « Il est inadmissible que sous le régime français l'Alsace soit moins bien traitée au point de vue religieux, politique et social que sous le régime allemand : **En d'autres termes, je réclamais pour notre pays le statu quo tel qu'il existait pour l'Alsace depuis la Constitution de 1911. »**

On voulait l'autonomie telle que la pratiquait le Landtag, autonomie qui faisait, à tout prendre, le bonheur du pays.

En 1920 le mot autonomie n'avait pas encore le sens péjoratif qu'on lui a prêté gratuitement depuis lors et les Alsaciens pouvaient encore, à ce moment là, demander le maintien de ce statu quo légal que les Allemands avaient fini par leur accorder après avoir mis à la tête du gouvernement autonome de la province deux Alsaciens, un catholique et un protestant.

Dans la première Chambre figuraient aussi nos évêques et Mgr. Winterer qui avait toujours été autonomiste fut appelé au Conseil d'Etat par le gouvernement.

On espérait que la France ne chercherait pas à renverser tout ce qu'on avait édifié à grand'peine. On voulait, et on avait raison, que dans la nouvelle Alsace pût être conservé ce rouage admirable qui avait fait ses preuves. Au lendemain de l'armistice, la France semblait vouloir tenir compte de la situation acquise en créant le Commissariat général tel qu'il existait sous Millerand et le conseil consultatif.

Malheureusement cela ne faisait pas l'affaire des centralisateurs à outrance qui prétendaient, comme ils disaient, nous assimiler, et, par conséquent, nous octroyer les lois anticléricales qu'on a appelées si justement lois scélérates. Leur influence finit par prévaloir en haut lieu et successivement on supprima le conseil consultatif, le commissariat général, tout ce qui de près ou de loin rappelait un peu l'autonomie.

Les catholiques, surtout après l'avènement de Herriot et sa déclaration brutale de laïciser l'Alsace à bref délai, protestaient sous toutes les formes.

J'écrivais dans plusieurs journaux : « Si l'on s'en prend à nos droits religieux scolaires nous crierons tous, catholiques et protestants, comme des putois, et si l'on veut la guerre, elle ne sera pas provoquée par nous. Mais plus que jamais on réclamait l'autonomie administrative ou législative ou les deux à la fois, et le fameux malaise dont on a souvent parlé devint un sourd mécontentement.

Quelques groupes alsaciens, les socialistes ou autres attisaient le feu et ces mêmes socialistes qui avant la guerre élisaient des Allemands qualifiés, Emmel à Mulhouse, Bœhle à Strasbourg qui avaient par conséquent fait ouvertement cause commune avec l'Allemagne s'érigeaient en patriotes fougueux réclamant l'assimilation immédiate de l'Alsace. Parce qu'ils étaient avant tout anticléricaux, ils espéraient avec raison, que sous l'égide de la France, ils pourraient écraser ce que Voltaire appelait l'infâme,

Les sociétés ne furent pas seules à entonner l'hymne de l'anticléricalisme. C'était une ironie cruelle pour tous ceux — et j'étais du nombre — qui avaient aimé la France avant la guerre, d'avoir à subir des leçons de patriotisme français de la part de gens qui autrefois acceptaient des décorations prussiennes et plastronnaient fièrement sous l'uniforme d'officiers allemands.

Les choses en étaient là, lorsque Poincaré reprit les rênes du gouvernement. Malheureusement il fut très mal informé et prêta une oreille beaucoup trop complaisante aux accusations perfides des socialistes et de quelques autres. Il ne voulait plus entendre parler d'autonomie, et à la suite d'abominables et d'ineptes calomnies, il traduisait ce mot en lui donnant un tout autre sens, c'est-à-dire celui de séparatisme.

Je connais admirablement mon Alsace. Cela s'explique par mon âge. Or, j'affirme hautement qu'en Alsace il n'y a pas de séparatistes, sauf peut-être quelques égarés extrêmement clairsemés.

J'affirme hautement qu'aucun Alsacien ne voudrait retourner en Allemagne, non pas qu'on fut malheureux sous la constitution de 1911, mais parce que le régime du général Gaedé avait lourdement pesé sur le pays durant la guerre.

Je le répète donc et je le déclare que le séparatisme est un mensonge odieux et une calomnie. Mais si personne n'est séparatiste en Alsace, en revanche, à peu près tout le monde — et le bulletin des électeurs a été très éloquent à cet égard — est autonomiste. Pour moi personnellement je suis autonomiste autant que mon ami Wetterlé l'a été sous le régime allemand et je continue à l'être d'autant plus depuis que je vois l'abus abominable qu'on a fait de ce terme.

Si personne n'a le courage aujourd'hui de prononcer ce mot, c'est que depuis de longs mois nous vivons sous le régime de la terreur. Ce n'est pas là une exagération. Rappelons-nous les journaux supprimés, les citoyens emprisonnés sans autre forme de procès, plus de cent perquisitions inaugurées le jour de Noël, chez des prêtres et des laïques, tout le monde tremblant d'être taxé d'autonomiste. Quand je me rappelle ces faits tout proches, des comparaisons douloureuses s'imposent à mon esprit. Sans doute les Allemands avant l'abolition de la dictature en 1901 ont aussi supprimé des journaux catholiques en Alsace: « l'Union d'Alsace-Lorraine » sous Manteuffel, la « Colmarer Zeitung » et la « Landeszeitung » sous le préfet de Hohenlohe-Langenburg. Comme l'Alsace bondit à ce moment-là !

Or qu'est ce qui s'est passé en Alsace ces derniers mois? On a supprimé coup sur coup la « Zukunft », la « Volksstimme », la « Wahrheit », le « Schliffstaan », das « Neue Elsass», et si d'autres avaient surgi ils auraient disparu à leur tour — les organes catholiques rédigés en allemand furent condamnés au silence. — Lorsque les journaux interdits par la dictature allemande cherchaient à se relever, cela ne fit pas un pli, le gouvernement autorisa les feuilles supprimées sous un autre nom et ces feuilles continuent à paraître encore à l'heure qu'il est. Tout le monde sait aussi que le « Journal de Colmar » et plus tard le « Nouvelliste » de l'abbé Wetterlé, nettement nationalistes français, ne furent jamais supprimés.

Or, le gouvernement français n'accorda l'autorisation de reparaître à aucun des journaux supprimés par lui et sous aucun prétexte et sous n'importe quel titre.

On est un peu humilié d'être forcé à faire de telles comparaisons alors que après l'armistice tout le pays fut pris d'un délire d'enthousiasme à l'idée d'être redevenu français.

Lettre de M. le Dr. Vazeille
ancien député et sénateur
à M. le Dr. Ricklin

Nous publions ci-dessous une lettre envoyée par M. le Dr Vazeille à M. le député Ricklin. Elle abonde en passages d'un lyrisme un peu exagéré, mais nous tenons à la publier dans son intégrité.

10 Juin 1928.

Monsieur le Directeur,

J'ai dit au Docteur Ricklin ma profonde sympathie dans l'épreuve qu'il traverse, et à laquelle l'a condamné un gouvernement aveuglé, égaré par la passion nationaliste, chauvine. Je vous remercie de l'hospitalité que vous voulez bien m'accorder, pour la dire publiquement.

Aux brutalités, aux vilenies de la force d'oppression et d'injustice, il nous faut opposer le groupement des protestations de la conscience, même venues de points opposés de l'horizon politique. J'apporte mon témoignage de Français de l'intérieur.

J'ai suivi les débats de Colmar avec attention, prêt à m'incliner s'ils apportaient la preuve d'erreurs ou de fautes à la charge des accusés. Je les ai suivis dans un journal qu'on ne saurait accuser de tendresse pour eux, dans le « Temps ». Je n'y ai rien vu qui soit de nature à étayer l'accusation de complot. Ce fut, dans toute l'acception de la formule, un procès de tendances, un procès d'idées; au XXe siècle, c'est un anachronisme intolérable, intolérable surtout pour un petit peuple, qui a subi, depuis 60 ans, la plus étrange et douloureuse destinée, et qui, à ce titre, méritait toute la bienveillance de la France. Même s'il était dans l'erreur, ce que je ne crois pas — mon pays lui devait pour sa dignité et son honneur à lui, un autre traitement.

Quand je parle de la France, je dois immédiatement faire une réserve: ce n'est pas le peuple français, qui ignore et dont on abuse, qu'il faut incriminer; c'est ses mauvais bergers.

Aussi ma stupéfaction fut elle absolue, et douloureuse, quand j'appris la condamnation de quatre des accusés, habilement, trop habilement sélectionnés. Je comprends la profonde émotion, la colère du public protestataire, profondément blessé dans son sentiment du juste.

Nous sommes habitués, en France, aux incartades parfois singulières des jurys d'assises. Leurs décisions ne font pas jurisprudence. On ne contense cette institution judiciaire que faute de mieux. M. Poincaré aurait grand tort d'abriter sa responsabilité personnelle derrière le verdict inconsidéré du jury de Colmar, pour persévérer et poursuivre plus avant, dans la voie néfaste, où il s'est malencontreusement engagé.

Pour qu'une décision de justice ait autorité, il faut qu'elle réponde aux sentiments naturels de la conscience universelle; il faut qu'elle soit rendue dans une atmosphère de sérénité, hors des agitations de la passion.

Or, qui osera prétendre que l'atmosphère du Palais de justice de Colmar n'était pas empoisonnée de miasmes nationalistes? L'Alsace, mieux que n'importe quel pays, doit savoir les funestes effets du chauvinisme: 1870, avec le spectacle du Corps législatif d'alors, est fait pour nous les rappeler à tous.

Aussi le peuple d'Alsace a-t-il raison de protester hautement contre l'iniquité commise.

Ce sera la meilleure manière d'être français, de travailler vraiment pour la France, pour la vraie France: pour celle qui a grande figure dans le Monde, pour avoir généreusement proclamé le Droit intangible des Peuples.

C'est cette France-là que nous pouvons acclamer, et non celle des criminels et néfastes chauvins, qui n'en est que la caricature. Crions donc : Vive l'Alsace libre, au sein d'une France toujours plus libre, et passionnée de justice !

*
**

Que le peuple alsacien ne s'étonne pas de l'apparente apathie d'une partie, d'une trop grande partie du peuple français. C'est là le fruit de l'odieuse centralisation, que nous subissons, et que nous dénonçons. En France, tout a été organisé par les tenants du jacobinisme, pour que l'Etat dispose de quantité de choses, et qu'ainsi il puisse faire passer l'universalité des citoyens sous les fourches caudines du favoritisme.

C'est contre ce malheureux état de choses, c'est contre cet empoisonnement de notre vie publique, que nous protestons. Pour le combattre, nous faisons appel à la collaboration du peuple alsacien, encore sain d'esprit et de cœur, avant qu'il n'ait subi à son tour l'effet délétère du gaz toxique, auquel nos assimilateurs veulent le soumettre.

Alsaciens, sus aux ennemis du peuple, sus aux ennemis des peuples avides de liberté ! Forts de votre aide, de votre ténacité admirable, nous vaincrons ensemble, pour le bien et le salut de la France, dont vous serez ainsi les dignes fils, en restant indéfectiblement fils de l'Alsace.

Votre sort est entre vos mains.

Soldats de la Liberté ! tenez bon ! et les ennemis de votre incontestable Droit, nous les aurons ! Je le jure par le souvenir de Kléber, ce beau soldat de la République !

Dr. *Vazeille*, ancien député.

Opinions de presse

Le jugement de M. Basch,
Président de la Ligue des Droits de l'Homme

Nous lisons dans « La Volonté », qui certainement ne partage pas nos idées, quelques appréciations dues à la plume de M. Victor Bach, sur le procès de Colmar, que nous présentons sans commentaire à nos lecteurs :

« Appelé par les avocats des autonomistes à venir déposer sur la situation générale de l'Alsace, mes obligations professionnelles et des engagements antérieurs m'empêchent de me rendre à Colmar.

Voici, en bref, ce que j'aurais dit si j'avais pu témoigner :

Je ne connais personnellement aucun des accusés; il ne m'a pas été donné d'étudier leur dossier; je ne sais de l'acte d'accusation que ce qu'en ont dit les journaux, je ne pourrais donc me faire une véritable opinion qu'après que le procès sera achevé. Ce n'est qu'à ce moment qu' en tant que président de la Ligue des Droits de l'Homme j'aurai à me demander avec mes collègues jusqu'à quel point nous aurons le devoir d'intervenir dans le grave problème politique et moral qui, sous le masque juridique, se discute en ce moment dans l'exquise petite ville qu' illustrent à tout jamais les émouvantes toiles de Martin Schoengauer.

Il semble difficile de ne pas avoir le sentiment que le procès qui se déroule à Colmar est un procès politique échafaudé pour appliquer les rigueurs de la loi à des opinions estimées subversives et pour exercer une pression sur les électeurs alsaciens.

******

Ce qui fait concevoir ces craintes, c'est avant tout l'indiscrète et l'insupportable intervention des agents du Gouvernement dans ce qui n'aurait dû être qu'une affaire judiciaire. Il est inadmissible qu'un agent du Gouvernement proclame emphatiquement qu'à telle heure, tel prévenu sera arrêté. Il est inadmissible que le même préfet ose lancer contre les chefs de l'autonomisme de basses injures. Il est inadmissible qu'un autre préfet ait pu être dénoncé par le Dr Ricklin sans que le président des Assises ni le procureur général aient protesté avec indignation, comme ayant connu l'agression dont lui et ses amis ont été les victimes. Il est inadmissible que toute notre grande presse essaie de donner de ce procès une image tendancieuse, raille le principal inculpé de la longueur de ses explications, alors que celui-ci, défendant son honneur et sa liberté, devrait être écouté avec le respect qui est dû à tout accusé qui se défend et qui est dû à l'accusé dont il s'agit plus qu'à tout autre, puisque c'est, non pas un délit de droit commun, mais un délit politique qui lui est reproché. Il est inadmissible enfin que cet homme et ses co-accusés, à qui l'on ne peut reprocher qu'un attachement trop exclusif à des idées que l'on peut condamner, mais qui sont des idées, n'aient pas été remis, tout au moins avant les débats, en liberté provisoire.

Ce sont les extraordinaires maladresses de notre Gouvernement et de ses agents responsables qui expliquent en majeure partie le résultat des élections alsaciennes. Elles ont été, avant tout, une protestation contre l'interdiction pseudo-légale des journaux autonomistes, contre les perquisitions effectuées la veille de cette fête de Noël à laquelle le cœur des Alsaciens est si profondément attaché, contre es arrestations en masse et avant tout celle de l'ancien président du Landtag, le docteur Ricklin.

« Der Elsaesser » le rappelle avec raison. Toutes les fois qu'un Gouvernement a tenté, par des poursuites, de brider le corps électoral de l'Alsace, celui-ci a répondu en élisant des candidats de l'opposition. C'est la méthode dont les Alsaciens ont usé envers le Gouvernement allemand, élisant le maire Ernest Lauth, destitué; le protestataire Kablé, poursuivi pour participation à la Ligue des Patriotes; le docteur Sieffermann, inculpé de lèse-germanisme. C'est la méthode qu'ils viennent de reprendre contre le Gouvernement français et à laquelle on peut être assuré qu'ils resteront fidèles tant que c'est par la force qu'on voudra leur imposer des sentiments, lesquels, aussi bien pour les collectivités nationales que pour les individus, n'ont de valeur que lorsqu'ils jaillissent spontanément de l'âme.

Il est certain qu'au début de notre retour en Alsace, les plus graves maladresses ont été commises par la mère-patrie. Ces maladresses s'expliquent par le fait que le Gouvernement avait cru devoir suivre les conseils de « revenants » c'est-à-dire d'hommes qui, ayant quitté l'Alsace depuis de longues années, ne la connaissaient plus et qui étaient très sincèrement convaincus que tous les Alsaciens avaient envers la France et envers l'Allemagne la même attitude sentimentale que celle que leur séjour à l'intérieur et leur nostalgie de la petite patrie leur avait imposée.

Il était évident pour tout psychologue, même médiocre, que l'état d'esprit des Alsaciens restés en Alsace, obligés de vivre sous le joug allemand, de frayer et de composer avec les Allemands, de recevoir à l'école l'enseignement de la langue et de la littérature allemandes, et appelés aussi à jouir des bienfaits de l'organisation allemande, ne pouvait être celui qu'imaginaient les Alsaciens de Paris.

Ces Alsaciens restés en Alsace ne professaient pour l'Allemagne impériale aucune sympathie. Mais ils s'étaient résignés à vivre sous la tutelle allemande et leur élite tendait de tous ses efforts à rendre le lien qui les nouait à l'Empire aussi lâche que possible, c'est-à-dire à obtenir, au sein de cet empire, une « autonomie » totale.

Cette idée d'une Alsace ayant son Parlement et son administration propres, était plus profondément enracinée dans l'âme alsacienne que ne l'avait cru la France et que, peut-être, ne l'avaient imaginé les Alsaciens eux-mêmes. Et il est tout naturel que, lorsque des difficultés, d'ailleurs inévitables, se sont produites lors du retour de l'Alsace à la France, qu'après les graves erreurs commises par le Gouvernement français et par ses agents; après les commissions de triage, après les décrets-lois de l'ère Millerand, après les lenteurs de l'administration, après les efforts excessifs faits par les fonctionnaires français de l'intérieur pour lutter contre la prééminence de l'allemand en faveur du français, qu'après toutes ces difficultés, avivées et envenimées par la propagande cléricale, ait ressurgi dans l'esprit des Alsaciens cette conception autonomiste à laquelle il est certain qu'au début ils n'avaient pas songé.

**

Cela étant, la conduite qui s'impose, à notre sentiment, à la France, c'est, avant tout, la claire intelligence de cet état d'esprit et la ferme volonté de ne pas le combattre par la violence. Les autonomistes peuvent proclamer qu'ils ont le droit d'être autonomistes, qu'il n'y a pas, dans notre législation, d'articles de loi qui défendent à nos provinces de demander des Parlements régionaux, une administration autonome, la reconnaissance de leur dialecte ou même de la langue littéraire dont émane ce dialecte. M. Poincaré lui-même a dû reconnaître qu'en supprimant les journaux autonomistes rédigés en langue allemande, il a dû recourir à un artifice juridique, il a dû se servir d'articles de loi qui ne s'appliquaient pas vraiment à l'affaire en cause.

Ce que les autonomistes ont donc le droit absolu d'exiger, c'est qu'ils ne soient pas poursuivis pour ce que notre législation ne reconnaît pas comme des délits. Ce qu'ils ont de plus le droit de demander, c'est que l'on fasse la discrimination entre ce qui, à leurs yeux, est compatible ou est incompatible avec l'unité nationale, en se rendant compte qu'unité n'est pas uniformité, et que permettre aux différentes régions d'un pays de développer librement leur génie particulier, d'avoir dans le cadre de la nation une certaine autonomie administrative et de demeurer fidèles à leurs mœurs, à leurs coutumes, à leur langue, ce n'est pas mutiler la patrie-mère, mais c'est au contraire l'enrichir.

La difficulté, je l'ai dit dans les études auxquelles je fais allusion et je le répète, la seule grave difficulté entre la France et l'Alsace, est la question religieuse. C'est le clergé alsacien qui a, sinon créé, mais tout au moins envenimé le malaise alsacien. Satisfaire complètement aux revendications de ce clergé est chose impossible, mais procéder avec prudence, par étapes et par paliers, dans la nécessaire laïcisation de l'Alsace, me paraît, non seulement politique, mais juste.

J'ai écrit naguère que, quant à moi, il me paraissait possible d'accorder aux ministres des cultes l'accès des locaux scolaires pour y donner l'enseignement religieux et, bien que cette opinion ait été combattue par nombre de nos amis, je continue à la professer.

Pour que la paix soit rétablie en Alsace, il faut, sans doute, que le Gouvernement ne cède pas aux injonctions de l'Eglise. Mais il faut, d'autre part, que nos amis les plus justement épris de l'idée laïque renoncent à vouloir l'imposer par la force. Toute idée au service de laquelle est mise la force séculière perd ce qu'elle peut contenir de noblesse. Que si l'on a confiance dans la vertu de la vérité, il faut lutter contre les idées par les idées et non par la violence.. »

Victor BASCH.

Une erreur du centralisme
d'après la „Jeune République“

La « Jeune République » écrit dans un de ses derniers numéros:

Une erreur du centralisme.

Le verdict des jurés du Haut-Rhin est déjà tombé dans l'oubli. Le commentaire des journaux n'a pas été long, ces histoires interminables de luttes d'avant-guerre et d'après-guerre n'ont pas le charme des papiers savoureux sur le meurtre de la rue X... ou du récit affolant des dernières incartades du prince Carol.

Pourtant, ce procès des «autonomistes» a une grande importance. Il s'ajoute à la liste, déjà longue, des erreurs commises en Alsace et en Lorraine. Les personnes averties conviennent volontiers qu'il eût beaucoup mieux valu ne pas l'entamer.

Après l'affirmation péremptoire de M. Poincaré, qui pourtant n'a pas l'habitude de parler à la légère, que les charges révélées allaient «faire frémir» la population, les efforts pénibles de l'accusation ont étonné.

Que signifiait ce recours à des coupures de journaux que tout le monde avait eu loisir de lire et à des rapports de police sans importance! quand on ne souriait pas des démarches au sujet du peintre Albert Durer mort en 1528 et poursuivi pour collaboration à une publication jugée autonomiste, ou des erreurs grossières commises dans la nomenclature des témoins.

Il suffit de lire la presse étrangère pour voir combien cette affaire a été exagérée, alors que nous avions tout à gagner à la maintenir dans ses justes limites.

Le manque de psychologie patent qui présida aux poursuites entreprises vient-il de l'uniformité et de la routine qu'un centralisme excessif a si fortement ancrées dans les mœurs de l'Etat qu'il est impossible aux meilleurs esprits d'atteindre à cette souplesse que connut, en Alsace, la royauté?

Il est certain, d'autre part, que la passion, cause de bien des aveuglements, ôte la claire vision de la réalité à ceux qu'un nationalisme sincère, mais exclusif et absolu, prive de discernement.

Justice et politique

La justice doit avoir les yeux bandés. Elle n'a d'autorité qu'à cette condition.

Beaucoup d'Alsaciens croient aujourd'hui, à tort ou à raison, qu'à Colmar Thémis avait remplacé son bandeau par des œillères politiques.

Vous leur objectez l'indépendance des jurés: en vain. Ils vous répondent que, tous les jours, les communistes mettent l'Etat en danger; que leurs organisations de combat voisinent avec les camelots et les fascistes, sans qu'on intervienne le moins du monde; qu'on a frappé quatre accusés sans se soucier de l'absence des preuves tangibles, mais simplement parce qu'il s'agissait des chefs présumés, et que l'indépendance des jurés est compromise par la peur de devenir suspects à leur tour.

Quant à l'amnistie proposée par les amis des solutions intermédiaires, ils n'en veulent à aucun prix. Ils vous déclarent que la justice seule compte pour eux, et que la grâce qu'on pourrait leur offrir ressemblerait plutôt à une insulte. Leurs adversaires ne sont pas moins catégoriques.

C'est ainsi qu'après dix ans de vie française, l'agitation, en Alsace, s'accentue au profit des extrémistes.

« Un chauvinisme local »

Qu'est l'« autonomisme»? «Un chauvinisme local», dit avec assez de bonheur l'adjoint Naegelen de Strasbourg.

D'où vient-il-? De la conviction des «autonomistes» que les Alsaciens et les Lorrains de langue allemande ont une culture autochtone à défendre, et que les institutions de l'Etat et les dispositions légales doivent avoir égard à cet ordre de choses.

Les autonomistes se sépareraient donc, de propos délibéré, du reste du pays ? Non mais ils trouvent qu'à côté des données générales qui sont à la base d'un Etat moderne, et qui restent les mêmes pour tous les Français, ils ont le droit de demander une place pour le maintien de leur tradition et de leur manière d'être, qui les diffé- aux Tourangeaux, aux Gascons, etc... S'ils invoquent plus facilement l'exemple de la Bretagne, du Pays Basque et des Flandres, c'est qu'ils y trouvent des analogies avec leur cas.

Ils opposent la conception d'une France articulée selon les données organiques naturelles, dotée d'institutions correspondantes à la division artificielle des départements et à l'échafaudage savant, mais théorique, de l'administration centralisée.

C'est là que réside le fond de la question. Toutes les considérations d'ordre religieux, social, fiscal, scolaire, économique, etc... s'ordonnent au- rencient et les opposent aux Picards, tour de cette conception fondamentale Le problème soulevé se résume ainsi: lutte pour la décentralisation sur la base des régions telles que les ont créées le sol et l'histoire.

Ces aspirations ne mettent donc pas la France en jeu, mais elles tendent à une refonte totale de la division du territoire ainsi que des formes et des principes administratifs. L'« autonomisme» est un régionalisme qui, dans ce cas particulier, se complique des difficultés d'une réadaptation au rythme de la vie d'une nation retrouvée après quarante-huit ans et qui, pendant ce temps, a changé de régime.

Le malentendu aggravé

Le grand malentendu entre les régionalistes d'Alsace et de Lorraine et la France officielle se trouve aggravé du fait que tout le monde essaie de tirer parti de la situation actuelle.

La routine administrative se défend par une lutte passive. Les partis politiques font entrer le cas dans leur programme: les uns sont partisans des réformes préconisées, avec plus ou moins de franchise; d'autres les dénoncent comme antinationales. Les petits intérêts voisinent avec les passions et troublent bien des jugements. Le cléricalisme, l'anticléricalisme, les luttes sociales, l'injustice fiscale, les vexations inutiles et réciproques font le reste.

Et cette méchante habitude surtout, prise au lendemain de l'armistice, de n'admettre au nombre des Français que ceux qui appartiennent ou qui font mine d'appartenir aux formations politiques les plus réactionnaires, alors que, par contre, nous avons vu, aux élections récentes, des socialistes «nationaux». C'est dire jusqu'à quel point on abuse ici de cette épithète.

**

Une situation aussi difficile et aussi compliquée en elle-même devrait inciter le gouvernement à ne pas faire une faute. Mais, à voir ce qui vient de se passer, on se demande si l'on sait toujours, à Paris, voir les affaires d'Alsace et de Lorraine avec cette prudence attentive et ce détachement réservé qui font les « rassembleurs de terres ».

J.-A. Zenner.

Les erreurs du Gouvernement

d'après le „Bien du Peuple"

Dans « Le Bien du Peuple » de Bourgogne, M. J. Jacob fait un exposé assez clair sur la situation en Alsace. Il écrit:

Les affaires d'Alsace sont complexes et très graves; et ce qu'il y de plus pénible à dire, c'est que ce sont les sottises inqualifiables du gouvernement français qui ont mis le feu aux poudres.

Durant un demi-siècle de luttes pour résister à l'annexion à l'Allemagne, l'Alsace avait fini par obtenir du gouvernement de Berlin, en 1911, une certaine autonomie. D'après la constitution de l'Alsace-Lorraine. les Alsaciens pouvaient, dans de certaines limites, s'administrer eux-mêmes. Ils avaient un parlement siégeant à Strasbourg. Sans doute, les droits de ce petit parlement étaient limités. Mais ils existaient. C'était du bon régionalisme.

Remarquez qu'ils sont nombreux parmi nous les bons esprits qui proposent de revenir au régime d'une organisation provinciale. Car la découpure par départements a été faite sans discernement, et elle ne répond pas aux besoins des diverses régions qui composent la nation française.

L'Alsace nous a devancés dans le retour au régionalisme. Faut-il être surpris qu'elle tienne à ses prérogatives?

A côté de prérogatives civiles et temporelles, elle jouissait du régime concordataire et d'un régime scolaire où l'enseignement religieux trouvait sa place. Les congréganistes avaient le droit d'enseigner..

A nos provinces recouvrées, le général Joffre, puis le Président de la République annoncèrent solennellement qu'en revenant à la France *« Elles conserveraient leurs libertés, leurs traditions et leurs croyances »*.

Le 5 décembre 1918, le Conseil national de l'Alsace-Lorraine faisait afficher la déclaration suivante dans toutes les communes:

« Les députés d'Alsace et de Lorraine, issus du suffrage universel et constitués

en Assemblée nationale, saluent, avec joie le retour de l'Alsace et de la Lorraine à la France, après une longue et cruelle séparation. Nos provinces seront fières de devoir à la Mère-Patrie retrouvée, avec la sauvegarde de leurs traditions, de leurs croyances et de leurs intérêts économiques qui leur a été solennellement garantie par les chefs de l'armée victorieuse, une nouvelle ère de liberté, de prospérité et de bonheur.»

C'était donc un retour enthousiaste à la mère Patrie.

Mais du côté de la France, il y eut, dès le début, une faute grave qui fut commise. Un décret instituant à Paris un Conseil supérieur d'Alsace-Lorraine, composé de fonctionnaires qui devaient centraliser à Paris même l'administration des provinces recouvrées. Le mécontentement aurait eu des conséquences funestes, si M. Clemenceau n'avait pas fini par consentir à ce qu'on revînt au régionalisme.

M. Millerand fut donc envoyé à Strasbourg, en qualité de « Commissaire général de la République », apportant un programme de décentralisation dont il avait depuis longtemps, dans d'autres régions, reconnu la nécessité. Il reprit à son compte les promesses déjà successivement répétées par le général Joffre, par le président de la République et par le président du Conseil : *« Nous respecterons scrupuleusement,* dit-il, *les croyances, opinions et habitudes de l'Alsace-Lorraine».* Il se montra décidé à maintenir des institutions qui avaient fait leurs preuves et dont on devait souhaiter qu'elles fussent adoptées par la France entière. Ses déclarations furent accueillies avec enthousiasme par la presse locale. Partout la confiance reprenait à vue d'œil. L'Alsace échappait aux bureaux de Paris et trouvait enfin un homme.

L'administration régionale fut remise sur pied. L'Université de Strasbourg fut reconstituée, et richement dotée.

Les écoles confessionnelles furent rouvertes, l'enseignement religieux dans la langue maternelle fut garanti aux protestants aussi bien qu'aux catholiques.

Hélas! au bout de deux ans les promesses faites pendant la guerre et au lendemain de l'armistice étaient déjà loin. Avez-vous oublié l'article retentissant que dès le mois de février 1921 publiait dans le « Temps » un des maîtres de l'Université, M. Lavisse? La France, lisait-il, a à *diriger l'évolution de l'Alsace-Lorraine vers le laïcisme,* et rien ne pourra l'empêcher de réaliser son dessein. Il concluait: *« L'essentiel est que tout le monde en Alsace sache dès maintenant où tend cette évolution, que les confessionnalistes extrémistes n'arrêteront pas. »*

Le 11 juin 1924, M. Herriot, devenu président du ministère, annonça officiellement, qu'on allait appliquer en Alsace-Lorraine les lois de laïcité et la centralisation administrative. C'était la suppression du régionalisme, des usages et des libertés auxquels les provinces recouvrées étaient tant attachées.

L'émotion fut énorme, au delà et en deçà des Vosges. Pour imposer les malheureuses lois de laïcité on envoya de chez nous les pires sujets. L'instituteur de St-Pierre-en-Vaux, aux impiétés duquel les parents avaient répondu par une grève unanime des élèves, fut envoyé en Alsace. Même déplacement, avec avancement, en Alsace, d'un inspecteur de Beaune, trop connu pour son anticléricalisme. Les religieuses de Ribeauvillé, si dévouées à la France au temps de la domination allemande, n'ont-elles pas été, malgré les pleurs de leurs élèves et des familles, arrachées à leurs classes, pour céder la place à des libres-penseuses?

Sans doute, le ministère Herriot est tombé. Mais M. Poincaré a eu le grave tort de laisser ce même Herriot à l'instruction publique, ce qui lui permet de continuer les mêmes vexations

Comprenez-vous maintenant les causes de l'agitation alsacienne?

Le vrai coupable c'est M. Herriot. C'est lui qui devrait être traîné devant les tribunaux, comme filou et traître à la patrie.

A côté de protestations légitimes, il y a eu malheureusement l'intervention des communistes et l'« Action Française », trop heureux les uns et les autres de profiter des sottises du gouvernement pour exciter les esprits contre la République.

Qu'il y ait eu quelques excès dans la résistance, c'est possible. C'était même inévitable. Mais les Alsaciens ont bien raison de tenir à leur régionalisme et à leurs libertés. Si quelques-uns ont eu le tort de poursuivre l'autonomisme, c'est-à-dire la séparation, c'est fâcheux. Mais les principaux coupables sont chez nous.

Que voulez-vous que fasse le Pape? en présence d'une pareille situation? Si on le prenait pour arbitre à qui donnerait-il tort? Qui est en faute? Qui a manqué à la parole donnée?

Les régionalistes, et c'est l'immense majorité, n'ont que trop raison. Personne ne peut les blâmer.

Quant aux autonomistes ou séparatistes, ils ont assurément tort d'en venir à une pareille extrémité.

Mais personne n'ignore que le représentant du Pape a parlé avec un à-propos et une énergie admirables. Il voulait même, dans son impuissance à calmer l'effervescence, donner sa démission. Non, non, a dit le Saint-Siège. Restez: et son attitude a été approuvée. Que fallait-il de plus?

Que le gouvernement français fasse donc son *mea culpa*. Qu'il envoie de nouveau M. Millerand, en pacificateur. Et bientôt ce sera le calme et la paix.

La légende des quatre curés

Nous reproduisons ci-dessous un article sur le malheureux procès de Colmar, article de M. Henriot, rédacteur de la « Liberté du Sud-Ouest ». C'est une réponse ferme à une campagne de dénigrement menée par la presse parisienne (la «Croix» exceptée) contre le clergé d'Alsace.

J' l'ai vu porter en l'air
Par quatre curés d'Alsace..

(Air connu).

Il est étrange de paraître s'amuser de ce qui ne prête guère à rire. Mais vraiment, on ne sait plus s'il n'est pas préférable de rire que de s'indigner devant la dernière galéjade de la presse parisienne sur laquelle semble avoir soufflé — serait-ce Me Palmiéri qui, venant de Corse, l'aurait apporté? — je ne sais quel vent marseillais..

Car voici que l'« Avenir », l'«Œuvre» et une foule d'autres confrères livrent à l'indignation de leurs lecteurs le fait suivant: le soir du verdict, on vit, au milieu d'une bande de fanatiques, le député communiste Berthon traverser le Champ-de-Mars de Colmar, porté en triomphe sur les épaules de quatre curés alsaciens!... La voilà bien, la collusion du cléricalisme et du communisme!...

Et notre confrère l'«Avenir» indigné de cette attitude des «curés» s'écrie dramatiquement: «Il faut que Rome parle!»

Voyons, cher confrère, avouez que vous êtes difficile à satisfaire!

Quand Rome parle, il vous arrive, n'est-ce pas, de déclarer qu'elle ferait mieux de se mêler de ce qui la regarde et de se taire. Quand Rome ne parle pas, vous êtes stupéfait de son silence. Croyez-moi, rien n'est pittoresque comme le soudain — et intermittent — respect que vous avez pour Rome.

Si Rome parlait d'ailleurs, ce pourrait être pour vous conseiller de vous documenter avant de parler. Aucun curé d'Alsace n'a porté Me Berthon en triomphe, mon cher confrère!...

Au sortir de la prison, les défenseurs — car les acquittés ne sortirent que plus tard — furent, il est vrai, très acclamés par la foule qui leur fit cortège vers leurs hôtels: certains, comme Me Berthon, étaient au Terminus: d'autres, tel Me Fourrier, au Bristol. Il faut bien être précis.

Dans cette foule, — fanatisée, j'y reviendrai tout à l'heure — il n'y avait guère qu'une soutane, et encore était-ce une soutane de journaliste, celle de M. l'abbé L..., prêtre des Vosges, qui ne manifestait pas, qui observait. Le cortège ne traversa même pas le Champ-de-Mars. Arrivé en cet endroit, il était d'ailleurs réduit à une soixantaine de personnes Le long du parc, il est vrai que Me Berthon fut soulevé sur des épaules qui, bien qu'enthousiastes, ont dû le trouver assez lourd car cela ne dura guère qu'une vingtaine de mètres. Aucun curé là-dedans. Et puis, sur le perron. Me Berthon s'adressa à ceux qui l'avaient accompagné: « Mes chers amis, dit-il, je vous remercie de votre sympathie... L'affaire commence seulement... Séparons-nous avec dignité... Vive l'Alsace!...»

Et ce fut tout.

Pourquoi veut-on mettre une musique de marche funèbre sur une chanson de Malborough?...

Si vous croyez que c'est avec des arguments de ce genre que vous assurerez la pacification en Alsace!

Ce n'est pas non plus en traitant de «foule fanatisée» les manifestants de Colmar! Ce n'est pas en affirmant que c'étaient des « bandes soudoyées » qui entouraient la cour d'assises!

Ici, je sais bien que la vérité est délicate à dire. Mais enfin, la presse parisienne en toute cette affaire, me paraît avoir été entraînée par un sentiment de solidarité fraternelle envers un confrère à qui elle ne voulait pas faire de peine. C'est celui à qui M. le chanoine Muller vint dire: «Je ne vous connaissais pas. Monsieur... Laissez-moi vous dire que vous avez fait bien du mal à l'Alsace». C'est celui à qui on a dit le même jour. en montrant l'agitation extraordinaire déchaînée: «Tout ceci, c'est votre œuvre, Monsieur...» C'est celui, qui, chaque fois qu'il fut reconnu ce jour-là, fut hué, conspué, menacé par une foule qu'il avait tort de traiter d'«apache» ou de «canaille», C'est celui dont l'impopularité n'a eu d'égale que celle du procureur Fachot.

Je ne mets nullement en doute, du reste, la sincérité de M. Edouard Helsey. Je crois qu'il s'est laissé emporter par des sentiments, généreux dans les inspirations, imprudents et excessifs dans leur développement et leur manifestation. Je préfère même ses vivacités à la perfidie inégalée du «Temps» Mais enfin, il m'a paru qu'on avait, chez nos confrères parisiens, poussé à l'excès un sentiment de solidarité qui exigeait qu'on ne fît à M. Helsey nulle peine. même légère, et que cela nuisait quelque peu à l'objectivité de leurs comptes rendus.

Je pars dans quelques minutes pour Reims et c'est sans doute le dernier article que je donnerai à nos amis sur cette question, mais je les adjure de se souvenir de ce que j'ai écrit s'ils veulent comprendre les événements de demain.

L'apaisement, la pacification dont parle avec un espoir, d'ailleurs assez ébranlé depuis vingt-quatre heures, la « grande presse » — qu'on n'y compte pas! On a vu la démarche de Michel Walter. Un autre député. non autonomiste m'a dit: «Monsieur, ce procès aliène à la France les cinq sixièmes de l'âme alsacienne».

Pas un élément juridique de complot n'a été découvert. La déclaration lue en clôture par le Dr Ricklin était terriblement émouvante et ne pouvait pas ne pas laisser une angoisse profonde chez les gens de bonne foi. Surtout quand on se souvenait du témoignage envoyé par une religieuse de Carignan (Ardennes) qui rapportait quel souvenir avaient laissé la bonté et l'humanité du Dr Ricklin, médecin de l'armée allemande pendant la guerre. On a été écœuré de la bassesse, de la méprisable indignité des rapports de police qui semblent cependant avoir seuls servi de base à la phrase de M. Poincaré à Strasbourg... Joli bilan, en vérité.

Bref, on a l'impression que c'est dans une ambiance apportée de Paris que se sont mus la plupart des «enquêteurs». D'où la curieuse forme donnée à leurs jugements et à leurs informations. Par milliers, des Alsaciens qu'indigne le verdict crient: «Vive l'Alsace!» «Bandes soudoyées», écrit la presse. On insiste auprès de certains journalistes pour leur montrer l'émotion considérable soulevée par le procès... «Ces apaches», déclare M. Helsey... On leur fait lire les articles de la presse alsacienne. «Journaux haegistes!» riposte-t-on avec mépris. Car les journaux «bien pensants» citent uniquement avec un respect et une complaisance étranges l'anticlérical et maçonnisant «Journal d'Alsace et de Lorrraine»...

Pourtant...

«L'affaire commence!» a dit Me Berthon... Au risque de voir dénoncée ma collusion avec le communisme, je déclare qu'il a raison.

Il y avait un «malaise alsacien», M. Herriot en portera devant l'Histoire la très lourde responsabilité. Depuis le verdict du 24 mai, il y a, avec tous les sous-entendus énigmatiques et inquiétants que comporte l'expression, une « question d'Alsace ».

Elle ne se résoudra pas par des procès.

On s'apercevra même, peut-être bientôt, que les vrais séparatistes n'étaient pas de l'autre côté des Vosges. Car les Ricklin et les Rossé ont beaucoup moins travaillé pour le séparatisme que ne l'ont fait les Loges maçonniques, avec leurs instituteurs et leurs procureurs généraux.

Faudra-t-il un jour poser la question de savoir si, l'Alsace catholique étant pour la Franc-Maçonnerie un obstacle dont elle ne peut triompher, celle-ci n'a pas résolu tout simplement de se débarrasser du catholicisme alsacien en se débarrassant de l'Alsace elle-même?...

Et ce serait une ironie assez douloureuse de penser qu'à cette besogne infâme, une partie de la presse dite «bien pensante» aurait prêté inconsciemment son concours.

On annonce maintenant que le conseil des ministres et la Chambre vont s'occuper de l'affaire. Des indications encore vagues signalent qu'il y aura sans doute des faits de nature à faire prononcer l'invalidation de MM. Ricklin et Rossé.

J'attends curieusement les faits.

Mais il y a une certaine histoire d'automobiles allemandes circulant dans la circonscription d'Altkirch pour le compte du Dr. Ricklin que nos lecteurs verront peut-être surgir dans quelques jours.

Nous en reparlerons volontiers.

C'est en tout cas sous ma seule responsabilité que j'ai envoyé ces articles que la « Liberté du Sud-Ouest » a bien voulu publier. J'affirme y avoir apporté une sincérité totale et l'unique préoccupation de servir avec le même dévouement les deux causes qu'on n'aurait jamais dû séparer de la France d'en deçà des Vosges et de la France d'au delà des Vosges.

Philippe Henriot.